Versklavt im Namen Gottes

Anette Ende

Anette Ende

Versklavt
im Namen Gottes
Missbraucht, gefoltert, ermordet, verscharrt
Kinder in der Hölle der Colonia Dignidad

Tatsachenberichte der jüngsten Opfer von Paul Schäfer und seinen Helfershelfern

DeBehr

Herausgeber: Verlag DeBehr, Radeberg
Erstauflage: 2023
Umschlaggrafik erstellt über Midjourney.com
ISBN: 9783987271106

Inhalt

Zusammenfassung, wie und warum ich die Colonia Dignidad-Interviews gedreht habe................ 7
Interview Iris Leiva Arevalo 11
Interview Astrid Tymm.. 18
Interview Harald Lindemann 100
Interview Werner Schmidtke 118
Interview Sergio Campos... 198
Interview Edeltraud Bohnau Malessa 206
Dialog Edeltraud Bohnau Malessa & Heinz Kuhn 209
Interview Aki (Georg Laube) 213
Interview I Willi Malessa 219
Interview I Heinrich Wagner 237
Interview II Willi Malessa & Ehefrau Edeltraud Bohnau Malessa 270
Interview I Irmgard Wagner 293
Interview II Irmgard Wagner 301
Interview II Heinrich Wagner 312
Interview III Heinrich Wagner 326
Interview Efrain Vedder.. 333

Zusammenfassung, wie und warum ich die Colonia Dignidad-Interviews gedreht habe

Die Colonia Dignidad war eine deutsche Sektensiedlung in Chile, in der zwischen 1961 und 2005 schwere Verbrechen verübt wurden. Die Sektenmitglieder und ihre Kinder wurden isoliert, versklavt, gefoltert, mit Elektroschocks und Psychopharmaka misshandelt und sexuell missbraucht.

Die Anfänge der Colonia Dignidad sind bis in die 50er-Jahre zurückzuführen. 1956 hatten der spätere Colonia Dignidad Sektenchef Paul Schäfer, ein ehemaliger evangelischer Laienprediger, und der aus der Gronauer Baptistengemeinde ausgeschlossene Prediger Hugo Baar in Heide bei Siegburg die „Private Soziale Mission“ gegründet. Das war ein Erziehungsheim für Kinder von Gruppenmitgliedern. Die Trennung von der Evangelisch-Freikirchlichen Gemeinde Gronau, bei der sich 35 von 93 Ehepaaren Paul Schäfer anschlossen, erfolgte zur Jahreswende 1959/1960. Ähnliches gelang Paul Schäfer auch in Österreich. Dort liefen 30 Mitglieder der Grazer Pfingstgemeinde zu Schäfers namenloser Privatsekte über.

Wegen Ermittlungen der Staatsanwaltschaft gegen Paul Schäfer aufgrund von Anzeigen wegen Vergewaltigung von zwei Jungen, floh er 1961 mit zirka 150 Mitgliedern der Gruppe nach Chile. Dort gründete er die Colonia Dignidad, mit dem Versprechen auf ein „urchristliches Leben“. Er prophezeite eine drohende russische Invasion in Deutschland, um Zögernde umzustimmen. Mit gefälschten Papieren entführte er zugleich Minderjährige nach Chile, deren Eltern ihre Erlaubnis zu einer angeblichen Chorfreizeit gegeben hatten. In Expertenkreisen wird dies als „die größte Massenentführung in der Geschichte der Bundesrepublik Deutschland“ bezeichnet. Zurückgebliebene Eltern bemühten sich jahrzehntelang, ihre Kinder wieder nach Hause zu holen. Leider ohne Erfolg.

In Chile baute die Gruppe eine Colonie auf, in der sie streng abgeschottet von der Außenwelt lebte. Der Sektenchef empfing nur ausgewählte Besucher. Die Siedler konnten lange Zeit fast autark leben, da sie ein „Mustergut“ aufgebaut hatten, und dafür viel Bewunderung ernteten.

Zirka 300 Bewohner lebten in der Colonia Dignidad.

Sektenchef Paul Schäfer und die Führungsriege der Colonia Dignidad hatten enge Kontakte zu einem Unterstützernetzwerk in Deutschland und Chile. Während der Pinochet-Diktatur (1973-1990) wurde die Colonia Dignidad als Folterzentrum des chilenischen Geheimdienstes genutzt. Chilenische Oppositionelle wurden gefangen gehalten und als Zwangsarbeiter eingesetzt. Es wurden medizinische Versuche an Häftlingen durchgeführt. Zusätzlich wurden sie gefoltert und ermordet, ihre Leichen im Wald verscharrt. Die Sektenführung hatte die Reste später ausgraben und entsorgen lassen.
Offiziell wurde die Colonia Dignidad 2002 aufgelöst. Einige Bewohner blieben auf dem Sektengelände wohnen, andere verließen die Siedlung und bauten sich außerhalb eine neue Existenz auf. Zirka die Hälfte der ehemaligen Sektenmitglieder kehrte in den darauffolgenden Jahren nach Deutschland und Österreich zurück. Die meisten von ihnen sind physisch und psychisch schwer geschädigt.
2004 erkannte ein chilenisches Gericht Paul Schäfer des sexuellen Missbrauchs von 27 Kindern für schuldig. 22 weitere Mitglieder der Colonia Dignidad wurden für schuldig befunden, den Kindesmissbrauch vertuscht und die Justiz behindert zu haben. Sie erhielten Freiheitsstrafen von bis zu fünf Jahren.

2005 wurde der untergetauchte Schäfer in Argentinien enttarnt und festgenommen.

2006 wurde Paul Schäfer wegen Kindesmissbrauchs in 25 Fällen zu 20 Jahren Haft verurteilt. Es folgten weitere Verurteilungen, auch wegen Mordes.

2014 starb Schäfer in der chilenischen Haftanstalt Cauquenes im Alter von 93 Jahren.

Seit 2010 recherchiere ich als Journalistin über das Thema Colonia Dignidad. Ich habe vier Filme für verschiedene ARD-Sender gedreht, und an internationalen Dokumentarfilm-Produktionen mitgewirkt. Über die Jahre habe ich viele Kontakte zu ehemaligen Sektenmitgliedern in Deutschland, Österreich und Chile aufgebaut, und von ihren erschütternden Lebensgeschichten erfahren.

Da die strafrechtlichen und gesellschaftlichen Verbrechen noch immer unzureichend aufgeklärt sind, und wichtige Zeitzeugen schon sehr alt sind, entschied ich mich 2019, ohne Auftrag eines Fernsehsenders oder einer Produktionsfirma, privat nach Chile zu fliegen, um unterschiedliche Zeitzeugen zur Geschichte der ehemaligen Colonia Dignidad, darunter ehemalige und aktuelle Bewohner, zwangsadoptierte chilenische und deutsche sexuell missbrauchte Kinder, mit einer multiperspektivischen Auswahl von Interviewpartnern zu drehen.

Mit den lebensgeschichtlichen Interviews wollte ich meinen persönlichen Beitrag zur Aufklärung der Colonia Dignidad-Verbrechen leisten, und ein wichtiges Stück Zeitgeschichte festhalten.

Ich habe die Interviews mit meiner Systemkamera gedreht, größtenteils bei den Interviewten zu Hause – in verschiedenen deutschen und chilenischen Städten, ebenso in der ehemaligen Colonia Dignidad-Sektensiedlung, 400 Kilometer südlich von Santiago de Chile. Die meisten Interviews verliefen über viele Stunden.

Interview Iris Leiva Arevalo

Interviewführung: Anette Ende
Ort: Villa Baviera, Colonia Dignidad, Chile
Datum: 18.07.2019
Anmerkung: Tio ist der Spitzname von Paul Schäfer, die spanische Übersetzung für Onkel

Wann kamen Sie denn in die Colonia Dignidad?

„So 1967, denke ich. Ich war vier Monate alt und meine Mutter hat mich hiergelassen, weil sie krank war. Sie ist hier ins Krankenhaus gekommen, wo sie herausgefunden haben, dass sie Gebärmutterkrebs hat. Sie ist dann auch hier im Krankenhaus gestorben und ich bin geblieben, weil ich Polyneuritis hatte. Das hat sich damals nicht so typisch gezeigt, dass man das gleich hätte sehen können.
Ich bin eine ganze Weile im Krankenhaus geblieben, dann hat mich die Familie Seewald-Gruhlke adoptiert. Ich wusste nicht, dass ich nicht zu dieser Familie gehöre. Mir hat das nie einer gesagt. Ich habe nur gemerkt, da ist was anders in dieser Familie. Auch was meine Schwester Irmtraud betrifft. Ich habe immer gefragt, warum ich so schwarze Haare habe und Irmtraud nicht? Ich war irgendwie anders, ich gehörte nicht in diese Familie. Aber dass ich adoptiert wurde, haben sie mir nie gesagt.
Ich war verschlossen und zurückhaltend, habe nicht viel geredet in der Zeit. Wir waren als Kinder eine Weile in der Gruppe und haben Gruppenarbeiten gemacht, wie Kartoffeln aufsammeln und andere Sachen.
Eines Tages nach der Arbeit, da war ich acht, ist die Gruppentante auf dem Heimweg von der Arbeit einfach mit mir abgebogen, hat gesagt, komm, wir beide gehen jetzt mal woanders hin, und so kam ich in den Hühnerstall. Ab da war ich total abgeschottet von allen anderen Menschen, die ich bis dahin gekannt habe. Ich habe sie nie wieder gesehen.
Im Hühnerstall musste ich schwer arbeiten. Ich bekam ein extra Zimmer mit einem Bett zugewiesen, in das bereits meine ganzen Sachen gebracht worden waren, die ich im Kinderhaus hatte. Warum und wieso, das weiß ich bis heute nicht. Warum das so war, dass man mich da plötzlich vom Heimweg nach der Arbeit weggeführt hat. Dort habe ich vollkommen extra gewohnt, abgeschottet von allen anderen Menschen, die ich gekannt habe. Ich durfte noch nicht einmal alleine aufs Klo gehen. Es musste einer

mitgehen, der stand an der Tür und hat gewartet, bis ich fertig war, und ist dann wieder mit mir zurückgegangen.
Über elf Jahre habe ich dort gearbeitet. Schwer gearbeitet. Die ganze Zeit im Hühnerstall, das war wirklich kein Zuckerschlecken.
Der Schäfer hat mich auf dem Kieker gehabt. Der kam jedes Mal angefahren und hat groß gehupt. Dann hat er gefragt, na, wo ist denn diese Holdselige. Ja, die Holdselige war ich dann, die schwarze Holdselige war ich bei Schäfer immer. Ich hatte natürlich Angst und bin abgehauen, wenn ich schon gesehen habe, dass er auf den Hof gefahren kam. Ich bin hochgetürmt auf die Strohscheune, habe mich da versteckt, und Tante Hedwig hat mich wieder heruntergeholt, hat mich zu Schäfer gebracht. Das ging ein paarmal so.
Dann hat der Schäfer gefragt, warum läuft die denn immer weg? Tante Hedwig hat gesagt, die hat Angst vor dir. Wieso hat die denn Angst? Ich habe ihr doch noch nie was getan? Aber ich hatte Angst. Und dann, eines Tages, hat sie mich von der Strohscheune geholt, und Tio (Spitzname von Paul Schäfer) hat mich gefragt, du hast Angst? Warum hast du denn Angst? Weiß ich nicht, hab ich gesagt, ich habe Angst vor dir, weil …, ach, gar nix. Dabei hab ich ihn angstverzerrt angeschaut. Einmal hat er zu Tante Hedwig gesagt, wenn diese Schwarze noch mal so dämlich guckt, dann langst du ihr mal eine. Aber Tante Hedwig hat das nie gemacht. Sie war eine liebe Tante. Sie hat mich auch immer beschützt.
Bis der Schäfer eines Tages wieder ankam und gesagt hat: Was, du hast Angst? Warum bist du schon wieder in der Strohscheune? Warum hast du denn Angst? Ich hab gesagt, das weiß ich nicht, das musst du wissen. Das hat ihn dann so geärgert, dass ich so ein bisschen frech oder keck geredet habe, da hat er die Pistole gezogen, die er immer in der Hose mitgeführt hat. Ich sollte mich an die Wand stellen, und er hat sie mir hier draufgedrückt. Immer fester hat er gedrückt. Und dann hat er gesagt, so, du sagst mir jetzt, warum du Angst hast. Weiß ich nicht, hab ich gesagt. Dann hat er mich wieder gefragt, warum hast du Angst? Weiß ich nicht, musst du wissen. Das dritte Mal, als er mich wieder gefragt hat, bin ich lauter geworden und habe gesagt, das musst du doch wissen, warum ich Angst hab. Da hat er etwas den Finger an der Pistole gezogen, die er mir fest hier reingedrückt hat. Ich hatte so eine bammelige Angst, dass der mich gleich erschießt, habe meine Lippen gar nicht bewegt, habe nur nach oben geguckt und gesagt, in Gedanken: „Herr Jesus …“ Da flog ihm die Pistole aus der Hand. Er konnte nicht schießen, die ist ihm runtergefallen. Da hat er sich so über mich geärgert, dass er seinen Hund auf mich losgehetzt

hat. Er hat einen Schäferhund gehabt, der ist hinter mir hergejagt und ich bin gelaufen, gelaufen, bin gestolpert, der Hund auf mich drauf. Und dann hat der Schäfer geschrien, ja, beiß sie, fass sie, fass sie. Ich bin wieder auf und wieder weg. Tja.
Ich musste dann vollkommen alleine arbeiten. Ich musste zum Beispiel Futter mischen. Wir hatten damals diese großen Jutesäcke mit achtzig Kilo, aber ich war klein. Ich war vielleicht zehn Jahre alt. Und wer stand neben mir beim Futter mischen? Ich musste diese großen Jutesäcke, die achtzig Kilo wogen, alleine hochheben und in den Mischer reinfüllen, in die Schnecke rein. Und wer stand neben mir? Mit dem Stock oder mit dem Schlauch? Wenn ich das nicht geschafft habe – mir ist das immer weggerutscht –, dann habe ich eine oder zwei übergezogen gekriegt. Wieder von vorne angefangen. Hochgehoben, wieder abgerutscht. Wieder drei draufgekriegt. Bis ich es dann endlich einmal geschafft habe, so ein dickes Ding, so einen dicken Sack, hoch in die Schnecke zu wuchten. Er stand nur neben mir und hat mich geprügelt, weil ich es nicht geschafft habe.
Ja, das war so meine Jugendzeit. Also, die Jugendzeit war für mich nur Angst und Schrecken. Angst und Schrecken, Angst und Schrecken. Ich durfte auch keine Gemeindeausflüge mitmachen. Früher haben sie immer so Ausflüge gemacht. Da sind sie in die Felder gefahren. Ich durfte das nicht, ich musste immer arbeiten. Angeblich war das jetzt meine Strafe. Weil ich das böse Kind war. Weil ich so böse war, so unmöglich. Deswegen haben sie mich da wohl extra gehalten und ich musste arbeiten wie eine Verrückte.
Na ja, dann, ich weiß nicht wann, da war ich dann noch mal im Hühnerstall, habe eine Hütte gestreut, da kam jemand und hat mich umgriffen, so, und hat mir die Bluse aufgerissen, hat mich da überfallen. Ich habe geschrien und gestrampelt und habe gesagt, er soll mich loslassen. Aber er hat mich nicht losgelassen. Ich habe mich dann losgerissen und bin raus. In dem Moment fuhr da gerade einer auf der Straße. Der hat das weitergeplappert zum Tio (Paul Schäfer) hoch, und dann durfte ich drei Wochen lang im Stubenarrest verbringen. Nur bei Wasser und Brot. Dreimal am Tag habe ich den Hintern vollgekriegt. Also ich wurde dreimal am Tag verdroschen. Warum? Wieso? Ist mir bis heute unbekannt. Ich habe ja gesagt, ich bin nicht schuld gewesen. Ich habe mich ja gewehrt, ich habe ja geschrien, ich habe ja gesagt, lass mich los. Das war ein Überfall.“

Wer war das?

„Der Klausi, Klaus-Dieter Schmidtke, der jetzt in Deutschland lebt. Aber …“

Hat der Schäfer sich auch vergangen, sexuell?

„Ja.“

Können Sie das mal erzählen, wie das war und wie alt Sie waren?

„Also danach, das war noch … nein, das war danach glaube ich, da wohnte ich hier oben im Kinderhaus. Und er kam ja immer irgendwo plötzlich rein.“

Wie alt warst du da?

„Wie alt muss ich da gewesen sein? Da muss ich schon zwölf, dreizehn oder fünfzehn gewesen sein. Da hatte ich schon meine Regel und das alles. Ich war gerade im Waschraum und hatte meine Regel und er kam plötzlich rein. Ohne anzuklopfen. Ich war überrascht, dass er plötzlich dasteht. Ich bin hier, mich gerade am Wechseln, und er steht da in der Tür und sagt: »Bleib stehen.« Ich bin hoch, bin stehen geblieben. Ich hatte meine Regel und er hat zugesehen, wie das da gelaufen ist. Dann hat er mich rangezogen an sich, und ich habe mich gewehrt, ich wollte nicht, ich wollte das nicht, denn ich hatte ja nichts an. War mir höchst peinlich, aber er hat es nie geschafft, richtig, also, wie man so sagt, richtig sexuelle Sachen … das hat er nie gemacht mit mir. Hat er auch nicht geschafft, denn ich war irgendwie keck. Ich war irgendwie dreist und habe das auch nie richtig zugelassen, aber er hat mich dann da genommen und mich so gedrückt und immer diese komischen Bewegungen gemacht, wie sie sie immer so machen. Aber sonst hat er das so nie, nie geschafft. Habe ich auch nie zugelassen.

Ich habe noch was ausgelassen vom Hühnerstall. Ich wurde immer vom Hühnerstall weg zum Krankenhaus geholt. Ein Anruf hat gereicht und ich sollte da ins Krankenhaus gehen. Und da haben sie mich mit Drogen und allem bearbeitet. Injektionen und diesen Stromstab. Diesen Stromstab haben sie ja auch immer über den ganzen Körper gehalten, bis in die Vagina rein. Und der hat dann gebebt, der Körper, wer weiß wie.“

Wer hat das gemacht?

„Ich kann es nicht genau sagen. Die haben mir erst Injektionen gegeben. Dann war ich am Wegsacken, merkte aber, dass mir irgendetwas in die Vagina gesteckt wurde. Und ich habe so gemacht, ganz dolle so, und der ganze Körper hat gewackelt. Ich kann es nicht genau sagen. Ich kann mir ganz gut vorstellen, dass es Schwester Maria Strebe gewesen ist. Denn die hat meistens solche Sachen gemacht."

Wer hat die Rezepte für die Medikamente ausgestellt?

„Das weiß ich nicht. Ich weiß nur, dass es viele waren, ich bekam eine ganze Handvoll Medikamente. Wie nachträglich rauskam, waren das alles Drogen. Zum Schlafen musste ich dann so eine kleine grüne Erbse nehmen, auch irgendwas. Aber ich war ja nicht doof. Ich habe sie zwar genommen, aber ich habe sie nachher, als die Gruppentante weg war, wieder ausgespuckt und in die Matratze getan. Morgens habe ich sie dann, wenn ich rausmusste, mitgenommen, in den Schlüpfer gesteckt, in die Toilette geschmissen und hinuntergespült."

Warum leben Sie denn heute immer noch in der Villa Baviera?

„Ja, das ist eine schwere Frage. Ich persönlich habe schon manches Mal den Schlussstrich gezogen und gesagt, komm, ich haue jetzt von hier ab. Ich möchte hier nicht mehr leben. Aber irgendwas hält mich hier. Ich bin ja hier, seit ich klein war, und wir haben die ganzen Länder urbar gemacht, wir haben Sträucher ausgerissen, Steine gesammelt. Mein Tio (Adoptivvater) ist auch vor drei Jahren gestorben, und meine Eltern, also meine Adoptiveltern, haben sich sehr für dieses Land hier krummgelegt. Jetzt liegen sie hier alle auf dem Friedhof.
Ich meine, wegen dem ganzen Theater, der Geschichte, möchte ich hier weg. Aber das hält mich eigentlich, nur das. Wenn ich jetzt alles hinter mir lasse und sage, so, ich gehe jetzt, ich verschwinde jetzt – das fällt mir schwer. Weil draußen musst du dir alles wieder neu erarbeiten. Und das ist nicht leicht. Was will ich noch? Ich bin über fünfzig jetzt. Meine Gesundheit ist auch nicht mehr gerade die beste. Ich hätte so viel an mir zu tun, aber ich habe kein Geld, um diese Sachen zu bewerkstelligen. Deswegen habe ich auch erst mal eine Weile aufgehört, zu arbeiten. Ich arbeite bei mir zu Hause. Von der menschlichen Seite her möchte ich schon

längst hier weg. Wir haben uns schon paarmal besprochen, dass wir von hier wegwollen. Aber wo wollen wir hin? Wo sollen wir wieder was Neues anfangen? Das ist schwer."

Was ist denn Ihr Wunsch bezüglich Colonia Dignidad? Was wünschen Sie sich noch über dieses Thema?

„Was ich mir wünsche, worauf ich jetzt schon lange warte, ist ein Grundstück, um meinem Sohn eine gute Zukunft zu hinterlassen. Ich habe schon einige Male geweint und gesagt, was kann ich meinem Sohn geben? Ich selber habe nicht studiert, ich selber habe fast keine Schule gehabt. Ich kann zwar gut rechnen, schreiben, lesen, aber ich kann ihm nichts Großartiges beibringen. Ich kann ihm nicht helfen. Worüber ich wütend bin, ist, dass uns so viel vorgeflunkert wird wegen der ganzen Landstücke hier. Wir kriegen was, wir kriegen was und am Ende kriegen wir gar nichts. Worauf ich immer noch hoffe, ist, dass wir vielleicht irgendwo doch noch mal ein Landstück kriegen, auf dem ich meinem Sohn ein Haus bauen kann, denn mein Sohn will hier drin bleiben. Er hat gesagt, er will ein Haus hier haben, ein zweistöckiges Haus. Er will mit seiner Frau darin wohnen. Er möchte nicht nach Parral, er möchte nicht in der Stadt wohnen. Was er später macht, wenn ich nicht mehr da bin, ist seine Sache. Aber ich möchte ihm was zurücklassen, womit er wirklich einen guten Anfang hat. Außerdem, ich habe ja ein Haus in Parral, da kann er auf jeden Fall wohnen. Aber ich möchte ihm was Gutes hinterlassen. Das ist mein Wunsch. Dass mein Sohn besser leben soll, als ich gelebt habe. Dass er keine Geldnot hat, dass ich ihm was vorbereite, dass er nicht in Not ist, kein Geld hat, betteln muss. Was wir alles hinter uns gebracht haben, die ganze Zeit, in der wir gar nichts hatten, nur gearbeitet haben wie verrückt und nicht einen Peso gekriegt haben."

Weiß Ihr Sohn, was sich hier abgespielt hatte für Sie?

„Ja, ich habe ihm schon einiges gesagt. Er hat es auch damals durch meinen Papa mitgekriegt, weil Mutti und Papa im Gefängnis waren. Und da hat er mich schon immer gefragt, warum er im Gefängnis ist, der hat doch nichts Böses getan. Warum ist das so? Das habe ich ihm dann erklärt."

Wer waren Ihre Adoptiveltern?

„Gerd Seewald und die Doktora Gisela Seewald-Gruhlke."

Ja, danke.

„Noch eine Sache: Heute ist es so, dass mein Sohn sich wundert, dass ich mit ihm so viel … oder er kommt und umarmt mich und sagt: Mama, ich habe dich gern. Dann gehe ich zu ihm hin, sage, ja, ich habe dich auch gern. Ich habe dich lieb, ich möchte auch alles tun für dich, was wir früher nicht hatten. Da hat er dann mal aufgehorcht und gesagt, Mama, hattest du früher keine Mama, die dich mal lieb hatte, die mit dir gekuschelt hat? Ich hab gesagt, nein, habe ich nie gehabt. Und deswegen möchte ich das alles dir zurückgeben, was mir gefehlt hat. Da hat er mich ganz doll umarmt."

Interview Astrid Tymm

Interviewführung: Anette Ende
Ort: Los Angeles, Chile
Datum: 25.07. 2019
Anmerkung:
Galpon – Schuppen
Fundo – Grundstück der Colonia Dignidad
Perci – Fluss Perquilauquén
Tourismo – Tourismus
Villa Bavaria – heutiger Name für die Colonia Dignidad

Können Sie mal erzählen, wie Sie zu Schäfer gekommen sind?

„Ich bin in Deutschland, Gronau, Westfalen, geboren. War das zweite Kind. Meine Eltern kamen beide aus dem Krieg, waren Kriegsgefangene und hatten es am Anfang sehr schwer in Deutschland. Wir waren insgesamt fünf Geschwister, ich bin die Zweitgeborene. Ein Junge, vier Mädchen. Mein Vater hat im Ruhrgebiet gearbeitet und kam, soweit ich mich erinnere, nur jede zweite Woche nach Hause. Sonst war er gar nicht daheim. Wir haben uns immer gefreut, wenn er kam, sind sonntagmorgens in sein Bett gekrochen, wenn Papa noch schlief. Ich habe fast nur wirklich schöne Erinnerungen an meine Kindheit. Meine Mutter war sehr lieb. Grundsätzlich waren wir auch liebe Kinder, was unsere Eltern uns auch sagten. Harald war der Älteste und er hat sich viel um uns gekümmert, war immer ganz lieb zu seinen jüngeren Geschwistern, seinen jüngeren Schwestern.
Papa hat erzählt, sie haben immer bei einem Bäcker Brot gekauft. Sie waren Baptisten, gingen in die Baptistengemeinde in Gronau. Papa kam dann in diese Mission, ob Papa oder Mutti oder beide, das weiß ich nicht. Sie haben von heute auf morgen den Kontakt mit diesem Bäcker aufgegeben, ohne ein Wort mit ihm zu sprechen. Papa tat das später so leid. Er sagt, das würde ich heute nicht mehr machen. Ohne irgendeinen Kontakt. Was sollte der Bäcker davon halten?
Das muss wohl 1961 gewesen sein, da ist Papa nach Heide gefahren, in diese Private Soziale Mission, hat dort mitgearbeitet am Heide-Haus. Er war Maurer. Und Mutti ist dann mit den Geschwistern nach Beinrode zu

den Laubes. Erich Laube und Elfriede Laube. Sie hatte ihre kleinen Kinder mit. Vor allem die Erika war noch sehr klein. Onkel Erich mochte die Erika so gerne und Erika hat immer Papa zu ihm gesagt, wie die anderen Kinder auch. Nachher hatte sie Probleme, ihren Papa wiederzuerkennen. Das geschah erst wieder in Chile.

Wir haben Papa dann gar nicht mehr gesehen. Nachher waren wir auch in Heide. Zuerst aber blieben wir in Gronau, Harald und ich. Wir mussten unsere Klasse, er war zweite Klasse, ich erste, zu Ende machen. Wir lebten bei Mariechen, bei Maschke. Die lebte auch in Gronau. Wir fuhren später auch beide nach Heide. Da hat der Harald gesehen, auf dem Koffer steht „Santiago de Chile“. Und da sagte er, Mutti, ich weiß, wo wir hinfahren. Nach Chile. Sie: Woher weißt du das? Denn sie hatten uns das ja gar nicht verraten und gesagt. Ja, da steht „Santiago de Chile“ auf dem Koffer.

Und dann sind wir mit dem Zug bis Genua gefahren. Ich muss wohl irgendwas vom Schiff gehört haben, denn ich habe gesagt, Mutti, ich würde so gerne mal mit dem Schiff fahren. Da kann ich mich noch so ganz schwach erinnern. Wir sind dann bei Genua aufs Schiff. Ich kann mich nicht erinnern, aber Mutti sagt, ich war nur seekrank. Jedes Mal, wenn wir an Land gingen, durfte ich mit aussteigen. Aber daran kann ich mich nicht mehr erinnern. Woran ich mich erinnere, das war, als wir auf dem Mittelmeer waren.

Das Mittelmeer war sehr unruhig, große Wellen, wir mussten unsere Bullaugen verschließen. Ich schätze, wir waren zweiter Klasse, oder dritter, ich nehme an, zweiter. Wer sein Bullauge nicht zugemacht hat, bei dem schoss das Wasser rein bis in die Betten. Wir hatten einen, der war praktisch der Diener, der immer für uns gesorgt hat. Wir waren ja fünfzig Kinder. Insgesamt siebzig Erwachsene und fünfzig Kinder auf dem Schiff. Morgens ging es immer zum Frühstück im großen Saal. Da waren fast nur wir, wir waren alle evangelisch. Nur ein paar waren katholisch, die waren separat für sich. Da waren dann auch zwei große Säle, katholisch, evangelisch getrennt.

Wir haben viel Spaß gehabt auf dem Schiff. Ich war schon bei den Großen und nicht mehr bei Mutti in der Kabine. Ich war im Oktober sieben geworden. Na ja, das sind so Erinnerungen.

Als wir im Norden von Afrika waren, kamen die Neger aufs Schiff. Die Kellner haben uns gewarnt, wir sollen aufpassen, die klauen. Wir waren mit Tante Paula Gerlach und Edith Gerlach in einer Kabine und haben uns immer in der Kabine selber gewaschen. An einem Handwaschbecken. Ich war gerade dabei, Füße hoch und dann im Becken, halb ausgezogen, da kam der erste Neger rein. Tante Paula konnte immer gut schimpfen. Die hat ihn angewettert. Der war sofort raus. Wir hatten nur Vorhänge davor, weil es so heiß war. Es war ja im Sommer furchtbar heiß. Kurz danach stand der zweite Neger in der Tür. Den hat sie wieder rausgewettert. Es dauerte nicht lange, da kam wegen des Lärms Onkel Avanti in die Kabine. Sie dachte, der dritte Neger kommt in die Kabine und hat ihn angeschrien. Wir Kinder sagten Onkel Avanti. Da haben sie sich so kaputtgelacht, das ist noch so eine Episode.

Wir Deutschen hatten viele Äpfel mit und haben die Äpfel ins Meer geschmissen. Die Neger sind getaucht und wir haben immer geguckt und die weißen Fußsohlen gesehen. Sie haben die Äpfel rausgeholt. Sie haben uns Ananas geschenkt und wir ihnen die Äpfel. Und wir haben die Ananas gegessen. Ich weiß noch, die waren so süß und saftig. Daran kann ich mich noch gut erinnern. Ja, diese Schifffahrt, die war schon interessant. Wir sind die Straße von Gibraltar durchgezogen worden. Nachher der Panama-Kanal – da waren die Schleusen. Wir waren alle an Deck und haben geguckt, wie das Wasser sich ausgeglichen hat, mit dem Atlantischen Ozean. Atlantischer und Pazifischer und sind dann an der Küste entlang bis Valparaiso. Aber davon weiß ich nichts mehr. Ich weiß nur von Mutti, dass wir eine sehr beschwerliche Busfahrt hatten. Ein chilenischer Kleinbus. Der war vollgepfropft, Mutti hatte ein oder zwei Kinder auf dem Schoß, in einer Affenhitze, und dann bis Parral, und von dort bis zum Fundo. Das war ein Staub, da waren noch Kiesstraßen. Das muss wohl sehr beschwerlich gewesen sein. Die Berge da runter.

Wir kamen dort an und Papa war gar nicht da. Das weiß ich von der Mutti, die Waltraud, meine etwas jüngere Schwester, die ging herum und fragte: Wo ist der Papa? Die Ersten gefragt, den nächsten gefragt, bis sie rausgekriegt hat, wo der Papa ist. Dann hin zum Papa, wo schläft der Papa? Der schlief noch. Papa geweckt, Papa, wir sind schon so lange da und du schläfst immer noch. Sie hatten die ganze Nacht gearbeitet, weil sie so spät mit dem Bau des Kinderhauses angefangen hatten. Da stand überall an den Türen, wer in welchem Zimmer schläft.

Wir wurden in Gruppen eingeteilt, jeder bekam sein Zimmer und in den Zimmern lagen Strohsäcke auf der Erde. Ein Strohsack neben dem anderen. Ich kann mich erinnern, dass wir viel Spaß hatten. Wir haben die Strohsäcke herumgeschmissen und sind herumgeturnt. Und nachher waren die alle platt, sonst kugelten wir ja alle runter, weil die rund gestopft waren. Frische gestopfte Strohsäcke waren immer toll. Es roch so schön nach dem Stroh. Einmal im Jahr mussten sie geleert werden, weil die dann platt und nicht mehr schön waren. Dann wurden sie neu gestopft. Das haben wir nachher selber gemacht. Das war schön.

Ja, so schliefen wir jetzt ganz dicht an dicht nebeneinander. Ich hatte dann mal neben mir eine Nachbarin, die so sehr gestrampelt hat. Ich lag nachher schon fast quer im Bett und die hat immer noch gestrampelt. Das war schlimm, so dicht zu liegen. Außerdem war es ein Problem, wenn einer Bettnässer war, und das passierte häufig bei diesem Wechsel von Deutschland nach Chile. Dann wurde der andere auch nass. Und das war nun auch wieder nicht schön.

Wir sind erst barfuß gelaufen und es war so furchtbar heiß, da haben wir uns von so einem kleinen Schuppen von den Chilenen, die da gewohnt haben, Teerpappe vom Dach abgerissen. Wir haben uns die mit Bändern unter die Füße gebunden, um zu laufen, weil wir uns sonst die Füße verbrannt hätten. Aber wir mussten Schuhe sparen, weil wir ja sonst nichts hatten.

Dann sind wir später rüber zum Nachbarhaus, heute ist es das Restaurant Zippelhaus. Da war alles voller Büsche und Bäume, auch rings ums Kinderhaus, wo wir gespielt haben. Ich gehörte zu den kleineren Gruppen. Die nächste Gruppe über uns, die hat sofort gearbeitet. Wir nicht, wir haben gespielt. Aber wir haben geholfen. Da ging´s zum Nachbarhaus, Bretter rübertragen. Später haben wir Nägel rausgezogen, die wurden gerade geklopft. Und so kleine Arbeiten, die haben wir gleich gemacht.

Spielzeug gab es nicht. Wir haben oft so Bretter genommen, ein Brett quer, ein Band dran gebunden. Die Kleinen nutzten das dann als Auto. Wir hatten schöne Steine zum Spielen. Und ab und zu hatten Kinder einen Knicker mitgebracht. Oder wenn es mal eine Süßigkeit gab, dann hatten wir noch dieses Silberpapier. Ein paar hatten noch was aus Deutschland mitgebracht, so schöne Silberbildchen. Aber grundsätzlich gab es nichts. Und jeder hatte dann seinen Schatz. Ein Knicker, ein paar schöne Steine, schöne Hölzer. Das war dann ein Schatz. Na, ich hatte nicht so viele schöne Schätze.

Am Anfang war ich nicht trottelig, später ja. Ich war immer sehr gewieft und habe schnell meine Antwort gehabt. Und ich habe mir nicht so schnell was sagen lassen. Ich habe immer rasch geantwortet und dafür so viel draufgekriegt. Also ich wurde beschimpft. Ich kann nicht sagen, dass wir von Anfang an geschlagen wurden, aber in den nächsten Jahren wurde ich sehr viel geschlagen. Oft war der Grund, dass die Wäsche kaputt war. Wir sind rausgegangen, haben Brombeeren und Hagebutten gepflückt, sowie Brombeerblätter, wenn die frisch kamen, und davon Tee gekocht, Brombeerblättertee. Bei diesen Dornen und dem Gebüsch sind die Sachen zerrissen. Es gab ja auch keine neuen Sachen. Dann kamen die in die Nähstube und wurden geflickt, aber dann war da wieder ein Loch. Alles, was kaputt war, mussten wir melden. Und dieses Melden war schrecklich. Der Gruppentante melden. Die Schuhe waren kaputt und man lief so lange, bis es nicht mehr anders ging. Ich hatte immer Probleme, zu melden. Ich habe bald jeden Tag im Durchschnitt Dresche gekriegt, weil ich nicht gemeldet hatte, wenn was kaputt war. Vor lauter Angst, ich kriege sie, habe ich dann nicht gemeldet. Das war so ein Teufelskreis. Das habe ich fast schon alles vergessen. So weit liegt das zurück.

Dann war da eine Begebenheit. Das war zu Weihnachten. Das muss im zweiten Jahr gewesen sein. Das erste Jahr glaube ich, weiß ich gar nicht, ob wir es überhaupt gefeiert haben. Das zweite Jahr zu Weihnachten sind wir alle zum Galpon. Das ist der Fundo-Eingang am Perci unten. Das war eine schöne Badestelle. Da ist die ganze Gemeinde hingefahren und wir haben gebadet. Auch wir Kinder. Ich war mit im Wasser. Einmal die Jungen, einmal die Mädchen, schwimmen. Und da waren die größeren Knappen. Wir sagten immer, große Knappen, mittlere Knappen. Die haben da gebadet und dann kam der Weihnachtsmann auf einem Boot herbeigefahren. Wir waren natürlich alle aufgeregt … oh, da war der Weihnachtsmann, das war ein Hallodri. Wie das alles geschah, weiß ich nicht, aber der Weihnachtsmann ertrank. Ich kann mich nicht mehr daran erinnern, wie meine Reaktion war. Meine Freundin, die ist ein Jahr älter als ich, Astrid, hatte gesehen, der war nicht ertrunken. Er hat unterm Wasser seinen Mantel und seine Sachen ausgezogen und kam in der Badehose wieder an den Strand, und keiner hat ihn erkannt. Die Größeren ja, die Kleinen nicht. Für die kleinen Kinder war der Weihnachtsmann untergegangen, ertrunken. Also gab es ab der Stunde kein Weihnachten mehr. Keinen Weihnachtsmann, und der konnte ja auch keine Geschenke mehr verteilen. Wir haben das so hingenommen als Kinder, ich kann mich da an meine Reaktion selber nicht mehr erinnern. Aber ich weiß, dass dies stattgefunden hat.

Und dann hatten wir ein Weihnachten, da wollten wir auch mal eine Wurst essen, weil es gab nur Fleisch von dem, was gejagt wurde. Das war Kaninchenfleisch. Das gab es öfter. Dann gab es für die Kinder so ein kleines Stückchen am Sonntag. Am Sonntag gab es Fleisch. Und sonst gab es mal Schweinefleisch. Ich weiß nicht, woher wir das hatten. Aber dieses fette

Schweinefleisch mochten wir alle nicht. Wir Kinder sagten, Schweinefleisch mit Borsten. Und das war schrecklich. Das mochte keiner. Das fand man oft unter den Tischen wieder, andere haben das draußen ausgespuckt. Manche haben es runtergeschluckt. Ich weiß, ich habe es mit lauter Verachtung runtergeschluckt. Ich war nicht so schlau, das auf die Erde zu spucken. Ich habe mich nie getraut. Na ja, das sind so kleine Dinge. Und dann gab es zu Weihnachten Würstchen, die wurden aus Parral gekauft. Das waren diese kleinen Wiener Würstchen, die waren aber nicht mehr ganz frisch. Und am Weihnachtstisch wurde gesagt, also seid so gut und pellt eure Würstchen ab, sie sind nicht mehr so ganz frisch. Da gab es Kartoffelsalat mit Würstchen. Das war mein Lieblingsessen. Wir haben uns gefreut, es gab mal eine Wurst. Das war im zweiten oder dritten Jahr, genau weiß ich auch nicht mehr. Dann ging es schon bald raus auf die Äcker.

Wir hatten im ersten Jahr keine Schule. Ich ging in Deutschland in die erste Klasse und war in der Schule gut gewesen. Dann, auf dem Schiff, hatten wir auch Schule. Da ging ich in die zweite Klasse. Mein Rechenbuch blieb, weil das die meisten von uns hatten, dasselbe Rechenbuch. Aber ich hatte ein neues Lesebuch. Und zwar hatte ich in Deutschland Ganzwort gelernt und bekam nun ein Lesebuch mit Buchstaben. Das war für mich schon eine große Umstellung. Dann dieser Wechsel. In Chile ein ganzes Jahr überhaupt keine Schule, dann im zweiten oder dritten Jahr erst wieder. Und zwar die ersten Klassen. Und weil wir das noch alle von Deutschland kannten, bekamen wir eine Ostertüte zur Schuleinweihung. Ich hatte so eine schöne, große Ostertüte. Ich habe noch ein Bild davon. Und die bekamen dann nur die Kinder der ersten Klasse. Die anderen nichts mehr.
Die erste Klasse hatte leider nur eine Tafel für die ganze Klasse. Siebzehn Schüler und eine Tafel. Die Kinder mussten nacheinander Schularbeiten machen und dann die Tafel vorzeigen. Meine jüngere Schwester Christel hatte es sehr schwer. Die Christel hat es alleine nicht geschafft, die Buchstaben zu schreiben. Und sie hatten ja keine Hilfe. Die Lehrerin hat ihnen nicht geholfen, sie hat nur gesagt, das ist schlecht, hat es durchgestrichen und eine Fünf drübergeschrieben. Und Christel dann zu Paul Schäfer geschickt. Dort gab es immer Schelte, und das wurde natürlich nicht besser.

Ich kam in die zweite Klasse und wurde bereits ziemlich am Anfang krank, denn wir haben viel Wasser aus den Wasserrinnen getrunken. Das waren die Wasserrinnen, die von oben von den Bergen kamen, wo noch die Chilenen gewohnt haben, wo noch Tiere gehaust haben. Das war kein sauberes Wasser. Aber wir hatten so viel Durst und aus dieser Rinne Wasser getrunken. Das durften wir nicht. Das war verboten. Aber die Gruppentante, sie war mehr die Krankenschwester, sagte, wenn sie oben am Graben war und den Kindern sagte, ihr dürft hier nicht trinken, dann waren die anderen unten an der Wasserrinne. Wir waren ja sehr viele Kinder am Anfang. Sie wurden uns nicht Herr. Wir hatten viel Gelbsucht und lagen im Krankenhaus auf dem Flur. Wir hatten eine ganz schlechte Krankenhausbetreuung. Die hatten nichts für die Kleinen, für die Babys, wenn die Durchfall hatten, nicht mal eine Banane. Die Schwester, die die Kinder betreut hat, die kranken, die hatte viel Not, die Kinder durchzukriegen.

Als ich in der zweiten Klasse war, ziemlich am Anfang, bin ich auch krank geworden. Später sagte man mir, es sei Gelbsucht oder Typhus. Ich weiß es selber nicht, weil dieses Papier mit der Diagnose nicht mehr existiert. Da lag ich über acht Wochen im Krankenhaus, und mit mir Ingrid Laube. Später war das das kleine Zahnarztzimmer, aber als wir da lagen, war es die Isolierstation. Diese acht Wochen fielen genau in die Schulzeit in Chile. Die hat mich so doll zurückgeschmissen, diese Zeit, ich bin da sehr sehr schwach geworden. Ich habe nicht gegessen. Ich habe jeden Tag Penicillin-Spritzen gekriegt. Morgens eine, abends eine. Ich wurde oft in nasse Tücher gewickelt, muss also Fieber gehabt haben. Und nachher habe ich noch lange Brausetabletten gekriegt zur Stärkung. Jeden Mittag ein Glas Brause, das war etwas Schönes. Ach, diese erfrischende Brause. Und später Möhrensaft, lange Möhrensaft, um die Krankheit auszuheilen. Aber dadurch war ich sehr zurückgeworfen in der Schule. Ingrid und ich mussten Schularbeiten, die wir versäumt hatten, nachholen, und mit den anderen trotzdem auch mitmachen. Wir beide haben ganz schlechte Zeugnisse bekommen. Obwohl ich in der ersten Klasse ein sehr gutes Zeugnis hatte, hatte ich in der zweiten Klasse ein sehr schlechtes, und dann gab es überhaupt keine Zeugnisse mehr. Ab da fing es auch an, dass die Schule zum Druck wurde. Für mich eine ziemlich schlimme Zeit. Eigentlich fing es ja schon mit der zweiten Klasse an, im zweiten, im dritten Jahr mit dem Melden. Ich hatte ja nie gemeldet, wenn was kaputt war. Mein Zahnbecher wurde kaputt, aber ich habe es nicht gemeldet. Ich habe ihn immer umgedreht. Meine Schuhe wurden kaputt, aber ich bin noch immer drin gelaufen, habe das nicht gemeldet. Was auch immer war, andere haben ihre Sachen abends rausgelegt, und die Gruppentante hat die gestopft. Ich hatte vor lauter Angst, dass geschimpft wird, nichts rausgelegt. So kam ich immer mehr in Stress. In selbst verursachten Stress, und ich hatte keine Bezugsperson. Wir konnten nicht zu Mutti gehen, wir konnten nicht mit Mutti sprechen. Mutti war auf einmal weg. Früher war sie bei den Kleinen, aber auf einmal war sie weg. Papa haben wir überhaupt gar nicht gesehen. Die haben gearbeitet draußen in den Tälern. Ich weiß, dass Mutti nachher im Tal gekocht hat, für die Landwirte, die alle auf den Maschinen waren. Und das war sehr schwer, dieser innere Druck, diese Einsamkeit, als Kind keine Person zu haben, keine Eltern.

Wir gingen jeden Tag raus in die Gärtnerei, Unkraut jäten. Vorher mussten wir auf die Äcker, Steine sammeln und Sträucher ausreißen. Manchmal waren wir die ganze Woche draußen. Samstagabend war immer Gemeindeversammlung. Abends kamen alle zusammen und da wurde besprochen, was anlag. Wenn Onkel Walter am Samstag aufstand und sich meldete, dann wussten wir, jetzt kommt Sträucher ausreißen für den Sonntag. Da haben alle Kinder schon gestöhnt. Dann fuhren wir raus.
Die Berge waren aus Lehm. Im Winter war das Frost. Und wenn der Frost auftaute, gab es Matsch. Bei diesem Matsch ist der Wagen gerutscht und kam nicht hoch, blieb am Berg hängen. Ich kann das jetzt nur von mir sagen, aber je später wir losfuhren, je mehr der Frost aufgetaut war, desto besser für mich, für uns Kinder. Denn dann kamen wir gar nicht hoch auf den Acker. Dann brauchten wir auf dem Acker nicht zu arbeiten. Wir sind immer auf offenen Lastern losgefahren, auch im Winter. Wir mussten alle absteigen, und am Waldrand Zweige pflücken und Zweige abbrechen. Ob da einer Zweige holte, oder nur ein bisschen stand, da gab es keine Kontrolle. Die Zweige wurden dann unter die Räder gelegt und alle schoben den Wagen aus dem Matsch. Das war dann so das Alltägliche – den Laster aus dem Matsch rausschieben. Ich weiß nicht, ob man sich das in Deutschland vorstellen kann, der Wagen fängt an zu rutschen und er rutscht nach einer Seite weg, entweder zum Berg oder zum Hang. Jetzt kannst du so ja nicht fahren. Krrrrrr. Und es gibt immer mehr Matsch. Ich weiß, dass ich mich jedes Mal gefreut habe. Einmal sind wir noch am Abend auf den Acker gekommen. Dann sind wir noch kurz einmal darüber gelaufen, Steine sammeln und dann war Feierabend.
Das war, solange noch Büsche und Bäume auf dem Acker waren. Dann hat immer ein Erwachsener mit ein oder zwei Kindern gearbeitet. Du hast die Äste genommen und auf den Haufen getragen. Da gab es nicht direkte

Kontrolle, man war nur mit einem Erwachsenen zusammen. Aber als der Acker dann frei war, gingen die Erwachsenen nur noch hinterher und haben aufgepasst, dass keiner stand, dass jeder fleißig war, dass wir nicht miteinander geredet haben.
Diese Sackschürzen voll Steine auf die Laster heben. Das war sehr schwere Arbeit. Im Winter standen oft die Kleinen am Auspuff des Wagens und haben ihre Hände gewärmt, weil alle blau gefrorene Hände hatten. Unsere Füße und Hände waren angefroren. Wir hatten Frostblasen, manchen waren die Ohren angefroren. Das war eine ganz schwere Zeit für uns. Immer raus. Immer arbeiten. Immer unter Aufsicht. Abends nach Hause, da mussten die Schuhe sauber sein, also mussten wir Schuhe putzen. Alles musste sauber sein, wir mussten gewaschen sein. Das war hart. Sehr, sehr hart.
Später sind wir dann in die Gärtnerei gegangen und haben jeden Tag Unkraut gejätet. Da ich ein bisschen langsam war – ich war grundsätzlich ein langsamer Typ –, hing ich immer hinten. Es fingen immer alle zusammen an, jeder hatte seine Reihe. Erbsen jäten, Bohnen jäten, Kohl jäten, oder was auch immer da war. Meistens haben wir gejätet, wenn das Unkraut schon groß war. Da haben sie dann oft so krumme Wurzeln, diese Pflanzen. Da sind die Bohnen und der Kohl und du siehst nicht, wo die Wurzel vom Unkraut ist. Du hackst da rein, weil da die Wurzel ist, aber es war die Staude. Ach, ich habe eine Kohlpflanze rausgehackt. Und dann gingst du schon wieder melden bei der Gruppentante. Na ja, das war auch ein großer Stress. Für mich war das Ganze Stress und Angst. Ich habe gedacht, später, wenn ich einmal sage, ich habe vierzig Jahre lang unter Stress und Angst gelebt, das wird mir kein Mensch abnehmen. Aber als ich anfing, mit den anderen zu reden, wusste ich, dass es den anderen auch so ging. Viele haben Angst gehabt, du wirst beschimpft. Vor allem kam das oft aus heiterem Himmel. Ohne dass du was geahnt hast, kam: Was machst du da? Warum stehst du da?

Später kamen wir langsam in Berufe. Bei uns in der Gruppe gingen dann erst die fünf Großen. Die kamen schon so direkt aus der Gruppe raus.
Bei mir war das ganz komisch. Die Gruppentante rief mich und sagte, Astrid, morgen kannst du mal mitgehen in den Hühnerstall. Da war schon eine von den Älteren, die hieß Sieglinde. Morgen kannst du mal mit Sieglinde mitgehen in den Hühnerstall. Du kannst ihr da helfen. Sie hat nicht gesagt: Astrid, du bist jetzt die Nächstälteste, die brauchen eine Hilfe, du kommst ab jetzt in den Hühnerstall. Du musst ein bisschen lernen, und

dann im Hühnerstall bleiben. Ich habe gedacht, ich gehe jetzt für einen halben Tag. Ich habe keinen Spaß gehabt, überhaupt zu arbeiten.

Ich habe noch eine Epoche nicht erwähnt. Von diesen Jahren des Aufpassens war ich, wie soll ich das sagen, voller Angst und Spannung, hatte das Gefühl, nichts wert zu sein. Ich dachte, ich tauge für nichts. Ich wusste, ich bin unfähig. Ich weiß nichts. Und zwar fing das 1970 an. Wir kamen von der Gärtnerei nach Hause, das war am 7. Januar 1970, da hatten die Erwachsenen um das Kinderhaus herum alle Büsche weggehackt. Das war totaler Kahlschlag. Dann haben sie von dem kleinen Waschhäuschen, das auf dem Hof stand – da waren die gemeinsamen Toiletten und Waschräume – die Türen ausgehängt. Die waren in Orange gestrichen, der Malermeister hatte sie extra für die Kinder ein bisschen hübsch gemacht, farbenfroh. Die wurden ausgehängt und das Orange mit einem Blaugrau überstrichen. Außerdem wurden große Fenster eingesägt. Unten hohe Fenster, und in Augenhöhe zwei. Jetzt konntest du vom Hof schon reingucken in die Außentoiletten, ist da jemand oder nicht? Das war ein so Riesenschreck für uns, dazu haben die Erwachsenen alle böse geguckt. Wir haben gemerkt, irgendetwas stimmt hier nicht. Wir sind alle voller Angst und Schrecken ins Bett gegangen. Und am nächsten Tag ging das gleich los. Die Gruppentanten: Was machst du hier? Was machst du da? Warum sitzt du immer da? Setz dich mal gefälligst woanders hin. Wir hatten jeder unseren Platz beim Essen, wo wir immer saßen. Plötzlich kommt: Warum sitzt du immer da? Setz dich gefälligst auf die andere Seite. Da habe ich gewusst, ah, ich soll wohl nicht zu den Herrentischen gucken.

Mir hatte nie einer gesagt, mach das nicht oder guck auf deinen Teller. Es ist nicht gut, wenn ihr immer rumguckt. Das wurde nie gesagt. Du kriegtest nur eine drauf und so hast du gelernt, ah, das tue ich lieber nicht. Ah, da darf ich nicht hingucken. Wir durften nicht zu den Jungs schauen. Ab da, als die Schule wieder anfing, war sie getrennt in Jungs und Mädchen. Vorher hatten wir zusammen Unterricht, aber ab da war es getrennt. Und wir blieben im Kinderhaus. Wir haben im Kinderhaus geschlafen. Wir haben im Kinderhaus gegessen. Wir haben uns das Essen rübergeholt. Wir durften gar nicht mehr in den Zippel gehen. Also Zippel, das heutige Restaurant nannten wir Zippelhaus. Wir haben Schularbeiten gemacht, Schule gehabt – alles in einem Haus. Wir hatten dort auch unsere Freizeit, also Feierabend. Auch im Haus. Alles in denselben Räumen. In einem Zimmer, es war ein Dachzimmer, es hatte so ein spitzes Dach und da waren Balken, hatten wir Schule und mussten die Schularbeiten machen.

Wir hatten Schularbeiten und Schule in einem Dachstuhl im Kinderhaus oben, erster Stock. Balken hier und Balken da. Nun hatten wir hier eine Tischreihe, und hier eine Tischreihe. Und hier waren Balken. Da wurden plötzlich Lampen angebracht, damit wir es heller hatten, obwohl wir zwei große Fenster hatten. Wir hatten keinen Mangel an Licht, trotzdem sollten wir mehr Licht haben. Mir haben sie nicht gefallen, aber es sollten schöne Naturlampen sein. Heute würde ich sagen, da waren ganz sicher die Kameras drin. Denn die waren so gerichtet. Und vorne saß die Gruppentante. Gruppentante, Lehrerin, Schulaufsicht. Alles in einer Person. Wie soll man da lernen? Ich war nicht fähig zu lernen. Geschichte, Erdkunde, Naturkunde, was auch immer für Fächer waren, ich habe mir einen Absatz durchgelesen und wenn ich fertig war, wusste ich nicht mehr, was da drin stand. Ich habe zum Teil versucht, auswendig zu lernen. Ich hatte nur schlechte Noten, ich war unfähig.
Dann hatten wir zeitweise im Freihaussaal Schularbeiten. Da wurde mit Tischen ein großes U gestellt und alle saßen draußen. Jetzt hatten wir zu zweit Bücher. Wir durften nicht aufgucken, sondern mussten uns auf die Schularbeiten konzentrieren und lernen. Wir durften kein Wort miteinander sprechen. Wenn einer was wollte, musste er sich melden. Rechnen musste ich noch machen, aber die zweite, meine Companera, hat das Rechenbuch. Also konnte ich jetzt nur lesen oder schreiben. Jetzt brauchte ich das Erdkundebuch von ihr, aber sie war noch damit beschäftigt, also meldete ich mich. Dann mach doch gefälligst was anderes. Du kannst doch auch was anderes machen. Dann habe ich mein Buch genommen und gedacht, so was habe ich jetzt noch auf? Was muss ich lernen? Und habe so getan, als würde ich lernen. Was muss ich jetzt lernen? Welches Fach habe ich noch? Wie komme ich jetzt an das Buch? Ist das Buch jetzt frei? Ich weiß nicht, ob das Buch frei ist. So habe ich meine Schularbeiten gemacht. Also ich möchte mal sagen, geheuchelt von A bis Z unter diesem Stress im Saal.
Im Saal wurde dann oft gefragt, was sagt ihr dazu? Ja oder nein, eine x-beliebige Frage. Ich wusste nie, soll ich jetzt ja oder nein sagen? Was ist richtig? Was wollen die jetzt vorne hören? Was vergibt man sich, wenn man das oder das sagt? Ich hatte gar keine Meinung. Und wenn alle ja gesagt haben, habe ich auch ja gesagt. Oder ich habe hmmm gesagt, oder hämmmm. Ja, wer hat alles nein gesagt? Ja, ich hatte nicht nein gesagt. Wer hat ja gesagt, ich hatte nicht ja gesagt. Ein ganz schlimmes Symptom. Nachher kam ich in die Bäckerei, nach dem Hühnerstall. Aber ich kam nicht gut klar in der Bäckerei. Ich bin dann, ich weiß nicht, aus welchem

Grund, ins Säuglingszimmer im Krankenhaus gekommen. Dort bin ich rausgeflogen, dann kam ich wieder in die Bäckerei. Ein andermal bin ich aus dem Saal rausgeflogen, wieder wegen irgendwas. Ich war viel am Backofen. Das war eigentlich eine schwere Arbeit. Bleche rein, Bleche raus. Da musst du doll aufpassen. Das hat mir eigentlich Spaß gemacht. Es war eine schwere Arbeit, aber ich war konzentriert auf diese Arbeit. Dann standen wir einmal am Ofen und die sagten: Astrid, du musst dein Blech rausnehmen. Das hatte ich aber gerade kurz rausgenommen und gesehen, hinten, die Kokos-Makronen, die können noch ein bisschen vertragen. Aber du durftest ja nicht widersprechen, dann warst du schon die Widerspenstige. Während des Hin und Hers waren sie dann doch ein bisschen zu lange drin. Und das ging in den Saal. Das wurde verhandelt im Saal.

Ich weiß nicht, ob ich sogar an der Tafel stand. Der Schäfer kam selber in die Bäckerei und hat mich geohrfeigt, und dann hat er mich geschubst, dass ich in die Ecke reinflog. Im Saal hat er dann groß geprotzt, dass er mich so geschlagen hat, dass ich in die Ecke flog. Es war eine ganz schlimme Sache. Jahre später, also nach vielen Jahren, als ich schon draußen war aus der Villa Baviera, habe ich meiner Companera gesagt, ich möchte mal mit dir über eine Sache sprechen. Und zwar über die Sache damals mit den Kokos-Makronen. Hinterher haben wir sie nicht mehr braun gebacken, sondern nur noch weiß, stimmt´s? Ja, genau, hat sie mir das bestätigt. Ab da backte die Bäckerin die Kokos-Makronen weiß. Warum? Um recht zu haben, dass ich die zu dunkel hatte.

Ja, das waren schlimme Sachen. Die wollten auch nichts aus der Hand geben oder sich aus der Hand nehmen lassen. Wir durften nichts Richtiges machen. Wir haben Holz geholt, wir haben geputzt. Dann kamen die „Vögel“. Für viele sind die „Vögel“ die Kinder eine Gruppe unter uns. Ein Begriff schon. Die „Vögel“ waren lange eingesperrt und hatten viel Leid ertragen. Jetzt kamen sie plötzlich raus, wurden flügge und kamen in die Betriebe, Hühnerstall und Bäckerei. Die Mädchen, die im Alter eine Stufe tiefer waren als wir, als ich, hatten plötzlich so viel Freiheit. Sie durften sich selbst einteilen, Hühnerstall, Bäckerei. Nun machten sie einen halben Tag Bäckerei, einen halben Tag Hühnerstall, du wusstest gar nicht, mit wem du arbeitest. Paul Schäfer hatte zu ihnen gesagt, geht mal in die Bäckerei, ihr könnt Torten machen. Er wollte ihnen jetzt, weil er sie so lange unter Druck gesetzt hatte, wieder etwas Gutes tun. Er wollte der liebe Mann sein. Geht in die Bäckerei, Torten machen. Das war ein schönes Wort, und das klang gut. Und die gingen in die Bäckerei, Torten machen.

Ausspielen gegeneinan.

Weiter nichts. Die haben nicht mal geputzt. Das durften wir machen. Wir haben geputzt, aber da hat die Bäckerin oder ihre Gruppentante gesagt, so, das kommt nicht infrage. Ihr putzt euren Raum selber.
Dann haben die morgens erst um neun Uhr angefangen, weil sie in der Früh Geige üben waren. Sie waren jünger und sind später gekommen. Wir mussten schon um sechs Uhr anfangen. Sie haben außerdem mittags von eins bis um drei Uhr Pause gehabt, weil sie üben mussten. Wenn Besuch kam, haben sie vorgespielt. Ich habe zwar auch gegeigt, aber musste nicht vorspielen, denn ich konnte es nicht so gut. Ich hatte auch gar nicht so viel Zeit zum Üben – gerade mal zwischendurch eine halbe Stunde am Tag. Abends um neun Uhr mussten sie auch weg, wieder üben. Wir hingegen mussten bis um zehn Uhr arbeiten und haben mittags durchgearbeitet. Das war manchmal ganz schön hart.
Ich war immer müde.

Dann hatte ich im Sommer eine Allergie auf Unkraut, auf den Samen. Ich hatte Schnupfen, Halsschmerzen und Augenbrennen, die haben getränt. Ich bekam Antihistamin. Dieses Antihistamin hat ein Schlafmittel drin. Ich habe das Antihistamin morgens genommen und überhaupt nicht vertragen. Ich habe gar nicht gewusst, warum ich so schläfrig bin, so verwirrt. Ich war nicht fähig zu arbeiten. Heute, wenn ich mal nicht schlafen kann, nehme ich ein Antihistamin zum Schlafen. Dann weiß ich, ich habe die bis zum Morgen ausgeschlafen. Aber wenn ich am Morgen eine nehme, wie soll ich dann den Tag überstehen? Das ging über lange Zeit so und ich wurde deshalb oft beschimpft und geschlagen. Es war schlimm.

Ich bin sehr viel geschlagen worden, auch von den Gruppentanten. Die eine Sache möchte ich mal hier erzählen. Wir waren bei den Schularbeiten im Raum oben in dieser Dachstube. Ich saß außen am Tisch an der Tür. Die Gruppentante macht die Tür auf und sagt: Schulzeug wegräumen und Ende, schreiben aufhören. Ich bin an einem Wort und schreibe das zu Ende. Da sieht sie mich schreiben und nicht aufblicken, fasst mich am Arm und sagt: Du hörst nicht auf, wenn ich sage aufhören? Du, komm mal. Nach drei Tagen konnte ich mich noch immer auf keinen Stuhl setzen. Bei der anderen Sache waren wir im Freihaus, das war dieselbe Tante, da ging sie hinter uns herum, tippte mir auf die Schulter und sagte: Geh mal rüber, du musst dir was abholen. Hinterher sagte sie, wenn du nicht weißt, wofür, musst du Paul Schäfer fragen. Der weiß es. Ich wusste

nicht, wofür ich geschlagen wurde, es war gar nichts vorgefallen. Ich musste ihm aber etwas melden. Also habe ich alles aufgeschrieben, was ich je wusste. Da drunter fiel eine Sache, an die ich mich noch erinnere, die ich da hingeschrieben hatte. Ich habe den Hof gefegt und die Gruppentante stand hinter mir. Das war direkt am Haus. Ich sollte den Fußboden fegen und fegte da diese Platten, den Beton. Die Gruppentante steht dahinter und sagt: Siehst du nicht, dass der Lichtschalter voller Staub ist. Willst du den nicht abwischen? Dann lief ich los, einen Lappen holen, vor Angst und Not zitternd. Den Staub hatte ich aufgeschrieben und noch andere solche Dinge. Deswegen hätte ich diese Prügel bekommen. Bis heute weiß ich nicht, ob es das gewesen war.
Was ich nachträglich glaube: Die hatten in unserem Waschhaus, wo wir uns geduscht haben, Spiegel drin. Und da waren Kameras. In den Waschräumen waren Kameras. Das haben wir nachher zwischen den Zeilen rausgehört. Mein Bruder hat das später weggerissen mit dem dicken Bagger. Ein Graus, dieses Waschhaus, zum Glück steht es nicht mehr. Ich würde es nicht ertragen, es noch mal zu sehen. Ja, das waren schlimme Sachen.

Dann kam die Frage: Wer möchte ins Krankenhaus? Ich wollte auch ins Krankenhaus. Das war ja das höchste Ziel, Krankenschwester werden. Das war ein Symbol für unsere Arbeit. Das wollte ich gerne, obwohl ich dachte, ich kann nicht studieren, das werde ich nicht schaffen. Aber ins Krankenhaus und helfen, das wollte ich doch gerne. Nur war ich ja einmal wegen einer Sache rausgeflogen und in die Bäckerei gekommen. Während dieser Zeit haben alle eine Haube bekommen. Ich kam hinterher erst wieder ins Krankenhaus, weil ich oft mit Elisabeth Baar im Austausch war. War sie in der Bäckerei, war ich im Krankenhaus. Und so ging das immer hin und her.

Jetzt hatte ich also keine Haube, und ich habe mich auch nicht getraut, zu fragen. Ich habe innerlich so mit mir gekämpft. Wir hatten so komische Küchenhauben, dazu haben sie immer Schlafhauben gesagt, die wollte ich auch nicht gerne tragen. Ich wollte nicht so minderwertig sein, also habe mich dann tatsächlich überwunden, und geschafft, zu fragen. Schwester Maria, darf ich auch eine Haube haben? Aber selbstverständlich kannst du das. Nun hatte ich gerade diese Haube, da sagte Schäfer, alle, die eine Haube tragen, dürfen sich in der Nähstube eine Brosche abholen. Dann kriegten wir diese blauen schönen Broschen mit der Jungfrau. Das war eine Auszeichnung, und du stiegst eine Stufe höher. Du warst angesehen, du hattest was. Ich bin auch in die Nähstube gegangen. Tante Hildegard – Tante Milda – war eine sehr liebe Frau, nur wussten wir das alle nicht. Wir hatten immer Angst vor ihr und sie hat sehr darunter gelitten, aber das wussten wir auch nicht. Sie fragte: Astrid, bist du auch berechtigt, eine Haube zu bekommen? Da sagte ich ja, und dann gab sie mir die Haube und die Brosche. Seitdem war ich gleichwertig mit den anderen Lernschwestern, denn ich hatte mitgelernt. Als damals gefragt wurde, wer möchte lernen, da war ich mit dabei. Da hatten wir bei Hartmut Hopp Unterricht. In der Zeit kam ich aus der Bäckerei, um zu lernen. Da hat Tante Hildegard gesagt, Astrid, du gehst in die Waschküche. Dort war Edith Spatz in der Waschküche, die das Sagen hatte. Und sie hat gesagt, sie möchte, dass ich lerne. Dass ich Zeit bekomme zum Lernen, und die habe ich auch bekommen. Und da habe ich gelernt und habe auch nicht schlecht abgeschnitten bei der Prüfung. Das war für mich ein großer Vorteil, und da hatte ich mich sehr gefreut.

Eines Tages hat Schwester Maria mich gerufen und gesagt: Astrid, du sollst jetzt mit nach Litral, in der Zeltküche helfen. Für Samstag und Sonntag. Astrid, du weißt ja, dass die Brigitte Malessa geflohen ist, oder dass die nicht mehr hier ist. Die war ja im OP arbeiten. Oh, sagte ich, ich wusste weder, dass die im OP arbeitet, noch, dass sie weg war. Ich hatte gar nichts mitgekriegt. Das wollte mir keiner abnehmen, aber es war so, ich hatte links und rechts nichts mitbekommen. Ich war so kontaktarm, und da wusste ich, ah, Brigitte war bis jetzt im OP, die war die Narkose-Schwester. Und sie ist nicht mehr im Fundo, und du weißt ja jetzt, dass die Waltraut Schaak an ihre Stelle getreten ist. Das wusste ich bis dahin auch nicht. Ach, dachte ich, dann weiß ich das jetzt auch. Und dann sagt sie, du weiß doch, dass du darüber nicht sprechen sollst. Da dachte ich, ah, das ist gut, dass sie das sagt. Ich weiß Bescheid. Das ist okay. Das hat mich sehr gefreut, dass ich diesen Kommentar bekam, weil sie sagte, ich weiß, dass du kein Schwätzer bist. Dass du nicht so viel Klatsch und Tratsch mit den anderen verbreitest, und deswegen hat sie mich rausgesucht für Litral. Das war für mich ein Privileg, darüber habe ich mich sehr gefreut.

Es hat mir auch großen Spaß gemacht, aber der Anfang in Litrals Küche war sehr schwer. Das lag daran, dass sie früher schon einmal da gearbeitet hatten. Die Betriebsleiter mussten damals ihre Leute aus dem Fundo abziehen und nach Litral schicken. In Litral durfte nicht laut werden, dass

sie nicht genug zu tun hatten, da die Leute gleich wieder abgezogen worden wären. Ah, ihr habt nicht genug zu tun, dann schick ich keinen mehr. Bäckerei, Waschküche, alle haben ihre Leute nach Litral geschickt und die anderen mussten für diese Leute dann mitarbeiten. Die fielen ja aus. Es war ja nirgendwo einer zu viel. Denn Urlaub oder so im Wechsel gab es gar nicht. Die Ersten, die von unserer Gruppe im Krankenhaus gekommen waren, hatten sie so ein bisschen bevorteilt. Die hatten sie auf den Spielplatz geschickt, ruht euch mal aus. Die durften Eis essen, was wir im Fundo alles nicht hatten. Und die haben das im Fundo erzählt. Daraufhin wurde ihnen gesagt, wenn ihr so viel Zeit habt und die auf den Kinderspielplatz schicken könnt, dann ziehen wir euch die Leute ab. Also haben sie uns nun so schwer rangenommen.
Ich war dann für Fritten und Salate zuständig. Die Fritten waren auf der einen Seite, und die Salate gut fünf Meter weit weg. Wenn ich bei den Fritten stand, hieß es: Astrid, die Salate fehlen. Wenn ich bei den Salaten war, hieß es: Astrid, die Fritten verbrennen. Das ging so nicht, das merkten sie bald, das ging nicht zusammen. Dann sollte ich was anderes machen. Aber am Essenswagen auftun durfte ich nicht. Ich habe dann meistens Brötchen aufgeschnitten und Teller weitergereicht. Meistens habe ich nur Salate gemacht. Oft wusste ich nicht, wie ich was tun sollte, weil ich war nicht richtig angelernt. Guck mal hier, das musst du so machen. Ach, du weißt das nicht, du kannst das nicht. Schon warst du wieder auf der Seite. Wir hatten so viel Betrieb, es hatte keiner Zeit, mir was zu erklären, und dann kam meine Ablösung. Die Tage waren so hart, wir mussten nach vier Stunden intensiver Küchenarbeit Pause machen. Da fragt mich meine Ablösung: Astrid, was hast du bis jetzt gemacht. Ich hab gesagt, ich sei hauptsächlich im Wege herumgestanden. Darüber lachen wir heute noch mit ihr. Da sind viele solche Sachen passiert. Dann habe ich mich gut eingearbeitet.
Ich wollte auch gerne am Bräter arbeiten. Beim Bräter musstest du nicht immer hin und her. Astrid, hol mal dies, Astrid renn mal da. Renn mal hier, mach mal dies. Du warst immer Handlanger für alle. Jeder, der was brauchte, Töpfe umhängen und das war so schwer. Aber sobald ich angefangen hatte, hieß es immer: Brunhilde komm, du musst den Bräter übernehmen, die Astrid schafft es nicht. Bum, war ich wieder weg. Aber ich habe mich jedes Mal wieder ein bisschen rangedrängelt. Habe das nachher auch geschafft.
Es gab ein System. Einer ist der Zettelmann, der bekommt den Zettel, und der, der die Teller rausgibt, hat dieselben Zettel. Der hier ist der Ansager,

der sagt, soundso viel Fleisch von den Fritteusen, so und so viel Huhn. Hier, stellt die Teller da hin, die sind alle für Kartoffelbrei, die sind alle für Reis. Die, die hinten stehen, sind für Salate. Wenn es ein gemischter ist, dann wird er nur hingestellt. Die anderen machst du schon vorrätig auf Schälchen. Und so geht vieles nur mit stiller Post und mit Ansagen. Jetzt sagt sie mir an, so und so viele Hamburger, Malomito, eine Ente, Ente, dann hast du Eier. Dann musst du die Malomitos vorbraten und da ist der Bräter oft so knallig voll. Achtmal Hamburger, das sind schon sechzehn Hamburger. Viermal sind acht Hamburger. Da ist der Bräter, der ja nur so knapp ein Meter breit ist, voll. Waren die fertig und die Teller stehen nicht bereit, hier das sind die Hamburger-Teller, wohin die Hamburger? Ich muss aber mein Fleisch runterbringen, sonst verbrennt mir das. Ich muss meine Eier runterkriegen. Ich muss das Nächste drauf tun. Da habe ich meine Hamburger alle genommen, wenn sie nicht gespurt hat, und habe mir die Teller bereitgestellt. Die ganzen Stapel Hamburger und klatsch bei ihr auf den Tisch, da lagen sie. Sie guckt mich an, ich gucke sie an. Wir hatten keine Zeit zum Streit. Sie stellt die Teller hin, ich wieder alle auf die Teller. In der Pause haben wir kurz gesprochen, dann war wieder alles geklärt.
So sind Dinge passiert, also zwischen den Zeilen, die auch mal spaßig waren. Dann hatten wir auch mal ein schönes Jahr in Litral. Also grundsätzlich war ich gerne in Litral. Man wurde gefordert und war aus dem Alltag raus. Aus dem immer gleichen Alltag, dem stressigen, dem Aufpassen. Wir hatten mehr Freiheit. Du konntest zum Kühlraum laufen, du konntest jemandem begegnen. Du hast Guten Tag gesagt zu den Jungs, zu den Männern. Du hast dich angeguckt, du hast ein Wort hier gesprochen. Das ging alles. Je nachdem, wer da war, wenn ein Aufpasser da war, dann durfte man sich nichts erlauben. Wenn Paul Schäfer da war, durfte man sich nichts erlauben. Aber sonst hatten wir mehr Freiheit. Das war schön. Obwohl wir sehr gefordert waren. Hinterher lag ich meistens flach und konnte nicht mehr. Ich bin im Betrieb dann ausgeklinkt und habe Schimpfe gekriegt. Aber trotzdem fuhr ich wieder gerne. Na ja, wo war ich jetzt stehengeblieben?

Ah ja, ein Jahr, da waren wir mit Gitta Bark dort. Gitta Bark hat immer aufgepasst, sie war verantwortlich und hat immer gesagt, steht nicht rum, steht nicht rum. Vor allem, wenn Paul Schäfer in Litral war, dann durfte man gar nicht stehen. Sonst hat sie schon immer mal ein Auge zugedrückt. Sie sagte, nehmt einen Lappen in die Hand und wischt die Deckel ab. Tut

immer was, seid immer ein bisschen beschäftigt, wischt den Tisch ab, wischt den Deckel ab, wischt den Tisch ab. Seid immer beschäftigt. Das war ein sehr guter Rat. Denn was solltest du tun, wenn keine Bestellung kommt? Und dann haben wir uns abgemacht, da war ich den ganzen Sommer in der Zeltküche, wir fahren in Itata baden. Wir hatten immer jemanden, der uns hinfuhr. Einen Tag die eine Gruppe, einen Tag die andere Gruppe. Immer zu viert. Einmal die vier, einmal die anderen vier oder fünf, wie viel wir auch immer waren, die uns abgelöst haben. Wir haben abgemacht, es darf keine Pleite passieren, damit keine Klagen über uns kommen. Die zweite Gruppe, die dann währenddessen das Zelt gemacht hat, die Kaffeerunde war das meistens, die musste sich so anstrengen, dass keine Klagen kommen. Gesagt, getan. Unten im Bach war es schön. Wir haben im Itata gebadet und sind dann wieder frisch hoch an die Arbeit. Dafür haben wir keine Pause gemacht. Das ging ein ganzes Jahr gut. Irgendwie ist das rausgekommen, dann sind wir noch mal zum Ollihaus zum Schwimmbecken gefahren, aber dann war das auch vorbei.
Wer da gepetzt hat? Also ich war nie ein Petzer, zum Glück. Nun war das leider auch vorbei. Das war eigentlich ein bisschen eine schöne Zeit für mich. Es gab auch mal Ärger, aber grundsätzlich habe ich mich in Litral wohlgefühlt. Bis wir nachher in der Casino-Küche waren, das war sehr stressig. Da war ich mit Christel, die hat uns eine Zeit sehr unter Druck gesetzt. Das war nicht schön. Und nachher kam Tante Kathi. Die hat uns auch sehr in Stress gebracht. Wir haben später mit ihr mal gesprochen, und da hat sie uns ihre Geschichte erzählt. Wie sie gelernt hat, und zwar unter sehr miserablen Umständen. Sie wurde nur beobachtet und kritisiert. Und das von Albert Schreiber. Der hat sich vorne hingesetzt, und nicht gesagt, soundso macht man das. Guck mal, musst du so machen, so bedienst du die Leute. Sondern einfach nur beanstandet und das zu Paul Schäfer gebracht. Und sie wurde dann dafür fertig gemacht. Sie war nachher sehr streng mit uns.

Danach war ich wieder im Krankenhaus, da war ich zuletzt. Ich hatte schon so heftige Rückenschmerzen. Als das Krankenhaus aufgelöst wurde, war ich bei der Alltagspflege. Mein Bruder wollte in Litral einmal mit mir sprechen, aber wir fanden keinen Raum. Er wollte mich aufklären. Nachdem Paul Schäfer wer weiß nicht wie viel Jahre weg gewesen war, hat er gesagt, Astrid, ich muss mit dir sprechen. Ich wusste schon, dass er über die Vergangenheit reden will, weil wohl nicht alles so gut war, wie wir immer dachten. Alles war doch so gut. Nachts um zwölf Uhr haben wir uns endlich getroffen, hinten, hinter einer Theke im Zelt. Wir haben ein kleines Licht angemacht. Schon war jemand da zum Gucken, wer ist da hinten im Zelt. Wahrscheinlich die, die aufzupassen hatten – wo tut sich was. Er hat zu mir gesagt: Astrid, ganz vorsichtig, also alles, was passiert ist, war nicht so gut von Paul Schäfer. Es war nicht alles recht. Er wusste wohl wahrscheinlich viel mehr als ich. Na ja, ich habe ihm nicht viel geantwortet. Ich wusste, dass er recht hat, aber ich habe es noch nicht zugegeben. Auch vor mir selber. Aber ich wusste, er hat recht.

Nachher hörten wir hier, wer da war. Wir hörten, es sind Menschen umgebracht worden. Als ich gehört habe, es sind Menschen im Fundo umgebracht worden, war ich total aus der Fassung. Ich habe gedacht, hier in unserem schönen Fundo?! Hier? Das darf doch nicht wahr sein, dass hier Menschen umgebracht worden sind. Dass hier Menschen gefoltert wurden. Nein, ich habe gedacht, nein, das kann nicht wahr sein. Das darf nicht wahr sein. Also hier, an diesem Ort, will ich nicht bleiben, wo Menschen gefoltert und umgebracht wurden. Da möchte ich nicht bleiben.

Da war inzwischen Bruder Frank von dieser Gemeinde da. Erst war ich auch ein fanatischer Anhänger. Paul Schäfer war weg, es war alles so haltlos und plötzlich hast du wieder jemanden. Harald kam oft so spät. Erst war er auch da, dann kam er nicht. Dann war er wieder zu spät. Und dann merkte ich, er kommt gar nicht mehr. Auf einmal wurde mir klar, ah, ich gehe hin, Harald geht nicht hin. Da hatte ich plötzlich eine Erkenntnis. Denn wir waren inzwischen verheiratet, und es hatte mich ein Jahr gekostet, bis wir verheiratet waren. Ich habe sehr viel geweint, denn ich wollte ihn sehr gerne haben, die Liebe kam mehr von mir. Und nun merkte ich, unsere Ehe geht jetzt auseinander durch mich. Nicht durch ihn, sondern durch mich. Wie diese Erkenntnis kam, weiß ich nicht. Dann habe ich gedacht, gut, ich gehe zu meinem Mann. Wenn er etwas falsch macht, werden wir es merken. Mache ich was falsch, weil ich zur Gemeinde gehe, werde ich es merken. Wir werden sehen, was recht ist.
Dann war ich bei meinem Mann, Bruder Frank war auch da, der ist auch nicht zur Gemeinde gegangen. Der war schon längst draußen, der kam zum Fundo. Wir haben uns da versammelt, während im Zippelhaus, wo das Freihaus war, diese Gemeinde versammelt war. Wir haben miteinander gesprochen, dass von der Lehre nicht alles recht ist. Dass nicht alles richtig ist. Zum Beispiel ein Detail, das ich jetzt so direkt zitieren kann: Ewald Frank hat gesagt, durch die Geburt eines Menschen ist die Sünde

in die Welt gekommen. Und durch die Geburt eines Menschen ist die Sünde aus der Welt – also ist die Sünde gesühnt – worden. Durch die Geburt von Kain wäre die Sünde in die Welt gekommen. Die Sünde war aber durch den Ungehorsam in die Welt gekommen. Und nicht durch die Geburt Jesu Christi ist die Sünde gesühnt, sondern durch seinen Tod am Kreuz. Das ist der Punkt. Das sind die Punkte, die ganz krass waren. Darüber haben wir gesprochen. Es waren noch mehr, die kann ich jetzt nicht mehr sagen, so auf Anhieb. Wir haben uns dann zurückgezogen, haben gesagt, nein. Zum Krankenhaus ging ich aber immer noch.

Und dann ging er zu Urs Graf und sagte, Sie sind doch Prediger. Ja. Und Sie haben gestern Abend eine Predigt gehalten? Ja. Ob es jetzt eine Stunde oder zwei waren, ich weiß nicht mehr. Sie haben dreiviertel der Zeit nur über Ewald Frank gesprochen, und über den Vorgänger von Ewald Frank. Nur eine Viertelstunde haben Sie die Predigt gehalten über Jesus Christus. Am nächsten Abend war er wieder im Saal, hat wieder eine Predigt gehalten. Die hatte Hand und Fuß. Die war gut. Grundsätzlich haben wir ihn, die meisten, wie ich gehört habe, sehr gemocht. Zu Urs Graf sind wir hingegangen und haben gesagt, wir fühlen uns diskriminiert, weil wir – alle die in diese Lehre gehen – fühlen uns von den anderen ausgestoßen. Die anderen gucken uns nicht mehr an. Die sprechen mit uns nicht mehr. Wir gehören nicht mehr zu ihnen. Da hat er mit ihnen gesprochen und gesagt, das dürft ihr nicht machen. Ihr müsst ihnen ihre Freiheit lassen. Jeder hat die Freiheit, zu kommen oder nicht zu kommen.
Aber es ist viel passiert, vor allem mit Onkel Jörg Seewald. Der kannte ja auch die Bibel gut, der ist viel mit Urs Graf zusammen gewesen und hat viel über die Bibel, über diese Lehre gesprochen. Mit Urs Graf konnte man reden. Ich mochte ihn sehr. Aber er ist verstorben. Warum? Ich weiß es nicht. Dann war noch ein anderer im Fundo, Helmut. Sie sagten, er ist ein Jugendprediger. Ich habe ihn einmal erlebt in einer Predigt. Die Predigt war so ähnlich wie die von Ewald Frank. In einem Ton, in einer Tonhöhe. So in einem Sing-Sang. Dann hatten wir auch noch Jugendversammlung. Da war ich auch dabei mit Helmut. Da sprach er über seine Jugendgruppen, wohin sie überall Ausflüge gemacht haben. Wo sie waren. Der war so natürlich. Helmut hat mir so und so gefallen. Er war wesentlich natürlicher als Ewald Frank.
Ewald Frank, ich war ja am Anfang auch so fanatisch. Und was ist passiert? Er brachte die Bücher, die er geschrieben hat, diese Heftchen. Die Bibel blieb liegen und wir lasen alle die Heftchen. Bei manchen hab ich

gesehen, die hatten den ganzen Schrank voll mit Heftchen. Da steht alles über Israel, alle reisen nach Israel, alle müssen nach Israel. Israel ist das Volk Gottes. Aber wir haben auch andere Seiten gehört. Israel tut nicht nur Gutes. Warum gucken die nicht mal auf die andere Seite? Ich kenne das aus dem Buch von Endro. Bruder Endro, wie er weiter heißt, weiß ich nicht. Ich habe drei oder vier Bücher von ihm. Das steht die ganze Lebensgeschichte von ihm drin. Der war auf der Seite der Israeliten. Der ist zu den Israeliten und hat mit den Christen kommuniziert, weil er war evangelischer Christ. Dann ist er zur Gegenseite gegangen und hat sich mit dem Gegner getroffen. Er wollte herausfinden, warum die sich bekämpfen. Was ist dahinter? Warum bekämpften die Israel? Und da sagte er einmal, könnt ihr euch vielleicht vorstellen, dass so ein Extremist, wenn er zu Hause ist, auch Familienvater ist? Und die Israelis haben da auch viel viel Unrecht an ihrem Nachbarstaat getan. Jeder muss einmal in Israel gewesen sein. Davon bin ich doch nicht frommer. Ich meine, man sollte die Tat walten lassen, und die fehlt mir hier oft. Die Tat, wirklich dem anderen zu helfen. Viele kommen und sagen, ah, Astrid wie geht es dir? Und ich sage, gut, ach das ist ja schön. Dann sind sie zufrieden. Und wenn ich sage schlecht, warum kommt ihr nicht zurück?

Wir sind jetzt an dem Punkt, wo wir sagen, wollen wir noch mal im Fundo arbeiten? Nicht uns anstellen lassen von den Firmen, das wollen wir nicht. Wir wollen auf halb selbstständig unseren Lohn beziehen. Weil da hast du das Publikum. Ich möchte gerne eine Konditorei aufmachen.
Ich möchte meine Konditorei machen. Ich habe so lange in der Bäckerei gearbeitet, so lange geputzt und geschrubbt, jetzt möchte ich mal eine Konditorei aufmachen. Ein bisschen ist doch hängengeblieben bei all dem Stress, den ich hatte. Im Krankenhaus, wie soll ich denn davon profitieren? Kinder zu wickeln ist kein Beruf. Aber Konditorei, Apfelkuchen machen, Rosinen- mit Nusskuchen, diese mit Obstkuchen und Pudding drin. Das würde mir großen Spaß machen.

Ich komme aber nicht in die Pötte, ich kriege keine Unterstützung. Ich schaffe es nicht. Ich habe doch gar kein Geld. Womit soll ich das machen? Wir würgen und würgen, und haben Kredite aufgenommen. Und wir würgen daran, die Kredite wieder abzubezahlen. Ich habe einmal einen Kredit aufgenommen, weil wir so in Not waren. Da konnte ich drei Millionen Pesos Kredit aufnehmen. Für drei Jahre. Ich habe viereinhalb Millionen Pesos zurückgezahlt. Eineinhalb Millionen Pesos habe ich draufzahlen

müssen. Das ist für uns so viel Geld. Ich kann das nur in chilenischen Pesos sagen, ich kann das nicht so schnell umrechnen in Euro. Aber diese Kredite haben uns so reingerissen, wir müssen die ganzen Zinsen zahlen. Und wieder Zinsen zahlen. Da kommst du einfach nicht raus. Das ist die Schwierigkeit.
Nun haben wir mit Thomas Schnellenkamp gesprochen. Wir haben mit Dorothee gesprochen. Wir haben Briefe geschrieben. Seit 2009 sind wir dabei und haben gesagt, kauft uns bitte unsere Aktien ab. Dann haben wir mit Hans Schreiber kommuniziert, als er damals im Direktorium war. Hans hat gesagt, ich helfe euch, eure Aktien zu verkaufen. Kein Problem, wir haben ihm noch einen großen Dankesbrief geschrieben, wir waren ja immer gutgläubig. Wir haben darauf vertraut, dass die ihr Wort halten. Es ist überhaupt nichts draus geworden. Im letzten Jahr haben wir gesagt, Markus, könnt ihr uns nicht die Aktien abkaufen? Der Thomas hat gesagt: Ja, wenn Bosque (der Wald) verkauft ist. Und die Dorothee hat uns bestätigt, ihr seid die Obersten auf der Liste. Wir helfen euch, wir tun alles, was wir können. Bosque (der Wald) ist verkauft, und es tut sich gar nichts. Also haben wir gesagt: Markus, gib uns wenigstens fünf Millionen. Wir müssen unseren Kredit zahlen, wir haben das Geld nicht. Wir können nicht schon wieder einen Kredit aufnehmen, ohne einen Kredit zuzückzuzahlen. Und wieder draufzahlen und draufzahlen. Wir müssen jetzt einmal aus dem Kredit raus.

Tja, die Geschichte, wie ich mich mit Harald Lindmann gefunden habe. Als es anfing mit Heiraten – das war ja schon ganz früh, dass ich Angst hatte, ich werde zu alt und kann nicht mehr heiraten. Ich kriege keine Kinder mehr. Ich habe mich damit viel befasst. Ich habe mir immer überlegt, wie meine Kinder heißen würden. Ich habe nie gemerkt, dass Paul Schäfer da immer einen Pik drauf hatte. Dass er darüber immer was hören wollte. In wen hast du dich verliebt? Wen willst du heiraten? Ich hatte so viele auf meiner Liste. Und wenn ich gesehen habe, ach ja, der hat eine andere … Ach, zum Beispiel, da war der Bernd Schaffrik. Viele würden lachen. Als ich sah, der hat die Waltraud, da habe ich gedacht, ja, die braucht ja eher einen. Dann hätte ich gerne den Helmut Schaak gehabt. Den aber bekam meine Schwester Christel. Da habe ich gedacht, ja, die brauchte den eher. Dann wollte ich den Helmut Baar, aber dann war die Dorothea Wellnitz schon mit ihm verheiratet. Ja, dachte ich, die braucht eher einen Mann als ich. Ja. So habe ich immer gedacht, immer zugunsten der anderen, ich war nie neidisch. Dann wollte ich Wolfgang Hühne, aber

der war dann auch schon verheiratet. Ich habe immer gesucht, wen könnte ich denn mögen? Wen mag ich denn, wer könnte denn zu mir passen? Ich habe immer auf ein bisschen ältere getippt.
Und dann, als Paul Schäfer schon weg war, hat die Gemeinde wieder einen Ausflug gemacht und Harald hat diesen Ausflug inszeniert. Das wusste ich aber nicht. Ich war, wie gewöhnlich, im Krankenhaus. Wir waren meistens nicht mit. Nur ab und zu. Wir haben meistens Dienst gehabt, das war für mich ganz natürlich, ich habe mir dabei nichts gedacht. Das war eben so. Fertig. Dann ging ich zu Fuß an der Bäckerei vorbei zum Krankenhaus. Kommt hinter mir ein Wagen angefahren, hält an der Ecke an der Bäckerei an, steigt der Harald Lindemann aus. Kommt zu mir an die Seite und sagt: Astrid, du warst gestern nicht beim Ausflug dabei. Da dachte ich, Donnerwetter, es sieht einer, dass ich nicht da war. Es kann einer sehen, dass ich da gewesen bin, aber dass einer sieht, dass ich nicht da bin, da hat es bei mir auf der Stelle Klick gemacht, und meine Liebe war entbrannt für den Harald. Ich fragte: Wie hast du gesehen, dass ich nicht da war? – Ja, ich habe geguckt, hab gesehen, du warst nicht da. Das war alles und mit mir war es aus. Das haben so viele bemerkt. Ich hätte mir nicht anmerken lassen dürfen, dass ich den Harald liebte. Ich liebte den Harald über alles. Den Harald wollte ich heiraten, und weiter nichts. Inzwischen war ich wieder in Litral, wieder in der Küche, das Zelt war offen, aber ich war in der Casino-Küche. Nun war ich da Hintermann, das bedeutet, hol mal dies, hol mal das. Hol mal vom Zelt aus der Eisdiele Tortenabschnitte. Guck mal, ob die noch Tortenabschnitte hier für die Tische haben. Also lief ich hin. Tortenabschnitte machte der Franz Baar. Also hatte ich die Kommunikation über Franz Baar und holte den ganzen Tag von ihm Torten. Ich mochte ihn aber nicht diskriminieren. Er wurde immer diskriminiert, und ich mochte ihn nicht diskriminieren. Ich habe ihn als meinesgleichen behandelt. Höflich, ordentlich, korrekt. Mich bedankt. Und er war sehr höflich zu mir. Er konnte gut umgehen mit dem Nächsten. Und dann machte er immer ganz gerade Schnitte, und guck mal, wie schön ich das kann. Und ich habe gesagt, das hast du wirklich gut gemacht, und habe das akzeptiert, wie er war. Und dann sagte er, siehst du Astrid, so bin ich zu dir. Und ich sagte, so bin ich zu dir. Da hat es bei ihm Klick gemacht. Und er wollte mich heiraten. Ich war längst nicht die Erste. Wie viele vorher weiß ich nicht. Meine Geschwister waren schon alle durch. Das wusste ich aber nicht, weil wir über diese Dinge noch wenig gesprochen hatten. Vor allen Dingen nicht mit Unverheirate-

ten, wie ich das war. Ab da, wenn wir uns irgendwo begegnet sind, irgendwo auf einem Gang, guckte er mir so ins Gesicht, guckte mir dann so nach. Jedes Mal. Er sprach meine Mutti, wenn sie da war, immer mit Mutti an. Da sagte meine Mutti zu mir, Astrid, was ist denn da los? Ich wollte ihn aber nicht heiraten, das war nicht meine Liebe.
Eines Tages kam Onkel Rudi (Rudi Cöllen) zu mir und sagte: Astrid, der Franz möchte mit dir sprechen. Triff dich mit ihm morgen früh im Freihaus im Clubzimmer. Er will dich da sprechen. Du weißt doch, was du ihm antworten willst? Ich habe Onkel Rudi (Rudi Cöllen) nichts gesagt. Ich habe weder ja noch nein gesagt. Ich habe auch nicht gesagt, was ich ihm sagen will. Ich bin da morgens hingefahren, da kommt der Franz Baar im wunderschönen, sauberen Hemd, Schlips um, und ist ganz feierlich. Ich wusste, was er wollte, er wollte mich heiraten. Und er sagte: Astrid, sollen wir uns nicht in den Sessel setzen zum Sprechen? Den ersten Schritt wollte ich schon nicht gehen und habe gesagt: Och, wir können das doch im Stillen hier machen. Also blieben wir beide stehen. Und dann war er so hilflos und sagte: Jetzt wollte ich mit dir sprechen und nun weiß ich nicht, wo ich anfangen soll und was ich sagen soll. Da sagte ich: Du möchtest mich heiraten? Ja. Da sag ich: Weißt du, es muss ein „Ja" auf beiden Seiten sein. Bei dir ist es ein „Ja", bei mir ist es ein „Nein", und ich glaube nicht, dass wir beide gut zusammenpassen. Sieh mal, guck mal, ich habe so viele schlechte Seiten, ich bin eine zänkische Frau. Und das geht mit uns nicht lange gut. Das würde für dich nicht gut sein. Ich glaube, ich passe nicht gut zu dir. So sprachen wir etwa eine halbe Stunde. Dann gingen wir auseinander.
Er war mir nicht böse. Am nächsten Morgen – ich war zu der Zeit in der Waschküche angestellt – war ich schon bei der Waschküche, ehe die Tür aufgeschlossen war. Ich stand also da draußen. Franz kommt, und sein Weg führt an mir vorbei. Er macht aber einen Bogen, und ich dachte, na, mal sehen, was jetzt passiert. Ob er mich grüßt, wie er das bis dahin getan hat, und mich beachtet. Er ging also einen großen Bogen, musste aber zurück und kam an mir vorbei. Er grüßte, ich grüßte zurück. Ich hatte ihm gesagt, wir bleiben Freunde. Er grüßte mich und ging. Und dann sagte er zu mir: Astrid, ich hatte mir vorgenommen, wenn du „Nein" sagst, dann lass ich das die ganze Gemeinde spüren. Der Franz hätte das gemacht. Wie, weiß ich nicht, aber das hätte er gemacht. Er hatte doch schon so viele Absagen bekommen, und brauchte doch auch eine Frau. Aber ich war nichts für Franz. Und ich bin dankbar, dass es nichts geworden ist.
Der Nächste, der mich angesprochen hat, war José Angel. Harald war

auch gut mit dem José, hat lange mit ihm gearbeitet und achtet ihn so, wie er ist. Das habe ich auch getan. Es liegt mir nicht, jemanden zu degradieren und diskriminieren. Und dann kam er zu mir und wollte mich heiraten. Er hat mir einen Antrag gemacht. Da habe ich erst mal gesagt, ich will es mir überlegen. Also, nicht ja und nicht nein. War wahrscheinlich nicht sehr gut, denn er sagte: Du wusstest doch schon gleich, dass du mich nicht willst. Das wusste ich. Aber ich wollte ihm nicht gleich ein „Nein" geben. Er ist mit uns auch nicht böse, kommuniziert viel mit uns, kommt oft zu mir, mag mich weiterhin. Finde ich sehr ordentlich von ihm.
Nun habe ich meinen Harald. Es hat ein Jahr gedauert und ich habe viele Tränen um ihn geweint. Und eines Tages war ich in meinem Zimmer, hatte Mittagsschlaf gemacht – wir hatten Mittagspause – liege in dem Bett, denke an meinen Harald und weine. Die Tränen laufen. Da geht die Tür auf, die Rita Seelbach kommt rein und sagt: Astrid, ich war schon raus aus dem Haus, da dachte ich, ich muss doch mal sehen, wie es der Astrid geht, dreh mich um, geh zurück und seh dich da tränenüberströmt im Bett. Was ist mit dir? Sie war sehr liebevoll. Rita Seelbach war zu uns immer sehr liebevoll. Das muss ich einmal hier sagen. Sie sagt also: Was ist mit dir? Da habe ich ihr von meinem Kummer erzählt und sie hat mit mir gebetet, wegen der Heirat. Da war ich wieder für einige Zeit getröstet. Jede Woche habe ich geguckt, ob das grünkarierte Hemd wieder zu sehen ist. Irgendwo grünkariert. Jedes Mal, wenn ich in Pause war. Ihr könnt euch gar nicht vorstellen, wie mich das innerlich zerfressen hat. Mein Papa sagte, wenn der so lange braucht, dann stimmt doch was nicht. Nimm doch den Horst Schaffrik, der ist doch lieb. Oder den Reinhard Scholz. Und ich dachte, wie Papa so sagte, Reinhard Scholz, das ist doch ein liebes Kerlchen. Ich dachte, liebes Kerlchen hin oder her, ich will den Harald. Aber das konnte ich ja nicht sagen. Nein, ich wollte meinen Harald. Ich passe nicht mit jedem. Eines Tages bin ich dann mit meiner Not zu Karl Hügel (Karl van den Berg) und Edith Spatz gegangen. Ich habe gesagt, ich möchte gerne mit ihnen sprechen. Ich habe ihnen von meiner Not berichtet und gesagt, ich möchte gerne mit ihnen zusammen beten. Ja, das klingt vielleicht komisch, aber dieses Beten war für mich doch … Diese Aussprache zu Gott, wem sollte ich denn mein Leid sonst sagen? Ich brauchte einen Zeugen, ich brauchte jemanden, der mir diese Stütze gibt. Und darin sah ich eine Stütze.
Karl Hügel war gut zu mir. Er hat mir schon mal sehr geholfen und ich kann mir gegenüber über ihn kein schlechtes Detail sagen. Deswegen hatte ich Vertrauen zu ihm. Obwohl ich bei Tante Edith Angestellte war

und da ein bisschen Härte erlebt hatte, hatten wir uns doch ausgesprochen. Sie war auch gut zu mir. Hat viel mit mir geredet, wenn wir alleine waren. Sie hatte beide Seiten. Sie hatte eine sehr gutmütige Seite. Daher bin ich zu diesen beiden gegangen und wir haben zusammen bezüglich Heirat gebetet, was mir auch viel innere Ruhe gegeben hat. Einen inneren Halt. Ich wusste, das war das Richtige.
Bis Harald es dann auch bemerkt hat, und irgendwann haben wir uns – wie das kam, weiß ich nicht – das erste Mal getroffen. Wir haben uns dann öfter in diesem Clubzimmer im Freihaus getroffen und haben miteinander gesprochen. Ich wusste, ich muss hundert Prozent ehrlich zu ihm sein. Ich hab ihm gesagt: Harald, ich bin operiert. Meine Eierstöcke und mein Uterus wurden entfernt, ich kann keine Kinder mehr bekommen. Für Harald war das traurig, weil Harald liebte Kinder sehr, aber er ließ mich nicht fallen. Wir beide haben geheiratet. Harald war sehr schüchtern, Frauen gegenüber. Wir sind zum Standesamt. Ich habe gesagt: Harald, dann geben wir uns den Kuss. Ich war etwas mutiger in der Sache. Harald gab mir dann aber keinen Kuss beim Standesamt. Ich musste da ein bisschen … und dann gaben wir uns doch den Kuss. Ja, da hatten wir dann den ganzen Tag frei.
Kurt Schnellenkamp hatte gesagt: Kurt – der Vater von Harald hieß auch Kurt – kümmerst du dich um meine Kinder? Da hat er gesagt, ja. Dieses Versprechen hat er irgendwie einhalten wollen, und Harald mit einer seiner Töchter verheiraten. Warum das nicht passierte, weiß ich nicht. Ich kann es nicht sagen. Jedenfalls hat er uns den ganzen Tag rumgefahren. Im Hotel haben wir gegessen. Er war mit beim Standesamt, er war mit Trauzeuge.
Heinrich Neufeldt war auch gut mit Harald befreundet – ich kannte ihn ja schon von Deutschland als unseren lieben Onkel. Er ist zwar nicht verwandt, aber das war immer unser lieber Onkel. Wir waren öfter bei ihm und seiner Frau zu Besuch. Das war immer sehr schön, als wir Kinder waren. Sie waren unsere Paten, unsere Zeugen, wie sich das nennt bei der Heirat. Vor uns war die Heirat zwischen Marie Hempel und Martin Matthusen. Ihre Mutter wollte, dass die Marie in Weiß heiratet. Bis dahin hat noch niemand in Weiß geheiratet. Wir haben mit Papa darüber gesprochen, was das bedeutet, und Papa hat uns aufgeklärt und gesagt: Das bedeutet, du bist jungfräulich, du bist noch von keinem Mann berührt worden.
Wir waren noch so sehr Fundo-anhängig, wir sind zu den Ältesten vom Fundo gegangen und haben gesagt, wir möchten heiraten. Dann haben sie

gesagt, wollt ihr in Weiß heiraten? Habe ich gesagt, ja, wir wollen in Weiß heiraten. Ich wusste, was das bedeutet. Dieses Bild der Hochzeit machst du nur einmal, du kannst es nicht später nachholen. Karl van den Berg, den hatten wir mit eingeladen, hat gesagt: Astrid, ihr müsst euch auch innerlich reinigen, und das habe ich getan. Wo mir bewusst war, dass ich noch jemandem etwas schuldig war, bin ich hingegangen, habe alles ausgeräumt und gesagt: Entschuldige, ich habe dir hier was angetan, oder ich war hier grob zu dir. Was es auch war, ich weiß nicht mehr, was es war. Die Hochzeit war ein Tag voller Freude. Ich fühlte mich so frei, so schön. Ich bin manchmal im Saal rumgegangen, habe jeden Einzelnen begrüßt. Ich hatte die Hemmung verloren. Ich fühlte mich so wohl. Es war eine sehr schöne Hochzeit. Wir hatten vierzig Leute eingeladen. Wir wollten nur eine kleine Hochzeit. Wen sollten wir ausladen? Nun hatte ich von meiner Gruppe die Brunhild Schmidtke, die war schon verheiratet. Wir waren sehr befreundet. Und Brunhilde Schaak. Brunhilde Schaak war die Letzte, die noch nicht verheiratet war. Da habe ich gesagt, was mache ich? Ich wusste, dass Brunhilde Schaak den Harald Lindemann liebt, und mir einmal sagte, vielleicht finde ich doch noch einen Mann, der mich liebt. Sie hoffte auf Harald Lindemann, das wusste ich. Ich wusste aber auch, Harald wird Brunhilde Schaak nicht heiraten. Das war für mich eine Entscheidung: Lade ich Brunhilde ein, oder nicht? Wenn ich sie nicht einlade, dann wird das für immer zwischen uns stehen. Dieser negative Punkt wird bleiben. Wenn ich sie einlade, wird sie weinen. Weil sie jetzt zu der Hochzeit mit dem, den sie geliebt hat, kommt. Da habe ich gesagt, ist besser, sie weint bei meiner Hochzeit, als wenn hinterher ein dunkler Fleck bleibt. Also habe ich sie eingeladen, und Brunhilde hat geweint. Ich habe gesagt, ich wusste, dass du weinen wirst. Sollte ich dich deshalb nicht einladen? Das hätte ich nicht übers Herz gebracht. Wir haben noch schöne Bilder, wir drei Mädchen, wir drei Frauen zusammen gemacht. Tut mir bis heute weh für sie, sie ist bis heute bei ihrer Mama. Sie ist nicht verheiratet. Sie pflegt sie. Sie ist in der Gemeinde in Krefeld, sie fühlt sich da wohl. Ist auch ihr Weg, wie sie ihn geht. Ihre Mutter ist nicht die leichteste."

Und hat das Leben in der Freiheit denn geklappt?

„Manfred, der Bruder, war ja schon früher raus als Harald, ich glaube, schon zehn Jahre eher. Zehn Jahre sind eine lange Zeit. Als Paul Schäfer weg war und wir schon verheiratet waren, haben wir gesagt, wir fahren in den Süden nach Purranque, den Bruder besuchen. Da habe ich mich im Krankenhaus abgemeldet, bin zu Hartmut Hopp gegangen, der war der Oberste, und habe gesagt, wir fahren jetzt für einige Zeit weg. Wir machen eine Fahrt. Und dann fragte er so verschmitzt: Eine weite Fahrt? Sagte ich: Ja. Wir haben nicht gesagt, wohin, aber er wusste das dann.

Also sind wir in den Süden gefahren, ich fühlte mich so frei. Dort gab es noch ein Haus, im untersten Stock wohnten Erwin und Brigitte Fege, sie hatten Sonja als kleines Baby schon adoptiert. In der mittleren Etage lebten Manfred und seine Frau mit David. Sie hatten auch ihr kleines Kind schon. Und in der obersten Etage wohnte Abelino, der Arbeiter mit seiner Familie. Alle drei Familien lebten in einem Haus. Das hatten sie von Held gekauft. Wir sind Manfred besuchen gefahren und waren bei Erwin. Brigitte war sehr freundlich, sie hat mir alles gezeigt, sie hat mir alles erzählt. Erwin war dezent. Es war nicht schlecht, aber es war auch nicht …

Dann waren wir bei Manfred. Wir haben uns sehr gefreut und uns sehr wohlgefühlt bei ihm und seiner Familie. Zuletzt waren wir bei Abelino oben. Der hatte Besuch. Er hatte einen großen Tisch, und wir waren zum Essen mit eingeladen. Seine Frau war da und sie fing an über die Colonia Dignidad zu sprechen. Sie war erst gut Freundin und wurde nachher degradiert, weil sie geheiratet hat. Deswegen war sie so unwahrscheinlich unten durch bei Paul Schäfer und wurde schlecht gemacht. Sie haben uns viele Sachen erzählt, die wir nicht wussten. Bis dahin ging es noch. Dann aber ging es um die Personen. Um diese Person, um jene Person. Ich war nachher fix und fertig. Ich habe gesagt, nie wieder gehe ich da hin. Ich fühlte mich unwohl und das Ganze über mich ergehen zu lassen, war für mich so schrecklich. Das war schlimm. Über diese Person herzuziehen, über jene. Mag ja einer was Schlechtes gemacht haben, aber deswegen muss man die Person nicht so angreifen. Das war mir zu viel.

Dann fuhren wir nach Hause. Als wir auf der Höhe von Chillán waren, das ist die Litral Höhe, überkam mich eine derartige Schwere, weil wir wieder zurück ins Fundo mussten. Ich hatte draußen die Freiheit erlebt. Ich war so innerlich befreit von dem Druck gewesen. Wir saßen im Bus und ich fing an zu weinen. Harald guckte sich um und sagte: Astrid du weinst, was ist mit dir? Ich sagte: Ich will nicht wieder zurück ins Fundo. Ich war ja da noch angestellt, habe da noch gearbeitet. Ich kam wieder so

in den Druck rein. Ich habe mich dann im Krankenhaus abgemeldet. Mein Vorgesetzter war damals Klaus-Dieter Schmidtke. Ich bin zu ihm hingegangen und habe gesagt: Diese Krankenhausarbeit ist für mich zu schwer. An den Krankenbetten stehen mit meinem Rücken hatte mich so verkrampft, dass ich gar nicht mehr stehen konnte. Ich sagte, nein, ich habe solche Rückenschmerzen wo ich jetzt hier stehe. Ich kann nicht mehr. Ich hatte mich immer unterwegs hingesetzt, wenn ich den Weg zum Krankenhaus zurückgelegt hatte. Es war ja noch nicht lange her, dass ich wegen der Rückenprobleme komplett operiert worden war. Zwei Operationen kurz hintereinander. Die hatten mich sehr mitgenommen.
Das war etwa August, als ich zu Schmidtke kam, und gesagt habe, ich möchte aussteigen und gehen. Er sagte: Würdest du so lange in der Pflege bleiben, bis die Studenten ausstudiert haben? Die sind im Dezember fertig und kommen dann. Dann hast du eine Ablösung. Ich habe gesagt: Ja, okay, das mache ich. Ich bleibe bis Dezember. Das habe ich auch gemacht und im Dezember kam es dann anders. Es kamen zwar zwei Oberschwestern auf die Station, aber nicht, um Patienten zu waschen und zu füttern. Ich bin dann trotzdem gegangen.

Harald war in der Landwirtschaft. Er sagte, er will hier aus der Landwirtschaft aussteigen, aber es ist ja keiner mehr da. Die waren ja schon fast alle weg. Nur noch Aki (Georg Laube) war hier, der war über ihm, und Harald. Irgendwann bin ich zum Horst gegangen und sagte: Harald schafft es nicht, zu sagen, dass er gehen möchte. Was soll ich machen? Er schafft es, sich aus Deutschland Equipment fürs Fernsehen zu kaufen, aber er schafft es nicht, hier zu sagen, dass er weg möchte. Ja, sagt der Horst, Astrid, das musst du verstehen.
Das sind Dinge, die man einfach nicht schafft.

Er sagte, ich helfe dir. Hier, ich gebe dir einen Entlassungszettel, der sagt, ich möchte austreten, den soll er dann unterschreiben und abgeben. Gesagt, getan, Harald unterschrieb und dann ging es seinen Weg. Deshalb haben wir auch keine Entschädigung bekommen.
Ich war dann bei Dennys Alvear angestellt. Er hat mich als Arbeiter sehr gut behandelt. Immer vorschriftsmäßig, er hat mich immer pünktlich ausgezahlt. Er hat gesagt, Astrid, wir müssen jetzt zum Arbeitsamt. Wir müssen das unterschreiben. Er hat mir alles vorher gesagt. Ich bin nachher zu ihm hin, habe mich von ihm ordentlich verabschiedet. Er hat mich gut behandelt. Ich kann ihm nichts nachsagen, was in den Arbeitsbereich fällt.

Er hat uns alle ordentlich behandelt. Ich war die letzten Monate noch bei ihm in der Küche. Und ja, jetzt habe ich wieder eine Lücke.

Als ich mich mit Harald wieder gefunden hatte, wollten wir in den Süden. Wir sind beide zu Aki gegangen, zu Georg Laube, und haben gesagt, wir möchten mit dir sprechen. Wir wollen das Fundo verlassen. Wir wollen hier weg. Wir haben gesagt, Aki, was auch immer gewesen ist, wir verzeihen dir alles. Wir wussten, dass Aki einen Schaden hatte. Er ist von einem der tiefsten Opfer aufgestiegen, bis er ganz oben über die anderen gestellt wurde. Dieser Sprung hat weder Aki gutgetan noch denen, die ihm unterstellt waren. Das war kein guter Sprung. Den hat Hamster (Hans Jürgen Riesland) gemacht, und der war für Aki auch nicht gut. Hamster wollte ihm wohl hochhelfen, aber gut. Jedenfalls sind wir im Frieden auseinandergegangen. Wir haben uns überall verabschiedet, haben uns noch mit vielen getroffen, waren noch unten, wo Tymms Häuschen war. Das ist da unten am Stall, da haben wir noch ein Abschiedsessen gemacht.

Harald hat die Kontakte immer gepflegt, mit denen, die schlecht angesehen waren. Einer davon war Andreas Schmidtke, der war verheiratet mit Ruth Szurgelies. Die beiden waren schon raus in Pucon. Da hat er gesagt, komm, wir fahren nach Pucon und besuchen die beiden mal. Die kriegen keinen Besuch, keiner mag sie. Gesagt, getan – Harald mutig hin nach Pucon. Dort haben wir Andreas und Ruth getroffen. Ruth war in einer Bäckerei und ich sagte: Oh, hier sind unsere Besuchskekse. Die konnte Ruth nebenbei machen und verkaufen. Die hatten sie sehr gut behandelt da. Obwohl ihre Arbeit schwer war, das hat sie nebenbei gemacht. Ich kannte doch unsere Kekse wieder. Das waren alles Sonderkekse, die wir nur für Besuch gemacht hatten.

Andreas musste im nächsten Geschäft arbeiten: Komm, ich zeige euch die Stadt. Wir kannten Andreas so nicht. Er lief durch die Stadt: muss noch hier hin und da hin. Andreas war doch sonst immer wie so ein Trottel, mit Medikamenten total kaputtgemacht. Wir haben gesagt, wir kennen den Andreas nicht wieder. Und danach hatten wir, ich weiß nicht, ob das gut ist, hier zu sagen, aber da kam die Ruth ins Fundo, und wir haben so gut über den Andreas gesprochen, da sagte Ruth: Ich möchte mit euch sprechen. Da waren auch Harald und ich und andere. Sie sagte: Ich habe zu euch Vertrauen, ich möchte mit euch sprechen, ich habe ein großes

Problem. Ich komme mit Andreas nicht klar. Andreas hatte so viel Schaden genommen, er hatte eine so laute Stimme, er war ein bisschen aufdringlich in unseren Augen. Wir Frauen waren ja total – wir haben uns nicht getraut, unsere Männer anzufassen. Wir haben uns kaum zugetraut, uns von unseren Männern anfassen zu lassen. Bei mir hat das sehr lange gedauert, bis wir diesen Fühlkontakt zueinander hatten.

Ich werde noch ein bisschen von der Bäckerei erzählen, denn ich war lange dort. Wir Kinder haben ja hauptsächlich geheizt, Holz geholt und geputzt. Formen geputzt, Bleche geputzt. Das war hauptsächlich unsere Arbeit. Den Teig hat Tante Ruth meistens gemacht. Allerdings beim Schwarzbrotrollen, da haben wir alle geholfen, beim Brotkneten, da waren alle immer beteiligt. Brot kneten. Das war auch immer eine schwere Arbeit. In der Zeit, während ich in der Bäckerei war, hatte ich ja auch Geige gespielt. Ich bin aus dem Orchester geflogen wegen irgendeiner Sache. Genau weiß ich nicht mehr, was da war. Ich war in der Zeit auch aus dem Saal geflogen. Also ich war überall raus, weil irgendwas wieder nicht in Ordnung war. Zu der Zeit gab es einen Gemeindeausflug. Der war am Sonntag auf den Äckern. Paul Schäfer hat meistens über einen Lautsprecher gerufen, hier ist Weizen, und hier ist Hafer. Das war dann das Schöne, das wir innerhalb dieser Mauern und Einzäunung hatten.
Ich blieb an dem Tag zu Hause, weil ich ja rausgeflogen war, und nicht mitkonnte. Ich blieb in der Bäckerei. Wo sonst sollte ich auch bleiben? Wir hatten ja gar keine Bleibe. Du konntest im Schlafzimmer auf deinem Bett sitzen. Aber mehr hatten wir nicht. Da war ich also vormittags. Da wurde der Kuchen geschnitten und die Bleche noch sauber gemacht vom Sonntagskuchen. Da gab es immer noch was, das anlag. Onkel Becker blieb auch in der Bäckerei. Ich dachte, es wäre Zufall, aber wahrscheinlich hat er auf mich aufpassen, müssen, weil ich ja alleine war. Da sagte der Mann zu mir: Also wenn ich wüsste, dass du normal bist, würde ich dir jetzt den Arsch verdreschen. Da war ich aber heilfroh, dass ich wahrscheinlich nicht normal war. So stufte er mich ein, so fühlte ich mich auch. Ich fühlte mich total irre, total unnormal, irre. Ich war auch gar nicht normal, das war überhaupt alles nicht normal. Dieser unwahrscheinliche Stress. Erst mal war die Zeit so lang, die wir da gearbeitet haben. Wir haben jeden Morgen um sechs Uhr angefangen. Am Samstag haben wir geputzt. Ich habe an sich gerne geputzt. Wir haben draußen den ganzen Beton gescheuert. Ringsum. Und dann war man auch fix und fertig. Das war auch eine anstrengende Arbeit. Alles mit den Schläuchen abspritzen.

Mit dem Schrubber scheuern, den ganzen Beton rings um die Bäckerei. Wir hatten die Bäckerei so top sauber. Wenn Besuch kam, die haben alle gesagt, wieso ist eure Bäckerei so sauber? Man kann vom Boden essen. Was wir für Wunder leisten. Aber wir haben mehr geputzt, als wir gebacken haben, also wir Kinder.

Und dann bin ich in den Schweinestall gekommen. Und zwar aus dem Krankenhaus, das ist ein bisschen gesprungen jetzt. Während ich im Krankenhaus war, bin ich da auch rausgeflogen wegen einer Sache und kam dann in den Schweinestall. Das war solch ein großer Wechsel. Ich habe morgens um sechs Uhr angefangen. Da war Doris Malessa, die war sehr lieb zu mir. Die hat mich angelernt. Die war gerne da. Wir haben von morgen sechs Uhr bis mittags um vierzehn Uhr ausgemistet. Schweinemist. Auf die Karre. Das war so schwer. Das ist so ein matschiger schwerer Mist, und den rauf auf die Karre, den Karren hochschieben. Zwischendurch war Füttern mit Zehn-Liter-Zinkeimern. Da schöpfst du aus einem großen Bassin. Wir haben alle Essensreste da gekocht. Das ist wie so eine Suppe. Das schöpfst du raus in die Eimer, von den Eimern in den Trog. Alles Handgelenks- und Rückenarbeit. Da habe ich mir in zwei Tagen beide Handgelenke so verdorben, ich konnte keine Bewegung mehr machen. Ich hatte so wahnsinnige Schmerzen. Nach diesen zwei Tagen Schweinestall sind wir abends noch Krankenhausputzen gegangen. Aber ich war doch dort rausgeflogen und jetzt sollte ich im Krankenhaus putzen?
Ich habe mich wie ein Sünder gefühlt. Ich darf doch hier gar nicht mehr rein. Ich habe gefragt: Darf ich denn überhaupt noch hier rein zum Putzen? Da hat Dorchen mich voll angeschrien, natürlich kannst du zum Putzen hier rein. Als ich mit dem Putzen fertig war, hatte ich solche Schmerzen in den Armen, ich kriegte gar keinen Lappen ausgewrungen. Ich habe gesagt, mir tun die Handgelenke so weh, da haben sie geguckt und angefasst und dann knatschte das. Beide Sehnenscheiden waren entzündet. So stark. Sehnenscheidenentzündung. Sie haben beide Arme in Gips gelegt. Ich konnte gar nichts mehr machen. Beide Arme in Gips gelegt, da war ich erst mal ganz liquidiert. So kam ich aus dem Schweinestall raus. Das konnte ich also nicht.
Tja, dann kam ich mit diesem Gips in die Bäckerei, konnte da auch nicht viel machen. Nach und nach kam der Gips ab und ich bekam so eine Gipsschiene, die konnte ich dann auch abmachen. Das war eine große Lei-

denszeit. Ich konnte zum Beispiel Abwaschen in warmem Wasser. Abwaschen konnte ich. Aber dieses Abtrocknen, dieses Fassen mit den Händen, das konnte ich nicht. Ich konnte den Fußboden vorwischen. Da brauchtest du den Lappen nicht auszuwringen. Das konnte ich machen, vorwischen. Ich konnte auch Brotkörbe tragen. Das hat keiner verstanden. Ich konnte den schweren Brotkorb tragen. Da brauchte ich kein Handgelenk. Den konnte ich so tragen. Das ging. Aber eine Arbeit jetzt hier so nehmen, Bleche putzen, das konnte ich nicht. Formen putzen, das konnte ich nicht. Sagte ich, ich kann nicht Formen putzen – das war für alle eine unliebsame Arbeit – hieß es: Ja, das willst du nur nicht. Du trägst die schweren Körbe, du kannst den Fußboden wischen. Diese Unterschiede, ich konnte das mit keinem besprechen. Ich konnte keinem sagen, wie es mir geht. Ich musste dann immer ins Krankenhaus und kriegte eine Elektromassage an den Armen. Die hat nichts genützt. Ich konnte aber doch nicht sagen, sie nützt nichts. Ich musste das ertragen, jeden Tag hingehen, ob es half oder nicht.

Und dann hat mir Tante Ruth Röhl elastische Binden herumgewickelt. Ich sagte: Ruth, die sind zu stramm. Nein, die sind nicht zu stramm. Ich sagte noch mal, das ist zu stramm. Ich war noch nicht zur Tür draußen, da habe ich beide Binden von den Armen heruntergerissen. Ich habe den Schmerz nicht ausgehalten. Elastisches zieht zusammen, und ich hatte geschwollene Arme. Und wenn das richtig geschwollen war, konnte ich keine Binde drauf tragen. Das war ja entzündet. Dann habe ich sie mir lose drum gemacht. Also so, wie ich wusste, so vertrage ich die. Damit konnte ich dann nach und nach arbeiten. Ich habe mich an diese Binden gewöhnt und die ganzen Jahre diese zwei Binden getragen. Auf beiden Armen. Im Sommer habe ich das oft vergessen, denn für mich war es schon relativ normal. Dann hatte ich schon kurze Ärmel an und von hier bis hier über die halbe Hand die Arme weiß gewickelt. Ah, was hast du denn gemacht? Ach so, Mensch, ich hätte ja auch langärmelig arbeiten können. Ich konnte so arbeiten. Und so habe ich meine beiden Hände wieder ausgeheilt, über viele Jahre.
Aber ich bin nicht die Einzige mit schwerer Sehnenscheidenentzündung von dieser schweren Arbeit. Auch in der Bäckerei bekamen das manche vom Brotkneten. Das war so ziemlich unsere Bäckereiarbeit. Da hatte ich Tante Ruth, die praktisch unsere Chefin war. Nachher hatte sie so viel Mitleid, da hat sie gesagt, Astrid komm, wir beide gehen Marzipantorten

belegen. Also das heißt, da kam eine Marzipanschicht drauf und dann hatten wir so schöne Marzipanblümchen. Und Schokolade, die darauf gesetzt wurde. Das war eigentlich wie Spielen. Du konntest schöne Blumen raussuchen, konntest machen, wie du wolltest, grünes Blatt drauf, bisschen Schokoladenmuster drauflegen. Das war eine der schönsten Arbeiten. Aber wollte ich so eine kleine Blume anfassen, hatte ich einen Schmerz, ich hätte schreien können. Ich hab gedacht, so, jetzt sage ich nicht, dass es mir wehtut. Ich will auch mal eine schöne Arbeit machen. Und habe meinen Schmerz lieber ausgehalten. Sollte ich jetzt sagen, ich will lieber Fußboden wischen oder schwere Körbe tragen?

Tante Ruth hat immer mitgearbeitet. Sie war diejenige, die vorweg gezogen hat. Also sie war immer ganz fleißig. Und das hat sie auch von allen anderen verlangt. Ihre Schultern waren nachher so voller Knoten und Schmerzen. Die haben ihr gesagt, du musst jeden Mittag baden gehen. Du musst mittags eine Pause machen und nicht um sechs Uhr oder schon vorher den Teig anfangen und abends bis zehn oder elf in der Bäckerei arbeiten. Oft haben wir bis zwölf gearbeitet. Du musst jeden Mittag eine Pause machen, denn sie war mit dem Herzen auch gar nicht mehr gut. Du musst jeden Tag schwimmen gehen. Und das hat sie auch schön gemacht. Ab da haben wir alle mittags eine Pause gemacht. Das war sehr schön. Wir haben uns alle sehr gefreut. Sie ging dann oft mit den „Vögeln" – also den jüngeren Gruppen –, jeden Tag einmal nachmittags zum Baden in den Turbinen-Kanal. Die haben sich gefreut, die Mädchen. Die Mädchen haben sich natürlich immer gefreut. Sie hat die Mädchen immer mitgenommen. Das war schon wirklich schön.

Eine andere Sache. Paul Schäfer hatte sich einen elektrischen Viehtreiber aus Deutschland schicken lassen. Er hat gesagt, der ist dafür da, um die Kühe zu treiben. Er hatte ihn im Saal behalten und wenn wir abends zusammen waren, ging er mit dem Viehtreiber durch die Reihen. Wen er erwischte, den hat er auf den Kopf gebrannt. Wir haben den Viehtreiber Brenner genannt. Weil der so gebrannt hat. Jedes Mal, wenn er durch unsere Reihe kam, saß ich schon so zittrig auf dem Stuhl. Gucken konntest du nicht. Und wenn du geguckt hast, hast du ihn sowieso schon gebrannt gekriegt. Vor allem, auf wen er einen Pick hatte. Und auf mich hatte er wohl immer einen Pick. Mich hat er jedes Mal auf den Kopf, Schulter, Rücken gebrannt. Jedes Mal hat er mich erwischt. Das war so eine schreckliche Sache. So viel mit diesem Elektrobrenner auf den Kopf.

Während meiner Schulzeit hatte er den Brenner schon. Und dann gab es Schulsachenkontrolle. Also alle Schulsachen, alle Bücher mussten tipptopp eingeschlagen sein. Es durfte kein Riss in einer Seite sein. Es durfte kein Fleck sein. Wir kriegten ja nicht wie die Kinder in Chile immer neue Bücher jedes Jahr. Sondern die Schulbücher waren ja die Alten noch von Deutschland. Jedes Heft musste nummeriert sein. Damit niemand irgendwann mal eine Seite rausreißt und eine Nachricht rausschmuggelt. Also, alles nummeriert, alle Hefte, die wir besaßen. Es durfte kein Eselsohr in den Seiten sein. Die mussten alle eingeschlagen sein.

Es musste alles tipptopp sein, der ganze Schulkanister, diese Mäppchen, wo wir Bleistift und Federhalter drin hatten, Kuli gab es ja nicht, Federhalter. Oh, das war stressig. Wir saßen in einem Saal auf der blanken Erde, da auf diesen Platten, Zementplatten. Ich konnte gar nicht so gut sitzen da unten mit meinen Beinen. Ich konnte nie so sitzen. Jetzt saßt du da, bis die ganze Kontrolle durch war. Und dann, als die Frauen, die alles kontrollierten, mit uns durch waren, schrieben sie jedes Detail auf. Wer sein Buch nicht richtig eingeschlagen hatte, wer irgendwo eingerissene Seiten hatte, wo ein Fleck war. Und als sie durch waren, kamen die Herren, die vorher bei den Jungs waren, zu uns. Die haben noch mal alles kontrolliert und dann gab es noch hier ein Detailchen und da ein Detailchen. Paul Schäfer ging mit dem Brenner herum und brannte jedes Mal auf meinen Kopf. Ich habe jedes Mal geschrien. Jede Runde kam der durch und brannte mir auf den Kopf. Und ich habe vor lauter Kälte von den Steinen und durch den Brenner und vor Angst, so gesessen und gezittert, dass er mich gesehen hatte, wie ich zittere. Er hatte seinen Spaß dran, mir jedes Mal auf den Kopf zu brennen. (Pause)

Tja, nachher sind wir raus, Harald und ich. Es war auch schwierig, wir hatten schon einigermaßen für eine Fleetfahrt gezahlt, die unsere Sachen in den Süden gefahren hat. Und dann kam eines Tages Manfred, Haralds Bruder, der hatte einen Bulli. Er hat unsere Sachen alle eingepackt. Der Bulli hatte vorne nur zwei Sitze. Harald setzte sich vorne rein. Hinten hat er noch einen Sitz gemacht, wo ich dann saß. Ganz hinten haben wir einen Spalt freigemacht für unsere drei Hunde, oder waren es sogar vier am Anfang? Ich glaube, drei. Harald hatte immer noch seine Hunde im Fundo. Wir sind also in den Süden gefahren und haben zwei Jahre bei Manfred oben in der Etage gewohnt. Dafür haben wir nichts bezahlt. Er hat uns so aufgenommen. Harald hat bei ihm gearbeitet. Ich habe anfangs noch Edeltraud bei den Marmeladen geholfen. Wir hatten einen großen Kessel. Das Rühren, stehen und die Flaschen befüllen, das war mir auf die Dauer aber zu schwer. Das ging mir so in den Rücken. Das habe ich dann nicht mehr gemacht.

Manfred hatte ein Haus für seinen Arbeiter, für Abelino, gebaut. Das war noch im Rohbau, keine Fenster, keine Türen drin. Und auch noch nicht verkleidet. Abelino und seine Frau wollten aber lieber in Purranque wohnen. Also hat Manfred gesagt: Gut, dann ist das Haus für euch. Er hat gesagt: Zahlt das, was ihr könnt. Und wenn ihr es nie zahlen könnt, auch gut, ihr könnt drin wohnen, aber es bleibt natürlich unser Haus.
Wir wohnen da drin. Inzwischen haben wir schon viel reingezahlt mit dem, was Harald verdient hat. Aber der Anfang war so schwierig, denn wir hatten kein Geld. Ich hatte gar kein Geld. Ich hatte ja kaum Lohn bekommen. Meine letzten Löhne lagen bei 120 000 Pesos, das müsste man mal in Euro umrechnen, wie viel das ist. Harald hatte etwas mehr. Aber beim Manfred, Spitzname Jan, verdiente er 180 000 Pesos. Das ist ganz wenig. Das ist heute ein ganzes Stück unter dem Minimum. Mit so wenig kann man nicht leben. Dadurch haben wir auch keine Renteneinzahlung. Dann habe ich gesagt: Edeltraud, kannst du mir das und das mit einkaufen? Dass ich irgendwas habe für uns zum Mittag machen? Dann hat sie gesagt: Gut, ich schreibe die Summe auf. Das war soundso viel. So hatten wir den Monat durchgelebt. Wenn der Harald seinen Lohn bekam, haben wir alles, was wir auf Buch gekauft haben, abgezahlt. Dann blieb nicht mehr viel. Und dann haben wir nächsten Monat wieder so gelebt, auf Abzahlung. Bis wir dann so ein bisschen hochkamen. Wir mussten ja auch erst mal ein bisschen lernen. Was wussten wir von draußen, von der Welt? Die haben uns betrogen, wo es nur ging. Wir kannten doch die Welt überhaupt gar nicht. Wir waren eingesperrt gewesen, eingeschlossen. Ich war über fünfzig. Da kommst du das erste Mal raus. Wir mussten lernen. Harald hat dann seinen Führerschein gemacht. damit er sich bewegen konnte.

Und dann haben wir zu dritt die mittlere Reife nachgeholt, das chilenische Cuadromedio. Das war so eine kleine Schule im nächsten Ort, wo wenig Schüler waren. Wir waren Harald, Manfred Spatz und ich. Ich sagte, zu dritt können wir einander helfen. Einer alleine wird es nicht schaffen. Aber zu dritt schaffen wir das. Dann können wir einander alles erklären und helfen. Gesagt, getan. Wir haben uns angemeldet, und Manfred Lindemann meinte, ach, wofür das? Das ist doch alles nur verlorene Zeit. Wofür das? Aber wir haben unsere zwei Jahre durchgehalten. Zwei Jahre, also vier Semester in zwei Jahren. Und wir haben gesessen und geochst, jeden Sonntag, jeden Feierabend. Aber es hat auch Spaß gemacht.

Am ersten Tag hatten wir Geschichte. Das lehrte der Direktor der Schule. Der war auch Geschichtslehrer. Er gab uns einen schematischen Überblick über die Geschichte von der Anfangssteinzeit bis zur heutigen Zeit. Was ist wann passiert? Die heutigen Jahre ungefähr. Ich war noch so schüchtern und so befangen. Ich saß zwischen den ganzen Chilenen. Harald hatte an dem Tag keine Zeit. Manfred war auch nicht da. Und so saß ich zwischen den Chilenen und vor lauter Stress hatte ich nichts verstanden. Ich wusste gar nicht, was der an der Tafel machte. Wir hatten ja auch von der chilenischen Art, wie man Schule macht, keine Ahnung, und so viele Jahre keine Schule mehr. Da fragte der Direktor: Hat irgendeiner was nicht verstanden? Ich sage: Ich, ja, ich. Was hast du nicht verstanden? Ich sagte: Ich habe überhaupt gar nichts verstanden. Da guckte er erst mal groß, und dann hat er das noch mal ein bisschen langsamer erklärt. Dann kam ich nach Hause, und Harald fragte: Was habt ihr durchgenommen? Ich sagte: Ich habe nicht ein Wort verstanden. Da sagte Harald: Oh, das kann ja noch heiter werden. Langsam haben wir uns da reingefunden, in die Art dieser Schule. Und wir alle haben mit Sehr gut abgeschnitten. Alle drei. Ja, das war noch ganz schön. Und es nützt was. Wir haben heute das Cuadromedio (mittlere Reife). Wir können noch heute einen Beruf anfangen. Noch. Ich habe noch den Mut. Die Tatkraft. Ich möchte noch gerne selbstständig was machen. Ich habe die Lust dazu. Das ist, meine ich, doch viel, oder?

Aber was ich mir wünsche, ist ein schönes Zuhause. Es gibt so viele Details am Haus, die nicht fertig sind. Wir haben den zweiten Boiler im Haus und der ist kaputt. Er hat ein Leck und das läuft über den Überlauf alles raus übers Dach. Wenn wir den Haupthahn draußen aufdrehen, läuft das Wasser übers Dach auf den Hof. Wir sind bei Manfred angeschlossen. Die Pumpe, die schon klein war, ist auch schon wieder erneuert, die läuft und läuft sich tot. Also Haupthahn zudrehen. Wenn ich was haben will, laufe ich raus, drehe den Haupthahn an. Wenn ich Wäsche waschen will, brauche ich ja das Wasser. Dann nehme ich Kaltwasser. Zweiundzwanzig-Liter Eimer habe ich da stehen. Das setze ich mir auf den Herd. Wir können

zwar ein bisschen heizen, aber dadurch, dass der Boiler es nicht tut, tut es unsere Heizung im Haus auch nicht. Das geht jetzt schon über einige Jahre so. Wir haben einfach nicht das Geld, einen neuen Boiler zu kaufen. Oder den in Reparatur zu geben. Wir brauchen auch Handwerker, um den von da oben runter zu montieren. Der hat dreihundert Liter, ein großer Boiler. Jetzt war ein Meister da, der wollte das schweißen. Der hat inzwischen so einen dicken Knubbel da draufgeschweißt. Weil der Strom nicht stark war – wir haben ja keinen Starkstrom – konnte er da gar nicht richtig schweißen. Ist genauso Leck geblieben.
Das sind so Details, die noch wirklich fehlen. Dann müssten wir unser Abwasser vernünftig machen. Harald steht immer und schöpft das Abwasser aus. Daher müssen wir mit Wasser möglichst sparen. Das sind nur Details. Mir fehlen Schränke, ich habe provisorische Schränke mit Brettern auf Blechdosen, damit ich das Zeug ein bisschen ordentlicher organisieren kann. Das ist auch was, das mich ein bisschen um den Verstand bringt. Ich würde so gerne ein schönes Heim haben. Das ist das, was wir sehen in Deutschland. Ein schönes Heim haben sie, aber Deutschland ist auch unwahrscheinlich hart in dem, was sie fordern, was sie verlangen. Die Kontrollen und … Es ist auch schwierig. Deswegen haben wir uns noch nicht für Deutschland entschieden. Ich weiß nicht, ob wir es je machen. Also ich bin ein bisschen konservativ. Jetzt lebe ich in Chile, und möchte auch in Chile bleiben. Wir sind jetzt fünfzig Jahre in Chile, sogar länger. Aber ich fühle mich als Deutsche. Das ja.

Meine Kleidung – ich habe mich nicht gleich verändert, aber Hosen habe ich bald angezogen. Ich wollte nicht so auffallen mit diesen Dignidad-Röcken. Das mochte ich nicht mehr. Ich habe mich geschämt. Denn ich war hier von der Sonne richtig ausgebrannt. Wir hatten die Haare immer straff nach hinten gekämmt. Die Leute haben mich immer groß angeguckt. Wenn ich irgendwo einkaufen ging, da hab ich die Reaktionen gemerkt: Oh, wer ist das denn? Oh, wer ist das denn? Und ich fühlte mich unwohl. Richtig unwohl. Und unglücklich. Ich habe lange, lange mit mir gekämpft.
Was mache ich mit meinem Haar? Nachher habe ich mir von Edeltraud so ein bisschen einen Pony schneiden lassen. Aber ich hatte trotzdem Probleme mit langen Haaren in der Küche. Wenn ich sie aufgemacht habe, konnte ich nicht arbeiten. Dauernd hingen mir die Haare in dem Kochtopf, bei der Arbeit nach vorne. Machte ich sie nach hinten, dann hatte ich wieder Haare auf der Jacke hängen. Dann fielen sie mir aus, ich hatte

richtig Probleme damit. Eines Tages hatte ich den Entschluss gefasst und bin ohne weiter zu überlegen in einen Friseurladen und habe mir die Haare abschneiden lassen. Ich habe gesagt: Mach sie mir bitte schön. Ich möchte einen schönen Frauenschnitt. Schneid mir die Haare ab. Als ich aus dem Laden kam, meine Spangen raus, die vorher so fest waren, die auf dem Kopf weh getan haben, da war ich so glücklich. Ich habe mich gefreut. Ich war wie ein Vogel aus dem Käfig. Ich habe mich so unwahrscheinlich wohlgefühlt. Ich ging durch die Straßen in Purranque und die Leute – die kannten mich ja inzwischen schon – zeigten alle Daumen hoch, vor allem die Männer, die da saßen. Die haben sich gefreut mit mir, und ich habe gestrahlt. Ich war glücklich. Seitdem fühle ich mich wohl. Ich habe mich nie mit meinem Haar geschämt.
Wegen der Hose werde ich aber immer noch angesprochen. Nicht mehr so oft, aber bis heute. Und ich habe immer noch Komplexe. Zwölf Jahre bin ich jetzt draußen und habe immer noch Komplexe vor den Bewohnern der Villa Baviera. Langsam ebbt das ab. Aber trotzdem, eine Umstellung ist so hart, weil wir das Kritisieren gewohnt sind.

Was ich heute sehe: Der Harald ist ein Optimist. Ich war ein Pessimist. Ich habe immer das Schlechte gesehen. Das Negative, das schaffen wir nicht, und das können wir nicht. Und jetzt habe ich mich verändert, und fange an, das Positive zu sehen. Wenn ich in der Villa Baviera mit verschiedenen Leuten spreche, die gucken alle negativ. Die sagen, was hat das denn für einen Sinn und wofür und was soll das sein? Als wir nach Deutschland eingeladen wurden: Was soll das denn für einen Sinn haben, wenn nur ihr fahrt und keine von den Obersten vom Fundo? Wozu? Wozu machen die das? Ich sagte: Mensch, guckt doch mal positiv, wir freuen uns, wir sind eingeladen. Wir brauchen nichts zu zahlen, für uns ist das wirklich ein Geschenk. Wir sind froh, wir freuen uns. Bei einigen schnappt es, aber nicht bei allen. Wir haben vierzig Jahre lang unter Paul Schäfer gelernt, negativ zu gucken, auf das Schlechte zu sehen. Gucken, wo der andere negative Details hat. Nie mal auf die positiven Sachen. Es lebt sich aber leichter, wenn man positiv guckt, und nicht negativ. Im anderen das Negative suchen, ne, und wer sucht, der findet das Negative im anderen auch. Aber man kann auch was Positives suchen und sagen, der hat den und den Vorteil. Der kann das so gut, und der kann das so gut.

Aber eins haben wir gelernt, das möchte ich noch sagen, eins haben wir gelernt: Auf unser eigenes Ich zu verzichten. Ich will die sein, ich will das

sein. Ich kann das gut. Mir ist das ausgeprügelt worden.
Also dafür bin ich, dass dieser Egoismus weg ist. Harald ist zum Beispiel ein Mensch, der immer für andere denkt. Dass ich manchmal sage, ein bisschen vernünftig musst du doch noch sein. Aber er denkt immer für den anderen. Er möchte dem anderen helfen. Er möchte dem anderen was Gutes tun. Und das tut er auch. Nicht nur wollen. Das ist so was Schönes. Und ich sage, gut Harald, okay, da sind wir uns immer einig. Das erfreut das Leben, macht das Leben leichter, macht das Leben gut und angenehm. Das sind die Privilegien, die wir heute haben. Es ist nicht der Reichtum, es ist nicht das schöne Heim, das ich mir gerne wünsche, sondern der innere Frieden. Und das ist das, was wir gefunden haben. Durch die Not. Endlich hatte ich eine Person, mit der konnte ich über alles sprechen. Das war Harald. Wir haben keinerlei Geheimnis voreinander. Wir sprechen uns gegenseitig aus. Das ist schön. Ich freue mich. Und habe nie den Wunsch, einen anderen zu haben oder zu denken, der wäre doch gut. Das ist nicht drin. Ich wünsche mir meinen Harald und das ist schön. Unser Eheleben ist schön."

Und trotz Leben in der Freiheit wollen Sie wieder zurück?

„Also ich möchte mal sagen, nicht direkt zurück. Vielleicht für eine Zeit arbeiten, weil wir denken, da könnten wir vielleicht Geld verdienen. Es geht hier tatsächlich nur ums Geld verdienen und nicht darum, zurück in die Villa zu wollen. Wir würden auch im Süden Fuß fassen, aber ohne Unterstützung geht es nicht. Das ist der Punkt. Wir müssen ein bisschen Geld verdienen. Ich bin jetzt vierundsechzig, ich werde dieses Jahr fünfundsechzig. Meine Rente läuft bald ab. Dann hab ich die nicht mehr. Deswegen gucken wir. Was können wir noch machen? Harald verschleißt auch ganz schön, so oft, wie er sich die Ellbogen cremt, seine Knie, Beine und Füße, seinen Knöchel, der krumm ist am Fuß, weil er sich den verstaucht hat. So ganz gesund ist Harald auch nicht. Dann mit seinem Husten, ständig. Ganz jung sind wir nicht mehr. Wir müssen gucken, wie überleben wir jetzt? Ohne Unterstützung ist das schwer.

Das ist der Gedanke, dass wir für eine Zeit im Fundo Arbeit finden und guten Lohn. Aber nicht angestellt von den Firmen. Das nicht. Höchstens im Tourismo. Also er als Touristenführer. Dass er über die Geschichten spricht. Denn das kann er gut. Mein Mann kann das gut und es macht ihm auch Spaß. Ich möchte, dass mein Mann das macht, was ihm Spaß macht.

Nicht mehr eingepfercht unter Druck.
Ich würde auch irgendwas machen in diese Richtung, mal gucken. Wir verstehen uns sehr gut mit Anna Schnellenkamp. Das muss ich Anna lassen. Sie möchte für die Opfer was tun und sie hat sich schon so eingesetzt. Aber sie kommt darin nicht zum Zuge. Sie schafft es nicht, gegen die Geschäftsführer anzukommen. Sie ist aus diesem Druck oder aus diesem Administratoren-Kreis ganz ausgetreten, hat gesagt, ich mache die Ungerechtigkeit nicht mit. Denn was haben wir abgekriegt vom Fundo? Wir haben da die ganzen Jahre gearbeitet. Wir haben richtig eingetragene Arbeit gemacht. Ich habe seit meinem achtzehnten Lebensjahr im Betrieb gearbeitet. Vollzeit, alles mit Überstunden. Fast die doppelte Zeit als üblich. Vor 1990, also ich habe dreißig Jahre richtig gearbeitet, ganz ohne Vertrag und ohne Lohn. Nachher haben wir den Lohn unterschrieben, aber kein Geld bekommen. Der Lohn wurde so niedrig gehalten, dass wir nur eine ganz kleine Rente einzahlen. Um nicht so viel abzugeben. Das war wohl der Sinn hinter diesen kleinen Löhnen. Und was haben wir vom Fundo bekommen? Gar nichts. Bis heute. Noch zehn Jahre, Thomas sagt, noch zehn Jahre, damit die andern doch endlich was abbekommen. Ja, aber für den Sarg brauchen wir das Geld nicht mehr, oder? Entschuldige, es ist grotesk, aber danach sieht es doch aus. Wie viele sind schon verstorben? Wir wollen uns für die Gerechtigkeit einsetzen. Für uns und für unseren Nächsten."

Interview Heinz Kuhn

Interviewführung: Anette Ende
Ort: Los Angeles, Chile
Datum: 21.07. 2019
Anmerkung: Bodega - Halle

Wie fing denn Ihr Kontakt zu Paul Schäfer an?

„Der Prediger der Baptistengemeinde hatte Kontakt zu Paul Schäfer. Er überzeugte uns – auch mich – diesen Mann kennenzulernen.
Er war ein charismatischer Prediger, man glaubte seiner Rede, seinen Predigten. Es wurde ein Vorzug, direkt mit Schäfer zu arbeiten, zu predigen. Er hatte schon sechs junge Männer bei sich. Ich war der siebte. Wir fuhren durch ganz Deutschland, Österreich und die Schweiz und haben Familien aufgesucht. Jeder von uns musste etwas aus der Bibel vorlesen und predigen.
Bis dahin war noch alles, wenn man so sagen will, in Ordnung. Wo auch immer wir auftauchten, waren wir die sieben Cumalos. Das war so ein Ausdruck, den er uns gegeben hatte. Als Aushängeschild. Von da ab ging es dann so weit, dass er die Familien, bei denen wir predigten, überzeugte, dass man alles für den Heiland tun muss. Es fing mit zehn Prozent ihres Ersparten an und ging zum Schluss bis zum Verkauf ihrer Häuser oder Felder oder was auch immer. Er machte sie also zu seinen Sklaven, kann man heute sagen. Die Leute im besten und guten Glauben, ehrbare deutsche Bürger, die den Krieg auch nur so eben überstanden hatten, Flüchtlinge vor den Russen, die in Deutschland wieder irgendwie Fuß gefasst hatten, das waren so seine Anhänger. Die Leute waren noch geprägt von Angst, weil er immer predigte als Prophet, bald werde eine Schwemme von Russen Deutschland wieder überfallen. Das war für die Leute ein rotes Tuch, das kann man auch verstehen. Einige haben ihre Kinder, Haus und Hof verloren, Mutter oder Vater oder Onkel oder Tante.

Und so ergab es sich dann, dass durch die Opfergaben in Siegburg ein Heim gebaut wurde, unter dem Namen Private Soziale Mission. Das war das Aushängeschild dieses Unternehmens. Das alles für schwer erziehbare Kinder oder Waisenkinder. Aber waren das Waisenkinder? Wer waren die schwer erziehbaren Kinder? Kinder aus den Familien, die er mit der Bibel in der Hand als Heiland überzeugt hatte. Die im höchsten Vertrauen ihre Kinder in dieses Heim gaben, um eine bessere Erziehung zu erfahren. Ich persönlich war zu der Zeit in Gronau in Westfalen und hatte dort Geschäfte aufgebaut. Wir waren auf elf Märkten vertreten. Ich war montags in Hamburg, dienstags in Rotterdam und mittwochs in Essen zum Einkaufen für meine Geschäfte, die ich dort hatte. Die liefen wunderbar, wir taten alles für den Heiland, Paul Schäfer.

Eines Tages kam ein Anruf, ich müsste sofort nach Chile kommen, Schäfer wäre was passiert.
Es gab noch was vorweg. Nachdem Schäfer weg war und gemunkelt wurde, dass er von der Polizei gesucht wird, habe ich persönlich die Weichen umgestellt. Was will ich damit sagen? Es war vorher strikt verboten, sich mit einem Mädchen zu treffen und zu verloben. Ich hatte organisiert, dass wir fünf oder sechs Verlobungen auf einen Schlag in dem Heim der Privaten Sozialen Mission gemacht haben. Davon hatte Schäfer erfahren. Wir konnten ja nicht wissen, dass er weit weg in Chile war. Wir wussten, dass er im Orient war, um Neuland zu suchen, in Jerusalem, für uns, um uns vor den Russen zu schützen. Er hatte uns so den Verfolgungswahn eingetrichtert, eingepredigt mit der Bibel in der Hand. Er war Prophet. Auf einmal wurde mir berichtet von meinem Socio, der in Siegburg Geschäfte hatte, Alfred Schaak, ich müsste sofort nach Chile fliegen. Schäfer wäre etwas passiert.

A.) ich wusste nicht mal, wo Chile ist.
Und B.) auch nicht, dass Schäfer in Chile ist.

Chile war in Südamerika, eine lange Reise dahin. Mir wurde ein Päckchen gegeben, wo ich heute nachvollziehen kann, es war vielleicht ein Dollar-Päckchen. Ich bin dann auch im guten Glauben zu seinem Begleiter, Hermann Schmidt, Ex-Offizier der Luftwaffe, der ein sehr intelligenter Mensch und auch Prediger in Hamburg war. Dann bin ich nach Chile geflogen. Ich komme in Chile am Flughafen an, nimmt mich Herr Schmidt dort in Empfang und sagt: Paul ist tot. Er wollte meine Reaktion sehen. Die weiß ich selber nicht mehr. Er fuhr mit mir vom Flughafen in ein kleines Hinterhaus von einer großen Villa in Santiago. Der Besitzer dieser

Villa war, wie man später auch nachlesen kann, Rudi Cohn, ein sehr netter, lieber Mensch, der an das Evangelium von Schmidt und Schäfer geglaubt hat, wir würden etwas für die Waisenkinder in Chile tun. Wir kamen an dem Haus an, die Tür ging auf. Und wer saß am Tisch? Der tote Schäfer.

Da begann meine Leidenszeit. Mir wurde sofort mein Verlobungsring abgenommen, mein Pass, mein Geld, und ich musste mich vollkommen entblößen. Schäfer gab mir einen schwarzen Trainingsanzug, den ich dann monatelang trug. Nicht nur, dass ich jetzt nichts mehr hatte, um vielleicht zurückzufahren. Ich kannte auch die Sprache nicht. Als ich am Flughafen „Coca-Cola" las, dachte ich, die sprechen Deutsch.

Achtundzwanzig Tage ohne Essen, und die ersten zwei Wochen auch ohne Trinken. Das war die erste Strafe. Und dann nachts in irgendeinem Wald, oder was da in der Umgebung war, beten, dass der Teufel aus mir rausfährt. Das war's. Der Besitzer der Villa, der später auch der Gründer der Sociedad Benefactora y Educacional in Chile wurde, im guten Glauben etwas Gutes zu tun, sah jeden Tag, dass ich weniger wurde. Er sagte zu Herrn Schmidt, wenn er mich nicht ins Krankenhaus bringt, dann fährt er, der gut Gläubige, mich ins Krankenhaus. Von dem Tag an bekam ich dann Selterswasser. Oder irgendeine Suppe, die Schäfer kochte.

In der Zeit, wo ich in dieser kleinen Wohnung war, kamen schon immer kleine Kinder. Und wie kam das? Nachts fuhr Schäfer durch die Straßen. Es war hier in Chile üblich, dass Kinder auch nachts auf der Straße waren. Ich will nicht sagen, dass das Vollwaisen waren, aber irgendwas in den Familien stimmte nicht. Viele der kleinen Jungs haben sogar auf der Straße geschlafen.

Er nahm sie immer mit in das Haus, in dem wir wohnten. Von dem Zeitpunkt an, wo er Kinder mit ins Haus nahm, schickte er Herrn Schmidt und mich, als Chauffeur von Herrn Schmidt, zu allen möglichen Autoritäten, von der Caritas, den hohen Priestern der katholischen Kirche hin bis zum Bischof, und so weiter, um schön Wetter zu machen und von der Güte und Qualität, zu überzeugen, die wir vorhätten. Gut, heute weiß ich, das braucht man nicht nur zu vermuten, dass er diese Kinderchen missbraucht hat. Aber es passierte etwas: Er hatte wieder einen Jungen mitgenommen in unser kleines Häuschen. Hermann Schmidt und ich waren wieder unterwegs. Dieser Junge hat ihm dann seine Armbanduhr gestohlen und ist geflüchtet. Das war dann der erste Prozess. Da ging es los. Ich sage mal, der erste Prozess, denn als ich geflüchtet bin, Jahre später, hatten wir bereits zweiunddreißig Prozesse. Da hat doch dieser Strolch, dieser Schäfer, den Schmidt überzeugt, und Herrn Cohn, den Besitzer der Villa, eine Anzeige zu erstatten gegen die Familie dieses Jungen. Sie mussten also gegen Unbekannt klagen und erst mal ausfindig machen, wer er war. Was ich damit sagen will: Ein solch schmutziger Akt, er missbraucht das Kind, das Kind flüchtet mit einer Uhr, und dann reicht er eine Klage ein. Das brauchte er für sein Prestige. Der Junge war schlecht, und er war gut.

Dann kam's, dass sie – also Schmidt und Schäfer – ein vierzig-Hektar-Fundo, – also ein vierzig-Hektar-Gut im Süden kauften. Weit von der Panamericana entfernt. Etwa dreihundertfünfzig Kilometer entfernt von Santiago. Ich möchte beinahe sagen, etwas übertrieben, aber im Urwald. Das war das Anliegen von Schäfer, weit weg von der Justiz. Weit weg. Und dann ging's los: Er hatte also über Baar die Leute überzeugt, die Russen kommen bald. Und sie haben ihre Häuser und Grundstücke verkauft. In drei Schiffen, italienischen Schiffen, eins hieß Marco Polo, wurden dann diese Leute nach Chile verfrachtet. Als sie dort ankamen, war erst mal gar nichts. Nicht mal ein Haus. Wir haben Strohsäcke gemacht, worauf die Leute schliefen. Die Leute, die im guten Glauben an den Propheten Paul Schäfer und sein Evangelium alles verkauften für ein gutes soziales Werk in Chile, standen von dem Augenblick an in Chile, ohne die Sprache und das Land zu kennen, ohne nichts. Sie wurden von ihren Kindern getrennt. Kleine Kinder, andere, die noch auf das neue Leben warteten. Und auch größere. Wenn ich sage, größere, vielleicht bis zu zwölf Jahren oder dreizehn, wenn es hochkommt. Sie wurden von den Eltern getrennt.
Unter anderem war auch Dr. Hopp dabei, der jetzt gesucht wird und viel auf dem Kerbholz hat. Der hat vieles getrieben in dieser sozialen Gesellschaft, die für das Gute der Menschheit sorgte. Ich hatte etwa fünfunddreißig gutgläubige Baptisten, die in meiner Firma arbeiteten, die zwar selber eine Arbeit hatten, aber immer auch bei mir halfen. Wir waren täglich auf elf Märkten mit unseren Produkten vertreten. Ich ersteigerte von Hamburg Früchte aus der ganzen Welt. Selbst aus Chile kamen Weintrauben in Fässern, in Bierfässern. Und Äpfel und Birnen, das erinnere ich mich noch.

Dann fing die Aufbauzeit in Chile an. Erst mal waren die Kinder getrennt von ihren Eltern. Ab dem Augenblick hatten die Eltern keinen Anspruch mehr auf ihre Kinder. Und umgekehrt, die Kinder hatten keinen Vater und keine Mutter mehr. Aufgrund ihres noch zu kleinen Alters, wussten sie ja nicht mal, wie ihr Name war, weder der ihrer Mutter noch ihre Nachnamen. So bekam jeder Junge einen Spitznamen, den er dann behalten hat über Jahrzehnte. Das war ein Fressen für Schäfer und seine Lüste. Da konnte er ungehindert seinen Trieben nachgehen, dieser Verbrecher.

Die ganze Zeit haben Leute, die reingefallen waren auf sein Evangelium, versucht zu flüchten. Wenn sie es unter all den widrigen Umständen geschafft hatten, man muss wissen, es sind immerhin vierhundert Kilometer entfernt, um bis Santiago in die deutsche Botschaft zu kommen – dann war es genau so, wie Schäfer es immer vor der Gemeinde sagte: Die Botschaft habe ich in meiner Hand. Das habe ich auch schriftlich hier. Man muss wissen, dass der Malermeister der Gumalos, er hatte schon einen Meistertitel, das Haus eines Botschafters und seinen Wagen gestrichen hat, und somit die Türen für uns, die wir den Wunsch hatten zu fliehen, verschlossen hat.

Wie kam es zu meiner Flucht? Ich wurde etwa fünf Jahre zu Schwerstarbeit innerhalb des Fundos verurteilt, Raupen fahren, Wege bauen, und so weiter. Gestern noch der Kaufmann in Gronau, dann ein gewöhnlicher Sklave. Und wen hatte Schäfer mir zur Seite gestellt? Einen Angestellten, den ich in Deutschland hatte, der sollte mich bewachen. Der Angestellte war ein kluger Mensch, konnte perfekt Englisch und so weiter. Schäfer benutzte ihn später auch bei allen Besuchen von Autoritäten. Der hetzte mich Tag und Nacht bei aller Arbeit. Ich ging einmal zu Schäfer und beschwerte mich, aber aus der Beschwerde folgte keine Besserung. Das ging so lange, bis Schäfer mich eines Tages rausholte, aus der Sklavenarbeit und als Chauffeur von Hermann Schmidt einsetzte.

Hermann Schmidt war ein ehemaliger Luftwaffenoffizier, ein intelligenter Mensch und Pastor in einer Gemeinde in Hamburg. Mit dem war ich jetzt Jahre unterwegs. Mit Herrn Schmidt, der Spanisch konnte. Wir fuhren dann zu den verschiedenen Autoritäten in Chile, weil die Zeitungen und Illustrierten schon voll waren von dem Unhold Schäfer. Weil Kinder es geschafft hatten, aus dem Lager rauszukommen, um von Chilenen angehört zu werden. Da war zum Beispiel auch eine Frau Lindemann, die geflüchtet war. Es waren viele gute Menschen, die in gutem Glauben nach Chile gereist sind. Die haben vor den Autoritäten natürlich ausgesagt, was sich dort abspielt – in diesem KZ von Schäfer. Es waren Wahrheiten, die vor Gericht gebracht wurden. Aber Schäfer besaß die Frechheit, Schmidt zu benutzen, um klarzustellen, dass das alles Verleumdungen wären. Verleumdungen mit Publizität wurden hoch bestraft. So hatten wir in der Zeit um 1968 zweiunddreißig Prozesse in Chile mit einem der teuersten bezahlten Rechtsanwälte, der alles das als Lüge hinstellte, obwohl es die brutale Wahrheit war.

Übrigens, dieser Rechtsanwalt war ja auch jetzt, als viele katholische Pastoren Kinder missbraucht haben, deren Rechtsanwalt. Es wurde Geld auf den Kopf gehauen bis zum Gehtnichtmehr. Dadurch, dass ich jetzt aus meiner Sklavenarbeit zum Chauffeur gemacht wurde, war ich nicht nur alleine der Chauffeur von Hermann Schmidt, sondern ich wurde eingesetzt, mit einer Krankenschwester schön Wetter in Chile zu machen. Was will ich damit sagen? Man gab uns Fresspakete mit guter Leberwurst, Salami, schönem Brot und Kuchen, um sie an die Obrigkeiten oder Sekretärinnen der Gerichte zu verteilen.

In diese Krankenschwester, das kann ja auch nicht ausbleiben, habe ich mich dann verliebt, was ja unwahrscheinlich verboten war. Um es kurz zu sagen, der chilenische Chefarzt aus Schäfers Krankenhaus stellte dann fest, dass meine Angebetete im vierten Monat war. Das war natürlich fatal für uns.
Es kam der 31. Dezember 1967 und wir wurden wieder losgeschickt, um eine Sekretärin vom Untersuchungsrichter einzuladen, das Neujahr mit uns zu feiern. Das war die Gelegenheit und der Auftakt zum Tanz. Wir haben mit ihr in einem ganz kleinen Kreis – Frau Schmidt, Herr Schmidt, Dr. Seewald, die Ärztin – in einem besonderen Haus gefeiert. Das war gebaut worden, um den Präsidenten von Chile zu empfangen, der dann nie gekommen ist. Freihaus nennt sich das doch bis heute. Dort haben wir dann gefeiert und dann haben meine Frau Erika – ich nehme einen anderen Namen, um ihr nicht zu schaden – und ich, die Sekretärin nachts nach dem Neujahrsgruß nach Hause gefahren. Das waren etwa hundert Kilometer, wo auch das Obergericht war, in der Stadt. Wir haben sie abgesetzt und dann sind wir noch mal fünfhundert Kilometer Richtung Santiago gefahren, wo es eine Mietwohnung von der deutschen Colonie gab. Wir haben dort den Schlüssel des Wagens abgelegt und auf einem Zettel geschrieben: „Ihr braucht uns nicht zu suchen. Wir kommen nicht zurück.
Als wir dann am siebten Januar ganz im Norden geheiratet hatten, hat uns

der Trauzeuge, der Freund von Dr. Mojika, sein Haus an der Küste zur Verfügung gestellt. Sie haben uns dorthin gefahren und ich bekam genau in dieser Nacht unfassbare Nierenschmerzen. So gegen vier Uhr morgens klopfte und unter der Tür schob man einen Zettel durch. Ich sah den Zettel und da stand drauf: „Ich warte auf euch drei." Also hatten sie Dr. Mojika schon informiert und ihm entlockt, wo ich bin, und warum. Dr. Mojika hat ihnen gebeichtet, hat gesagt, ja, Erika ist im vierten Monat. Aber ich war so down, unglaublich down. Und meine Frau, das muss ich auch ehrlich sagen, war ja nicht geflüchtet. Sie war ja im guten Glauben an alles, was wir taten, unwahrscheinlich Schäfer-hörig. Wir hatten ja nichts.

Gerd Mücke, der heute für neunzehn Jahre Gefängnis verknackt ist, und schon elf Jahre ungefähr sitzt, hat uns dann davon überzeugt, wieder ins Fundo zurückzufahren. Wir sind eingestiegen und zurückgefahren. Weit über tausend Kilometer. Wir kamen, um es kurz zu sagen, im Fundo an und an der Eingangspforte wurden wir sofort getrennt. Erika blieb dort und ich wurde weitergefahren. Mich brachte man ins Schlafzimmer von Schäfer. Es war ja Nacht, als wir ankamen. Das Einzige, woran ich mich noch bis heute erinnern kann, ist, auf dem Nachttisch von Schäfer stand so eine weiße kleine Flasche mit roter Schrift. Ich kann nicht nachvollziehen, was das war. Von da ab weiß ich nichts mehr. Ich wurde im Krankenhaus wach. Später sagte Mücke mal zu mir: Weißt du, dass du Paul das Zimmer vollgekotzt hast? Weiß ich nicht, ich weiß auch gar nicht, ob es wahr ist.
In diesem Krankenhaus war ich ständig unter Drogen, wurde, wie so viele andere später auch, mit Drogen und Pharmaschocks behandelt. Sowie Elektroschocks. Ich weiß nichts mehr davon, mir wurde erst später berichtet, dass ich immer mit Elektroschocks behandelt wurde. Ich glaube, diese Stellen, die ich an den Schläfen habe, die haben etwas damit zu tun. Aber ich bin kein Arzt, ich weiß es nicht. Aber woher hab ich sie sonst? Bei anderen habe ich es gesehen. Zum Beispiel Helmut Schaffrik, ein lieber guter, guter, guter Mensch, der auch mit seiner Familie und Kindern alles in Deutschland verkauft hat, nach Chile kam, und dann fürchterlich behandelt wurde. Er saß querschnittsgelähmt im Rollstuhl. Die Herren saßen für sich, die Frauen saßen für sich, die Kinder männlichen Geschlechts für sich und so weiter. In diesem großen Saal drehte sich Helmut in seinem Rollstuhl immer wieder um zu seiner Frau. Da hat doch tatsächlich dieser Lump von Schäfer diesen Querschnittsgelähmten vor der ganzen Gemeinde geohrfeigt. Schäfer hatte sich ein Gerät aus Deutschland

kommen lassen, womit ich und viele andere auch misshandelt wurden. Ein Elektroschockgerät. Einen Viehtreiber. Damit wurde Helmut praktisch vollkommen von dieser Gemeinde gelöst und hatte einen Bewacher.

Meine Frau und ich waren nun getrennt. Ich wurde dann wieder mal vierzehn Tage auf Fasten gesetzt. Fünf Gumalos – fünf junge Leute so wie ich – waren mir als Bewacher zugestellt, die schliefen in zwei Dreibettzimmern, und ich immer ganz oben. In dieser Nacht muss es wohl Alarm gegeben haben, meine Bewacher waren wohl wieder eingesetzt worden für irgendeinen Dienst. Vermutlich war wieder ein Stolperdraht durchgerissen. Vielleicht war es nur ein Kaninchen, aber wenn ein Stolperdraht gerissen war, gab es immer Hochalarm im Büro und dann wurden die Leute losgeschickt, den Mann oder die Frau zu suchen, der oder die geflüchtet ist.
Meine Leute lagen nach dieser nächtlichen Aufregung auf jeden Fall in tiefem Schlaf. Ich kletterte ganz leise runter von meinem Bett und am Ende des Gebäudes habe ich dann auf meine Frau gewartet, weil sie in ihrer Eigenschaft als Krankenschwester jeden Morgen um sechs Uhr mit dem Fahrrad dort vorbeikam, um ihren Dienst anzutreten. Als sie ankam und auf meiner Höhe war, ohne mit ihrem Fahrrad anzuhalten, sagte ich nur: Erika. Und sie sagte: Heinz, ich warte nicht mehr auf Peter.
Wir hatten uns vorgenommen, wenn sie einen Jungen bekommt, sollte er Peter heißen. Und jetzt sagte sie, ich warte nicht mehr auf Peter. Ich bin beinahe durchgedreht, weil ich wusste, sie haben ihr das Kind abgetrieben. Meine Bodyguards, meine Bewacher, wurden später wach und ich bat darum, Paul zu sprechen. Der, der mir ganz eng zugestellt war, und der später auch zum großen Verbrecher an der Menschlichkeit im Fundo wurde, hatte wohl Schäfer informiert, dass ich sehr unruhig wäre. Der brachte mich zu Schäfer.

Schäfer war in dem Augenblick mit einem Chilenen zusammen. Dieser Chilene war ein Zubringer für Schäfer, er musste immer die Leute aushorchen, was sie über das Fundo oder über ihn dachten. Sein Name war Guillermo Soto. Guillermo hatte an dem Tag von Schäfer als Dank für seine Mitarbeit einen Sack Mehl bekommen und sein Pflug, so einen Handpflug, der mit den Pferden gezogen wurde, war geschweißt worden. Ich sagte zu Schäfer: Ich will mit dir sprechen. Da sagte dieser: Bring erst den Guillermo weg und dann sprechen wir. Ich sagte: Das kann ich nicht. Ich war ja schon wieder vierzehn Tage am Fasten, kann man sagen, und

außerdem diese Behandlungen, Pharmaschock und Elektroschocks. Da sagte er: Stell dich nicht so an, bring ihn weg und dann reden wir.
Dann habe ich diesen Guillermo Soto nach Hause gefahren, über den Fluss. Er hat sein Zeug abgeladen vom Laster und ich bin dann mit höchstem Tempo auf die Panamericana gefahren, habe den Laster abgestellt und bin dann in die Stadt gelaufen, in die Kleinstadt, wo Dr. Mojika wohnte, um ihm zu sagen, was da los ist in der deutschen Colonie. Dass sie der Erika das Kind abgetrieben hatten. Er war ja der Doktor, der festgestellt hatte, dass sie im vierten Monat war. Aber ich stand vor einer verschlossenen Tür. Ich bin zu dem Freund von Dr. Mojika gegangen. Das war der Besitzer vom Radio aus Parral. Als mich dieser Mann in meiner Uniform sah, eine weiße, kurze Hose und ein rotes Hemd, sagte er: Fahren wir sofort an die Küste. Der Doktor ist im Norden mit seiner Familie auf Urlaub. Wir sind dann raufgefahren. Mit der Uniform war ich immer der rote Punkt im Gelände. Wenn ich abgehauen wäre, hätten mich alle als roten Punkt im Gelände gesucht. Das hat der Schäfer auch mit anderen gemacht.
Ich hatte dem Doktor kaum berichtet, was geschehen war, da kam auch schon die Ambulanz von Schäfer mit Mücke als Chauffeur an. Und eine gewisse Ingrid Seelbach, die inzwischen verstorben ist, eine Krankenschwester. Sie diffamierten mich vor Dr. Mojika. Er sollte mich überzeugen, dass ich wieder ins Fundo gehe. Ich habe den beiden dann in Gegenwart von Dr. Mojika gesagt: Wenn Erika morgen nicht hier ist, gehe ich zur deutschen Botschaft. Die deutsche Botschaft war seit eh und je ein rotes Tuch für Schäfer. Vor der hatte er immer eine gewisse Distanz, einen Heidenrespekt, um nicht zu sagen, Angst.
Die beiden fuhren zurück und Dr. Mojita sagte, weißt du, fahren wir lieber nach Parral in mein Haus und lassen meine Familie hier zufrieden. Das waren der Schwiegersohn, die Tochter, die Enkelkinder und so weiter. Er sagte, ich beschütze dich. Dir passiert nichts, ich garantiere es. Ich wollte nicht. Wir sind trotzdem nach Parral gefahren in sein Haus. Und dort kam wieder Mücke und fragte, ob wir uns treffen könnten, an irgendeinem Fluss. Er hätte Erika im Wagen, in der Ambulanz.
Wir fuhren mit Dr. Mojika an diesen gewissen Fluss und da lag nun meine Frau, die ich gerade geheiratet hatte vor ein paar Tagen, zugedeckt bis zum Hals. Ich sagte, Erika steh auf, du kommst jetzt mit. Sie reagierte nicht, war vollgepumpt mit Drogen. Ich sagte zu Mücke: Wenn Erika heute nicht zu mir kommt, bin ich morgen in der Botschaft. Mit dieser Nachricht ist er wieder ins Fundo gerauscht und hat dem Hund, diesem

unwahrscheinlichen Drecksack von Schäfer von meiner Reaktion berichtet. Und guck mal an, nachts um elf Uhr kam meine Erika mit einem Handtäschchen an. Also geschickt von Schäfer, um mich davor zu bewahren, dass ich zur deutschen Botschaft gehe. Denn das war das rote Tuch für ihn.

Wir haben sechs Monate bei Dr. Mojika gewohnt, aber unter einer Bedingung. Der Doktor war Präsident des Rotary Clubs und Chefarzt der Klinik. Er war ein wohl angesehener Mann, der es sich nicht leisten konnte, dass wir irgendwo Veröffentlichungen machen über die schlimme Sache in der Colonie. Das hätte dann auch ihn betroffen.
Später sind wir dann nach Santiago zu seiner Tochter, die da wohnte und mit einem Zahnarzt verheiratet war. Wir haben da noch mal zwei Monate, glaube ich, gewohnt und uns um Arbeit bemüht. Meine Frau bekam in ihrer Eigenschaft als Krankenschwester eine Arbeit in der deutschen Klinik, und ich bekam eine Arbeit bei einem Fuhrunternehmen. Ich fuhr wöchentlich fünftausend Kilometer. Zweitausendfünfhundert Kilometer in den Norden nach Calama zu einer Mine, und zweitausendfünfhundert Kilometer zurück. Sonntagabends fuhr ich los, freitagnachmittags kam ich an. Den Wagen geladen, am Samstag die Inspektion gemacht, Ölwechsel und dann wieder los. Das ging ein halbes Jahr so. Sechs Monate habe ich diese Fahrten gemacht, um zu überleben, um Geld zu verdienen. Wir hatten ja nichts. Absolut nichts.
Meine Frau war sehr gut angesehen und hatte es dann geschafft, den Verwalter der Klinik zu überzeugen, dass ich auch bei ihm arbeite. Dann bekam ich diese Arbeit. Ich war der Ećonomo (Verwalter), ich weiß nicht, wie es auf Deutsch heißt. Ich war zuständig für alle Einkäufe in der Küche. Gewisse Bodegas (Lagerräume) hatte ich auch unter mir, Gummihandschuhe für die Ärzte, Verbände. Keine Sachen aus der Apotheke. Nur so solche Sachen. Das wurde alles aus Deutschland importiert. Sechs Monate habe ich in der deutschen Klinik gearbeitet. Es führte zu weit, warum ich dann von da aus gewechselt habe auf eine Buslinie, die hatte achtundsiebzig Busse. Die fuhren Santiago – Puerto Mont, also in den Süden, täglich. Oder Concepcion. Warum arbeitete ich bei dieser Firma? Weil der Besitzer von der Hosteria mich kannte und dran interessiert war, dass ich mit ihm arbeite. Das habe ich auch ein halbes Jahr gemacht. Dann kam ein Besitzer von einem Luxushotel an der Panamericana, an den Wasserfällen der Panamericana. Ich weiß nicht, wie er aufmerksam gemacht wurde auf mich, zu mir und bot mir an, der Verwalter dieses Hotels zu

sein. Mit einem hohen Lohn. Ich hatte bereits einen hohen Lohn. Aber noch was da drauf. Ich habe zugesagt, ich habe die deutsche Klinik verlassen und bin dann zu dieser Hosteria, so nannte sich das. Von der Hosteria weg wurde ich von dem Luxushotel angefordert und habe das Angebot angenommen. Und dort habe ich dann mit meiner Frau fünf Jahre gearbeitet. Fünf Jahre. Das war ein unwahrscheinlich schöner Job für mich. Wir waren ja dort nur Angestellte – und ich hatte gut verdient, sehr viel gespart und habe mich dann in der nächsten Kleinstadt Los Angeles selbstständig gemacht. Mit all dem, was ich gelernt hatte und auch schon vorher wusste, habe ich dann Eismaschinen und Pommes-frites-Maschinen aus den Staaten und Italien importiert. Für diese Kleinstadt war es das erste Mal, dass es da Pommes frites und Softeis gab. Das Eis habe ich selbst hergestellt. Von einer deutschen Familie habe ich immer die Himbeeren aus deren Garten aufgekauft und davon Eis gemacht. Oder Schokoladeneis mit den anderen Rezepten. Das war ganz neu in dieser Stadt. So was gab es noch nicht. Hat mich doch tatsächlich so ein Eismacher, der eine alte Maschine hatte und Eis machte, angezeigt wegen Konkurrenz, also ganz verrückt. Na ja, ich wurde in der Stadt bekannt. Wir mieteten ein Lokal, ein weiteres Lokal, bauten noch ein anderes Lokal auf. Zuletzt hatte ich zwei Restaurants, etwa siebzig Angestellte, und drei Feinkostgeschäfte mitten in der Stadt. Ich war zu der Zeit bekannt wie ein bunter Hund, wie man so sagt. Sehr geschätzt von den Obrigkeiten der Stadt. Ich war dann noch mal für neun Jahre die rechte Hand des Bürgermeisters.

Ich hatte für die uniformierte Polizei eine Zivilgruppe gegründet. Die nannte sich dann Alwa, mit General Stange, der der höchste Chef der Polizei in Chile war. Dieses Projekt gab es dann von Arica bis Puntarenas. Also in ganz Chile. Ich habe noch die Unterlagen hier, ich habe Briefe. Ein Schreiben, dass ich eingeladen wurde in das oberste Präsidium, und so weiter. Und mir wurde alle Hilfe, die ich für meine Arbeit mit der Zivilkommission in der Polizei brauchte, versprochen. Das war eine Sache. Die andere Sache war, ich wurde gelobt für meine Arbeit als Unternehmer, und bekam eine Auszeichnung. Die Auszeichnung war nicht weniger als ein Mittagessen mit Augusto Pinochet in der Moneda, mit zwölf Ministern. Ich hatte 1972 das Fliegen gelernt, nicht nur das geradeausfliegen, ich war Akrobat und zwölf Jahre hintereinander ohne Unterbrechung Präsident meines Fliegerclubs. Dann wurde ich noch der Präsident der Zivilpolizei, in Deutschland würde man sagen, der Kripo. Ich war nicht geltungsbedürftig oder so, die Leute haben, möchte beinahe sagen, mich dazu verführt, Präsident zu sein. Wir hatten ein unwahrscheinlich vertrauliches und freundschaftliches Verhältnis zu allen Institutionen. Wenn ich heute nicht in der Zeitung stand, dann stand ich morgen drin – wieder für eine andere Sache, bekam Auszeichnungen für meine Arbeit. Und, und, und.

1984 im Dezember flüchtete Hugo Baar, die rechte Ex-Hand von Paul Schäfer. Mücke kam zu mir und fragte, ob ich mal Besuch gehabt hätte. Er hat keinen Namen genannt, aber es war klar, wen er meinte. Er kam mit einem Fresspaket an, um mir das zu übergeben, aber ich hatte ja die Feinkostgeschäfte, ich brauchte nichts aus der Colonie. Er fuhr mit leeren Händen ab und ich hatte freies Spiel für Hugo. Meine Frau hat ihm eine für unsere Begriffe unwahrscheinlich hohe Summe gegeben. Weil er hatte kein Geld und nichts. Das einzige, was er sich erobert hatte in dem Büro der Colonie, war sein Ausweis. Das war gut.
Ich gab Hugo die Gelegenheit, von meinem Telefon Victor Regert, ein ehemaliges Mitglied von Hugos Gemeinde, anzurufen und ihn zu bitten, ob er zu ihm kommen dürfe. Der gute Victor Regert hat sofort noch telefonisch zugesagt. Meine Frau hat Hugo Baar finanziell unterstützt, damit er die Reise antreten konnte. Wie aber den guten Hugo Baar über die Grenze zu einem Flugzeug bringen, damit er fliegen konnte? Das habe ich insofern organisiert, als dass ich mit ihm etwa vierhundert Kilometer südlich gefahren bin, wo es die Überfahrt über ausgebaute Straßen nach Argentinien gab. Dann habe ich Hugo in einem Hostal, einer ganz billigen Unterkunft, versteckt und bin mit seinem Ausweis zu einem Reisebüro gegangen. Ich habe die Dame gefragt, was man haben muss, um über die Grenze zu kommen, da sagte sie: den Personalausweis. Den hatte ich ja nun von Hugo Gott sei Dank. Dann brauchte man einen Tagesschein von der Zivilpolizei. Wo muss ich dafür hin?, fragte ich, da sagte sie: Darum brauchen Sie sich nicht zu kümmern. Das mache ich. Ich habe einen Laufburschen, der das immer macht. Sie hat ihm den Schrieb und den Ausweis gegeben und er ist zur Kriminalpolizei. Ich sagte zu dem Jungen: Pass auf, wenn du den Salvoconducto (Passagierschein) bekommst, dann wedelst du damit.
Ich hatte mich nämlich hinter einem Haus versteckt und abgewartet. Ich wusste ja nicht, ob vielleicht die Schergen von Dignidad schon über die Kriminalpolizei hinter Hugo her waren. Wenn da der Ausweis aufgetaucht

wäre, hätten sie eventuell sofort etwas Gegenteiliges getan, als ich vorgesehen hatte. Dem war aber nicht so. Der Junge kam nach ganz kurzer Zeit raus, wedelte mit der Genehmigung, dem Tagesschein, mit dem man von Chile nach Bariloche kann. Ich holte Hugo aus dem Hostal, fuhr mit ihm zum Busbahnhof, welcher jeden Tag nach Bariloche fuhr. Es war ein ganz alter Bus, oben auf dem Dach Hühner und so weiter. Hugo setzte sich rein, ich gab ihm den Tagesschein und Hugo fuhr über die Grenze, Chile – Bariloche. In Bariloche hat er sich die Fahrkarte von Argentinien nach Kanada gekauft.

Und dann hatte der Flug eine Zwischenlandung in Santiago de Chile. Ich dachte, das darf nicht wahr sein. Ich habe gebetet und gezittert, dass ihm nichts passiert. Aber der liebe Gott hatte seine Hand im Spiel. Hugo ist bei der Zwischenlandung in Chile nichts passiert und später in Kanada gelandet, bei seinem Freund Victor Reber. Das war positiv verlaufen, sehr positiv.

Ich musste die ganze Zeit an das Gespräch mit Hugo denken, das wir in der Nacht hatten, als er bei mir ankam. Schäfer hatte seine Tochter zusammengeschlagen. Blutig geschlagen mit einem Holzschuh. Der Schäfer lief ja immer mit Holzschuhen herum. Da hatte sich Hugo das Herz gefasst und entschieden, hier muss ich raus. Man schickte Matthusen und Kurt Schnellenkamp mit einem Laster nach Santiago, um einzukaufen, und nahm Hugo mit. Er sollte, wenn die beiden den Laster verließen, auf die Kabine und auf den Laster aufpassen. Die beiden also gingen los zum Einkaufen und Hugo verließ den Laster. Er hat dann auf vielen Umwegen versucht, in den Süden zu mir zu fahren. Das war sein Wunsch: Er wollte zu Heinz Kuhn. Auf ganz großen Umwegen hat er mich dann auch getroffen. Fünfzehn Tage hat er im Wald nahe der nächsten Stadt gelebt. Am Tag hat er im Wald geschlafen, nachts war er auf die Straße unterwegs und hat Leute angesprochen, wo Heinz Kuhn ist. Er hatte immer den Eindruck, ich würde meine Geschäfte in dieser Stadt haben, wo er hingeflüchtet war. Bis ihm jemand sagte, dass ich in Los Angeles und nicht in Concepcion wohnte. Also kam er von Concepcion nach Los Angeles.

An diesem Tag war ich mit meiner Frau aber tatsächlich in Concepcion bei einer Tante. Ich wurde unruhig am Tisch und sagte zu meiner Frau: Wir fahren sofort zurück nach Los Angeles. Meine zwei Tanten waren ein bisschen erschrocken, sie sagten: Nein, du ruhst dich erst mal aus, wir spielen mit deiner Frau Karten. Das war immer üblich, wenn wir sie besucht hatten. Aber an diesem Tag – ich weiß es nicht –, ich wurde unruhig, ich sagte zu meiner Frau: Wir müssen sofort nach Los Angeles. Um es kurz zu machen, wir kamen in Los Angeles an, ich ging mit meiner Frau durch einen der beiden Eingänge meines Feinkostgeschäfts, und Hugo wartete bei dem anderen. Da sah ich ihn und sagte zu ihm, wir müssen hier weg. Ich vermutete, er wäre geflüchtet. Wir sind zu meinem anderen Laden, besser gesagt, meinem Restaurant „Die deutsche Ecke" – das war sehr berühmt hier und bekannt –, und sind in den vierten Stock hinauf gegangen. Ich habe ihn kurz angehört. Er berichtete, was mit seiner Tochter geschehen war, berichtete von den grausamen Zuständen in der Colonie. Dann sagte er zu mir – er war ja vollkommen down, vierzehn Tage ohne Essen und Trinken und auf der Flucht: Kannst du bitte das Fundo anrufen, dass sie mich abholen sollen? Ich dachte, ich höre nicht recht. Ich sagte zu ihm, wie lange willst du noch für das Schwein arbeiten? Da löste sich etwas in ihm und er bekam Vertrauen zu mir. Er hatte gedacht, weil ich immer wieder ins Fundo fuhr und Sachen hinbrachte, ich wär ein Freund von Schäfer. Aber das war ja nicht so. Ich hab für meine Leute, für die Bürger, viel getan, aber nicht für Schäfer. Viel später erst habe ich erfahren, dass Schäfer alles an Maschinen oder was auch immer wir hingebracht haben, ausgenutzt hat für sich und die Besucher, nicht aber für die Sklaven. Aber das erfuhr ich erst viel, viel später.

Aufgrund dessen, was Hugo mir berichtete, fing ich an, Schäfer zu verfolgen. Ich möchte mich nicht hochspielen, aber mit gewisser Intelligenz. Ich habe versucht, einen nach dem anderen rauszuholen, unter sehr viel Einsatz und Gefahren. Das ging so weit, dass ich vom Untersuchungsrichter Bodyguards bekam, immer ein Chauffeur und zwei Kriminalisten, die auch bei mir geschlafen und mich und meine Familie bewacht haben. Tag und Nacht. Einer von Schäfers Zuhältern, welcher früher ein Freund von mir gewesen war, der in meinem „Rincón Aleman" (Restaurant), in der „deutschen Ecke" geheiratet hatte, wurde mein Erzfeind. Er hängte eine tote Katze an mein Haustor, mit einem Zettel „Und morgen du"! „Manana Usted", so war's.

Jedes Mal, wenn ich es geschafft hatte, einen Zeugen zu haben, einen geflüchteten Colono aus der Colonie, ging ich gleich zu Gericht zu den Untersuchungsministern. Es waren verschiedene nachher. Ich konnte vor dem Minister nicht sagen, was Hugo Baar mir gesagt hatte, sondern brauchte Zeugen. Jeder Einzelne, der dann vor dem Untersuchungsrichter ausgesagt hatte, war somit auch ein Kronzeuge beim Thema Colonia Dignidad, dem deutschen KZ in Chile. Die zwei großen Tageszeitungen, die größte und dann die zweitgrößte, hatten als Überschrift „Der Retter von Digndiad“ und „Die Geschichte von Dignidad wird mit Blut geschrieben“. Darauf habe ich dorthin geschrieben, aber ich bekam natürlich keine süße Antwort. Das war kein Zuckerschlecken für mich nachher. Denn ich wurde auf Schritt und Tritt verfolgt. Gott sei Dank hat jeder Untersuchungsrichter, bei dem ich einen Zeugen abgegeben hatte, Bodyguards eingesetzt. Mit denen bin ich dann auch kreuz und quer durch Chile gereist, um meine Arbeit in Sicherheit ausführen zu können. Nämlich Menschen aus diesem Lager zu befreien. So war's. In der ganzen Zeit wurde ich unwahrscheinlich verleumdet.

In der Pinochet-Zeit Kommunist zu sein, hieß, auf der Todesliste zu stehen. Denn man hatte ja viele hunderte Leute, die nicht so gedacht haben wie die Rechten, also die Linken, umgebracht. Und nicht nur irgendwo, sondern viele in der deutschen Colonie, in dem Wohltätigkeitsverein, wie sie sich ja ausgaben über Jahre. Die unmittelbar Beteiligten an diesen Aktionen habe ich geschafft, ins Gefängnis zu bringen.
Ich bekam nämlich von einem der Colonos, Georg Packmor, nachdem ich ihn und seine Frau gerettet und bei mir zu Hause versteckt habe, eine Liste mit vierzehn Nummernschildern. Das waren Autos von politischen Gefangenen, die sie in der Colonie umgebracht hatten. Diese Autos fuhren dann Gerd Mücke, der heute noch im Gefängnis sitzt, Kurt Schnellenkamp, der inzwischen gestorben ist im Gefängnis, und viele andere.
Mein Haus wurde voll. Jeden Tag ist was rausgekommen, das ich in Artikeln einer Illustrierten veröffentlicht habe. Denn da stand in dem Artikel „Die Autos der Verschwundenen“. Der spätere Innenminister kam sogar hierher und wollte wissen, wo sein Bruder ist, ob ich was weiß. Es kamen also immer Leute aufgrund des Artikels, ob ich was wüsste. Ich wusste gar nichts. Das Einzige, was ich wusste, war, dass diese Liste Gefangene nannte, die dort gefoltert und umgebracht worden waren.
Eine linke Journalistin hat später ein Buch über 570 Seiten geschrieben, wie der Putsch entstanden ist und wo er organisiert wurde, nämlich in der deutschen Colonie. In diesem „Wohltätigkeitsverein“ haben die Generäle ein Jahr lang den Putsch organisiert.“

Welche Generäle?

„Angefangen bei Pinochet. Ein sehr guter Freund von Schäfer, ich habe

ihn auf dem Bild mit ihm zusammen. Ein General Sievers, welcher Minister im Straßenbau war, der dann auch eine Brücke verändert hat, weil ich eine Anzeige gemacht hatte. Die Gefangenen wurden über eine Brücke geführt, die aus Eisenplatten bestand, die klapperten. Trotz verbundenen Augen wussten sie, dass sie über diese Maule Brücke gefahren sind, weil sie aus der Gegend waren. Das habe ich alles auf Bildern. Das kann ich alles beweisen mit Fotos, die ich gemacht habe. Diese Generäle, wie Pinochet, Sievers, ich kann sie jetzt im Augenblick gar nicht alle beim Namen nennen, oder Offiziere, die an dem Putsch aktiv beteiligt waren, waren Freunde von Schäfer, wurden in der deutschen Colonie bewirtet. Es wurden sogar Leute ausgebildet in der deutschen Colonie. Nicht nur Chilenen, sondern auch deutsche Frauen und Mädchen. Hundertfünfzigprozentige Anhänger von Schäfer. Von ihrem Heiland, von ihrem Gott, von ihrem Propheten. Sie wurden ausgebildet an den Waffen. Das hat sich wie ein roter Faden durch die Geschichte der Colonia Dignidad gezogen. Willst du nicht mein Bruder sein, dann schlag ich dir den Schädel ein. Oder, wie Schäfer vor der ganzen Gemeinde immer sagte: Die Botschaft habe ich in meiner Hand. Umgekehrt, der Teufel ist schlecht, aber der Kuhn ist schlechter als der Teufel. Unter diesem Motto sind die Leute gesegelt. Das war es, was ich meinte, als ich gesagt habe, da fing meine Leidensgeschichte an.
Ich hatte dann einen Kronzeugen, der von der Waffenherstellung, dem Waffenkauf und dem Waffenimport und -export bescheinigt war, und somit den Minister davon überzeugen konnte, dass das, was ich angedeutet hatte, Wahrheit war. Aufgrund dieser Wahrheit wurde dann einer, der auch vor dem Gericht aussagen musste, und nicht alles ausgesagt hatte, vom Untersuchungsrichter über die Kriminalpolizei gerufen. Ich hatte den Beweis und Zeugen, dass er die Container mit Waffen versteckt hatte. Der Minister gab ihm Zeit. Er sagte, wenn du jetzt nicht aussagst, kommst du ins Gefängnis. Er hat ausgesagt. Der Minister hat ihn dann beordert, zu begleiten und die Kisten mit denselben Maschinen auszugraben, mit denen er sie verbuddelt hatte. Denn er nur konnte wissen, wo sie sind. Es gab ja immer eine kleine Belegschaft von Leuten, die alles wussten. Die Mehrheit wusste nichts. Deswegen kann man die Colonos nicht alle über einen Kamm scheren. Das war eine bestimmte Elite, von Schäfer eingesetzt, einige waren vor Jahren schon mal Opfer von ihm gewesen. Die sind auch durch sein Bett gewandert. Aber nachher wurden es Hundertfünfzigprozentige, Soldaten von Schäfer. In höchstem Vertrauen haben sie dann Leute umgebracht, Leute verscharrt, Leute verbrannt, und und und.

Das ist die Geschichte dieses „Sozialen Vereins“, der über Jahrzehnte mit dem Motto Waisenkinder aufzunehmen und zu versorgen, gesegelt ist. Mit den obersten Obrigkeiten, General Pinochet. Mit anderen vorher, nur einer hat nicht mitgemacht und ist auf den Reim reingefallen. Besser gesagt, zwei.
Das war Eduardo Frei, den der Hopp … Wahrscheinlich war Hopp an seinem Tod beteiligt, denn in dem Krankenhaus, in dem Frei gestorben ist, wurde Hopp gesehen, wie er rausging. Deswegen ist es wichtig für die hiesige Justiz, diesen Mann, diesen Hopp, im Gericht zu haben. Er hat ja auch noch viele andere Sachen auf dem Kerbholz. Das können Zeugen beweisen und dem Minister bekennen. Aber als Hopp vermutet hatte, dass der Kuhn hinter ihm her ist, wie hinter vielen anderen – ich hatte fünfundzwanzig Leute auf meiner Liste, die ich ins Gefängnis bringen wollte – hat er sich wie die anderen auch nach Deutschland abgesetzt. Leute, die vorher Opfer waren in der Colonie von Schäfer, später Hundertfünfzigprozentige wurden, und vieles mitgemacht haben. Die ausgebildet waren, und mit Uniform und Waffen bestückt wurden.“

Kommen wir noch mal zu Dr. Hopp im Krankenhaus. Man hat ihn an dem Tag im Krankenhaus gesehen, wer hat ihn gesehen, und welche Hinweise gibt es ansonsten noch darauf, dass er an dem Tod beteiligt war?

„Das ist schon so viele Jahre her und nachdem ich so viel mitgemacht habe, kann ich heute nicht mehr so genau sagen, wer die Vermutung ausgesprochen hat, dass Hopp an Freis Tod beteiligt war. Eines weiß ich aber: Schäfer hatte organisiert, dass der Präsident von Chile, Frei, ins Fundo kommen sollte, und hat dafür schnell ein Haus gebaut. Das heißt heute noch Freihaus. In diesem Freihaus hat Schäfer auch sein Zimmer gehabt, mit dicken kugelsicheren Fenstern und Türen. Dort hat er gesündigt auf Teufel komm raus. Dort musste immer ein Sprinter, wie man sie so nannte, ein neues Kind in sein Zimmer bringen. Ich habe das veröffentlicht, ich habe dann so ein Kind über eine Journalistin in eine große, sehr teure Illustrierte gebracht, wo das Kind sagte: Ich wurde in das Zimmer gebracht.“

Wie war das noch mal mit Dr. Hopp und der Ermordung im Krankenhaus?

„Kürzlich wurde der Ex-Präsident von Chile, Eduardo Frei, noch mal ausgegraben. Ich glaube, schon das dritte Mal. An seinem Tod soll Hopp beteiligt gewesen sein, insofern, als dass er in dieser Klinik, wo der Präsident untergebracht und behandelt worden war, wegen einer ganz geringen Sache, ich glaube eine Blinddarmentzündung oder so ähnlich, gestorben wurde. Nicht „ist" gestorben, ich sage, „wurde" gestorben. In der Colonie gab es eine Giftküche, in welcher Herr Schmidt, der Leiter der Colonie, zusammen mit Hopp gearbeitet hat. Wenn ich sage Giftküche: Sie hatten einen kleinen Raum, wo sie verschiedene Gifte fabriziert haben. Ich komme nicht auf den Namen, wie diese Gifte heißen. Ein chilenischer Offizier war mit daran beteiligt, wurde auch später verurteilt und ist an dieser Giftmischerei gestorben. Ich komme jetzt nicht auf den Namen. Aber es war ein ganz, ganz heftiges Gift, um Menschen umzubringen."

Und warum vermutet man, dass Hopp ihm eine Vergiftung zugefügt hat?

„Weil man Hopp in derselben Nacht hat aus dem Krankenhaus gehen sehen."

Welches Krankenhaus war das?

„Das war das Krankenhaus in Santiago. Das katholische Krankenhaus."

Vielleicht hat er da auch Patienten gehabt?

„Das entzieht sich meiner Kenntnis. Höchstwahrscheinlich, um einen Zutritt zu einem Krankenhaus zu haben, da braucht man schon einen Titel. Mindestens Arzt."

Wer hat ihn gesehen?

„Er wurde von den Leuten gesehen, die gegen das Regime von Frei waren. Also keine Demokraten. Wer, Namen und so weiter, habe ich immer vermieden. Bei allen Aussagen vor den Ministern, bei allen meinen Anzeigen, hat man mir gesagt, das habe keinen Stellenwert. Aber ganz präzise in dem Fall von Hopp, warum ist er denn geflüchtet von Chile?"

Ist er damals angeklagt worden?

„Es läuft eine Klage gegen ihn, vor der er auch geflüchtet ist."

Von dieser Familie Frei?

„Von dieser Familie Frei …"

Jetzt hat man die Leiche zum dritten Mal ausgegraben?

„Nach zwei Ausgrabungen wurde jetzt eine dritte Ausgrabung organisiert, von den Staaten von Amerika. Die haben sich jetzt dieses Falls angenommen. Noch steht nichts in den Zeitungen oder Radio oder Fernsehen drin – von dem Ergebnis."

Woher wissen Sie davon?

„Wenn man fünfunddreißig Jahre gegen das Regime von Schäfer gearbeitet hat, begegnet man vielen Menschen, die unter diesem Regime gelitten haben. Von der obersten Klasse bis hin zum einfachen Bürger. Jetzt genau zu sagen, Hans, Fritz oder Josef hat mir das gesagt, das kann ich nicht mehr nachvollziehen. Aber wichtig ist, dass Hopp einen Prozess am Hals hat und geflüchtet ist, warum? Wenn ich doch eine reine Weste habe, kann man doch über mich sagen, was man will. Wenn man es aber nicht beweisen kann, was soll das? Aber wenn Gerüchte wahr sind, dann muss man sich entweder stellen und die Gerichtsbarkeit und die Gesetze über sich ergehen lassen, oder, wie es Hopp gemacht hat, flüchten."

Welche Erfahrungen haben Sie mit Hopp gemacht?

„Ehrlich gesagt, überhaupt keine. Ich kenne ihn nur als Liebling von Schäfer. Ich könnte nicht mal sagen, als Bettwärmer von Schäfer. Ich habe die beiden nie im Bett gesehen. Aber er war ein Liebling, ein Bevorzugter von Schäfer. Das ging so weit, dass er, als er älter wurde, mit zwei anderen Jungen in die Staaten geschickt wurde zum Studieren. Die beiden Jungen, seine Begleiter, haben sich in den Staaten sofort abgesetzt von ihm und der Universität, waren dann in Freiheit und haben dort ihr Leben begonnen. Einer ist Arzt geworden, der andere hat eine Tankstelle, wie ich das später mal gehört habe. Ich habe es nie gesehen. Aber eins ist klar: Daraufhin hat Baar – Hugo Baar – die rechte Hand damals noch von Schäfer – den Hopp aus den Staaten zurückgeholt, mit hohen Versprechungen. Und ich habe immer wieder und überall gesagt und geschrieben, ich vermute, dass der Doktortitel gefälscht ist.

Hartmut Hopp befindet sich zurzeit in Deutschland, ausgerechnet in der Stadt, wo ein Prediger seine Gemeinde hat, zu der Hopp auch gehört. Wie auch Albert Schreiber, der hier steckbrieflich gesucht wurde und flüchtete. Oder Matthusen. Beide sind übrigens an Krebs gestorben, oder wurden gestorben, das entzieht sich meiner Kenntnis. Ich weiß nicht, wie weit sie in Deutschland die Weichen umgestellt haben in ihrem Gewissen, und statt dann für, gegen Schäfer waren. Aber dass ausgerechnet beide zufällig an Krebs gestorben sind? Hopp gehört zu dieser Krefelder Gemeinde, wo der Pastor, das Oberhaupt dieser Kirche, nach Chile kommt und in diesem KZ 168 Menschen ins Wasser springen lässt. Das sollte die Taufe sein. Er verbietet ihnen, über die Vergangenheit zu sprechen, um ein neues Leben zu beginnen mit Gott. Bitte, was soll denn das? Die Vergangenheit mit so viel Leiden, die mit Blut geschrieben wurde, soll jetzt verschwiegen werden vor der Gerichtsbarkeit? Die Leute kannten sich untereinander nicht mal, es wurde sich global entschuldigt, aber nicht persönlich. Die kirchliche Politik von diesem Pastor Frank ist unwahrscheinlich verwerflich. Es gibt 168 Sekten auf der Welt. Ich habe viele Bücher darüber gelesen, wo immer die Oberhäupter nur Geldsammler waren. Die Armen ausgenutzt haben für ihre Belange. Frauen, Yachten, Villen."

Wie sieht das aus, haben Sie auch mit den Geheimdiensten, nachdem Sie die Colonie verlassen haben, zusammengearbeitet?

„Ja und nein. Am Anfang nicht. Nachdem ich zum zweiten Mal aus der deutschen Klinik zu einem chilenischen Arzt geflüchtet war, welcher auch Chefarzt der Colonie war, war mir total untersagt, etwas an die Öffentlichkeit preiszugeben. Bis 1968 hätte ich, glaube ich, nicht einmal fünf Prozent von dem sagen können, was bis zu meinem Weggehen geschehen ist. Bis ich Hugo Baar gerettet habe. Da erst wurde ich aufmerksam, dass und was in der Colonie hinter den Stacheldrähten und Elektrozäunen geschah. Das war für mich der Auftakt zum Tanz, zum Kampf gegen diesen

Unhold und seine Machenschaften.“

Sie haben sich doch mit dem Herrn Jensen oder Jessen in Santiago getroffen. Wer war das und wie kam es zu dieser Zusammenarbeit?

„Ich weiß es nicht genau. Ich hatte ja mit der hiesigen Kriminalpolizei täglich, um nicht zu sagen, vierundzwanzigstündigen Kontakt und auf einmal kam ein Anruf von einem gewissen Wolfgang Jessen. Ich erinnere mich auch nicht mehr genau, wie er sich vorgestellt hatte. Er wollte sich mit mir in Santiago treffen. Zu der Zeit war mir alles lieb, von dem ich geglaubt habe, das wird Hilfe bei der Befreiung der Menschen sein. Ich fuhr nach Santiago und traf mich mit ihm. Er stellte sich vor und sagte, dass er vom Bundesnachrichtendienst aus Deutschland ist. Wir haben uns dann hin und wieder getroffen. Nicht nur einmal. Immer eine teure Fahrt für mich, welche nicht von der deutschen Botschaft oder vom deutschem Staat bezahlt wurde, sondern aus meiner Tasche. Das Einzige, was Wolfgang Jessen für mich bezahlt hat, waren die Übernachtungen im Hotel bei diesen Treffen. Wir wohnten in zwei Zimmern, seins gegenüber von meinem, weil ich ja auch befürchten musste, dass man mich ausfindig macht, und und und. Ich fuhr zur Hochzeit meines Sohnes in Deutschland, aber Jessen war daran interessiert, dass ich mich noch mal mit seinem Chef in Buenos Aires treffe. Er wollte mich kennenlernen. Ich bin auch darauf eingegangen. Ich hatte bei der Lufthansa Chile – Deutschland gebucht und bin in Buenos Aires ausgestiegen. Ich habe mich noch an dem Abend mit einem gewissen Fleischmann getroffen. Wir waren zusammen in einem Lokal zum Essen und ich habe Fleischmann dasselbe berichtet, was ich immer wieder Jessen zugespielt hatte.“

Nämlich was?

„Von den Zuständen, den Missständen, die Kriminalität in der deutschen Colonie. Beim Abschied gab er mir die Hand und mit der anderen drückte er mir den Arm. Als ich in Deutschland ankam, hatte ich davon sogar einen blauen Fleck, so doll hatte er mich … Also machen Sie so weiter, Herr Kuhn, hatte er zu mir gesagt. Natürlich, habe ich das gemacht. Im September werden es fünfunddreißig Jahre.“

Aber was haben die mit den Informationen gemacht?

„Später habe ich erfahren, dass sich Jessen in dem gleichen Hotel mit

Hartmut Hopp getroffen haben soll, wo ich mich mit ihm getroffen habe. Was hat Deutschland, das Auswärtige Amt, welches den BND bezahlt, was haben die Verantwortlichen mit diesem grausamen Thema gemacht? Ich habe es doch nicht aus der Luft gegriffen. Ich hatte doch für alles, was ich ausgesagt hatte, Kronzeugen, Opfer des Regimes von Schäfer. Warum hat man denen oder mir nicht geglaubt?"

Das heißt ja, dann müsste ja Dr. Hopp auch mit dem BND zusammengearbeitet haben?

„Durchaus möglich. Nach den Informationen, die ich habe, hat sich der BND für Hopp interessiert. Wie heißt es? Man muss beide Seiten hören. Der BND kann sich aber nicht die Weste reinwaschen, von wegen, dass er nichts gewusst hätte."

Und Herr Jessen hatte Ihnen gesagt, er sei vom BND?

„Ja. Ich hab auch seine Visitenkarte, da steht natürlich nicht BND drauf, da steht irgendwas anderes drauf, mit dem Auswärtigen Amt. Das ist natürlich für mich ein Schlag ins Gesicht. Leute, denen ich vertraut habe, dass sie mich bei meiner Arbeit unterstützen, Sklaven aus diesem KZ von Schäfer zu befreien, haben nicht geholfen. Ich klage in diesem Augenblick die deutsche Regierung an, welche schuld ist an diesem jahrzehntelangen Leiden. Sie wusste von dem, was in der deutschen Colonie passierte. Ein Herr Franz Josef Strauß hing in allen mit einer Widmung in den Restaurants und Zimmern mit: Ein „Hoch" …, ich kann es nicht auswendig, aber ein Lob auf die deutsche Siedlung. Auch der Präsident von Deutschland hat sich von Eisbein und Sauerkraut verführen lassen."

In welchen Jahren haben Sie sich mit dem BND getroffen?

„In den Neunzigerjahren. Ich habe ja Tagebücher geführt. Um genau zu sagen, wann es war, müsste ich jetzt in diesen Bücher nachschlagen.
Ich habe mich nicht nur mit dem BND getroffen."

Sondern?

„Ich bin mit meiner Tochter nach Deutschland geflogen und Herr Gemballa, ein Reporter, hat organisiert, dass ich mich mit einem Minister treffe. Das war Arbeitsminister Norbert Blüm. Ich war ungefähr zwei

Stunden mit ihm zusammen und habe ihm geschildert, was hinter den Zäunen der deutschen Colonie in Chile passiert. Anschließend habe ich dann nochmal stundenlang mit ihm über das grausame Thema der deutschen Colonie gesprochen.
Ein Doktor Bossle von der Universität Würzburg kam mit Herrn Schleier, welcher etwas mit der Baader-Meinhof-Gruppe zu tun hatte, nach Chile, um eine neue Verfassung mit Pinochet zu machen. Ich habe mich mit Bossle getroffen und ihm gesagt, dass ich vors deutsche Fernsehen gehe. In meiner Gegenwart haben Herr Schleier und Doktor Bossle gerade ihre Koffer gepackt, da klingelte es. Es war Hopp. Er wollte Bossle sprechen, aber Bossle sagte in meiner Gegenwart, mit dem wolle er nichts zu tun haben und hat der Sekretärin am Telefon gesagt, er werde ihn nicht empfangen. So war's. Sie sind noch an demselben Abend nach Deutschland geflogen. Er sagte: Herr Kuhn, ich gehe noch kurz in die Moneda ins Regierungsgebäude, um mich von Herrn Pinochet zu verabschieden. Als Dank schenkte er mir irgendein Buch, was er mal geschrieben hatte in Würzburg und noch ein paar Zigarren, die noch in der Kiste waren. Ja, so war's. Herr Bossle war damit beschäftigt, eine neue Verfassung für Chile zu schreiben. So weit hat der Schäfer es geschafft, die höchsten Autoritäten – Autoritäten generell – zu verführen.
Da gab es einen Dr. Vogelsgesang von Bayern, er war irgendein politischer Abgeordneter. Er hatte wochenlang in der deutschen Colonie gewohnt, mit seiner Frau. Was hat Schäfer gemacht? Er hat einen Baum gepflanzt und der hieß: die Vogelsgesang-Eiche.
Genauso hat er es mit den kriminellen Uniformierten gemacht. Manuel Contreras, ein Hauptmann, der dann auch lebenslänglich verurteilt wurde, hat mit Schäfer eng zusammengearbeitet. Wenn sie sich getroffen haben, hatte jeder seine Maschinenpistole mit im Restaurant. Das weiß ich von Lotti Packmor, welche ich auch befreit hatte. Sie hatte in dem Restaurant gearbeitet. Die beiden Strolche, sowohl Contreras als auch Schäfer hatten vor, Pinochet zu stürzen und umzubringen. Das habe ich erst viel später von Leuten erfahren, die unmittelbar in der Nähe der beiden gelebt haben. Wenn ich nicht irre, von Georg Packmor."

Die wollten den Pinochet umbringen?

„Ja. Contreras hatte den Wunsch, Präsident von Chile zu werden. Für Contreras haben sie analog zur „Vogelsang-Eiche" eine Brücke mit dem Namen seiner Frau benannt. Ich komm nicht auf den Namen. Sie dürfen nicht vergessen, ich bin inzwischen sechsundachtzig Jahre alt und darf dem lieben Gott danken, dass ich überhaupt noch denken kann. Aber, wie gesagt, diese Strolche wie Manuel Contreras haben sich aktiv mit Schäfer zusammen an der Ermordung hiesiger Menschen beteiligt. Einer war ein gewisser Berius. Er ist mittlerweile verstorben. Im Gefängnis, glaube ich. Er war der Hauptmann der Giftmischer mit Schmidt und Hopp. Wenn man sich in dieser schlimmen Zeit gegen diese Leute gestellt hat, stand man unweigerlich auf der Todesliste. Wie ich. Deswegen auch meine Bodyguards. Deswegen vom Minister immer Polizeischutz."

Haben Sie auch für den FBI & CIA gearbeitet?

„Eine kurze Zeit hatte ich Kontakt mit dem FBI. Besser gesagt, sie mit mir. Sie hatten mich nach Santiago zitiert. Wir haben uns in einer Wohnung ohne Möbel getroffen, die hatten sie dort gemietet. Es ging da um den Tod eines russischen Jungen, Weisfeller. Der Fall kommt bis heute hin und wieder in den Zeitungen vor. Weil Weisfeller angeblich in der Colonie umgebracht wurde."

Ist das bestätigt worden?

„Das ist bestätigt. Ich habe die Eltern von ihm getroffen Er war damals einundzwanzig Jahre alt war und hatte einen Ausflug in die Berge Chiles gemacht. Schäfer hat ihn entdeckt. Ein Bürgermeister aus der Gegend hatte Schäfer gesteckt, dass sich da einer befindet, und die Colonie ist natürlich schnurstracks hin, hat ihn festgenommen und auch umgebracht. Er hatte irgendwo was abgelegt und das wurde gefunden. Dadurch wusste man, dass er dort gewesen war. Ein Notizbuch oder ein Rucksack, da wusste man, in welcher Gegend er war."

Was wollte Weisfeller denn in Chile?

„Das kann ich Ihnen nicht sagen. Ein Einundzwanzigjähriger, was will der in Chile? Seine Eltern sagten mir, er hat einen Ausflug um die Welt gemacht. Mehr kann ich nicht sagen. Ich habe ihn nie kennengelernt, um ihn zu fragen. Er war kein Politiker. Er war ein russischer Jude, glaube ich, aus einer russisch-jüdischen Familie."

Und mit wem vom FBI haben Sie sich dann in Santiago getroffen?

„Die Namen kann ich nicht sagen. Die haben sich nicht so wie Jessen vorgestellt, sondern mir nur gesagt, dass sie vom FBI aus Nordamerika sind, und dass sie sich um den Fall Weisfeller bemühen. Ob ich was darüber wüsste. Nun konnte ich Ihnen ja nur sagen, was mir zugetragen wurde über Dritte. Ich selber war nie direkt mit ihm in Berührung gekommen. Deswegen sage ich immer, ich habe zwar mit dem FBI zusammengearbeitet, aber nur ganz kurze Zeit. Weil bei denen ging es um Weisfeller."

Haben Sie denn überhaupt mal überprüft, ob es einen Herrn Jessen gab beim Auswärtigen Amt?

„Nein. Das habe ich nicht. Ich weiß nur von einem meiner Bodyguards, der später Hauptmann bei der Geheimpolizei wurde, dass Fleischmann auch nach Chile in die Botschaft gekommen ist. Das ist für mich auch selbstverständlich. Das ist das Auswärtige Amt. Botschaft, Fleischmann, zuständig für Südamerika."

Sagt Ihnen ein Herr Roth von der deutschen Botschaft etwas?

„Herr Roth? Sagt mir was. Ich habe von ihm gehört. Ich weiß, dass es einen Herrn Roth vom Auswärtigen Amt gab. Im Augenblick fällt mir nicht mehr ein."

Wie es in der CD zugeht, also die Informationen, die Sie dann an den BND wieder weitergeleitet haben, hatten Sie wieder Kontakt zur Colonia?

„Mit den Menschen, denen ich zur Flucht verholfen hatte, hatte ich jedes Mal einen Kronzeugen vor Gericht. Und nicht nur vor Gericht, dann auch vor dem BND. Sonst wäre es ja eine Spinnerei gewesen. Denn zu meiner Zeit, ich sage, 1968, als ich geflüchtet bin, gab es so was noch nicht. War ja noch keine Militärregierung, war ja noch kein Pinochet im Fundo, war ja noch nicht seine Frau, und wurde nach dem Namen der Frau gefragt, war ja noch nicht der Moment, wo Schäfer mit Frau Pinochet eine Schule einweihte. Da waren ja noch die Kameras in den Schlafzimmern, wo man Pinochet und seine Frau gefilmt hat, ohne dass er es gemerkt hat. Und darum war er der Opa, und seine Frau war die Hure. Das müssen Sie sich mal vorstellen, und so wurden alle Leute gefilmt, und ausgenommen. Wenn jemand irgendwo was veröffentlichen wollte, war das ein Druckmittel, um ihn davon abzuhalten, gegen ihn, gegen Schäfer was auszusagen."

Aber wie kam nach der Flucht 1968 Ihr Kontakt zur Colonia Dignidad wieder zustande?

Als ich die Busgesellschaft mit achtundsiebzig Bussen leitete, immer zwischen dreißig und vierzig Fahrgäste, rund um die Uhr, habe ich, auf gut Deutsch, ein Schweinegeld verdient, weil ich prozentuell am Verdienst beteiligt war. Dann überzeugte man mich, als Verwalter eines Luxushotels zu arbeiten. Dort habe ich noch mehr verdient. Und vom Luxushotel aus fing es an. Ein Busfahrer kam zu mir und sagte, dass jemand auf der Panamericana einen Unfall hatte. Das war der gewisse Albert Schreiber vom Fundo, er hatte einen schweren Autounfall mit einer Frau. Ich habe sofort das Fundo verständigt, dass das und das passiert ist. Die Sachen, die er im Wagen hatte, die Aktentasche und alles, hatte ich in meinem Lokal, in meiner Hosteria. Ich habe der Colonie gesagt, dass sie das bei mir abholen sollen. Was da drin war, war egal, ich war nie neugierig. Nie."

1975 bekamen Sie dann Besuch an Ihrem neuen Arbeitsplatz?

„Ja. Gerhard Mücke und seine Frau Gitta Bark kamen zu mir ins Luxushotel. Gitta wurde über Jahrzehnte als Braut von Schäfer ausgegeben, um der Welt zu zeigen, dass er kein Kindesmissbraucher war. Georg Packmor und Lotti Packmor, die ich dann später auch befreit hatte aus dem Lager, kamen auch mal. In diesem Luxushotel hatten wir eine Abteilung mit besonderen Ledertaschen für Damen, und Ponchos, die ich immer aus dem hohen Norden geholt habe, zum Verkauf. Denn wir hatten viel deutsches und amerikanisches Publikum, und das war an diesen Sachen interessiert. Davon hat meine Frau den Damen je ein Täschchen mit einem Geldschein drin geschenkt. Wir haben sie bei uns bewirtet und sie sind dann weitergefahren, hatten irgendwo ein Ziel, wo sie hin wollten."

Und kein schlechtes Wort über die Colonia Dignidad?

„Nichts. Gar nichts. Aber als sie wieder zurückfuhren ins Fundo, beichtete Gitta Bark dem Schäfer, dass sie vom Kuhn eine Handtasche und Geld

bekommen hatten, und Schokolade. Lotti Packmor hatte das nicht gebeichtet. Daraufhin hat der Schäfer ein Kommando zusammengestellt, Lotti von ihrem Posten als Vertrauensposten abgesetzt und sie über Monate ins Krankenhaus gesteckt, wo sie mit niemandem sprechen konnte. Sie war nun das Sauweib, das Flintenweib. Schäfer hatte Ausdrücke, ordinäre Ausdrücke, das kann man sich gar nicht vorstellen. Er hat sogar kleine Mädchen, Minderjährige, als Huren bezeichnet, die noch gar keine Ahnung von so was hatten. Es war ein ordinäres Schwein. Ganz ordinär. Gleichzeitig war er der liebe Gott für die Leute. Und der Heiland. Das muss man sich mal vorstellen. So was glaube ich, hat es auf der ganzen Welt noch nicht gegeben.
Und heute ist es mein tiefes Anliegen mit sechsundachtzig Jahren und dieser Gesundheit, die ich noch habe, die Erinnerung der Weltöffentlichkeit zuzubringen, damit sich so etwas nie wiederholt. Damit nie wieder gutgläubige Menschen solchen Sektenbrüdern verfallen. Der liebe Gott ist im Himmel, in den Menschen und nicht in den schönen Palästen von Händen gemacht. Jeder hat den Anspruch, seinen Heiland in seinem Herzen zu tragen. Dazu braucht er keine großen Religionen oder Sekten."

In welchem Jahr besuchte Sie denn das Ehepaar Packmor und Gitta Bark im Hotel?

„Genau kann ich es nicht sagen. Aber es war zwischen 1974 und 1975. Wir waren ja fünf Jahre Verwalter in diesem Hotel. In dieser Zeit muss es gewesen sein, denn nach 1975 haben meine Frau und ich uns ja selbstständig gemacht in der nächstgelegenen Stadt Los Angeles."

Das war aber Ihre zweite Frau?

„Das war meine zweite Frau. Meine erste Frau ist in den Siebzigerjahren nach Deutschland gefahren. Ich möchte auch über diese Intimthemen nicht weiter ausholen. Es hat nicht geklappt bei uns. So würde ich es mal sagen."

Aber Sie hatten zwei Söhne mit Ihrer ersten Ehefrau?

„Drei. Der letzte, Thomas, wurde mit vier Monaten krank. Wir haben ihn Kurt Schnellenkamp übergeben, der ihn mit der Ambulanz abgeholt hatte. Wir haben ihn nie wiedergesehen, nur einen weißen kleinen Kindersarg, geschlossen, da soll Thomas drin gewesen sein. Er soll gestorben sein. Ich weiß nicht woran. Bis heute noch glaube ich nicht daran, obwohl auf dem Friedhof der Colonie ein primitives Holzkreuz stand mit dem Namen Thomas, Geburtsdatum und Sterbedatum. Weiter nichts. Ganz scheußliches Holzkreuz. Er war ja vom Kuhn.“

Warum, wenn Sie 1968 aus der Colonie geflüchtet waren, haben Sie dann Jahre später Ihr krankes Kind der Colonie wieder übergeben?

„Das war nicht unbedingt ich, der es der Colonie übergeben hat. Meine Frau fühlte sich ja immer noch zugehörig. Geflüchtet bin ich, nicht sie.“

Das heißt, Ihre erste Frau hielt auch nach der Flucht den Kontakt zur Colonie weiter?

„Zu ihren Schwestern, mit denen sie zusammengearbeitet hat. Das waren ja alles keine schlechten Menschen. Es waren liebe Leutchen. Die Frau von Hopp war zum Beispiel ein ganz liebes Mädchen aus Hamburg. Sie hat sich dann zum Flintenweib ausbilden lassen, und Kinder geschlagen, dafür gibt es Zeugen. Sie ist eine ganz schlimme Frau geworden. Viele andere auch. Auch ältere Menschen, also verheiratete Frauen, von den Männern gar nicht zu sprechen. Die Herrengruppe waren die Schläger vor dem Herrn. Was die alles getrieben haben, wie die die Menschen gefoltert haben, ihresgleichen! Vor dem Umsturz von Pinochet. Schon vor der Flucht der Linken. Schon viel früher. Das fing ja gleich nach der Ankunft der ersten Colonen an. Da wurden die Männer erst mal überzeugt, dass Schäfer vorgab, was links und rechts ist, das war dann der Kompass und Auftakt zum Tanz. Es gab die Herrenversammlungen, und viele Herren haben aktiv mitgemacht. Andere haben sich aktiv rausgehalten. Das waren dann die Feinde der Herrengruppe.“

Hatte Paul Schäfer mal versucht, nach Ihrer Flucht wieder Kontakt zu Ihnen aufzunehmen?

„Meine Frau wollte unbedingt, dass unser zweiter Peter in der Colonie geboren wurde. Der erste wurde ja umgebracht im vierten Schwangerschaftsmonat. Der zweite Junge, der nun auf die Welt kam, sollte auch Peter heißen. Ich fuhr mit Dr. Mojika, der auch Geburtshelfer war bei der Geburt von Peter, in die Colonie. Ich blieb noch vor der Brücke, vor dem

Tor, in einem Busch versteckt, um zu warten, bis Dr. Mojika wiederkommt und mit mir zurückfährt, und mir dann sagt, ob meine Frau einen Jungen oder ein Mädchen entbunden hat. Und da kam der Wagen … ich sah nur die Scheinwerfer. Es war nachts, und wer saß am Steuer? Nicht Dr. Mojika, sondern Schäfer.
Schäfer kam mit dem Wagen, und sagte zu mir: Komm, steig ein. Gratuliere, hast einen Jungen. Er fuhr mit mir zum Krankenhaus und ich sah Mutter und Kind. Wir sind dann mit Mojika wieder abgefahren. Aus Dankbarkeit, dass mein Peter dort geboren wurde, habe ich dann von einer Gesellschaft in Santiago einen Scheibenpflug und auf einem Lastwagen zum Fundo gebracht. Warum ein Scheibenpflug? Ich habe jahrelang auf dem Trecker gesessen und gepflügt. Jedes Mal, wenn der Pflug gegen einen Stuppen fuhr, ist er gebrochen. Dann wurde er geschweißt, wieder neu geschweißt, aber jeder Chauffeur, jeder Fahrer, musste dann eine Strafe melden. Sie sind bis zu sechzehn Stunden gefahren und mussten dann noch eine Strafe melden. Das war dann immer so etwas wie zehn Jutesäcke am Fluss waschen, oder zwanzig oder fünfzig. Die letzte Strafe, die ich bekam, waren hundert Jutesäcke.
Das zweite Mal traf ich Schäfer bei einer Messe. Die Colonie hatte einen Stand, an dem deutsche, in der Colonie produzierte Waren verkauft wurden, wie Vollkornbrot, Schinken, Leberwurst und so weiter. Hätte ich den Kontakt mit Schäfer nicht – sagen wir mal – gepflegt, hätte ich keine Gelegenheit gehabt, den Opfern später zu helfen. Mir ging es finanziell gut, also habe ich der Colonie laufend Sachen geschenkt. Eismaschine, Hugomaschine, also Saftmaschinen, Küchenmaterial. Alles das, was die Colonie nicht hatte. Denn Schäfer hat nichts für das Wohlergehen der Leute getan, obwohl er ihnen das ganze Geld abgenommen hatte und sie seinetwegen ihre Häuser verkauft hatten. Von dem Zeitpunkt an, da sie der Colonie beitraten, waren sie die Ärmsten der Armen, kann man sagen. Kein Geld, kein Topf, keinen eigenen Herd, nichts. Eine Gemeinschaftsgroßküche wie im KZ. In meiner, wie soll ich sagen, Eigenschaft als reicher Pinkel, habe ich nicht für mich, sondern für meine Leute gesorgt. Meine Leute waren die Colonos. Im guten Glauben habe ich immer wieder Maschinen hingebracht. Das bedaure ich bis heute nicht. Ich bedaure aber, dass die Colonos bis heute nichts davon mitbekommen haben. Der Schäfer hat das alles nur verwendet, um Besuchern Sand in die Augen zu streuen. Oder Eisbein mit Sauerkraut. So darf man das wohl sagen. Das ist die deutsche Colonie in Chile. Deswegen habe ich ein tiefes, innerli-

ches Anliegen, dass die deutsche Botschaft anfängt, in ihren eigenen Reihen aufzuräumen. Denn es geht doch nicht an, dass Mitglieder, Botschaftsangehörige vom Auswärtigen Amt bezahlt und nach Chile geschickt werden, um zu vertuschen."

Wie sind denn die späteren Fluchten abgelaufen, zu denen Sie verholfen haben?

„Ich hatte ja rund um die Uhr die Frequenz abgehört, die das Fundo hatte. Das war eine Radioamateurfrequenz. Quatro GB. Tag und Nacht. Das war eine Frequenz für Amateure, keine Geschäftsfrequenz. Aber in dieser Frequenz, Quatro GB, hat Schäfer alle seine Geschäfte abgewickelt. Ich konnte natürlich nicht Tag und Nacht am Radio sitzen. Ich hatte eine achtzehn Meter hohe 6-Element-Antenne mit allem Drum und Dran, meinen eigenen Raum und so weiter. Hin und wieder habe ich sie abgehört, weil ich auch außerhalb zu tun hatte. Und dann hat mein Peter mich insofern unterstützt, als dass er mir ein Tonbandgerät aus Deutschland geschickt hat, das von alleine an- und ausging. An ging, wenn jemand gesprochen hatte, und ausging, wenn es still war. Dadurch habe ich viele Tonbänder, die ich dann hin- und wieder abhören konnte und wusste, wie, was und wo auch immer etwas geschieht.
So hatte ich Hugo Baar zur Flucht verholfen. Erst ist er nach Kanada, von Kanada nach Deutschland. Und als er in Deutschland war, hat Schäfer 198 Seiten geschrieben, und der Frau von Hugo Baar, Waltraud Baar, gegeben. Hopp hatte den Auftrag, Waltraud zu ihrem Mann zu begleiten.
Herr Prüfer, ein deutscher Spediteur aus Düsseldorf, hat über Jahrzehnte zum Selbstkostenpreis Frachten der Colonie von Deutschland nach Chile geschickt. Er war davon überzeugt, dass es sich bei dieser Gesellschaft um eine Wohltätigkeitsgesellschaft handelt. Als wir dann nach der Flucht von Hugo Baar bei ihm waren, und es offenbar wurde, dass alles ein Betrug war, hat er an die Colonie geschrieben, dass er ab sofort seine Hilfe für diese Gesellschaft ablehnt. Dass er nicht mehr bereit ist, noch eine Fracht zu finanzieren. Den Brief hab ich sogar hier. Prüfer hat man über Jahrzehnte belogen, dass er einem guten Verein hilft, der für die chilenischen Kinder sorgt."

Wie sind denn dann überhaupt die Fluchten, bei denen Sie geholfen haben, Mitte der achtziger Jahre abgelaufen?

„Über jede Flucht könnte man ein kleines Büchlein schreiben. Diese zu organisieren, war nicht sehr leicht für mich. Durch das Abhören auf dem Amateurfunk wusste ich, wo wer und was ist. Bei dieser Gelegenheit habe ich als Erstes Hugo Baar zur Flucht verholfen. Das hatte noch nichts mit dem Amateurfunk zu tun, am Anfang. Als Zweites dem Ehepaar Packmor. Eine Geschichte für sich. Ganz in der Nähe der Colonie ist eine Therme, ein ganz kleiner Badeort. Von dort holten wir eine Bekannte von uns ab, die Angestellte der hiesigen Universität war, und ein Baby hatte. Aufgrund ihrer Zugehörigkeit zur Universität wurde sie nach der Entbindung mit einem Aufenthalt von etwa sechs Wochen in diesem Ferienort begütert. Als die Zeit abgelaufen war, bin ich mit meiner Frau hin und habe sie abgeholt. Ich nahm es als ein, wie soll ich das sagen, Geschenk des Himmels, eine Frau mit Baby dabei zu haben, und bin dann zur Steinbrecheranlage, wo ein kleines Casino war. Die Leiterin dieses Casinos war Lotti Packmor. Ich bin rein und hab gesagt: Hugo ist nicht mehr hier. Im Fundo hatte man eine Beerdigung veranstaltet, als wäre Baar tot. Die ganze Gemeinde ist hoch zum Friedhof. Den Leuten wurde weisgemacht, Hugo Baar wär gestorben. Als ich Lotti sagte, Hugo ist nicht mehr in Chile, da wusste sie, a) dass er gar nicht tot ist, und b) hatte sie die Hoffnung, mit ihm noch mal zusammenzukommen. Ich sagte zu ihr: Ich warte auf euch. Auf Lotti und ihren Mann. Daraufhin haben die beiden sich organisiert und eines Tages kamen sie bei mir an, sowohl der George als auch die Lotti.“

Wer ist denn George?

„Georg Packmor. Man nannte ihn immer George. Er hatte den Auftrag, aus der nächstliegenden Stadt, also Concepcion, vierzehn alte Autos zu besorgen. Im Fundo waren die Autos von vierzehn politischen Gefangenen untergebracht, welche im Fundo ermordet worden waren. Ich hatte mal die Gelegenheit, mit einem ehemaligen Kind von dort zu sprechen. Es sagte, das war immer schön für uns, wir durften mit dem Hammer die Nummernschilder zerkloppen. Also unlesbar machen. Diese Liste mit den Autos hat mir Georg Packmor dann von Kanada aus geschickt und ich habe sie in einer Illustrierten veröffentlicht. Mit der Überschrift: „Die Au-

tos der Verschwundenen". Das waren die Leute, die getötet worden waren.
Ich bekam dann ständig Besuch hier bei mir im Haus von den Verwandten, Brüdern, Onkel, Tanten, Väter und Mütter, die ihre Kinder, Neffen, Nichten, beziehungsweise ihre Onkel oder Tanten verloren hatten. Von da an kam die Verfolgung gegen die Colonie in Schwung. Es war schon immer so gewesen, dass Leute verschwunden waren, aber hier hatten wir es schwarz auf weiß. Dadurch wurde mein Leben schwerer. Dr. Spohn riet mir sogar, Chile zu verlassen, nachdem ich auf der Panamericana angegriffen worden war. Meine Sicherheit war in Gefahr. Ich antwortete Dr. Spohn: Das kann ich nicht. Ich kann diese Leute nicht im Stich lassen, ich mache so lange weiter, bis ich sie befreien kann.
Dr. Spohn war auch der Mann von der deutschen Botschaft, der zusammen mit einem hiesigen Parteipräsidenten und mir nach Talca zu der Brücke fuhr, über die die Verschwundenen mit verbundenen Augen zur Colonie gebracht worden waren. Eine Frau und zwei junge Männer haben mir dann berichtet, dass die Eisenplatten geknallt haben, wenn sie über die Brücke gefahren sind. Das war der einzige Moment, an dem sie gewusst hatten, dass es in den Süden ging.
Dr. Peebles, Erik Zott und Anna Borquez. Sie wurden in diesem Kartoffelkeller fürchterlich gefoltert. Sie wurden auf eine Eisenpritsche gelegt und mit Elektroden an allen Teilen ihres Körpers behandelt bis zum Gehtnichtmehr. Die drei haben es überstanden, aber viele nicht.
Oben, über dem Kartoffelkeller, schlief ein kleiner Junge, der von seiner Gruppe abgesondert und von Schäfer sexuell missbraucht und geschlagen worden war. Er hörte immer die Schreie der Menschen, die dort gefoltert wurden. Er sagte: Onkel Heinz, wenn ich keine Schreie mehr hörte, dann wusste ich, dass sie tot waren. Das muss man sich mal vorstellen, was ein kleiner Junge mitmachen musste in dem Wohltätigkeitslager, beschützt von der deutschen Regierung, vom Auswärtigen Amt, um das Deutschtum in Chile hochzuhalten.
Sie haben recht, mehr als hundert Jahre sind die Deutschen schon in Chile, haben das Land urbar gemacht und eine neue Kultur in dieses Land gebracht. Viele Generäle mit dem Namen Sievers, Stange, Matté und so weiter. Alles ehrbare Leute zu dieser Zeit. Aber man muss eine deutliche Trennung ziehen zwischen hundert Jahre Deutschland in Chile und dreißig Jahre Schäfer in Chile. Das sind zwei Welten. So was hat es noch nicht gegeben. Und wird sich hoffentlich auch nicht wiederholen. Ich spreche

von ganzem Herzen, wenn ich sage, ich bitte die deutsche Regierung, etwas aufmerksamer mit ihren Leuten umzugehen. Es wird viel, viel, viel Geld verschwendet, aber nichts für die Leidenden getan. Mir wäre lieber, das Rote Kreuz hätte die Sache übernommen, statt die deutsche Regierung. Jeder, den ich befreit hatte aus der Colonie, war gleichzeitig durch meine Anzeige vor dem Untersuchungsrichter ein Kronzeuge. Sonst hätte ich das nie machen dürfen. Es wäre eine Verleumdung mit Publizität gewesen und ich wäre vielleicht für viele Jahre im Gefängnis gelandet. Nie hat der Schäfer mich gerichtlich belangt aufgrund meiner Aussagen, nie, obwohl er schon zu meiner Zeit zweiunddreißig Prozesse gegen irgendwelche Leute und auch Colonos geführt hat. Mit mir nie. Daher hatte ich gewissermaßen die Hände frei für meine Arbeit, Menschen aus diesem deutschen KZ in Chile zu befreien."

Wie ging das denn dann weiter. Haben Sie die hier alle beherbergt?

„Wir waren, profan gesagt, ein Durchgangslager. Zu mir kamen die Leute mit ihren Nöten. Mit nichts als dem Wunsch zur Freiheit. Und hier haben wir dann den Leuten geholfen."

Wem denn alles?

„Ehepaar Packmor, Hugo Baar, einer gewissen Hilde Ritz, vier Szurgelies auf einem Schlag. Ich bekam einen Brief von einem Chilenen, der von seinem eigenen Namen auf den Namen von Hugo Baar umgeschrieben worden war. Er heißt also von da ab Franz Baar. Was hat man mit diesem Jungen alles angestellt? Er ist sogar halb betäubt aus dem Fenster des Krankenhauses gefallen, aus dem zweiten Stock, hatte Wunden am ganzen Körper. Eines Tages, er war beschäftigt in der Gärtnerei, hatte er einen Zettel geschrieben: Holt uns hier raus, wir werden gefoltert, und und und. Ich habe den Brief mit seiner Unterschrift, der Unterschrift seiner Frau und der Unterschrift von seinen Schwiegereltern. Der Brief kam dann erst mal nach San Carlos zur Kripo. Die hat mich wiederum gerufen, weil ich zuständig für Talca war, nicht für San Carlos. Wir haben den Brief auf Wahrheit untersucht. Ist es Wahrheit oder ist es wieder eine Masche von Schäfer?
Als klar war, dass wir den Menschen helfen müssen, konnten wir nur eins nicht einhalten: Die Zeit, die dieser junge Mann angab. Franz Baar sagte, um diese Uhrzeit an jenem Tag sind wir im Kuhstall. Da müsst ihr hinkommen und euch von niemandem aufhalten lassen. Aber wir brauchten

Zeit, wir brauchten nicht nur die Genehmigung von Talca. Wir brauchten vor allem die Genehmigung vom Obersten Chef der Kriminalpolizei aus Santiago. Ich möchte unterstreichen, dass er uns wahnsinnig viel geholfen und unterstützt hat. Ein Richter, der wirklich auf unserer Seite war, der das Problem der Colonie durchschaut hatte, brauchte wiederum die Genehmigung vom Untersuchungsrichter. Er sagte: Wie machen wir das? Ich habe eine Idee. Mein Chef, der Untersuchungsrichter, der Minister, spielt jeden Samstagnachmittag Tennis. Wenn ich dahin fahre, werde ich ihm den Brief zeigen und ihm vorschlagen, wenn er will, übernehme ich das. Und so kam's. Der Minister sagte: Okay, machen Sie das.
Mit diesem Okay haben wir uns dann organisiert und sind mit drei verschiedenen Wagen losgefahren, einem großen … vielleicht für zehn oder zwölf Personen, und zwei Camionettas. Wir haben uns dem Lager genähert. Einen Wagen ließen wir unten auf der Panamericana stehen, wegen des Funks. Wir mussten in Verbindung bleiben. Ich mit meinen Bodyguards in einem Wald auf der Höhe, wo wir dann immer Kontakt hatten mit dem Richter. Der Richter ist zum Fundo hin. Dann kam Herr Blanck und der chilenische Rechtsanwalt. Das war ausgerechnet in dem Augenblick, als Karl Stricker, der unter Drogen stand, beim Streichen des Krankenhauses von der Leiter fiel und tödlich verunglückte. Das war in allen Zeitungen publiziert worden. Der Minister, der Untersuchungsrichter, wollte die Stelle sehen, wo Karl Stricker gestorben war, weil Mücke, der heute im Gefängnis sitzt, ihn dazu beordert hatte, auf der Leiter zu streichen, wozu er unter normalen Umständen nie fähig gewesen wäre. Dann wollte er den Kuhstall sehen, also sind sie zum Kuhstall gefahren. Als er in der Nähe vom Kuhstall war, kam Franz Baar zu Fuß auf den Wagen zu. Der Richter zeigte ihm den Brief: Hast du den geschrieben? Ja. Und wo sind die anderen Leute? Willst du hier raus? Ja. Franz hat seinen Leuten gewinkt, sie sollen kommen. Die drei, sowohl seine Frau, als auch die Schwiegereltern kamen, stiegen in den Wagen, und dann nichts wie raus, ab nach Talca.
Wir standen ständig in Verbindung. Wir wussten alles, was geschehen war. Als Erstes haben wir dann die Frau von Franz zu einem Gynäkologen gebracht. Sie war so dick, aber das war wegen der Medikamente. Sie war aufgeschwemmt, nicht schwanger. Das wurde nach und nach über Wochen besser, bis sie wieder eine normale Figur bekam. Die Szurgelies haben bei mir gewohnt, bevor sie in den Süden sind. Erst nach Talca, dann ganz in den Süden. Ich habe sie mit meinen Bodyguards dort besucht. Sie haben ganz erbärmlich gewohnt, mit einem Dach aus Plastik. Es war

Wahnsinn. Franz, muss man sagen, war nicht ganz normal, er war ja so gefoltert worden. Nirgends hat es ihm gefallen. Mein Sohn hatte ihnen, noch bevor sie in den Süden sind, vier Flugkarten nach Deutschland und von Deutschland nach Chile geschickt. Hin- und Rückflug. Wenn es ihnen nicht gefällt, können sie zurück. Ansonsten könnten sie in Deutschland bleiben. Sie haben dann in Holstein gewohnt und mein Sohn hat Franz Baar eine Arbeit bei einem Tischler besorgt, weil er jahrelang in der Tischlerei gearbeitet hatte. Aber Franz gefiel es in Deutschland nicht. Er wollte wieder zurück und ist dann auch wieder zurück. Die Eltern blieben aber dort, und haben sich der Gemeinde angeschlossen.
Andere Fluchten waren ein gewisser, hier möchte ich den Namen nicht sagen, weil er in Deutschland lebt. Ich möchte ihn nicht sagen, weil mit seiner Vergangenheit in der Colonie würde ich diesen Namen verbrennen. Dieser junge Mann und sein chilenischer Freund bekommen heute eine große Entschädigung, weil sie missbraucht wurden von Schäfer."

Wer war das denn?

„Das kann ich nicht auf Anhieb sagen. Der chilenische Freund des jungen Mannes hatte sich mehrmals mit mir getroffen, um die Flucht vorzubereiten. An dem Tag, wo sie dann auch geflüchtet sind, unter ganz schwierigen Umständen, muss man sagen, da haben sie es geschafft, nach Santiago zu einem Botschaftsmitglied zu kommen. Das war Herr Mühlen, dem ich dafür sehr, sehr dankbar bin. Dieser Mann, dieses Botschaftsmitglied Herr Mühlen, hat sie dann aufgenommen in seiner Wohnung und wir haben Gitarre gespielt. „Hoch auf dem gelben Wagen" und so weiter, wir waren unwahrscheinlich lustig beieinander. Dann ging plötzlich die Klingel, und wer stand vor der Tür? Die Tante des deutschen Jungen. Sie gab sich als seine Mutter aus. Der Junge winkte ab und sagte: Das ist nicht meine Mutter. Das ist meine Tante, die mich nach Chile entführt hat. Herr Mühlen hat sie zurückgeschickt, und wir hatten die Hände frei, beziehungsweise Herr Mühlen, Pässe zu besorgen und so weiter, und so weiter.

Mein Sohn, der damals noch bei der Lufthansa gearbeitet hatte, hatte nicht nur für die vier Szurgelies gesorgt, auch für diese beiden Jungen. Er hat sie mit dem BND in Frankfurt in Empfang genommen. Der BND diente zum Schutz der Leute, weil man nie wissen konnte, was geschieht. Sie haben dann eine Zeitlang im Norden bei meinen Verwandten gewohnt, in der Obhut meines Sohnes. Er hat auch für beide gesorgt. Die erste Hilfe

für sie war eine Live-Audienz bei Spiegel-TV. Mein Sohn hatte für jeden 20.000 Mark oder Euro zu der Zeit erwirkt. Das war ein kleines Anfangskapital für jeden der beiden. Der deutsche Junge hat dann Musik studiert, ist zur Universität gegangen, der chilenische Junge wollte, nachdem sein Freund ihn verlassen hatte, nach Chile zurück. Er hatte ein gutes Angebot von einer Doktora, welche ihren Sohn bei einem Autounfall verloren hatte, und gerne den chilenischen Jungen aufgenommen hätte. Er hat kein Angebot angenommen, nicht in Bonn, wo er hätte umsonst studieren können, und auch nicht in Frankfurt. Das alles hatte mein Sohn für ihn arrangiert. Er kam zurück nach Chile und hat dann vor allen Gerichten immer wieder ausgesagt, was da geschehen ist, und wird auch jetzt entschädigt vom Staat, das ist noch gerichtlich im Gang. Er erkennt aber nicht die Arbeit meines Sohnes an, von meiner erst gar nicht zu sprechen.
Als ich vor dem deutschen Fernsehen, in dem ich eingeladen war, gesagt hatte: Gebt eure Verwandten nicht auf, sie können sich aus diesem Lager nicht befreien, kamen zwei Damen mit ihrem Kind zu mir nach Chile, und wollten ihre Schwester befreien. Per Funk wusste ich, wie das zu bewerkstelligen war. Ich schrieb den Tanten, ihr müsst das Fundo anschreiben, dass ihr eure Schwester besuchen wollt. Das wurde genehmigt. Sie haben bei mir gewohnt, und an dem Tag, an dem abgemacht worden war, ihre Schwester zu sehen, kam Schnellenkamp mit dieser Schwester nach Santiago zum Flughafen, damit sie einander begrüßen konnten. Ich war mit meinen Bodyguards dort. Die Frau vom Fundo stieg aus Schnellenkamps Wagen, ging auf ihre Schwestern zu, von denen sie schon jahrelang nichts mehr gehört hatte, und umgekehrt, und sie fielen sich in die Arme. Dann sofort rein in unsere Wägen von der Kriminalpolizei und abfahren. Schnellenkamp stand nur da. Wir sind ganz schnell nach Los Angeles gefahren zu meinem Haus und haben die Befreiung der Frau gefeiert."

Welche Frau war das?

„Hilde Ritz."

Und sie wollte auch raus?

„Nein. Sie hatte ja noch nicht einmal geahnt, was am Flughafen auf sie wartete. Sie ist dann viel später wieder zurück. Hier war das ein Saus und Braus, sie hat auf der Gartenschaukel meiner Tochter geschaukelt, ein Nationalgetränk getrunken. Also es war alles lustig, frei und schön. Sie haben sie dann auch mit nach Deutschland genommen, und und und. Später, ich weiß nicht mehr, in welchem Jahr, wollte sie wieder zurück. Das erste Mal ist sie nur zu Besuch zurückgekommen, beim zweiten Mal ist sie dort geblieben. Ganz genau kann ich das aber nicht mehr sagen, weil mich haben immer nur die Leute interessiert, die rauswollten, nicht die, die wieder reinwollten. Meine Arbeit war die Befreiung."

Das ist auch immer wieder vorgekommen, dass Leute zurückwollten in die Colonie?

„Leider. Oder sie haben sich in Deutschland einer anderen Sekte angeschlossen, wie zum Beispiel die Szurgelies, beide Szugelies. Er schickte mir dann mal so eine Ansichtskarte von dem Gebäude der Sekte aus Krefeld, mit den Worten „Vielen Dank für deine Bemühungen". Er hat einen Zehn-Euro-Schein an die Karte geklebt hinten, die habe ich heute noch in meinem Archiv. Ich habe weder die Karte akzeptiert, noch das Geld. Für solch eine Befreiung, für die ich, kann man sagen, Millionen geopfert habe, kommt so ein Schein von zehn Euro. Wie viel Euro sind sie in der Kirche losgeworden?

Da fehlt der Anstand. Ich habe ja nicht die Hand aufgehalten. Warum schickt er mir das? Das war gar nicht mein Stil. Es hat einen Menschen gegeben in Deutschland, der über zwanzig Jahre lang die Hand aufgehalten hat für die Opfer der Colonie. Der hat Millionen eingesammelt und nicht ein Pfennig ist nach Chile gekommen. Nicht ein Pfennig ging an die Opfer. Das habe ich auch der deutschen Kommission unter der Leitung von Frau Künast geschrieben. Und das sage ich auch heute: Leute, die in ihrem Herzen haben, ihren leidenden Mitmenschen zu helfen, sollen genau hingucken, wem sie was geben. Es gibt Organisationen, die man nach bestem Wissen und Gewissen unterstützen muss und kann. Das Rote Kreuz zum Beispiel, und es gibt andere. Vorsicht vor Einzelpersonen oder Vereinen, die weit weg sind. Hier war die Colonie auch wieder das Opfer von einem Deutschen. Er hat zwar gesammelt, aber nicht gegeben von dem, was er gesammelt hat. Er hat sogar einen Verein gegründet. Es kann doch gar nicht glaubwürdiger sein. Aber trotzdem sollte man ein Auge drauf werfen, wenn man schon bereit ist zu helfen, wie, wer und wann."

Nachdem Sie zu Fluchten verholfen haben, wie ging es dann in Ihrem Leben im Thema Colonia Dignidad weiter?

„Das ist eine traurige Geschichte für sich. Wir haben jahrelang unter Polizeischutz gelebt. Die früher meine Freunde waren, wurden Freunde von Schäfer, ließen sich von Eisbein, Sauerkraut und Pudding verwöhnen. Und von den deutschen Produkten. Ich war der Schlechte.
Mich hat man verleumdet bis zum Gehtnichtmehr. Eine tote Katze an meine Eingangstür gehängt. „Und morgen du".
Das alles habe ich dann auch dem Untersuchungsrichter gesagt, weil ich das angezeigt hatte, und bekam dadurch die Bodyguards. Ich habe lange davor viel gearbeitet in diesem Thema, unter schwersten Bedingungen und Risiken. Ich kann sagen, was ich nicht von der Erde aus gemacht habe, das habe ich aus der Luft gemacht. Ich war ja Pilot und habe einen Reporter über dieses Grundstück geflogen. Wir haben viel fotografiert. Meine Luftfotos waren Beweise, haben auch wiederum geholfen, dem Gericht."

Haben Sie es erwirkt, dass Paul Schäfer ins Gefängnis kam?

„Selbstverständlich. Das ist ja meine Sünde vor ihm gewesen, nicht vor Gott. Dass ich alles getan habe, damit er ins Gefängnis kam und vieles mehr. Einige seiner direkten Mitarbeiter, die Hundertfünfzigprozentigen Schäfer-Anhänger aus dem Lager, sieben glaube ich, habe ich geschafft, ins Gefängnis zu bringen. Die anderen hatten sich, nachdem sie erfuhren, dass ich hinter ihnen her war, nach Deutschland abgesetzt und als Opfer ausgegeben. So war's leider. Ich hätte einige von denen gerne vor das chilenische Gericht gebracht, besonders Dr. Hopp und seine Frau. Er hat viele auf seinem Gewissen. Und seine Frau auch. Das weiß ich von Zeugen, die Opfer von den beiden wurden."

Was haben sie denn auf dem Gewissen?

„Die Frau war unwahrscheinlich streng mit den Kindern, sie hat sie geschlagen und so weiter, was vom Gesetz aus nicht erlaubt ist bei der Erziehung von Kindern. Hopps Frau war ursprünglich so ein lieber Mensch aus Hamburg. Ich habe sie dort ja auch kennengelernt. So ein lieber Mensch mit ihrer Schwester. Die Schwester wurde dann die Frau von Kurt Schnellenkamp, der im Gefängnis gestorben ist. Diese lieben Menschen hat Schäfer zu Roboter gemacht. Sie gefügig gemacht zu allem, was er in seiner perversen Fantasie hatte."

Inwiefern haben Sie dazu beigetragen, dass Schäfer die Flucht angetreten hat?

„Ich sage immer, ich habe dem Schäfer das Laufen beigebracht, weil ich ihn ausgezogen habe in allen Medien. Auch vor Gericht. Als er dann gesucht wurde, blieb ihm nichts anderes übrig. Er hat sich sogar bei einem Freund von mir, jetzt Ex-Freund, versteckt."

Wie heißt der?

„Stegmeier."

Wussten Sie, dass er sich da versteckt hatte?

„Nein. Das habe ich erst viel später erfahren. Er ist von da aus nach Argentinien geflohen. Aber er hat vier Leute hier in Los Angeles gehabt, die zu ihm gehalten haben. Das waren Leute von der Rechten, von denen einige jetzt auch noch nach so vielen Jahren mit Gefängnisstrafen rechnen müssen, weil sie auch beteiligt waren an dem Putsch von Pinochet, wo sie Leute umgebracht haben. Er hat Millionen an Schweigegeldern verteilt. Wir haben hier einen Rechtsanwalt, der sich ein vierstöckiges Haus, einen ziemlichen Komplex, gebaut hat, und er vermietet an den Staat, an die Gerichte. Ich habe es mal einem Colono gezeigt, Harald, er hat viel fotografiert. Dieser Mann hatte bis dahin nichts, nur seinen Titel und vielleicht ein paar Kunden. Und heute ist er Großbesitzer von so einem Gebäude mit Fahrstuhl, und allem Drum und Dran. Seine eigenen Kollegen sagen – das ist Schäfer. Also das Haus, ja, das ist Schäfer, weil sie wissen, dass er von Schäfer mit Schweigegeld begütert wurde, und an seiner Flucht beteiligt war."

Wer hat denn da so viel Geld rausgezogen?

„Schäfer und Hopp. Hopp hatte ja auch Zugang zu den Finanzen. Vielleicht als einziger sogar. Den anderen wurde es zwar zugeteilt, Schnellenkamp und Mücke und so weiter. Aber der direkte Zuhälter war Hopp. Hopp und Schäfer waren eins. Und deswegen möchte ich auch, dass Hopp vor das chilenische Gericht kommt. Hier hat er die Sünden begangen. Nicht in Deutschland. Hier gehört er her. Ich kann den deutschen Richter nicht verstehen und es ihm auch nicht verzeihen, dass er Hopp so blauäugig freigesprochen hat. Natürlich hat Chile auch eine gewisse Schuld daran. Warum haben sie nicht einen Rechtsanwalt rübergeschickt, der den Richter in Deutschland unterrichtet? So waren Hopp und der Richter in Deutschland alleine und der Richter musste glauben, was Hopp ihm sagte."

Waren Sie auch daran beteiligt, den Schäfer ausfindig zu machen in Argentinien?

„Über dieses Thema möchte ich nicht so gerne sprechen. Aber ich hatte sehr viele Unterlagen insofern, als wir wussten, dass er krank war, dass er in einem Krankenhaus war, unter anderem Namen und und und. Und dass sie sich da ein Großgrundstück gekauft hatten, und so weiter. Das wussten wir alles. Ganz klammheimlich ist dann einer von unseren Rechtsanwälten mit einer Journalistin dabei gewesen, als er von der Kriminalpolizei , festgenommen und nach Chile geflogen wurde. Aber ich habe keine Ehre gesucht."

Wie haben Sie denn rausgekriegt, wo er in Argentinien ist?

„Erst sind zwei Leute von unserer Gruppe nach Deutschland, nach Norwegen, überall hingeflogen mit Aussagen und Vermutungen, dass er dort wäre. Dann hieß es, dass er in Argentinien sein muss. Argentinien ist groß. Dann Recherchen, um dahin zu kommen, wo er ein Haus und so weiter gekauft hat. Es tut mir leid, dass die Jungen, die alles gepflegt und bewacht haben, mit wenig oder gar keinen Aussagen an der Flucht von Schäfer beigetragen haben. Und heute haben sie das Sagen im Fundo. Ich möchte nicht sagen, dass es Geldwäscher sind, aber sie stecken sich Millionen ein vom Schweiß der Kinder und der Gezüchtigten von Schäfer. Das sind jetzt nur vier oder fünf. Alle anderen sind Opfer und haben nichts."

Wer sind die 4 oder 5?

„Ich weiß es nicht, ob es rechtlich gut ist, diese Menschen beim Namen zu nennen. Im Augenblick würde ich sehr gerne sehen, dass die zwei, die mit Schäfer zusammen in Argentinien waren, vor den Richter kommen. Die sind heute Aktionärsbesitzer von den 17 000 Hektar.“

Wer war das?

„Friedhelm Zeitner. Hans Schreiber, ein ganz schlimmer Bursche. Thomas Schnellenkamp. Eine gewisse Anna Schnellenkamp, die Tochter von Kurt Schnellenkamp, dem Berüchtigten, der im Gefängnis gestorben ist, beziehungsweise im Krankenhaus in Parral, wohin ihn das Gefängnis gebracht hat. Das hat auch wieder eine Beziehung über seine Tochter, denn die Tochter hat den Gefängniswärter geheiratet, mit dem sie auch ein Kind hat. Also, die Verwicklungen gehen genauso weiter wie gehabt.“

Ja, und was müsste jetzt passieren für die Opfer?

„Zwei Sachen: Der chilenische Staat hat eine große Schuld, dass er so lange und nach so vielen Prozessen und Anzeigen zusieht, und nicht gerichtlich eingreift und das Rittergut, die 17 000 Hektar, unter den Leuten verteilt, wie es sich gehört. Ganz besonders auch unter den chilenischen Opfern. Denn wie viel wurden dort ermordet? Und, was unverzeihlich ist: Der deutsche Staat. Es sind Deutsche in Chile. Es sind Kinder, die gegen ihren Willen oder gar keinen Willen nach Chile geführt wurden, von den Eltern, weil die Eltern fanatische Anhänger von Schäfer waren. Und sie haben keinen Schutz. Sie werden krank, sie können‘s nicht bezahlen. Einige sind genau wie ich Staatskinder. Was will ich damit sagen? Weil ich ein armer Mann geworden bin, bekomme ich vom Staat ein Hörgerät. Muss aber drei Jahre darauf warten. Werden meine Augen operiert, muss ich drei Jahre warten. Bekomme ich Medikamente, einmal jedes halbe Jahr. Und so in diesem Stil, deswegen sage ich, sind sie Staatskinder und ich auch. Einige von ihnen nicht mal das. Und trotz alledem lasse ich keine Minute vergehen, ohne den Opfern zu helfen.“

Interview Harald Lindemann

Interviewführung: Anette Ende
Ort: Los Angeles, Chile 2019
Datum: Juli 2019
Länge: 1.18 Stunde

„Als wir von Deutschland abgereist sind, war ich drei Jahre alt. An Deutschland kann ich mich gar nicht mehr erinnern. Davon weiß ich nur noch von meinem Bruder, der sieben Jahre älter ist. Wir kommen aus Hamburg. Paul Schäfer hat damals in Deutschland überall die frommen Kreise aufgesucht. In Hamburg gab es eine Baptisten-Gemeinde, die sich Paul Schäfer angeschlossen hatte. Der Grund, warum meine Mutter hierher nach Chile kam – mein Vater blieb in Deutschland –, war, dass meine Eltern die Wohltätigkeit unterstützen wollten. Den armen Leuten helfen. Das war der Grund, warum die Erwachsenen hierherkamen. Ich erreichte im März 1963 Chile, da war ich fast vier. Wir wurden sofort in altersgleiche Gruppen eingeteilt. Weg von den Eltern. An meine Mutter kann ich mich nicht mehr erinnern. Nur vom Foto her. So sind wir dann aufgewachsen.

Wir waren erst im Kinderhaus, also die Mädchen und die Jungs waren in extra Gruppen. Wir hatten dort kein Spielzeug, also haben wir uns Klötze gesucht und von den Düngersäcken die Bänder zusammen geknotet, um welches zu haben. Ich erinnere mich, als ich etwa fünf Jahre war, gab es einen Platz, der hieß Tinkplatz, wo die ganzen kaputten Teller und Tassen hingeschmissen wurden. Da lagen auch Plastikspritzen. Die haben wir genommen zum Spielen. Wir haben sie mit Wasser gefüllt und gespritzt. Das war der erste Grund, weswegen ich von Paul Schäfer die erste Wucht gekriegt habe. Die Gruppentante hat ihm wohl gemeldet, dass wir diese Spritzen haben. Wir sollten dann einzeln zu ihm rüberkommen ins Architektenbüro. Der Architekt musste raus und da hat er uns dann alle einzeln verdroschen. Ab da habe ich wirklich Angst vor ihm gehabt und mich nicht mehr so dicht an ihn rangetraut. Das ging praktisch die ganzen Jahre hindurch so. Ich habe nie Vertrauen zu ihm gehabt, obwohl er der einzige Prediger war, der jeden Tag die Bibel in der Hand hatte. Bei gemeinsamen Versammlungen – in den ersten fünfzehn, zwanzig Jahren war fast jeden Abend gemeinsames Abendbrot – hat er gepredigt. Alle hatten Respekt

vor ihm. Niemand hat es gewagt, sich ihm zu widersetzen oder eine andere Meinung zu äußern. So sind wir aufgewachsen. Als ich etwa neun oder zehn Jahre alt war, das war vier Jahre nachdem meine Mutter … Ach so, das muss ich erst mal erzählen.
Wir kamen 1963 mit dem Schiff in Valparaiso an. Meine Mutter hat dann im Betonwerk gearbeitet und Betonrohre gemacht. Danach hat sie in der Gärtnerei den ganzen Tag in der heißen Sonne Unkraut gehackt. Das war sehr, sehr schlimm für uns, weil wir aus Norddeutschland kommen und ganz starke Verbrennungen hatten. Die Haut hat sich abgepellt, es haben sich große Wasserblasen gebildet. Darunter habe ich viele Jahre gelitten. Meine Mutter höchstwahrscheinlich auch.
Jedenfalls nach drei Jahren, 1966, ist sie geflohen. Sie war die erste Frau, die geflohen ist. Das hat zu der Zeit sehr großes Aufsehen erregt. In Chile, aber auch im Ausland.
Vier Jahre nach ihrer Flucht, also 1970, war ich in einer Gruppe zwischen Acht- und Zwölfjährigen, wir waren fünfzehn bis zwanzig Jungs, ich kann mich nicht genau an die Anzahl erinnern. Wir wurden jede Nacht im Neukra gequält, mit Strom unter Kaltwasser. Da gab es eine Eisenplatte mit Strom, auf die sich jeder Einzelne stellen musste. Das war eine sehr harte Zeit. 1970 ging das dann auch los, dass wir sehr hart gearbeitet haben. Wir haben von Hand Wege gebaut, etwa vier bis fünf Kilometer, jeden Tag, auch sonntags, immer durch. Ich war vielleicht elf, zwölf Jahre alt, da haben wir den Zaun um die ganze Siedlung herum gebaut, etwa fünfundzwanzig Kilometer lang. Erst alles aus Zypressenfellen und nach zehn bis zwölf Jahren, als sie faul und morsch wurden, und der Draht nicht mehr gehalten hat, wurden die alle durch Betonpfähle ersetzt. Die Schule wurde dafür dauernd unterbrochen. Die Schulausbildung war überhaupt sehr mangelhaft. Wir haben Lehrer gehabt, die zwar unsere Aufpasser waren, aber keinen Lehrertitel hatten. Von außerhalb geschulte Lehrer hat Schäfer nicht zugelassen. Daher blieb die Schulausbildung wirklich sehr mangelhaft. Zur Universität durfte niemand. Erst nach Schäfers Flucht 1997 hatte die jüngere Generation die Möglichkeit, zu studieren."

Haben Sie Ihre Mutter jemals wiedergesehen?

„Nein, meine Mutter ist 1966 nach Deutschland geflohen und dort gestorben. Ich habe sie nie wiedergesehen."

Und Ihren Vater?

„Mein Vater kam anfangs nicht mit nach Chile. Ihm wurde gesagt, für ihn sei kein Platz, dabei hatte er schon die Koffer gepackt für die Auswanderung nach Chile. So kam es, dass meine Mutter mit uns drei Kindern nach Chile ist, und mein Vater blieb in Deutschland. Ganz spät erst, das war kurz vor Schäfers Flucht, kam er nach Chile. Das war so 1994, 1995. Er war achtzig Jahre alt und hat dann noch zwei Jahre hier bei uns gelebt. Er ist mit 82 Jahren verstorben.

Hat Ihre Mutter nicht versucht, in Deutschland irgendwas zu erwirken, damit Sie rauskommen?

„Mir ist nichts bekannt. Meine Mutter war in Deutschland weiterhin bei der „Privaten Sozialen Mission", wie es genannt wurde. Das war eine Gruppe von fünfzehn bis zwanzig Personen, die erst ganz spät nach Chile kamen. Erst 1975, also fünfzehn Jahre später. So lange hat meine Mutter da immer noch mitgeholfen, weil sie wirklich geglaubt hat, dieses Werk, die Wohltätigkeit, das ist ein gutes Werk, das es sich lohnt zu unterstützen. Dort hat sie viele Jahre im Geschäft gearbeitet."

Und wie ging Ihr Leben dann weiter?

„Mit achtzehn oder neunzehn Jahren durfte sich jeder einen Beruf wählen, in dem er gerne arbeiten möchte. Berufsausbildung hatten wir zwar nicht, aber da wir ja von klein auf gearbeitet hatten, hatten wir Praxis. Ich wäre am liebsten in die Forstwirtschaft gegangen, weil da war mein sieben Jahre älterer Bruder schon. Aber Schäfer wollte nicht, dass zwei von einer Familie in einem Betrieb sind. Das hat er möglichst vermieden. Deswegen bin ich dann Landwirt geworden. Über zwanzig Jahre war ich verantwortlich für die große Halle, wo die Säcke aufgestapelt wurden, die Saat, Saatweizen, Hafer. Wir haben da jedes Jahr mehrere tausend Säcke – zum Teil war ich ganz alleine – auf Paletten gepackt, mit dem Stapler reingefahren und dann hoch gestapelt. Manchmal bis zu fünfhundert Säcke am Tag. Das ging so über zwanzig Jahre hindurch. Zum Schluss durfte ich dann auch Trecker fahren. Das hätte ich schon gerne vorher getan, aber an diese Arbeit, das Säcke stapeln, wollte eben keiner ran. Die Arbeit musste jedoch gemacht werden, und deswegen habe ich das die ganzen Jahre hindurch übernommen, habe dieses Los auf mich genommen. Ich wäre auch viel lieber Trecker gefahren wie die anderen, hätte gerne gepflügt und gesät. Bis 2006 war ich immer noch in der Halle verantwortlich für die ganze Ernte. Es musste alles Sortenweise getrennt werden, damit sich das alles nicht vermischt. Weil das alles für die Saat war. Das war schon eine harte Arbeit, aber auch mit sehr viel Verantwortung verbunden. Nach 2006 bin ich dann in den Süden runter nach Osorno."

Haben Sie in der ganzen Zeit versucht zu fliehen?

„Nein. Ich habe es nicht versucht. Weil ich Schäfer bis zum Schluss geglaubt habe. Er sagte uns immer, die Menschen da draußen sind verloren. Die gehen in die Hölle. Jeder sorgt nur für sich, lebt nur für sich, bereichert sich selbst, und führt ein Leben in Saus und Braus. Wir dagegen haben für die Armen gearbeitet, dreißig Jahre ohne Lohn. Wir haben unser Leben praktisch einer guten Sache hingegeben. Daran habe ich bis zum Schluss geglaubt. Deshalb habe ich auch keinen Versuch gemacht, zu fliehen."

Dann waren Sie aber einer der wenigen, die daran geglaubt haben, oder?

„Ich weiß, dass viele versucht haben zu fliehen, und es nicht geschafft haben. Die dann mit den Hunden wieder eingefangen wurden."

Würden Sie die Zeit als für sich gute Zeit beschreiben?

„Nachträglich möchte ich sagen, dass wir sehr betrogen wurden. Wir haben hier Wohltätigkeit gemacht, das stimmt. Wir haben ohne Lohn gearbeitet. Aber was ich nachher erst erfahren habe, auch von höheren Stellen, von Autoritäten, ist, dass Paul Schäfer ab 1984 sehr viel Geld bekommen hatte fürs Krankenhaus. Für alle Sprechstunden, für alle Operationen. Das wurde ihm vom Staat gezahlt, wovon wir nichts gewusst haben. Das waren sehr hohe Summen. Man spricht da von dreißig Millionen Pesos im Monat. Das sind mindestens fünfzigtausend Euro im Monat. Wir haben unter sehr schwierigen Verhältnissen gearbeitet, keine Schutzkleidung, keine hohen Schuhe mit Stahlkappen oder Handschuhe. Besonders in all den Jahren, in denen wir als Kinder Steine gesammelt haben – mit bloßen Händen. Morgens raus, die Steine waren zum Teil noch weiß gefroren, die Wurzeln, alles mit bloßen Händen, ohne Lederhandschuhe. Heutzutage ist das verboten, das darf man gar nicht. Der Arbeitgeber ist verantwortlich dafür, dass die Arbeiter Schutzkleidung haben, dass sie Schuhe haben, Gummistiefel. Jedes Jahr muss der Arbeitgeber neue Stiefel, Schuhe ausgeben. So was hat es nie gegeben bei uns."

Fühlen Sie sich betrogen um Ihr Leben oder sagen Sie, Sie haben Ihren Frieden mit der Vergangenheit gefunden?

„Ich fühle mich insofern betrogen, als dass wir wirklich sehr hart gearbeitet haben, kein Studium hatten, keine Ausbildung und infolgedessen heute keinen Titel haben. Ich sehe es jetzt an der jüngeren Generation. Alle, die nach Schäfers Flucht studiert haben, haben einen Titel, die haben sehr gute Arbeit gefunden, kriegen einen ausgezeichneten Lohn, davon können wir nicht mal träumen. Das fehlt uns heute. Auch die ganzen Jahre, die wir hier reingesteckt haben. Wir haben ja sechzehn Stunden am Tag gearbeitet, in der Landwirtschaft, oft sogar vierundzwanzig Stunden, ohne zu schlafen. Wir haben das alles reingesteckt in den Aufbau, Äcker urbar gemacht, Häuser gebaut. Von all dem haben wir heute nichts. Das sind Firmen jetzt, das ist alles in Firmen eingeteilt. Es wurden Geschäftsführer ernannt, die aber praktisch keine Ausbildung dafür haben, oder hatten und infolgedessen durch die fehlende Erfahrung große Verluste gemacht haben. Das hat zur Folge, dass viele Ländereien verkauft wurden, Maschinen, Lkws, Busse. Es wurde schon sehr viel verkauft vom Gesamtbesitz. Wir haben heute nichts in der Altersrente. Ich bin jetzt kurz vor dem Rentenalter, meine Frau ist schon so weit, aber ihre Rente läuft in ein bis zwei Jahren aus. Sie kriegt aktuell etwa hundert Euro im Monat. Davon kann man praktisch gar nicht leben. Das reicht nicht mal aus, wenn man nur eine Mahlzeit pro Tag bezahlen würde, geschweige denn Medikamente und Sachen zum Anziehen. So was ist da nicht drin."

Und wie soll das weitergehen?

„Eine Möglichkeit, die ich sehe, ist die, dass der deutsche und chilenische Staat uns entschädigt. Uns alle, die dort gelitten und gearbeitet haben. Denn beide Staaten tragen viel Verantwortung für das, was dort passiert ist. Sie haben sehr viel Schuld auf sich geladen. Denn 1966, als meine Mutter geflohen ist, als Wolfgang Müller geflohen ist–, war das in allen Zeitungen, das war im ganzen Land ein Skandal! Die deutsche Botschaft hätte damals schon eingreifen müssen. Dass wir alle ohne Arbeitslöhne gearbeitet haben, dreißig Jahre lang – das war ja auch bekannt. Den Deutschen wie den Chilenen. Die Arbeitsbehörden hätten das niemals akzeptieren dürfen, dass wir dort dreißig Jahre ohne Lohn arbeiten und auch nichts für die Alters- und Krankenversicherung eingezahlt wurde. Für diese Kosten müssen wir heute selbst aufkommen, und das ist sehr hart, das ist sehr schwer."

Wie leben Sie denn heute?

„Das ist eine gute Frage. Als ich aus dem Fundo raus bin, 2006, habe ich drei Jahre bei meinem Bruder als Treckerfahrer gearbeitet. Wir sind mit leeren Händen gekommen, haben keine Entschädigung bekommen. Also wenn einer entlassen wird, müsste er eigentlich dem Gesetz nach entschädigt werden, für die Jahre, die er gearbeitet hat. Das hat nicht stattgefunden. Deswegen habe ich erst mal drei Jahre bei meinem Bruder unten in Osorno als Treckerfahrer gearbeitet. Dann habe mich selbstständig gemacht insofern, als dass ich zwei Hektar, manchmal auch vier oder fünf Hektar Land gepachtet und Kartoffeln gesät habe. Kartoffeln sind sehr schwierig. Der Anbau ist teuer und man ist abhängig von Frost, und Trockenheit. Wenn die Ernte nicht gut ist, und das ist öfters der Fall hier, bleibt am Ende fast nichts über. Wenn man alle Unkosten gezahlt hat, Dünger, Saat, die Treckerstunden, den Sprit, Bodega, also die Halle, wo sie gelagert werden, bleibt am Ende nicht mehr viel über, fast gar nichts. Dann muss man sich irgendwo Arbeit suchen. Im Winter suche ich mir eine andere Arbeit. Wir haben jedes Jahr von den Banken einen Kredit erbeten, etwa drei bis vier Millionen Pesos. Diese Summe muss ich jedes Jahr wieder zurückzahlen, aber mit Zinsen. Also bei drei Millionen Pesos zahle ich dann fast viereinhalb Millionen zurück. So könnte man sagen, dass wir obendrein noch sehr viel für die Banken gearbeitet haben. Weil wir einfach das Geld für den Anbau nicht hatten. Aber auch keine andere Möglichkeit."

Wie war denn Ihr Verhältnis zu Paul Schäfer?

„Ich habe Paul Schäfer nie richtig vertraut und er mir auch nicht. Das habe ich besonders so zu spüren bekommen, indem ich immer degradiert wurde. Ich durfte nicht fahren, ich durfte keinen Führerschein machen, sogar bis zehn Jahre nach Paul Schäfer. Das Erste, was ich 2006 gemacht habe, als ich dann nach Ossorno bin, war, ich bin dort zur Stadtverwaltung, also dahin, wo man den Führerschein machen kann. Dort habe dieses Heft bekommen, wo immer die ganzen Fragen drin sind. Ich habe es mehrere Male durchgelesen und die Prüfung gemacht. Zum Glück habe ich gut bestanden. Seitdem fahre ich. Seitdem habe ich den Führerschein und kann auch öffentlich auf den Straßen fahren, überall. Aber im Fundo war das unmöglich, weil Paul Schäfer nie Vertrauen zu mir hatte. Das hat sich auch ausgewirkt auf die Leute, die um ihn herum waren, die sein Vertrauen genossen haben. Die, die er ins Vertrauen gezogen hat, hatten dann auch Führungsposten, auch über uns Jungs oder heranwachsende Herren. Wer das Vertrauen von Schäfer hatte, wurde bevorzugt, durfte fahren, wurde auch mal nach außerhalb geschickt, was bei mir gar nicht infrage kam. Das Einzige, was Paul Schäfer imponiert hat, war, wie ich gearbeitet habe. Das hat ihn sehr beeindruckt. Das hat er auch mal öffentlich gesagt, da hat er mich tatsächlich einmal gelobt. Aber sonst war kein Vertrauen da. Weder von ihm zu mir noch umgekehrt."

Aber Hass liegt auch nicht in Ihnen?

„Nein. Ich habe keinen Hass in mir."

Sind Sie denn von ihm missbraucht worden sexuell?

„Ja. Fast alle Jungs hatten reihum Sprinterdienst, und da hatte man nicht die Möglichkeit, sich dagegen zu wehren. Besonders als wir noch kleiner waren, als wir im Neukra gequält wurden, hat er einen dann nachts in sein Zimmer geholt, um ihn zu missbrauchen. Wir hatten nicht die Möglichkeit, uns dagegen zu wehren."

Und haben Sie ihm innerlich verziehen oder woher kommt das, dass Sie keinen Hass auf ihn haben?

„Ja, ich habe ihm innerlich verziehen. Er hat uns die Bibel gelehrt, nur leider hat er nicht das getan, was er uns gelehrt hat. Was ich heute sehe, hat er das Gegenteil von dem, was er gepredigt hat, getan. Aber deswegen habe ich keinen Hass. Eher ist es so, dass er mir leidtut, denn er wird ja auch für das alles aufkommen müssen und seine Strafe dafür empfangen."

Also wie schafft man das, so zu verzeihen, das kann ja auch nicht jeder?

„Tja, das ist schwer zu beantworten.“

Also über „Verständnis“?

„Ja, über Verständnis.“

Das ist eine hohe Kunst. Also da sind Sie ja manchem voraus?

„Ja, ich weiß und verstehe auch wieder, dass es einigen sehr schwerfällt, zu verzeihen. Dass sie heute wirklich noch sehr da drunter leiden. Weil sie auch zum Teil solche seelischen Schäden haben, dass sie die bis heute noch nicht überwunden haben. Es ist auch wirklich sehr schwer, eine Lösung zu finden oder auch eine Wiedergutmachung, weil die Schäden physisch und seelisch so groß und so massiv sind. Und das alles im Knabenalter, im Kindesalter. Das ging ja nicht nur über ein paar Monate, das ging fünfzehn Jahre, und länger. Zwanzig Jahre. Also wir waren schon über zwanzig, als wir immer noch eine Tracht Prügel bekommen haben. Man war sich nie sicher, wenn es über einen hereinbrach.“

Haben Sie sich nach Öffnung der Colonia Dignidad professionelle Hilfe gesucht, oder haben Sie die gar nicht in Anspruch genommen?

„Doch. Nach der Öffnung – das war 2002/2003 – als die deutsche Botschaft versucht hat, die ersten Kontakte mit der Villa Baviera aufzunehmen, kamen sie ins Fundo und haben einen Psychiater mitgebracht. Ich war einer der Ersten, die zu dem Psychiater gegangen sind. Das wurde mir damals von den Colonos noch sehr übel genommen. Die haben dann schon ein bisschen gespottet. Ja, wer zum Psychiater geht, der hat es wirklich nötig.
Anfangs ist fast gar keiner von den Colonos dort hingegangen. Auch wegen der Lehre, anstatt die Hilfe bei Gott zu suchen, laufen wir Menschen nach. Ich und meine Frau sind zu dem Psychiater gegangen und haben sehr viel Kritik und Spott dafür eingefahren. Aber heute gehen schon wesentlich mehr hin, weil sie sehen, dass es doch notwendig ist. Einzelne gestehen sich ihre Schäden ein. Besonders wegen dieser Zeit, diese ein oder eineinhalb Jahre, in denen wir jede Nacht im Neukra waren. Morgens sind wir dann raus, haben schwer gearbeitet, oder sind hoch auf die Berge, ohne zu Essen und mit ganz wenig zu trinken. Wir haben morgens bis zu

dreizehn Tabletten Valium 10 mg auf die Hand bekommen und mussten die in einem schlucken. Einige haben es nicht mehr geschafft, sich auf den Beinen zu halten. In diesem Fall hat es sehr viel Dresche gegeben, also wirklich Schläge mit Gummiknüppeln und anderen Sachen."

Was hat Ihnen denn letztendlich geholfen, um mit der ganzen Vergangenheit klarzukommen?

„Ich persönlich habe mich sehr in die Arbeit gestürzt und dadurch kaum Zeit gehabt, an das alles zu denken. Als Landwirt haben wir viel in Tag- und Nachtschicht gearbeitet. Sechzehn Stunden Arbeit pro Tag waren normal, gelegentlich wurden daraus vierundzwanzig Stunden am Stück und manchmal auch achtundvierzig. Drei Tage und drei Nächte habe ich auch einmal durchgearbeitet, da bin ich schon im Gehen eingeschlafen. Das hat mir sehr geholfen, darüber hinwegzukommen, oder dass man sich nicht immer wieder daran erinnert."

Also mit der psychologischen Betreuung haben Sie dann auch aufgehört?

„Ja, ich persönlich habe aufgehört, weil ich mir vom Psychiater etwas anderes erwartet habe. Er hat sich unsere Leidensgeschichte angehört, aber es kam keine Hilfe in der Form, dass er gesagt hätte, so und so ist das, so müsst ihr das machen. Zum Beispiel in unserem Fall. Wir konnten keine Kinder mehr kriegen, weil wir zu alt waren. Ich weiß von vielen Ehepaaren, mindestens siebzig, die alle ohne Kinder geblieben sind aufgrund dieses Regimes, dass niemand heiraten durfte. Wir hatten wie viele den Wunsch, Kinder zu adoptieren. Ich hatte damals die Vorstellung, wahrscheinlich, weil ich auch nicht wusste, was die Aufgabe eines Psychiaters ist, dass er uns da vielleicht ein bisschen weiterhilft. Dass er Kontakte zu den Autoritäten (Behörden) herstellt, weil wir ja vierzig Jahre hinter Stacheldraht eingezäunt waren. Wir hatten keine Verbindung zur Außenwelt. Wir kannten weder die Autoritäten noch die Funktionen, welche Schritte man übernehmen müsste. Das war mit ein Hauptgrund, warum ich dann nicht mehr hingegangen bin zum Psychiater. Ich hatte geglaubt, dass er uns Ratschläge gibt oder Handreichung macht. Das habe ich total vermisst."

Denken Sie, ein Kind hätte Ihnen geholfen?

„Ja. Ich denke, ja. Denn wenn man ein Kind hat in der Familie, kümmert man sich darum, man tut alles, man arbeitet dafür, dass das Kind aufwächst, dass es alles hat. Dass es eine Schulausbildung bekommt. Ein Kind in der Familie, das ist eher eine Freude. Also ich sehe das so, oder ich habe es auch schon gehört von anderen, dass Kinder in der Familie sind wie die aufgehende Sonne. Mich haben jetzt schon mehrere angesprochen, die im Süden wohnen, und sagen, wenn du keine Kinder hast, für wen arbeitest du? Wer wird einmal erben, wenn du arbeitest? Es ist schon ein hartes Leid, ohne Kinder durchs Leben zu gehen. Aber man findet sich damit ab, weil es einfach keinen Ausweg gibt, keine andere Möglichkeit existiert. Die Zeit ist vorbei, das kann man nicht mehr zurückholen."

Was ist denn heute noch Ihr Wunsch im Thema Colonia Dignidad? Oder Ihr Anliegen?

„Mein Wunsch ist es, und auch mein Anliegen, dass nach diesen vierzig und mehr Jahren voller Leid und Ungerechtigkeit, wenigstens heute Gerechtigkeit geschieht. Ich meine, alle, die dort als Kleinkinder reinkamen, die wirklich sehr früh angefangen haben zu arbeiten, und über fünfundzwanzig, dreißig Jahre ohne Lohn gearbeitet haben, steht ein Teil zu. Jedem. Bis heute sind die allermeisten leer ausgegangen. Das ist mein größter Wunsch, dass hier Gerechtigkeit geschieht. Nach Schäfers Flucht wurde von verschiedenen Leuten wie Wolfgang Müller Altevogt, Hans-Jürgen Riesland, Hartmut Hopp und mehreren, die am Mikrofon standen, zu der ganzen Versammlung gesagt, das ist euer, für euch ist gesorgt. Damals standen noch die ganzen Pinienwälder. Das waren an die achthundert Hektar Pinienwald. Also macht euch keine Sorgen, für euch ist gesorgt. Da sind die Pinienwälder, die ganzen Ländereien. Das waren damals sechzehntausend Hektar. Jetzt sind zweiundzwanzig Jahre vergangen und der Besitz schmilzt sehr schnell zusammen. Man könnte fast sagen, dass die Hälfte schon verkauft ist, wenn man alles zusammen nimmt. Ländereien, Maschinen, Gebäude. Nach einer groben Schätzung ist die Hälfte oder auch schon mehr weg. Vielen Colonos macht das Sorgen. Wir haben daran geglaubt, dass dieses Versprechen sich einmal erfüllen wird. Stattdessen wird immer mehr verkauft. Das Ganze ist so abgesichert durch die Statuten, durch die Aktiengesellschaften, die Rechtsanwälte, also persönliche Freunde von Paul Schäfer, die das gegen sehr teure Bezahlung ausgearbeitet haben. Mit mehreren hundert Millionen Pesos. Das ist so verstrickt ineinander, dass man als einzelner Colono dagegen nichts machen kann. Die jetzige Führung hätte die Möglichkeit, eine Änderung vorzunehmen und zu sagen: Jawohl, es ist Unrecht, es steht allen was zu. Bis heute ist sie diesen Schritt nicht gegangen."

Wer wäre das denn?

„Thomas Schnellenkamp, Markus Blanck, Hans Schreiber, das sind die, die die Hauptführung haben. Das ist die Dorothee Münch, die in den Finanzen arbeitet."

Und sprechen Sie die Leute nicht darauf an?

„Wir haben oft versucht, bei den Aktienversammlungen, die jedes Jahr einmal obligatorisch abgehalten werden, eine Änderung reinzubekommen, aber wir haben kein Gehör gefunden bis heute."

Lassen Sie sich denn anwaltlich vertreten?

„Soweit ich weiß, gibt es noch fünf Anwälte, die für die Colonie arbeiten Bei den Aktienversammlungen sind meistens zwei Anwälte zugegen, die praktisch die Interessen der Geschäftsführer vertreten, aber nicht die der Colonos oder derer, die jetzt außerhalb wohnen. Sind ja fünfzig bis sechzig Leute, die außerhalb der Colonie wohnen, in Chile. Die größte Zahl ist abgewandert nach Deutschland, weil hier von Anfang an keine Perspektive, keine Zukunft mehr zu sehen war. Durch diese Firmenstrukturen wurde dem Einzelnen die Hoffnung genommen, etwas Privates zu bekommen. Die Initiative, etwas aufzubauen, wurde total zerstört. Es wurde alles in Firmen gefasst und leider, leider ging es seitdem immer weiter bergab. Also seit Schäfers Flucht vor zweiundzwanzig Jahren. Seit die Firmen entstanden sind, ging es bergab, wurden immer weiter Ländereien verkauft, um die Löhne noch zahlen zu können. Es wurden sehr hohe Kredite von den Banken aufgenommen, über acht Milliarden Pesos. Es sieht wirklich sehr schwierig aus, aus dieser Situation noch mal rauszukommen. Das war auch ein sehr großer Schlag für uns. Wir hatten unter Paul Schäfer immer wieder Herrenabende gehabt, wo alles besprochen und gemeinsam geplant wurde. Nach Schäfers Flucht hat das eine kleine Gruppe übernommen und entschieden, was gemacht wird, was verkauft wird, wo die Gelder eingesetzt werden. Und somit wurden die Colonos übergangen oder überfahren."

Was ist rückblickend Ihr schlimmstes Erlebnis gewesen in der Colonia Dignidad?

„Das schlimmste war die Zeit im Neukra. Aber auch danach hatte jeder von uns einen Aufpasser, Tag und Nacht. Diese Zeit ging auch noch mal über zehn Jahre. Das war sehr hart. Also wir, die wir im Neukra waren, das waren die „Bimmels". Und die Aufpasser waren die „Bammels". Auch bei der Arbeit, wenn das nicht schnell genug ging, im Laufschritt quasi, gab es was mit der Route. Das war wirklich eine sehr harte Zeit. Wir hatten zum Beispiel Wege gebaut, da wo jetzt das Restaurant ist, das Hotel bis vorne zum Eingang immer am Berg lang, alles von Hand. Wir haben so große Steine rausgeholt, Stubben, Bäume wurden mit der Motorsäge umgesägt. Mit der Hand haben wir die Stubben rausgeholt. Da waren wir noch Kinder, elf, zwölf Jahre alt, das ging immer durch, ob Sonntag, ob Feiertag war. Monatelang."

Und was gehörte so zu den schönsten Erinnerungen?

„Schöne Erinnerungen … Wir sind, wenn der Frühling kam und das Getreide schön in Blüte stand, immer mit der ganzen Gemeinde rausgefahren auf die Felder. Das waren schöne Erinnerungen. Oder wir haben auch mit Schäfer Ausflüge gemacht, zwei oder drei Mal ans Meer, einmal in die Berge. Das war immer schön. Wir kamen raus aus der ganzen Umzäunung. Es ist natürlich kein Vergleich zu dem, wie es ist, wenn man heute einen Ausflug macht, so als Familie unter sich. Da kann man das alles selbst gestalten. Das war damals alles noch wie ein Freizeitlager. Alle Jungs, und dann alles immer nach Ordnung und Uhrzeit. Aber gemessen an dem Leben, an dem Arbeitsleben, war das doch schon ein großes Erlebnis, da mal rauszufahren ans Meer."

Was glauben Sie, warum er die Ausflüge gemacht hat mit Ihnen?

„Von außen her, von der Zeitung, wurde stark kritisiert, dass wir keine Ausflüge und keinen Urlaub machen. Da musste er ja zwischendurch mal so was unternehmen."

Und wie behalten Sie Paul Schäfer in Erinnerung?

„Ich möchte sagen, Paul Schäfer hatte zwei Seiten. Er konnte lieb sein. Wenn er gepredigt hat, war das so mit Überzeugung. Also mich hat es überzeugt und ich habe viele Sachen aus der Bibel kennengelernt, die mir heute noch als Richtlinie dienen. Aber er konnte auf der anderen Seite auch so hart und brutal sein, dass ich heute diese beiden Charaktere gar nicht zusammenbringen kann. Wie ist das möglich, dass das in einem Menschen ist? Ich kenne ihn mehr von der harten Seite, von der brutalen Seite. Die ist mir mehr hängengeblieben als die gute Seite."

Und das ganze System Colonia Dignidad, welche Sicht haben Sie heute darauf?

„Paul Schäfer ging es schon von Anfang an, von Deutschland weg, um das Geld. Denn in Deutschland haben viele Familienväter ihre Häuser und Geschäfte verkauft. Einige hatten einen Bauernhof mit Landwirtschaft. Die haben alles verkauft. Das Geld ging in eine Kasse unter Paul Schäfer. Damals hieß es: Private Soziale Mission. Dann ging er noch weiter. Das hörte sich ganz fromm an, aber jeder musste ein Kreuz machen und das bedeutete, dass er alles abgibt. Dass er an nichts mehr hängt und sich ganz der Wohltätigkeit, dieser gemeinsamen Sache hingibt. Aber soweit ich gehört habe, wurde ihnen auch versprochen, dass für sie gesorgt ist, und dass sie alles bekommen, was sie brauchen, Kleidung, Schuhe und so weiter.
Wir haben später in Chile dieses Kreuz auch gemacht. Ich habe selber gar nicht verstanden, worum es eigentlich im tiefsten Sinne ging. Aber es war, wie soll man sagen, etwas ganz Spezielles, was ganz Frommes. Paul Schäfer hatte uns auch oft von Hananias und Sapphira erzählt, die ihren Acker verkauft und einen Teil für sich behalten hatten. Sie sind dann beide tot umgefallen. Deswegen haben wir, die Jüngeren, ich persönlich, uns ja nicht getraut, etwas für uns zu nehmen, damit uns nicht so was Ähnliches widerfährt. Ich habe dann auch das Kreuz gemacht.
Aber die Praxis war anders. Ich war Landwirt und hatte über zehn bis fünfzehn Jahre immer kaputte Gummistiefel. Von der Sonne wurden sie porös, das Wasser drang überall ein. Paul Schäfer hat mich zum Schuster geschickt, das war Heinrich Hempel. Der Stiefel hatte schon zwölf oder fünfzehn Flicken drauf, und immer noch kam Wasser rein. Dann hat mich der Schuster wieder zu Paul Schäfer gebracht und gesagt, die Stiefel kann man nicht mehr reparieren, die sind zu alt und ich müsste andere kriegen.

Meistens haben wir dann Stiefel von den Erwachsenen bekommen, die ihnen zu klein geworden waren. Neue Stiefel gab es fast gar nicht, gebrauchte haben wir gekriegt. Ich ging hin zu Schäfer und sagte: Der Schuster hat gesagt, es geht nicht mehr zu reparieren. Und dann sagte er mir, trachte zuerst nach dem Reich Gottes, dann wird dir alles andere zufallen. Und ich ging mit den kaputten Stiefeln wieder an die Arbeit. Also da fühlte ich mich doch schon sehr betrogen, dass dieses Versprechen, in vielen Fällen nicht erfüllt wurde. Wir hatten ja alles abgegeben, nichts Eigenes gehabt."

Gab es nicht einen Moment in den ganzen Jahren, wo Sie einfach nur wegwollten. Und verzweifelt waren und nicht mehr an ihn glauben konnten?

„Doch, den gab's. Gab's öfter. Und ich habe da die Hilfe und den Schutz bei Gott gesucht. Also ich bin ganz weit raus aufs Feld, manchmal in den Wald rein, wo ich ganz alleine war, und habe in der Verzweiflung laut zu Gott geschrien. Denn auch, wenn wir gemeinsam gebetet haben, und das war jeden Tag in Gruppen, war es sehr schwer, diese gemeinsamen Gebete zu beten. Es war erdrückend und ich habe oft gar kein Wort herausbekommen. Ich habe später erfahren, dass diese Gebete aufgenommen wurden. Paul Schäfer hat sich die nachher angehört und darüber gelacht, wie der Einzelne gebetet hat. Ich habe es gespürt, es war so ein Druck, unbeschreiblich groß, dass man gar nicht sprechen konnte. Und wer nicht gebetet hat, der durfte dann auch im Chor nicht mitsingen. Der musste hinterm Chor sitzen als schwarzes Schaf. Es war sehr viel Stress über die ganzen Jahre durch."

Woraus haben Sie denn Halt gezogen?

„In diesen Momenten, in denen ich keinen Ausweg mehr gesehen habe, in denen ich wirklich verzweifelt war, habe ich den Halt bei Gott gefunden. Wenn ich alleine zu Gott gerufen habe, dann wurde ich ruhig. Dann wurde ich richtig zufrieden, bis ich wieder in die Gebetsgemeinschaften kam, dann ist mir dieser Friede verloren gegangen. Das war praktisch mein Haupthalt."

Und sind Sie verheiratet worden, oder durften Sie selbst bestimmen, wen Sie heiraten?

„Ich durfte es selbst bestimmen. In der Zeit nach Paul Schäfer hat Hans-Jürgen Riesland praktisch die Macht gehabt. Er war der Sprecher und hat auch, besonders was heiraten anging, die Leute zusammengebracht und Vorschläge gemacht, wen sie heiraten sollen. Aber ich habe es selber entschieden."

Also das war auch möglich?

„Ja. Es hat ehrlich gesagt viele Probleme gegeben, denn bei dieser kleinen Herrenversammlung wurde dann meistens besprochen, wenn zwei heiraten wollten. Die Leute haben sich vorgestellt oder gefragt. Ich weiß, dass es viele Probleme gegeben hat, dass die nicht wollten, dass die zwei heiraten, und sie haben das dann verhindert. Das war eine ziemlich schwierige Zeit für die Betreffenden."

Gab es überhaupt so Bindungen untereinander, wenn sie schon keine Familie hatten. Also starke Freundschaften, oder gab es das auch nicht?

„Ich kenne einige Fälle, die hatten sich schon geliebt, obwohl sie sich nicht zusammen sehen lassen durften. Aber das habe ich nachher erst erfahren. Ich selber hatte keine Bindung. Denn Paul Schäfer hat ja grundsätzlich die ganzen Jahre immer gegen heiraten gepredigt. Es gab nur: Wir sind eine große Familie. Diese kleinen Familien sind praktisch Gott nur im Weg. Wir sind eine große Familie. Ich habe tatsächlich geglaubt, bis Paul Schäfer weg war, und noch Jahre danach, dass heiraten Sünde ist. Ich bin dann, als ich schon vierzig war, oder zweiundvierzig, ins Büro gegangen zu Dr. Seewald und Hans-Jürgen Blanck, um mir dort Rat zu holen, und habe darum gebeten, dass sie mir sagen möchten, was in der Bibel steht über das Heiraten. Ich habe ihnen gesagt, dass ich das bis jetzt so verstanden habe, dass das Sünde sei. Leider habe ich überhaupt keine Hilfe gefunden. Sie sagten mir dann, ja, in der Bibel steht, wie Paulus sagt, es sei erwünscht, sie alle leben so wie er. Also alleinstehend. Und so ging ich wieder aus dem Büro und musste mir den Weg dann selber suchen, wie es weitergeht."

Und dass Sie Ihre Mutter nie wiedergesehen haben, welche Rolle spielt das in Ihrem Leben?

„Eine sehr harte Rolle. Besonders, was ich nachher erfahren habe, ich hatte ja damals, als meine Mutter nach Deutschland zurück ist, nicht gewusst, warum sie weg ist."

Ja, was denken Sie heute so über die Flucht Ihrer Mutter und dass sie Sie komplett alleine gelassen hat mit den Geschwistern. Wie sehen Sie das heute?

„Ich denke, meine Mutter hat sehr darunter gelitten, dass ihr Mann in Deutschland bleiben musste. Von uns drei Kindern hatte sie gar nichts. Sie durfte mit uns nicht sprechen, uns nicht sehen. Sie hatte auch keine Möglichkeit, uns mitzunehmen. Ich war damals noch zu jung, ich wurde nicht gefragt, ob ich in Chile bleiben oder nach Deutschland zurückwill. Aber mein Bruder, der sieben Jahre älter ist, Manfred, hatte plötzlich frei. Als er von Deutschland kam, war er ja schon zehn oder elf Jahre alt gewesen, also hatte er von Anfang an gearbeitet, Steine gesammelt und Äcker urbar gemacht. Plötzlich hatte er zwei Wochen frei, konnte spazieren gehen, spielen, machen, was er wollte, und alle anderen haben gearbeitet. Nach zwei Wochen hat Paul Schäfer ihn gefragt, ob er in Chile bleiben will, oder ob er lieber nach Deutschland will. Da hat er gesagt: Ich will hierbleiben, in Chile. Am nächsten Tag musste er wieder arbeiten. Also meine Mutter hatte nicht die Möglichkeit, uns Kinder mitzunehmen."

Also ist sie wieder zum Vater zurück?

„Ja. 1985 oder 1987, ich weiß nicht genau, wurden alle Geschäfte in Deutschland aufgelöst, verkauft und die, die dort noch gearbeitet haben, kamen hier rüber. Das waren fünfzehn Personen. Bis dahin ist mein Vater auch noch jeden Tag unterwegs gewesen, und hat für die Schlosser in der Colonie ganz besondere Schrauben besorgt, die es in Chile gar nicht gab oder nur sehr teuer zu bezahlen waren. Also Stahlschrauben und viele andere Sachen, die mit den Kisten und Containern geschickt wurden. Am Ende kam dann auch er nach Chile. Da war er schon achtzig Jahre alt. Er hat dann noch zwei Jahre hier gelebt im Fundo. Schäfer hat ihn immer vor der ganzen Gemeinde infrage gestellt, dass er nicht an Gott glaube oder eine andere Ausrichtung hat. Sodass selbst wir Kinder uns von ihm ferngehalten haben. Das tut mir bis heute noch weh. Ich war wohl fünfunddreißig oder siebenunddreißig, da fragte mein Vater mich, ob ich verheiratet bin. Da habe ich gesagt, nein. Sagte er, er versteht das nicht. Hier sind so viele Mädchen, er versteht nicht, warum ich nicht geheiratet habe. Ich konnte das überhaupt nicht einordnen. Ich bin damit zu Paul Schäfer, weil wir ihm sowieso all solche Sachen beichten mussten, da sagt er, mein Vater sei verrückt. Ich solle mich von ihm fernhalten, ich solle nicht mehr mit ihm sprechen. Das tut mir heute noch sehr, sehr leid. Ich hatte damals überhaupt keine Klarheit. Als Vater war das ja sein Recht, das war seine Verantwortung, er wollte mir ja helfen. Und ich begriff es nicht und habe ihm sehr viel Leid angetan dadurch, dass ich mich zurückgezogen habe. Ich habe nicht mit ihm gesprochen. Das tut mir bis heute noch sehr weh."

Ist er nur wegen der Kinder gekommen?

„Das weiß ich nicht. Das kann ich nicht sagen. Ich glaube, ja. Mein Vater war einer von denen. Es gab mehrere Familienväter, die in Deutschland bleiben mussten bei der Auswanderung. Mindestens vier, fünf oder sechs, die dann erst paar Jahre später nachkamen, als das System sich gefestigt hatte. Besonders bei den größeren Familien, Zeitner, Schmidtke, die neun oder zehn Kinder hatten. Da sind die Väter in Deutschland geblieben, und die Mütter kamen mit den Kindern nach Chile. Weil die Väter Paul Schäfer nicht vertraut haben. In Deutschland war ja schon bekannt, dass sich Paul Schäfer an Jungs vergriffen hatte. Die Familienväter kannten das schon und hatten Paul Schäfer überhaupt nicht vertraut. Als sie kamen, wurden ihnen Fragen gestellt, inwieweit sie so an Gott glauben wie Schäfer und wie wir. Die haben zum Teil sehr darunter gelitten. Ich denke da speziell an Gerhard Schmidtke. Der hat sehr viel gelitten, weil er den Schäfer kannte, glaube ich, und ihm nicht vertraut hat. Ähnlich war es mit meinem Vater. Der muss auch was gewusst haben und hat dem Schäfer nicht vertraut. Deswegen wurden diese Leute isoliert. Schäfer hat sie vor der Gemeinde öffentlich schlecht gemacht, infrage gestellt, sodass sie es ganz schwer hatten, sich einzugliedern oder Freundschaften zu finden."

Ihr Vater ist also hier in der Colonia begraben?

„Ja, mein Vater ja, meine Mutter nicht."

Haben Sie sich entschieden, für immer in Chile zu bleiben?

„Das ist eine ganz schwere Entscheidung. Für immer kann ich nicht sagen. Es sind ja über hundert, ich möchte fast sagen, hundertfünfzig Colonos nach Deutschland ausgewandert. Viele sagen, dass es ihnen in Deutschland gefällt, die allermeisten. Wir sind es ja gewohnt, mit sehr wenig auszukommen. Wir sind anspruchslos und die allermeisten haben dort Arbeit gefunden und sind zufrieden. Sie haben mir auch schon oft zugeredet, mir Mut gemacht, nach Deutschland zu gehen. Aber was ich sehe: Ich bin mit drei Jahren hierhergekommen, bin jetzt siebenundfünfzig Jahre in Chile, obwohl ich Chile nicht als mein Heimatland sehe. Aber ich habe das ganze Leben hier verbracht. Jetzt nach Deutschland und ganz neu anfangen? Ich kenne keine Leute. In das ganze System da rein kommen, das sehe ich ziemlich kompliziert und schwierig. Deswegen bleibe ich wohl, auch, wenn es in Chile nicht leicht ist zu leben, weil man keine Gesundheitsversicherung hat. Das ist hier lange nicht so gut abgesichert wie in Deutschland. Auch die Altersversorgung muss man hier in Chile selber bezahlen, und die ist auch sehr teuer. Das Problem, das ich sehe, was jetzt auf uns zukommt: Astrid ist schon im Rentenalter, ich bin kurz davor. Wenn wir vom deutschen und chilenischen Staat Unterstützung bekommen, so ähnlich wie die Unterstützung eines Flüchtlings, der nach Deutschland kommt – und ich denke, uns als deutsche Staatsbürger steht das zu, nach all den Jahrzehnten der harten Arbeit und des Leidens, das wir durchgemacht haben – würde ich in Chile bleiben."

Möchten Sie heute auch noch Täter im Gefängnis sehen oder haben Sie sich da innerlich ausgesöhnt?

„Also ich persönlich möchte nicht, dass die Täter ins Gefängnis gehen. Ich weiß, dass die Täter auch unter dem Druck von Paul Schäfer standen, diese Sachen durchzuführen. Obwohl – das Ausmaß der Strafen, die sie ausgeführt haben, lag in vielen Fällen in ihrer Hand. Aber sie standen so unter Druck. Man könnte das mit dem Militär vergleichen. Die Offiziere geben dem Soldaten einen Auftrag, und der Soldat kann den Befehl nicht verweigern. So ähnlich war es. Aber da sie bei Ausführung oft unter sich waren, lag das Ausmaß, die Härte, die Menge der Schläge doch schon in ihrer Hand, – das hätten sie doch nach meiner heutigen Sicht verkürzen können. Dennoch möchte ich nicht, dass sie ins Gefängnis gehen, denn sie haben auch viel Leid hinter sich."

Interview Werner Schmidtke

Interviewführung: Anette Ende
Ort: Gronau, Deutschland
Datum: 5-10-2021
Anmerkung:
Jerarcas – Führungsriege
Galpon - Schuppen

Wann kamst du in die Colonia Dignidad?

„Ich war knapp zwei Jahre alt, als ich 1962 in Chile ankam – mit dem zweiten Schiff. Es sind ja drei Schiffe von Italien aus gefahren. Die Schiffe sind damals noch drei bis vier Wochen unterwegs gewesen. Chile war ein anderes Pflaster. Ich kann mich nicht erinnern, dass ich einmal bei meiner Mutter gewesen wäre. Ich weiß nur, dass ich sie gesehen habe und irgendwie wusste, das ist meine Mutter. Wir sind ja als Familie aufs Schiff – meine Mutter und meine zehn Geschwister, und auf dem Schiff hatte man uns schon getrennt. Da gab es eine Gruppentante, die hatte den Familien schon die Kinder weggenommen.“

Wie hieß die Gruppentante?

„Ruth Röhl. Sie war später Krankenschwester. Eigentlich eine ganz Liebe, der kann ich nichts nachsagen. Sie hat auch Musik geliebt und selber Musik gespielt. Irgendwie hatte sie auch mit Erziehung zu tun. Sie hatte Ahnung davon. Aber interessant, dass man da schon getrennt war von den Eltern. In Chile selbst sind wir erst mal in einem Gebäude untergekommen, das nachher das Krankenhaus war. Ich kann mich nicht daran erinnern, dass meine Mutter mich jemals besucht hätte oder ich bei ihr gewesen wäre. Mutti ist gegangen und ich habe sie nie wiedergesehen. Ich habe da fürchterlich geweint.
Jahre später hat man dann hier und da mal gesehen, wo die anderen gearbeitet haben. Die Familien haben nach der Ankunft in Chile nie mehr zusammengelebt. Auch die Eltern waren nicht mehr zusammen. Es gab auch gar nicht die Wohnmöglichkeiten. Aber das hat man alles nicht gewusst. Man hat nur in dem Bereich gelebt, wo die Kinder waren. Nach Jahren habe ich gesehen, ah, das soll meine Mutter sein? Ich wusste ja nicht mal,

wer meine Geschwister sind, meine Familie. Es wurde uns nichts unterbreitet. Man hat es irgendwie mitbekommen, durch Zufall vielleicht.
Ich erinnere mich, wie dann später Familienaufnahmen gemacht wurden. Da habe ich erst mal gedacht: Wie? Die alle gehören zu meiner Familie? Das sind also meine Brüder und meine Schwestern? Das war interessant. Aber wir hatten uns danach auch nicht mal getraut, uns zu unterhalten oder uns zu freuen. Wir waren wie aufgezogen, wurden hinbugsiert und kriegten gesagt, stellt euch mal so hin oder so. Wir waren für die Fotoaufnahmen in der Gärtnerei, weil das ein schöner Ort war, mit Blumen, einem kleinen Fischteich und so weiter. Ich habe davon noch Schwarzweißfotos. Warum die Fotos gemacht wurden, weiß ich nicht. Plötzlich wurden wir aus der Arbeit gerufen. Erscheinen, Feiertagsklamotten an, schnell umziehen. Wir mussten dafür zuerst zur Nähstube gehen und uns die Sachen holen. Wir hatten ja noch nicht einmal eigene Sachen. Wir hatten nur diese abgetragenen Kleider. Die haben wir so lange getragen, bis es nicht mehr ging, bis kein Flicken mehr möglich war. So ein verflicktes Zeug, wie wir da getragen haben, hat keiner zuvor gesehen. Die Socken waren so oft gestopft worden, die Hacken durchgelaufen. Da hast du immer auf so Knoten getreten und das war sehr unangenehm. Die Hosen hatten Flicken drauf. Das glaubt immer keiner, dass wir als Kinder so gekleidet waren. Es war eine Schande."

Wie nannte sich die Gruppe, in die du mit zwei Jahren kamst?

„Wir waren die „Klettermaxen" oder „Kleinen Jungs". Die Leute wurden alle in Gruppen eingeteilt. Die männlichen als „Jungs" bis hin zu den „Herren", immer in Altersstufen von zehn Jahren. Das fing an mit den „Klettermaxen" – das waren wir. Dann kamen die „Moritzen", dann die „Heilsarmee". Die „Heilsarmee" wurde noch mal gesplittert in die „Askaris", und dann kamen die „Mittleren Knappen", die „Großen Knappen", dann die „Cumalos" und dann die „Herren". Das waren die ältesten, die Väter, die Kinder hatten oder nicht, die verheiratet waren oder nicht. Bei den Frauen war es das Gleiche. Alles in Gruppen. Und die haben getrennt gelebt. Männlein, Weiblein – von klein bis groß, alle getrennt."

Das heißt, du warst mit gleichaltrigen oder älteren Jungs in dieser Gruppe als Zweijähriger?

„Genau, ich war dann mit Gleichaltrigen – wir waren so zehn bis zwölf

Kinder – aus den verschiedensten Familien zusammengewürfelt. Man kannte sich nicht und war dann halt in dieser Gruppe. Es gab eine Gruppentante, die hat uns gepflegt, gewaschen, gebadet und eingekleidet. Das war die Frau des Baptistenpfarrers Hugo Baar in Gronau – Waltraud Baar. Hugo Baar ist ja bekannt. Der war ja mit Schäfer zusammen und dadurch ist die Sekte Colonia Dignidad entstanden. Denn Paul Schäfer hat den Fuß in die Tür gekriegt bei Hugo Baar in der Gemeinde in Gronau. Und diese Gemeinde hat sich ja da aufgespalten. Ein Großteil der Gemeinde ist dann ausgetreten und in diese Sekte von Schäfer eingetreten. Dazu gehörten auch meine Eltern. Hugo Baar war eigentlich mit Schuld an dieser Entstehung. Seine Frau ist mit nach Chile und er selber ist in Deutschland geblieben und hat die Leitung vom Rest der Gemeinde in Deutschland behalten, weil die Geld verdient haben in Siegburg.
Wir sind dann später umgezogen. Man hatte ja auf die Schnelle das Kinderhaus gebaut. Ein Holzbau, alles selbst und mit eigenen Mitteln. Die Bäume wurden gefällt, die Leute waren immer hart im Einsatz. Dann kamen die Kinder. Für Schäfer war wichtig, dass die Kinder schon mal da waren, obwohl er die gar nicht vernünftig unterbringen konnte. Obwohl die Leute nicht mal eine vernünftige Wohnung hatten. Aber es war wichtig für ihn, dass er die Kinder schon mal da hatte. Da muss man mal drüber nachdenken, warum das so war. In Deutschland hatte er einen Prozess gehabt, da wurde er gesucht. Er hatte sich schon an so viel Kindern in Deutschland vergangen. Da war natürlich klar, dass er die schon mal rausschaffen musste aus dem Land. Also die Kinder schon mal alle rüber. Das war ja seine Welt. Und das war auch seine Gruppe. „Die kleine Jungensgruppe." Als wir dann etwas älter wurden, ab sieben Jahren ungefähr, kamen wir alle in eine Gruppe rein – in die „Heilsarmee". Das war seine Gruppe dann, das waren die Jugendlichen – so fünfzig Kinder ungefähr."

Wie war das in der ersten Gruppe, in die du mit zwei Jahren gekommen bist?

„In den ersten Jahren hat nur die Gruppentante – die Waltraud Baar – auf uns aufgepasst. Das war bis zum Alter von etwa fünf, sechs Jahren, also als man noch ein Kleinkind war. Da hat man relativ Freiheit gehabt als Kind, draußen zu spielen, wobei es gar kein Spielzeug für uns gab. Wir haben uns in den Dornen rumgetrieben, sind auf Bäume rumgeklettert oder im Weizen rumgelaufen oder sonst was. Dafür wurden wir wiederum bestraft. Das sind noch so Extra-Geschichten, wie wir aufgewachsen sind.

Das war keine Kindheit. Es war traurig. Paul Schäfer habe ich schon kennengelernt, bevor ich das erste Mal zu ihm gerufen wurde. Weil er vor uns auf dem Hof immer rumlief, vor dem Kinderhaus. Da haben wir festgestellt – er wohnte auch im Kinderhaus. Also er hat sich da gleich ein Zimmer mit reserviert, hat da gewohnt und geschlafen. Da hat er auch seine Hunde gehabt. Wir hatten immer Angst, er war so unheimlich. Wenn er über den Hof lief, haben wir uns zurückgezogen und nur von Weitem geguckt, getuschelt und uns gefragt – wer ist das? Später hat man uns dann gesagt, das ist der Onkel Paul. Und der Onkel Paul schafft an. Vor dem hatten wir alle Respekt. Das haben auch die Kinder gleich gespürt oder gemerkt."

Gab es in der Gruppe bei Waltraud Baar auch schon Schläge?

„Und wie! Beziehungsweise gab es da eine Person, die mir gar nicht gut in Erinnerung geblieben ist. Die hat auch in dem Bau gewohnt. Die hat immer aus dem Fenster geschaut. Sie hieß: Paula Gerlach. Eine ältere Dame war das. Für uns war sie wie die „Hexe" oder so, die „böse Hexe". Die kam aus dem Nichts und war plötzlich da. Und sie hat uns beobachtet. Die stand dann irgendwo hinter dem Vorhang und da wusste man schon immer, dass sie uns beobachtet. Dann ist sie plötzlich aufgetaucht und hat …

Zum Beispiel lief da so ein Wildbach zwischen den Büschen, und da war so ein kleiner Teich, dahin sind wir hin zum Wassertrinken gegangen. Wir haben ja nichts zu trinken bekommen oder relativ wenig. Ich kann mich nicht daran erinnern, dass man uns etwas zu trinken hingestellt hat, das kenne ich nicht. Nur, wenn es mal eine Mahlzeit oder Kaffeezeit gab. Wir haben fürchterlichen Durst gehabt und sind dann dahin Wasser trinken gegangen. Das war schon schlimm genug. Sie kam, hat uns da rausgeholt und gesagt: „Kommt mal raus da." Im Kinderhaus war so ein Waschhaus, da hat sie uns über die Bank gelegt. Eigentlich war es – glaube ich – für die Mädchen gebaut worden. Und da hat es Prügel gegeben von der Paula Gerlach.

Ich erinnere mich, wir hatten so einen schwarzen Schlauch, der hatte gelbe Streifen. Der war so berühmt, dieser Schlauch. Da kannst du fragen, wen du willst, aus der Zeit im Kinderhaus, den haben wir alle kennengelernt. Das war der Knüppel aus dem Sack. Damit haben die dich so verprügelt. Warum? Weil du Wasser getrunken hast. Ich wüsste nicht, was

wir da mal Schlimmes gemacht haben. Oder weil wir auf den Baum geklettert sind? Es waren Lappalien, es war doch gar nichts. Aber da gab es schon Prügel.
Ob Waltraud Baar geprügelt hat, da habe ich ein Blackout oder weiß das nicht mehr. Kann ich jetzt nicht sagen. Ich habe nur in Erinnerung, wo wir gewohnt haben. Wir waren Oberstock in dem Holzbau, unten waren die Mädchen. Die Zimmer waren identisch. Sie hat uns oben immer zu Bett gebracht und uns auch Geschichten vorgelesen zum Einschlafen. Sie hat uns in der Badewanne gebadet. Wir waren alle in einem Raum. Einer wurde in die Badewanne gestellt und alle anderen standen drumherum. Gemeinschaftsraum. Das war auch so komisch. Und noch andere Geschichten, die nicht so schön waren …"

Wie zum Beispiel?

„Dass alle ihre Unterhosen vorzeigen mussten. Dann wurde die gezeigt und alle haben reingeguckt. Das war immer am Wochenende. Das war normal. Ich glaube, dafür gab es auch Strafen. Eigentlich, wenn ich so denke, haben wir gar keine Kindheit gehabt. Du hast keine Eltern gehabt und die Gruppentanten konnten dich einfach für Nichtigkeiten prügeln. Das hat man auch nicht verstanden, warum man jetzt Prügel bekommen hat. Warum? Was hat man denn Böses gemacht? Man hat es ja wieder gemacht. Man wollte sich nur nicht erwischen lassen. Und das waren erst die Anfangsjahre. Das Schlimme kam ja erst danach. Als wir älter wurden und Paul Schäfer auch dort gewohnt hat. Eines Tages – ich weiß nicht mehr, wer es war – die Gruppentante oder irgendjemand muss ja zuständig gewesen sein für uns – hat gesagt: Geh mal da zu der und der Tür. Der Onkel wartet da. Oder so ähnlich. Herzklopfen. Was soll ich da überhaupt? Zu diesem Mann. Schon so unheimlich. Ja, und dann habe ich angeklopft und dann bin ich da rein und dann sah ich, er liegt da im Bett."

Wie alt warst du da?

„Da war ich so sechs, sieben Jahre alt. Och, alles nett und freundlich. Dann sah ich, nebenan stand noch ein Bett. Da lag auch einer, ein Jugendlicher. Ungefähr doppelt so alt wie ich. Und dann so: Na, komm mal her und setz dich mal hin. Und dann hat er mich ins Bett reingezogen. Oh Gott, was glaubst du, was das mit einem Kind macht?! Ich wollte fliehen, das weiß ich noch. Weg von diesem Ekelpaket."

Und der andere lag die ganze Zeit dabei im Nachbarbett?

„Der lag daneben."

Und wer war das?

„Das war der Gruppenboss, der uns später gequält hat. Unter dem habe ich am meisten gelitten. Das war Wolfgang Zeitner. Der hat alles mitbekommen."

Was ist dann passiert?

„Gut, ich nehme mal an, der wusste, was da passiert. Er lag ja auch da. Er muss gewusst haben, was da passiert, obwohl er mich nicht sehen konnte, ich lag ja auf der von ihm abgewandten Seite des Bettes, und ich verschwand ja auch unter der Zudecke bei dem Kerl. Ich wusste nicht, was der von mir will, was er wollte. Der hat mich begrabscht, mich beschmust, oder wie immer man das nennt. Ich habe das nie als sowas empfunden, es war eklig. Vor allem, eine fremde Person. Wie widerlich. Muss ich dazu noch was sagen? Das ist unglaublich. Das hat so geendet, dass der meine Hand genommen und an ihr gezogen und gezogen hat. Ich dann so: Was will der denn überhaupt von mir? Ne, das will ich nicht. Bis ich an seinem Glied dran war. Das war's. Irgendwann bin ich rausgelaufen und habe erst mal frische Luft geschnappt und gedacht, ich will den Kerl nie wiedersehen.
Aber das war ja erst der Anfang der Hölle. Ein bis zwei Jahre später – da hatte er schon mal die ersten Kontakte mit den Kindern gehabt und wusste schon, wer wer ist, – hieß es eines Tages so: Im Kinderhaus ist was ganz Schlimmes passiert. Das wurde in der Gemeinde zur Sprache gebracht. Da waren wir natürlich nicht anwesend. Das habe ich später von denen gehört, die dem beigewohnt haben. Da ist also was ganz Schlimmes im Kinderhaus passiert – die Jungs und Mädchen – da sei Hurerei oder was weiß ich, was da für Worte gefallen sind, passiert. Wir konnten damit zu der Zeit gar nichts anfangen. Wir hatten ja auch keine Aufklärung. Wir wussten nicht, was Sex ist und solche Sachen. Also ich nehme mal an, da gab es irgendein Kennenlernen, was ganz natürlich ist im Kleinkinderalter. Man spricht hier von Doktorspielchen. Das kennt die ganze Welt. Das weiß ich aber jetzt erst, dass das irgendwie normal ist. Da hast du keinen Geschlechtsverkehr oder sonst irgendwas. Das ist doch Quatsch. Nein, das wurde so dermaßen hochstilisiert und verteufelt und die Leute haben

dann das Schlimmste gedacht.
Das war für ihn ein Grund, das war natürlich gewollt, das war sein Plan: Die Gruppe aufzulösen und uns in seine Gruppe zu holen. Von wegen, wir sind jetzt alt genug, es ist schlimm genug, was da passierte. Dann hat er den Bagger hingeschickt. Unser schöner Spielplatz, wo wir gerne auf die Bäume geklettert sind, und die Dornenecken – wir hatten ja sonst nichts, da konnten wir wenigstens spielen, verkriechen, das macht man doch gerne als Kind – das wurde alles gerodet. Ich war baff, das wurde alles weggemacht. Alles platt gemacht. Da kam auch kein Sandkasten hin oder irgendwas, oder Spielzeug. Viel später stand dann da mal eine Schaukel. So eine Kletterstange. Das war ganz zum Schluss. Es gab nicht mal ein Plastikspielzeug oder Holzspielzeug, gar nichts. Da wurde ganz einfach ein Sandhaufen hingekippt. So, da habt ihr was. Ja, Kinder machen aus allem was. Ja, aber was ist denn das?
So, dann wurde das alles aufgelöst, wir kamen in die „Heilsarmeegruppe", also in seine Gruppe. Und dann ging das erst richtig los. Dann hat er uns ins Verhör gezogen. Ich kann jetzt nur von mir reden. Ich weiß, dass es den anderen genauso ergangen ist, dann ging die Gehirnwäsche los, als Kleinkind schon. Da war drüben inzwischen das Freihaus, was ja bekannt ist. Dort war auch sein Schlafgemach. Da fing die Befragung dann an: Was habt ihr da gemacht und was hast du gemacht? Das wurde dann sehr intim. Es ging eigentlich nur um die ganzen intimen Dinge. Was wir mit den Mädchen gemacht haben und solche Geschichten. Ich konnte mit dem Thema eigentlich nichts anfangen. Aber er hat dann so viel Druck aufgebaut und einem so viel Angst gemacht und gedroht. Hat gar nicht lange gedauert, dann hat er mit den Herren gedroht. Mit dem Onkel Kurt, Onkel Mauck, Onkel Walter oder Onkel Fritz – alles Leute, die gut zuschlagen konnten."

Wurde auch mit Heinz Kuhn gedroht?

„Heinz Kuhn war ja in meiner Zeit nicht mehr dabei. Ich glaube, 1968 war der schon weg. Ich weiß von Heinz Kuhn nur ganz schwach, dass er mal da war. Persönlich habe ich jetzt keine Erinnerung an ihn. Das waren andere Gruppen, in denen Heinz Kuhn zu tun hatte. Die waren schon ein paar Jahre älter als wir. Die haben auch ihr Fett weggekriegt von ihm."

Also hat er auch Kinder geschlagen?

„Ja. Heinz Kuhn hat – das hat sich nachher rumgesprochen, nachdem er draußen war –eine Gruppe unter sich gehabt, das waren die „Mittleren Knappen“. Und auch die „Askaris“. Also die Altersgruppe, die er da beaufsichtigt hat bei der Arbeit, die hat er ganz schön geschlagen – mit der Peitsche vom Pferd aus. Ich weiß von einem, der hat Probleme gehabt, der war krank und musste hart auf dem Steinacker arbeiten. Wir haben immer diese wahnsinnig schwere Arbeit gemacht mit den dicken Steinen. Steine sammeln.“

Wer war das?

„Friedhelm Bensch. Das war einer aus der „Heilsarmee“. Den habe ich da kennengelernt. Der hat erzählt, dass Heinz Kuhn ihn verprügelt hat, nur weil er der Meinung war, Friedhelm sei ein faules Schwein und wolle nicht arbeiten. Dabei war er krank, er wollte ins Krankenhaus, er musste gesund werden. So einfach ist das. Stattdessen musste er hart arbeiten draußen. Du glaubst gar nicht, wie oft wir krank waren, wie oft wir uns erkältet haben. Man hat uns überhaupt keine Hilfe zukommen lassen. Es hieß, du tust nur so, du heuchelst. Du bist nur zu faul zum Arbeiten. Der soll ihn dann dafür so heftig geprügelt haben, dass er ihm den Finger gebrochen hat. Und selbst das hat nicht gereicht, dass man ins Krankenhaus gebracht wurde. Das ist nur ein Fall.
Ich weiß aber auch, dass Heinz Kuhn vom Pferd aus die Leute geschlagen hat. Mit der Peitsche auf eine Gruppe, die auf dem Feld draußen war. Die wurden behandelt wie Sklaven. Es gibt genug Leute, die das bestätigen. Ich habe mit den Leuten geredet. Ich erfinde das jetzt nicht. Ich weiß auch, dass es stimmt. Er war ein charakterloses Schwein. Der hat sich nie entschuldigt dafür – bei keinem, bis heute. Aber er spielt das Opfer. Ich habe ihn später besucht, als ich draußen war. Ich nehme das jetzt vorweg, keine Rede, keine Spur von Reue. Er war das Opfer. Er hätte so viel getan, um die Opfer rauszuholen. Welche Opfer denn? Von uns hat er niemanden rausgeholt. Die, die Opfer waren, die gelitten, die gequält wurden, denen hat er nie geholfen. Stimmt überhaupt alles gar nicht. Das ist ein sehr umfangreiches Thema, wenn ich über Heinz Kuhn spreche.
Er war nicht besser als die anderen Jerarcas auch. Man muss erst mal wissen: Er ist schuld. Er selbst hat die Kinder von Deutschland aus nach Bel-

gien gebracht, Schäfer zugeführt, wohl wissend, Schäfer wird vom Gericht aus gesucht, weil er Kinder missbraucht hat. Wohl wissend hat Kuhn die Kinder in einer Nacht- und Nebelaktion Schäfer zugeführt. Das musste ganz schnell gehen. Er selbst hat es gemacht und die Leute, die Familien belogen – die Eltern, sie würden eine Reise machen nach Dänemark mit zweiwöchigem Urlaub. Der Kuhn gehörte zu dieser Gruppe. Er war damals mit in dieser Rädelsführergruppe. Kuhn genauso wie Gerd Mücke, wie Rudolf Cöllen, wie Kurt Schnellenkamp, Hugo Baar, Jürgen Blanck, ich könnte eine ganze Reihe aufzählen. Aber Heinz Kuhn war auch einer der Führer. Der war immer mit an der Spitze. Schäfer, Kuhn und Baar. Das waren so die drei, die hervorgestochen sind damals. Deshalb konnte ich nie verstehen, warum der Kuhn plötzlich … erst mal, warum er raus ist. Und zum anderen, dass er nie Farbe bekannt hat. Aber dass er sich als Opfer heute hinstellt, das habe ich wohl mitbekommen. Das kann ja wohl nicht angehen. Da sind noch sounsoviele neben mir. Vor allem die Opfer."

Was ist mit deiner Schwester Ursel Schmidtke passiert?

„Im Kuhstall war meine Schwester unter Aufsicht der „Herren", die zur Führung gehörten. Damals im Kuhstall war sie isoliert. Walter Laube hat meine Schwester dort beaufsichtigt. Kurz bevor er gestorben ist, wollte er seine Seele noch mal befreien und hat erzählt, was da passiert ist. Er hatte von Schäfer den Auftrag bekommen, Ursel zu verprügeln, aber ordentlich. Er hätte Gewissensbisse gehabt, weil das Mädchen eh schon so geschwächt war. Sie hatte nichts zu essen bekommen und hart arbeiten müssen, sodass sie eigentlich schon halbtot war. Er hätte mit sich gekämpft. Was mache ich jetzt? Muss ich gehorchen? Soll ich mich widersetzen? Er hat sich dann entschieden, er müsse Schäfer gehorchen. Denn was von Schäfer kam, war von Gott. Also hat er sie verprügelt. Er hat erzählt, wie er sich erst nicht getraut hat, aber dann hat er sie auf die Säcke geworfen und auf sie eingeschlagen. Er hätte Mut gefasst und sie windelweich geschlagen, bis sie ins Krankenhaus musste. In der Folge ist sie daran gestorben. Sie wurde siebzehn Jahre alt. Ich war damals fünf Jahre alt – der jüngste in der Familie. Ich habe sie als liebe Schwester kennenlernen dürfen und ich habe sie so vermisst. Meine große Schwester hat mir später erzählt, dass sie nicht mehr lebt, nicht aber, wie es passiert ist, und dass sie oben auf dem Friedhof liegt.

2004 bin ich raus aus der Colonie, 2005 nach Deutschland. Ich habe das erst hier in Deutschland erfahren."

Und wann bist du zu Heinz Kuhn gefahren?

„2003/2004 würde ich sagen."

Und von ihm wolltest du die wahre Geschichte über deine Schwester Ursel erfahren?

„Ich bin zu Heinz Kuhn nach Los Angeles gefahren, weil es mir keine Ruhe gelassen hat. Da gibt es noch einen, der könnte vielleicht die Wahrheit sagen, weil ich das nicht geglaubt habe, was man uns erzählt hat. Ich habe gehofft, dass er mir die Wahrheit sagt, weil er ja derjenige war, der gegen die Colonie gearbeitet hat."

Wusste er denn die Wahrheit?

„Das ist eine gute Frage. Ich meine, das liegt auf der Hand. Warum hat er denn gelogen? Das hat er ja als Wahrheit verkauft."

Vielleicht weil Schäfer ihm das erzählt hat?

„Das war die Version, die „Die Herren" alle erzählt haben. Das war die eine einheitliche Version, die man der Gemeinde erzählt hat. Das sollte natürlich keiner erfahren, dass sie tot geprügelt wurde. Das muss man ganz klar sagen. Das ist Fakt."

Und wie lautete die Version von Heinz Kuhn?

„Der Kuhn erzählte mir auch die Version, dass sie durch den Fluss ist, also über den Steinacker vom Pedrohaus, wo sie gewohnt hat. Da war der Fluss – der Perquilauquén – und da ist sie durch einen Arm von dem Fluss. Das war nicht der Hauptfluss. Da war ein Turbinenkanal, den wir gebaut hatten. So ein Kanal, der Turbinen angekurbelt hat. Da musste sie durch. Aber – ich weiß es aus eigener Erfahrung – da stirbt keiner, wenn er dadurch geht. Auch im Winter nicht. Ich habe selber solche Touren gemacht. Und noch viel längere – durchs eiskalte Wasser auf der Flucht. Ich wusste, das stimmt nicht. Aber das wurde uns verkauft. Dass sie da gestorben wäre. Kuhn hat erzählt, da hieß es auf einmal: Jungs, aufstehen.

In den frühen Morgenstunden soll das gewesen sein. Er hätte in der Schreinerei geschlafen, in dem Kabuff da. Auch Rudi Cöllen und andere. Ich weiß nicht, welche Namen da noch gefallen sind. Jedenfalls die Leute, die das Sagen hatten, da hieß es sofort, die ist da geflüchtet und dann hätten sie sie aus dem Wasser geholt. Der Mücke oder wer – Kuhn hat mir das so brutal erzählt – hätte sie auf den Kipper geschmissen. Er meinte, er wäre dabei gewesen. Aber das stimmt nicht. Das hat nie stattgefunden."

Dann hat Heinz Kuhn dir ins Gesicht gelogen?

„Der hat mich dreckig belogen. Und das hat mir den Rest gegeben."

Aber warum hat er das gemacht? Welchen Vorteil hatte Heinz Kuhn, 2004 noch zu lügen?

„Das ist eine sehr gute Frage. Ich denke, das ist nur die Bestätigung dafür, dass die Gruppe „Die Herren", die das wusste, von Schäfer eingeschworen wurde, das zu sagen. Die sollten die Lüge mit ins Grab nehmen. Das hat Gerd Mücke selber gesagt. Es gibt Dinge, die wir mit ins Grab nehmen, die wir nie aussprechen werden. Ich kann es mir nur so erklären, dass er sich vielleicht selber schuldig gemacht hat. Warum hat er diesen Bann nicht gebrochen? Hätte er ja machen können. Er hätte sagen können, so und so ist es in Wirklichkeit gewesen. Aber Schäfer hat uns das und das gesagt.
Warum hat er diesen Bann nicht gebrochen? Wie ich schon sagte, das Spiel stimmt nicht mit dem Opfer. Natürlich hat er Freundschaften offen gepflegt. Auch draußen. Und das bestätigt das ja auch wieder. Also er hat auch nicht diesen Bann gebrochen. Sollte Walter Laube gelogen haben, der sie selber verprügelt hat, der das bekannt hat als Beichte?
Also es war die ganzen Jahre ein Mysterium. Ein Thema, das nie kommentiert wurde, worüber nie geredet wurde. Keiner hat sich getraut, darüber zu reden. Es blieb in den Köpfen, es blieb in den Seelen. Bei mir natürlich besonders, weil es meine eigene Schwester ist."

Warum sollte deine Schwester Ursel überhaupt so stark verprügelt werden? Was war der Grund?

„Das war ja so üblich. Es war zu schmutzig. Schäfer konnte das nicht sagen. Es war was Schmutziges, es war was Sündiges. Und wenn Schäfer was sagt, dann war es ganz schlimm, was sie gemacht hat. Ich sage das, weil es nicht nur Ursel, meiner Schwester, so ging, sondern weil es überhaupt so funktionierte, bei mir, bei den „Jungs“. Im Allgemeinen hat es so funktioniert. Man hat das nie hinterfragt.“

Das heißt, auf der einen Seite hatte Heinz Kuhn, wie er meint, gegen Schäfer und die Colonie angekämpft seit den 80-er Jahren, brauchte selber Bodyguards, wie er sagt, um beschützt zu werden, und hat aber dann 2004 weiterhin gelogen – zusammen mit denen, die er anscheinend schon 20 Jahre vorher bekämpft haben soll?

„Eben, das ist ein Widerspruch. Deswegen glaube ich das ja nicht. Ich habe auch noch andere Sachen festgestellt, die nicht stimmen können.“

Was denn?

„Als ich bei ihm zu Besuch war, hat er mir eine Sammlung gezeigt. Er hat die Tür geöffnet und gesagt: Guck mal. Hier. Wir waren in der Garage, wo das Auto steht. Da hat er eine lange Tischplatte gehabt. Hier, diese ganzen Artikel, das habe ich die ganzen Jahre gekämpft und gemacht. Das ist alles meine Arbeit. Ich konnte das nicht überprüfen. Ich fand es seltsam, dass das nie bei uns angekommen ist. Dass man nie davon erfahren hat. Der erste Flüchtling, der aus Chile geflohen ist, der es nach Deutschland geschafft hat, meinte, das sei alles erstunken und erlogen. Er hatte ihm diese Zeitungsartikel von Deutschland nach Chile zu Kuhn geschickt. Ich habe ihm das Material geschickt, der hat das alles von mir bekommen.“

Aber es waren doch Artikel über Heinz Kuhn, oder?

„Es ging um die Colonie. Es ging jahrelang um Kämpfe zwischen Journalisten, die Sachen aufgedeckt haben oder halb aufgedeckt haben. Jedenfalls Berichte, und immer wieder hieß es Folterlager. Da ist was nicht in Ordnung in der Colonie. Die Deutschen werden gefoltert. Die müssen hart arbeiten, die können nicht lachen. Und und und. Es gab immer wieder Skandale, so haben wir das genannt. Der erste, der zweite, der dritte Skandal, so ging das immer weiter. Wir wussten in der Colonie, dass Heinz Kuhn einen Job als Verwalter im Luxushotel Salto del Laja hatte, wenige Jahre, nachdem er die Colonie offiziell verlassen hatte. Wir wussten das tatsächlich. Das Hotel Salto del Laja – ganz nah an der Panamericana –

einen besseren und günstigeren Ort konnte man eigentlich gar nicht finden. Die Lage, die Lkw-Fahrer. Die hatten so ein gutes Geschäft am Laufen. Wie konnte der Mann, der nichts hatte, so einen Posten bekommen? Man hat davon geredet, auch im Fundo. Wir wussten das alle. Es liegt nicht fern, dass Heinz Kuhn überhaupt nicht gegen die Colonie gearbeitet hat, wie er behauptet. Die haben da Geschäfte abgewickelt, was weiß ich, Hand in Hand gearbeitet.
Gerd Mücke und seine Frau Gitta Bark haben damals wohl eine Hochzeitsreise dahin gemacht. Unter anderem waren die auch in Argentinien. Dass die da auch bei ihm – bei Kuhn in Chile im Hotel waren – das durften wir ja gar nicht wissen. Ich denke schon, dass es eine Hochzeitsreise war, und dass man die Gelegenheit genutzt hat. Also es gab dann eine Begründung dafür – für diesen Besuch. Sie waren auch nicht die einzigen Gäste aus der Colonie. Es waren nur die Jerarcas, die da waren. Auch Albert Schreiber, Hans-Jürgen Blanck waren da. Was ich dazu sagen kann, was ich vermute, weil die Rede davon war: Schäfer hatte sich schon damit auseinandergesetzt, dass wir wegen der ganzen Verfolgung eventuell aus Chile rausmüssen. Also hat er schon ein zweites Standbein in Argentinien gesucht. Das war auch ein Grund für diesen Besuch da drüben. Es hieß, da wurde auch eine Karte mitgebracht, die hat Schäfer dann seiner Gruppe unterbreitet. Da hieß es – Chubut. Chubut, ein ganz schönes Fundo – ein Grundstück, ähnlich wie bei uns, mit einem großen See, Fischreichtum, Enten, viel Natur. Ein Paradies. Da hat er uns schon mal darauf vorbereitet. Dort sind die Leute dann gewesen. Natürlich haben die das da drüben ausgekundschaftet. Mehr kann ich dazu auch nicht sagen. Wir wissen, dass die da drüben waren."

Wer von den Jerarcas war in Argentinien?

„Albert Schreiber mit seiner Frau Lili Nill Schreiber. Ich kann das heute nicht hundertprozentig sagen, denn mehr oder weniger hat man das ja nur unter der Hand rausbekommen. Es ist ja nicht öffentlich gesagt worden, der und der war da. Man weiß, die waren weg, als sie geheiratet haben. Das war in einem gewissen Zeitraum, als diese „Herren" geheiratet und ihre Hochzeitsreisen gemacht haben. Das ist heute eigentlich kein Geheimnis mehr, dass man weiß, dass die da drei Wochen verbracht haben. Als unsereiner geheiratet hat, haben wir nicht so viel Geld bekommen, dass wir uns das hätten leisten können. Wir hatten nicht mal ein Auto."

Was denkst du denn, welche Geschäfte Heinz Kuhn mit den Jercarcas im Hotel Salto del Laja abgewickelt hat?

„Da kann ich nur mutmaßen. So wie bei anderen Sachen, die bis heute noch unter einem dunklen Mantel irgendwo liegen, die nicht ans Licht gekommen sind. Wenn das was Offizielles gewesen wäre, hätten wir das alle erfahren. Es muss was gelaufen sein. Man hat sich nur gewundert, wie gut Heinz Kuhn in der Zeit gelebt hat. Das konnte ich mir auch nicht erklären, wenn er doch verfolgt wurde oder ein Feind von Schäfer war – wie konnte er dann so ein gutes Leben haben? Den Posten als Verwalter muss man erst mal kriegen. Den muss ihm jemand verschafft haben. Sowas kriegst du doch nicht geschenkt. Also, nein."

Welche Rolle haben die Nazis in der Colonia Dignidad gespielt?

„Dass Paul Schäfer was mit Nazis zu tun hatte, würde ich nicht ausschließen. Es gab Freundschaften, Bekannte, die tatsächlich Nazis waren. Das waren auch Geschäftsleute in Santiago. Und Walter Rauff."

Wo ist Paul Schäfer begraben?

„Das ist nicht bekannt. Aber man findet es. Ich habe irgendwo ein Foto ausgegraben. Da sind die alle drauf, wie sie den Sarg ziehen – von Hand. Da stehen Rebecca und Peter Schmidt, ein Matthias und noch drei Leute, die ich kenne, die ihn nach Argentinien begleitet haben. Er sollte keinen Platz kriegen, er sollte auch nicht auf einem öffentlichen Friedhof landen. In der Colonie ist er nicht begraben. Da wollte ihn auch keiner sehen. Er ist ganz mysteriös verschwunden, wie Schall und Rauch. Er hat geglaubt, er würde alles überleben. Er würde die Verfolgung überleben – alles. Alles wird er überleben, und zum Schluss wird er triumphieren. Das hat er uns immer gepredigt. Das Wort Gottes hat er gepredigt, um uns Angst zu machen."

Wie hat Schäfer 1997 die Flucht nach Argentinien geschafft? Und wer war dabei?

„Dass er Unterstützung von Leuten hatte, die die Führung übernommen haben, ist bekannt. Das waren Hans-Jürgen Riesland, Wolfgang Müller-Altevogt und Hans-Jürgen Blanck. Wer hat denn da drüben in Argentinien dieses Grundstück gekauft und die ganze Landwirtschaft ins Leben gebracht? Maschinen gekauft, die Jungs in der Landwirtschaft ausgebildet – das ist ja eigentlich ein Beruf, den man erlernen muss. Wer hat die da angelernt? Wer hat da alles ins Leben gebracht? Es gab Leute bei uns, die die Landwirtschaft geführt haben. Ich weiß auch, dass Leute da drüben waren und Schäfer zehn Millionen Peso monatlich rübergebracht haben. Hans-Jürgen Riesland."

Man hätte Hans-Jürgen Riesland verfolgen können, dann hätte man doch gewusst, wo Schäfer ist?

„Ganz genau. Man weiß nicht, wie man es angestellt hat. Es gab auch noch andere Verbindungen und Freunde. Vermutlich wurde ihm vom chilenischen Militär geholfen. Mit dem war er gut befreundet. Da gab es Leute, die ihn rübergebracht haben. Das konnte nicht so schwer sein, da er Kontakte bis in die obersten Spitzen hatte. Dann war das auch zu schaffen, denke ich. Man weiß nur, dass er erst woanders untergekommen ist. Unten im Süden Chiles, da hatte der damalige Präsident des Freundeskreises der Colonie, wie hieß er noch mal, José Miguel Stegmeier – auch ein Freund von Schäfer und Riesland – ein Fundo gekauft, mit Geldern der Colonia Dignidad. Da durfte niemand zu nahe kommen. Da stand ein Haus irgendwo weiter im Wald entfernt und unsere Leute, die in der Landwirtschaft gearbeitet haben, die Traktoren gefahren haben, die durften da nicht hin. Das weiß man natürlich heute. Da ist ein Pilot mal unwissend nur mal in die Richtung geflogen und wurde sofort zur Rede gestellt von den Jerarcas, was er da zu suchen hatte. Was ihm einfällt, warum er da rüberfliegt. Er wusste gar nicht, wovon die sprechen. Was war denn da los? Das war ein Zwischenziel, wo sie Schäfer untergebracht hatten. Nachher haben sie ihn nach Argentinien gebracht. Das alles hatte auch mit Riesengeldern zu tun. Das muss man sich mal vorstellen, wo das Geld überall hingeflossen ist. Und uns haben sie immer gesagt: Glühbirnen ausdrehen, wir haben kein Geld. Wir sagen, wir wollen jetzt auch mal unser Geld. Es kann ja nicht sein, dass wir immer auf der Stelle trampeln."

Kommen wir noch mal zurück auf deine Kindheit. Also, du warst sieben oder acht Jahre alt und musstest zum ersten Mal zu Paul Schäfer ins Bett. Und Wolfgang Zeitner lag mit im Zimmer?

„Genau. Wolfgang Zeitner war an dem Tag Sprinter. Der Sprinter hat immer bei Schäfer im selben Zimmer geschlafen. Da braucht man heute keinen Hehl draus zu machen, das ist heute kein Geheimnis mehr, da hat Schäfer die Kinder natürlich in den Nächten vergewaltigt. In den Nächten hat sich alles abgespielt. Die Sprinter hat er auch vergewaltigt. In meinem Fall auch noch ein kleines Kind. Das war ja nicht nur da. Das war auch Jahre später noch so, als er ins Freihaus umgezogen war. Da war die nächste Generation Kinder schon da. Die sollten da schlafen. Da war ein Kinderbettchen, wir waren ja noch Kinder. Da war sein breites Bett, da konnte er mit dem größeren Sprinter da liegen, und auf der anderen Seite lag der kleine Sprinter."

Und wie ging es dann weiter?

„Es fällt mir schwer, darüber zu reden. Ich verstehe nicht, wie man Kindern so etwas antun kann. Dass wir das überhaupt überlebt haben. Es ging ja vorab los, dass wir isoliert wurden von der Heilsarmeegruppe, als die ganz Schlimmen, die von der Gruppe noch mal sondiert werden mussten. Dann wurden Regeln aufgestellt und jeder wurde einem zugeordnet. Wir Kleinen durften uns dann nicht mehr von dem Aufpasser entfernen. Dafür hatte Schäfer Namen erfunden. Die Großen, die Aufpasser, waren die „Bammel", und die Kleinen waren die „Bimmel". Dann hieß es immer „Bimmel-Bammel". Das war sein Ruf, immer, wenn er in den Zippelsaal kam und uns zusammengetrommelt hat. Wir durften uns nicht mehr als drei Meter von diesen Aufpassern entfernen. Untereinander hatten wir Sprechverbot. Da hieß es: ein Meter Abstand. Es durfte sich nicht genähert werden und dann eben Sprechverbot. Also hatten wir gar nichts mehr zu sagen. Das wurde dann immer mehr verschärft. Wir mussten dann jeden Tag Meldung machen bei Schäfer. Er wollte immer was hören und wissen – Intimbeichten. Dinge, über die man nie nachgedacht hat, über die man nie reden würde. Die einfach nur peinlich sind, womit man auch nichts anfangen kann in dem Alter. Das hat mich alles verrückt gemacht. Das ist eine dermaßen quälende Psychofolter. Und das an Kindern. Mit Drohungen, mit Strafen, immer jemanden beauftragen mit Prügel. Wir wussten nie warum. Du musstest dich nachher wieder bei ihm melden, weil die Regel hieß: Wenn du Schläge bekommen hast, und bestraft worden bist, solltest du das innerhalb von zehn Minuten gemeldet haben. War Schäfer immer erreichbar? Stand der da, oder was? Wenn du dich nicht innerhalb von zehn Minuten gemeldet hast, hieß es, dann gibt es das Doppelte. Solche unsinnigen brutalen Methoden wurden da an uns ausgelebt. Das wurde auch umgesetzt. Es gab Zeiten, da habe ich jeden Tag Prügel gekriegt. Das glaubt mir keiner. Wenn ich das heute Leuten erzähle, glauben sie mir das einfach nicht. Da war ich zwischen zehn und sechzehn Jahre alt."

Wann ging das denn mit dem Neukra überhaupt los? Wie alt warst du da?

„Das war in den Siebzigerjahren. Das ging in die Allende-Zeit rein, in die Putsch-Zeit, 1971/72 sowas. Dann kam der Putsch. Im Freihaus hieß es immer: Die Gemeinde kommt zum Beten zusammen, damit diese Regierung gestürzt wird. Gegen Allende hieß es. Und gleichzeitig, als die da zum Beten angetreten sind und ihre Beichten ablegten, haben die uns da drüben im Neukra gequält. Da war ich vielleicht elf oder zwölf Jahre alt."

Was ist dir als Kind im Neukra-Krankenhaus widerfahren?

„Ich habe die Vorgeschichte schon erzählt, dass wir isoliert waren. Also wir waren schon abgestempelt. Wir waren die Schweine, auf die man aufzupassen hatte, über die man bestimmt hat. Ich hatte einen Aufpasser, der war nur ein halbes Jahr älter als ich. Das war mein Cousin, das muss man sich mal vorstellen. Der hatte alle Macht über mich. Der konnte mich schlagen, wann er wollte. Er konnte mich ohrfeigen. Die haben dann bestimmt, wie viel du essen darfst. Ob du überhaupt essen darfst und was du kriegst. Ich war so abgemagert, ich habe immer Hunger gehabt. Da standen die Brotteller auf dem Tisch und wir saßen „Bimmel neben Bammel". Dann hieß es immer: Darf ich noch 'ne Schnitte? Darf ich noch 'ne Schnitte? Hast du es verdient? Nein. Also weißt du Bescheid. Da standen die Brotteller, die haben sich sattgegessen, immer genommen. Das ging jahrelang so.
Dann – warum und aus welchem Grund auch immer – wurde in Windeseile dieser Bau da hingestellt. Das zweite Krankenhaus, weil das Krankenhaus, das schon da stand, angeblich nicht ausreichte. Also gab man dem den Namen „Neukra". Es hat sich später herausgestellt, es war nur

ein Tarnname. Es wurde im Schnellverfahren aus Holzwänden und Schnelldach aus Asbestplatten gebaut und mit Glaswolle isoliert, ein Höllenzeug. Das war lose, das hast du aus dem Körper nicht mehr rausgekriegt. Überall ging das durch, auch durch die Klamotten. Das haben wir eingeatmet. Dieser Bau wurde in Windeseile und im Großeinsatz errichtet, so nannte man das, wenn so viele Leute wie möglich daran gearbeitet haben, damit das schnell fertiggestellt wird. Es war gerade fertig, da hieß es: Jungs, Bimmel-Bammel, antreten. Dann haben die „Bammels" einen Auftrag bekommen – wir wussten nichts davon. Dann hieß es auf einmal: Mitkommen. Gegen Abend mussten wir zu Bett, da mussten wir so zirka einen Kilometer laufen. Auch im Winter und im Regen, zu den einzelnen Gemeinschaftshäusern. Wir hatten ja keine Privatwohnungen. Weizenhaus oder Kuhstall oder Mühlenhalle – wo sie alle verteilt waren. Kartoffelkeller, wo die Leute gefoltert wurden, die anderen hatten oben ihr Schlafzimmer. Dann ging der Marsch auf einmal am Weizenhaus vorbei, wo ich bis dahin geschlafen hatte. Was ist denn jetzt los?
Wo geht es jetzt hin? Was passiert mit uns? Ja, weiter, immer weiter – am Krankenhaus vorbei. Und da stand dieser Neubau. Dort hat man uns abgeliefert. Da haben uns die Leute, die uns später gefoltert haben, entgegengenommen."

Wer war das?

„Reinhard Döring, einer der Schlimmsten. Manfred Skrabs, Helmut Seelbach, Karl van den Berg, Gerhard Mücke, Rudolf Cöllen, Heinrich Hempel, Hans-Jürgen Blanck. Vielleicht habe ich noch einen vergessen. Aber die sind sicher dabei gewesen. Ich habe es auch in meinem Buch festgehalten. Ich habe es der Regierung gegeben, die weiß Bescheid. Was haben die mit uns gemacht? Das habe ich noch gar nicht erzählt. Wie gesagt, Sprechverbot. Wir konnten uns untereinander nicht unterhalten, noch nicht einmal angucken. Also jeder für sich. Uns wurden die großräumigen Waschräume gezeigt, nicht in Kabinen oder Toiletten oder so. Hier die Waschbecken, ab heute wascht ihr euch hier. Da drüben ist das Schlafzimmer. Dann kommst du in so einen Raum rein, so einen großen. Das riecht alles nach Gas. Du dahin, du da, du dahin. Ringsrum waren Betten aufgestellt. Die waren dann immer abgetrennt mit so spanischen Wänden. Das war so ein Holzrahmen von zwei Metern. Der war mit Stoff bespannt und stand immer zwischen den Betten. Die Betten standen alle zu den Außenwänden. In der Mitte war frei. Es standen ungefähr fünfzehn oder

siebzehn Betten ringsrum. Jeder hat seinen Platz zugeteilt bekommen. In der Mitte hing eine große Lampe mit richtigem Licht, darunter standen ein Tisch und zwei Stühle.
Dann hieß es: Ausziehen. Wir haben überhaupt keine Zudecke gehabt. Da war ein Holzgestell, da war eine Reisstrohmatratze drauf, es war superhart. Nicht mal ein Kopfkissen, sondern nur eine dünne Decke. Ausziehen, alles ausziehen. Hose auch noch ausziehen, bis du nackig warst. Hinlegen, Arme ausstrecken, Arme neben dem Körper, keine Regung, wehe eine Regung irgendeines Gliedes, der Augen oder sonst irgendwas. Ohren zu mit Watte. Ein dunkles Tuch über die Augen gelegt. Und dann gelegen, schlafen! Schlafen? Wer will da schlafen? Ein Kind mit zehn oder zwölf Jahren? Oh, da schreit ja jemand. Wann bin ich dran? Ich war einer der Schlimmsten, das muss man so sagen. Jedenfalls nach dem, wie ich behandelt wurde. Ich wurde auch in die Nähe des Eingangs gelegt, beziehungsweise des Ausgangs, wo es zu den Waschräumen ging. Das war nämlich die nächste Nummer. Du lagst im Bett, dann haben diese Elektrowerkzeuge, die sie hatten, Brenner nannten sie die, zugestochen – aus heiterem Himmel, ob du geschlafen hast oder nicht. Das Schlafen ist dir sowieso vergangen. Wenn du dann geschlafen hast, bist du mit diesem höllischen Schmerz aufgewacht. Auf den Kopf, auf die Stirn, auf den Körper und dann in die Genitalien. Ganz gezielt in den Bauch, in die Weichteile. Höllisch, und du durftest keinen Mucks von dir geben. Das waren elektrische Viehtreiber.
Ich weiß von meinen Leuten, von meinen Nachbarn, die auch da waren, dass sie Geräte in die Steckdosen gesteckt haben. Verstehst du, was das sein könnte? Mein Bruder Andreas sagte zum Beispiel, er wurde auf eine Eisenplatte gestellt, die unter Strom stand. Alles nackig. Und wenn du dann nicht an dich halten konntest, weil du dann geschrien hast, hieß es: Raus, du Schwein. Mitgenommen in den Waschraum. Dann ging die Prozedur erst richtig los. Dann war da einer, den haben wir später „Bademeister“ genannt, ironischerweise. Ein Höllenkerl. Der hat uns splitternackt in die eiskalte Badewanne geschmissen. Dann noch in diesen Elektrostrom. Und den Kopf immer runtergedrückt, dass du nicht hoch und Luft holen konntest. Ich weiß gar nicht, wie das möglich sein kann, dass man das überlebt hat.“

Warum wurde das mit euch gemacht?

„Das weiß ich nicht. Das konnte ich auch nicht fragen. Das ist doch der

Wahnsinn. Das ist eins der großen Probleme, dass dir keiner die Frage beantworten kann von uns Opfern, weil es keinen Sinn ergibt. Es kann nur irgendein perverses Spiel von Schäfer gewesen sein. Der hat sich das aus dem Hintergrund angeguckt. Der hat sich selber ja nicht schmutzig gemacht dabei. Der war einfach nachts plötzlich da und hat sich angeguckt, ob das alles richtig läuft."

Was wäre denn den Folterern passiert, wenn sie sich Schäfers Anweisungen widersetzt hätten und den Jungs das nicht angetan hätten?

„Da spreche ich aus eigener Erfahrung, weil ich den Mut gehabt habe, auszuprobieren zu widersprechen. Mir ist nichts passiert. Ich sollte auch jemanden verprügeln. Da habe ich gesagt, das mache ich nicht. Das sehe ich nicht ein, das ist nicht richtig. Der junge Mann, der verprügelt werden sollte, hatte etwas gebeichtet. Er hatte gebeichtet und dafür musste man ihn nicht bestrafen. Das mache ich nicht. Das kann ich nicht. Mir ist dafür nichts passiert."

Hattest du den Eindruck, dass die Folterer auch noch Vergnügen daran hatten euch zu quälen?

„Na klar. Das ist der eigentliche Schmerz, der mich jahrelang begleitet hat. Was so sehr weh getan hat, ist, dass sie das mit Freude gemacht haben. Das weißt du einfach. Die haben eine teuflische Freude dabei gehabt. Das hat richtig Spaß gemacht. Die haben so richtig ihre eigenen Energien da rein gesteckt, diesen Teufel zu bezwingen, und sie haben Spaß dabei gehabt. Wenn ich sie zu Gesicht bekommen habe, habe ich gesehen, dass ich von Reinhard Döring, Heinrich Hempel, Manfred Skrabs, und Helmut Seelbach gefoltert wurde. Das war wieder eine andere Begebenheit, aber in demselben Raum in demselben Gebäude.

Ich möchte noch eine Geschichte erzählen über die schlimmsten Sachen, die ich da im Neukra erlebt habe. Ob anderen das auch passiert ist, weiß ich nicht. Ich habe es von niemand anderem bislang gehört, aber ich habe es nicht für möglich gehalten, dass Menschen einem Kind so etwas antun können. Ich habe das ja erzählt mit der Badewanne. Das kann man nicht mehr steigern. Aber es kam noch eine andere Nummer: Da wurde ich in einen anderen Raum geführt. Mir wurden die Augen zugebunden und sie haben hinten so an den Haaren zugepackt und mich geschliffen mehr oder weniger. Ich wusste nicht, wohin es ging. Dann haben sie mich auf eine Toilette gepflanzt. So richtig mit Gewalt. Und dann ist die Hölle über mich hereingebrochen. Da war dann nicht nur eins, sondern es waren drei Geräte. Ich dachte, ich überlebe das nicht. Drei Geräte, auf der Toilette sitzend, nackt. Ich weiß nicht, muss ich dazu noch was sagen? Ich weiß, dass ich des Öfteren bewusstlos war. Ich wusste nicht mehr, wie ich hierhin komme oder dahin komme, dass ich plötzlich krank in einem Nebenzimmer lag. Ich habe die Zusammenhänge verloren. Aber was passiert ist, weiß ich noch. Das ist ein Teil, den ich hier erzählt habe, das muss man sich vorstellen, das ist nicht nur einmal passiert, sondern das Ganze ist über ein Jahr gelaufen. Nicht jeden Tag dasselbe, aber über ein Jahr diese Qualen. Dass wir dann mehr wie KZ-Häftlinge denn Kinder ausgesehen haben, kann man sich vorstellen, will aber keiner wahrhaben. Es durfte uns auch keiner sehen. Wir wurden versteckt. Niemand hat uns gesehen. Am Tag hat man uns in die Berge geschleppt nach dieser Nacht, wo du schon nicht geschlafen hast. Dann hieß es: Fußmarsch."

In der Nacht, wo du mit drei Viehtreibern auf der Toilette gefoltert wurdest, welche drei Personen waren dabei?

„Manfred Skrabs, Reinhard Döring, Heinrich Hempel oder Helmut Seelbach. Abwechselnd. Das eine Mal war er vielleicht nicht dabei, aber es waren drei. Das weiß ich. Ein anderes Mal war der andere wieder dabei. Es wurde überall mit Strom hingestochen. Wenn man zu dritt ist, kann man doch überall hinstechen. An den Kopf, in die Genitalien, an den Weichstellen, wo du besonders empfindlich warst, einfach hingestochen. Oft hat die Folter in Bewusstlosigkeit geendet. Man kann diese Schmerzen doch gar nicht ertragen als Kind. Ich meine, diese Dinge an Kindern zu praktizieren … Später habe ich gehört , dass die Chilenen da gefoltert wurden. Da finde ich mich wieder. Bevor die chilenischen Regimegegner in der Colonie gefoltert wurden, hatte man das alles schon an uns, an den Jungs, praktiziert. Einige Chilenen haben sie sogar in den Tod gefoltert. Erwachsene. Viel besser wird es den anderen auch nicht ergangen sein, die mit mir waren, diese Gruppe von uns Jungs, die wir die Hölle durchgemacht haben. Das ist die Neukra-Zeit. Wie sollte man da am Tag noch in der Lage sein zu arbeiten und zu machen? Nein, die haben uns rausgebracht, in die Berge. Zum Teil unwegsames Gelände durch Dornen, Hecken und Büsche. Irgendwo, wenn du Glück hattest, hat mal jemand eine Quelle gefunden, sodass du Wasser trinken konntest. Wir sind im Gehen eingeschlafen. Kaum zu essen und abends wieder in diese Hölle rein. Wie kann man das überleben? Ich verstehe auch nicht, dass man das überleben kann. Jede Nacht das gleiche Spiel."

Hat sich jemals einer von denen, die dir die Stromschläge verpasst haben, entschuldigt?

„Leider nein. Es war eher umgekehrt. Ich sage mal so, nachdem Schäfer draußen gewesen ist, habe ich den Mut zusammen genommen und das Thema wieder aufgegriffen. Das kann man ja auch nicht verarbeiten – nie. Ich habe sogar den Mut gehabt, Schäfer selbst darauf anzusprechen, als er noch da war. Viele Jahre später. Ich wollte von ihm eine Antwort haben, was das ganze sollte und warum er das gemacht hat. Da hat er mich ganz kurz abblitzen lassen und gesagt: Ach so, du willst, dass wir das wiederholen. Welche Chance hast du denn da noch, nachzufragen und zu bohren?"

War der Sektenarzt Hartmut Hopp bei den Folterungen im Neukra mit dabei?

„Hopp war der, den ich noch vergessen hatte. Hopp war auch im Neukra bei den Folterungen. Was man heute unter Missbrauch versteht oder was ich gelernt habe, was Missbrauch ist, hat er mich nicht sexuell missbraucht. Aber vielleicht kann man doch sagen, es ist auch ein Missbrauch, ein sexueller Missbrauch in anderem Sinne. Weil er hat mich, und das gebe ich so wieder, wie es wirklich war, beschnibbelt und beschnipst mit dem Finger. Eine Handlung, die sehr schmerzhaft war. Das hat niemand sonst gemacht. Er war es. Ich habe auch diesen Geruch, den er hatte, erkannt. Er lief immer mit so einer Fahne von Parfüm herum. Das haben die anderen nicht gehabt. Und das hat auch kein anderer gemacht. Er hat mein Glied mit dem Finger beschnippst. Das war sehr schmerzhaft. Ich weiß von einem anderen Jungen, einem Cousin von mir, der hat das auch bestätigt und gesagt, ja bei mir hat er das auch gemacht. Das habe ich in Deutschland erfahren. Damals haben wir nie darüber geredet. Hier in Deutschland, wo ich die Sache aufgearbeitet habe, ist mir das erst wieder in Erinnerung gekommen."

Was wollte er mit dem Schnipsen denn bezwecken?

„Weiß ich nicht. Schmerzen zufügen. Hat er Spaß daran gehabt? Fand er es einfach lustig?“

Hast du Hartmut Hopp nur am Geruch erkannt oder hast du ihn auch gesehen?

„Ich habe ihn auch gesehen, wenn auch nicht vollumfänglich. Ich war sicher, dass er das ist. Es war ja auch Zeitweise so, dass die Binde mal weggerutscht ist. Die lag ja nur lose drauf. Ich habe das nicht erfunden. Ich bin sicher, dass der Hopp das war. Das sagt auch mein Cousin. Er erzählt von genau denselben Tätigkeiten und ich weiß, ich habe ihn sogar gesehen.“

Dein Cousin Hartmut Zeitner?

„Genau.“

In welchem Jahr war das?

„Das war alles 1972 – in der Neukra-Zeit. Dann habe ich noch zwei Zeugen, die im Neukra waren. Die sagen, dass Hopp sie betreuen sollte. Das waren mein Bruder Andreas Schmidtke und Günter Schaffrik. Sie waren auch im Neukra. Er sollte sie betreuen, damit sie sich mal erholen konnten zwischendurch. Im Neukra hat er sie bewacht. Die anderen waren alle auswärts, die waren unterwegs. Der Hopp hat die beiden bewacht. Ich verstehe nicht, wie man da noch was gut reden kann, seitens Hopp. Er wusste, was da läuft. Er versucht sich mit seinem raffinierten Gehirn aus allem, was man ihm nicht nachweisen kann, rauszuwinden. Von Gewissen redet man gar nicht. Er hat das gesehen, er wusste das, er war selber dabei. Das reicht doch. Ich kann es einfach nicht glauben, Kindern Leid zuzufügen. Wenn man Kinder sieht, dann vergesse ich das nicht. Ich weiß auch, dass ich mal jemanden geschlagen habe, das habe ich auch nicht vergessen. Ich habe mich nachher entschuldigt, dass ich jemanden ohrfeigen sollte. Das ist mir so schwergefallen. Aber ich habe das nicht vergessen. Ich lüge da nicht. Für mich ist jedes Wort zu viel, das noch beweisen zu wollen. Für mich sind das Tatsachen und ich weiß das. Ich habe keinen Grund, das zu erfinden.“

Wusste Hartmut Hopp, dass die Kinder von Paul Schäfer sexuell missbraucht wurden?

„Natürlich müsste er das selber am besten wissen. Das wird er natürlich abstreiten. Aber komisch nur, dass unter den Jungs bekannt war und gemunkelt wurde, dass er selbst missbraucht wurde. Von Leuten, die in seinem Alter derzeit waren – schon in Deutschland.

Die Fortsetzung von Schäfers sexuellem Missbrauch an mir folgte dann im Alter von acht, neun Jahren im Freihaus. Da ging es dann richtig los. Das war noch vor der Neukra-Zeit. Als wir in die Gruppe der „Heilsarmee" kamen. Da hat sich Schäfer besonders diese Gruppe, diese „Kleinen Jungs" vorgeknöpft. Er hatte ja jetzt alle Türen offen und das vor der Gemeinde damit gerechtfertigt, dass er die Erziehung jetzt selbst in die Hand nimmt. Damit hat er sich den Freibrief geschaffen, die Jungs rüber ins Freihaus zu holen. Das kann ich von mir bezeugen, und soviel ich weiß, von anderen auch. Dann bist du bei dem im Bett gelandet. Das war dann schon gar keine Frage mehr. Du konntest dich gar nicht mehr zur Wehr setzen. Du musstest das einfach machen. Du warst ja ein Kind. Ich hatte ja gar keine Eltern. Ich hatte ja nur ihn. Und da war jemand, der so liebevoll und so nett mit dir gesprochen und dich gestreichelt hat."

Musstest du da schon Medikamente nehmen?

„Da nicht. Das kam später. Nicht da, das war ja das erste Treffen, wo er so intim wurde, und das so lange ging. Ich habe nur gehofft und gedacht, wann ist das hier zu Ende? Wie lange muss ich das aushalten? Dann hat er dich so befragt und so beharkt und dann fing das schon mit Druck an. Was hast du mit dem Mädchen gemacht? Was hast du da gemacht? Was hast du gesehen? Was hast du gedacht dabei? Was hast du gesponnen? Was hast du fantasiert dabei? Das war dann jahrelang nur noch das Thema. Das war der Anfang."

Und dann hat er dich regelmäßig missbraucht?

„Da hat er mich missbraucht. Regelmäßig kann ich nicht sagen, denn ich habe mich schon irgendwie gewehrt. Das hat er auch gespürt, dass mir das widerlich war, und dass ich das nicht wollte. Er hat Dinge von mir erzwungen, die ich dann einfach nicht gemacht habe, wo ich mich geekelt habe. Aber er hat mich penetriert. Das muss man ganz klar sagen. Und da ist alles kaputtgegangen bei mir. Davon habe ich heute noch einen Schaden. Das hat er nicht nur einmal gemacht. Ich habe nie darüber gesprochen, dass ich vergewaltigt wurde. Da leide ich heute noch drunter."

Bist du anschließend ärztlich versorgt worden?

„Nein. Eben nicht. Ich musste jahrelang mit den Schmerzen, mit den Problemen leben, bis ich irgendwann zu Hopp, der Arzt war, gegangen bin, weil ich es nicht mehr aushalten konnte. Und nicht mal er hat einen Finger gerührt."

Der Arzt Dr. Hopp hat dich nicht untersucht und behandelt?

„Nein. Ich habe immer geblutet, das war ganz normal bei mir. Immer geblutet im Stuhlgang. Jahrelang."

Was hat Dr. Hopp gesagt?

„Er hat sich das angehört und nichts weiter. Nichts. Er hat mich gehen lassen. Er kann nichts machen dagegen, hat er gesagt."

Und dann hat er nicht gewusst, dass ihr missbraucht wurdet?

„Das habe ich ihm nicht gesagt. Ich hätte mir eher auf die Zunge gebissen, bevor ich ihm das gesagt hätte. Vielleicht habe ich auch gar nicht so weit gedacht."

Wie kann denn sowas passieren, wenn man dem Arzt sein Leiden mitteilt, dass er da nicht drauf eingeht?

„Konnte ich mir auch nicht erklären. Deshalb war er bei mir unten durch. Ich brauchte auch nicht mehr zu ihm hinzugehen."

Hatte er vielleicht von Schäfer die Anordnung bekommen, dich nicht zu behandeln?

„Ich bin mir nicht sicher, ob Schäfer noch da war. Das war sehr spät, als ich hinging."

Ja, aber die waren doch immer in Kontakt?

„Ich glaube nicht, dass er mit Schäfer darüber geredet hätte. Weiß ich nicht, glaube ich einfach nicht. Ob er überhaupt so weit gedacht hat? Ich meine als Arzt – da fragt man sich schon, oder?"

Und hast du dich in Deutschland dann von Ärzten behandeln lassen?

Mehr oder weniger. Ich habe es nie offen ausgesprochen, jetzt erst vor kurzem das erste Mal. Aber so direkt habe ich das nie angesprochen, vielleicht auch, weil ich das nicht so klar hatte. Jetzt, wo ich mir das alles noch einmal vergegenwärtige, ist das klar. Aber mir war nicht immer so klar, wo es herkommt."

Und das ging auch über Jahre?

„Ja. Genau. Ich habe schon eine gewisse Behandlung, also Cremes. Aber ich glaube, ich habe mich auch an viel Leid gewöhnt. Wenn man so viel durchgemacht hat, dann sind andere Sachen klein, so wie sie sind. Sie sind da, aber sie sind klein dagegen."

Wer müsste denn aus deiner Sicht heute zur Verantwortung gezogen werden?

„Alle. Die ganze Bande. Die ganzen Jerarcas, die ganze Führung."

Gab es denn auch Fluchtversuche von dir nach den ganzen Misshandlungen?

„Selbstverständlich. Es sind nicht so viele gewesen, die es so oft versucht haben wie ich. Ich habe fünf Fluchtversuche unternommen. Das fing schon sehr früh an als Kind. Da war ich etwa in der zweiten oder dritten Schulklasse. Wir wurden im Freihaussaal beaufsichtigt. Im selben Bau, in dem Schäfer dann geschlafen hat, war auch so ein großer Saal. Ein Besuchersaal. Da sollten wir abends die Schularbeiten machen, wenn unsere Aufpasser, „die Bammels", Religionsunterricht mit Schäfer hatten. Wir sollten von acht bis elf Uhr am Abend unsere Schularbeiten machen, die wir nie fertigkriegen konnten. Wir haben immer unendlich viel auf bekommen. Wir saßen getrennt an den einzelnen Tischen, jeder alleine an einem Tisch, getrennt von den anderen. Wie gesagt, es gab ja auch Sprechverbot und jeder hat da vor sich hingebrütet, hat sich nicht getraut, jemanden was zu fragen. Da saßt du alleine mit deinen Problemen. Jedenfalls waren da die genannten „Herren“, die auch im Neukra waren. Dieselben Leute: Reinhard Döring, Manfred Skrabs, Helmut Seelbach, Heinrich Hempel. Sie haben einem hinten auf den Kopf getippt, komm mal mit. Du hast auch mitgekriegt, wenn andere rausgeführt wurden, da hast du schon Herzklopfen gekriegt. So ging das immer. Nichts gesagt. Mitkommen – raus. Die Schuhe standen draußen. Ja, komm mal mit ins Clubzimmer. Das ist der Nebenraum von Schäfers Zimmer. Dann: Was hast du getrieben? Was hast du wieder gesprochen? Was, das willst du nicht sagen? Dann ging es wieder los. Wieder mit den elektrischen Viehtreibern. Einer hat erst versucht, mich zu bändigen – ich kann heute nicht mehr sagen, wer es von den Dreien war, ob es Manfred Skrabs oder Reinhard Döring war – er hat es jedenfalls nicht geschafft. Ich habe so viel Kraft und Widerstand aufgebracht, auch vor Angst, weil ich wusste, was das bedeutet und welche Höllenqualen ich da wieder ausstehen muss. Er ließ mich alleine, ging in den Saal zurück. Ich wusste, was jetzt passiert. Wenn der jetzt zurückkommt, dann mit Verstärkung, dann ist die Hölle los. Da habe ich so eine Angst bekommen, da bin ich mit Socken rausgelaufen.“

Und welcher Grund lag da vor?

„Das weiß ich nicht. Einfach so. Das war ja immer so. Genau das habe ich auch gefragt – warum? Was ist passiert? Was wirfst du mir vor? Nichts. Gar nichts. Kein Wort. Einfach imaginär. Das hatte immer irgendwas mit Sexuellem zu tun. Das wurde aber nicht ausgesprochen. Das war klar. Wir durften zum Beispiel nicht mit den Beinen wackeln. Das heißt, wenn du auf dem Stuhl saßt, wir waren noch Kinder, der Stuhl war hoch, dann hingen die Beine in der Luft. Wie willst du da die Beine stillhalten? Du hast mit den Beinen gewackelt und hast es noch nicht mal gemerkt. Ja, dann warst du dran. Du hattest mit den Beinen gewackelt. Das war was Sexuelles. Kann ich selber nicht erklären. Das ist aber so, das war so. Das hat gereicht. Oder es wurde einfach unterstellt, du hast gesponnen. Warum hast du da einen Fehler gemacht, warum hast du wieder rumgesponnen? Du hast doch wieder irgendwelche Teufeleien getrieben. Heimlichkeiten. Immer so. Es wurden immer irgendwelche imaginären Dinge unterstellt. Aber es gab doch nichts Konkretes. Du hast das und das gemacht. Ich habe das gesehen und das ist eine Sünde oder eine Teufelei. Es wurde einfach etwas unterstellt. Und wehe, du hast widersprochen. Dann ging es dir noch dreckiger. Du hast es unter Druck zugegeben und dann hieß es: Ja, dann schreib das mal auf. Dann schick das dem Schäfer. Das war so gewollt."

So, und dann war der erste Fluchtversuch schon als Kind?

„Ich bin dann auf Socken rausgelaufen und dann habe ich mich unters Fenster geduckt, damit sie mich nicht sehen. Da gab es so eine große Fensterfront. Da war ich vielleicht zehn Jahre alt. Ich bin weggelaufen und habe mich flach ins Grüne gelegt. Es war schon fast dunkel, Dämmerung. Dann habe ich mich im Obstgarten, der lag an einer Mauer, ins Gras geschmissen und gewartet, bis erst mal Ruhe einkehrt und wollte dann … Es dauerte nicht lange, dann hatte die „Heilsarmee" mich aufgefischt. Es gab Alarm und dann sind die „Bammels", die mit Schäfer im Zippelsaal beim Religionsunterricht gewesen waren, ausgeströmt, sind losgetobt. Ich lag da und habe das gehört, wie der Boden vibriert hat. Alle sind wie fuchsteufelswild im Obstgarten losgerannt. Dann kamen zwei und sagten: Ah, da liegt das Schwein. Die haben mich gepackt wie einen Verbrecher und dann hieß es: Mitkommen. Sie haben mich wieder zurückgebracht und ausgeliefert. Dann sind sie zu dritt gekommen. Es ist das passiert, wovor ich so Angst hatte. Ich dachte, das kann ja wohl jetzt nicht wahr sein. Jetzt führen sie das trotzdem noch durch. Aber dann ist was Besonderes passiert. Das habe ich nie vergessen: Dann hat das Ding nicht funktioniert, das Gerät. Da haben sie mich auf dem Boden geknebelt und festgehalten und das Ding ging nicht. Sie wurden nervös und nahmen das nächste. Das ging auch nicht. Ob es zwei oder drei waren, das weiß ich nicht. Aber sie haben mich nur noch angeguckt und dann laufen lassen."

Wie viele Fluchtversuche insgesamt haben Sie unternommen?

„Fünf. Das war mein erster kindlicher Fluchtversuch. Bei den späteren habe ich richtig Strecke zurückgelegt. Da bin ich durch dick und dünn, durch Dornenhecken – durch alles. Durchs ganze Fundo. Die haben mich nicht gekriegt. Ich bin immer wieder zurückgekommen. Ich wusste nicht, wo man Schutz und Hilfe bekommen kann. Wir sind doch da als Kleinkinder aufgewachsen, wir wussten doch gar nicht, wer und was die Polizei ist. Ich wusste nicht, was eine Botschaft ist. Ich wusste nicht, was ein

Gericht ist. Nichts. Ich konnte die Sprache nicht, ich hatte kein Geld. Ich habe ein paar Tage überlebt, irgendwo. Ich habe auch eine Nacht ausgehalten. Irgendwo ganz weit draußen in den Tälern stand so eine Feldscheune. Da habe ich mich ganz oben in den Strohballen versteckt und dort eine Nacht verbracht. Dann bin ich wieder zurückgegangen, weil wo sollte ich denn hin? Am Ende ist es wahrscheinlich für mich noch gut ausgegangen, weil ich zurückgekommen bin. Von den anderen habe ich gehört, dass, wenn sie erwischt wurden auf der Flucht, anschließend richtig gefoltert wurden.
Das ist das, was ich heute so anklage und wo ich auch den Vorwurf gegen die deutsche Regierung mache: Dass es nicht sein kann, dass da jemand ist, der hier in Deutschland schon straffällig geworden war und gesucht wurde, wo sogar Interpol eingeschaltet wurde – dass man den dann laufen lässt. Und das heute als Bundespräsident zum Ausdruck bringt, mit: „Ja, schlimmstenfalls haben wir weggeschaut." Das sag uns mal einer ins Gesicht, wie weh das tut. Das ist alles? Es war bekannt, nicht nur vorher, auch nachher. Es war bekannt. 1988 gab es – auch schon spät, aber selbst 1988 wurde im Bundestag alles offengelegt. Die Lotti Packmor war anfangs selber im Neukra und wusste Bescheid. Die hat alles offengelegt. Die wussten im Bundestag also, dass wir da gefoltert wurden. Mein Gott, was fehlt denn noch?! Und man hat uns nicht rausgeholt, man hat uns nicht befreit. Man hat einfach weggeschaut. Das ist der Vorwurf. Den werde ich wahrscheinlich mit ins Grab nehmen. Weil ich habe es ausgesprochen, ich habe es ihnen vorgehalten, ich habe alles gemacht. Ich habe Briefe geschrieben, was habe ich jahrelang gekämpft."

Was ist denn Ihre Erklärung dafür? Wurde tatsächlich weggeschaut?

„Diese Frage ist sehr schlau. Ich denke auch so darüber, dass gar nicht weggeschaut wurde. Alleine, wenn man die Aussage mal so stehen lässt: Wir haben weggeschaut. Wovon wurde weggeschaut? Also sie wussten, dass da was ist, und man hat weggeschaut. Ich weiß, da läuft was. Ich schaue weg. Wovor schaue ich denn sonst weg? Natürlich gab es da Interessen. Ob wir jetzt vom Waffenhandel sprechen, ob wir von den Verbindungen zum Geheimdienst sprechen, die bestanden haben, nachweislich, das weiß man heute alles. Man hatte großes Interesse daran, dass die Colonie weiter besteht. Das macht das ganze ja noch schlimmer. Das ist der Wahnsinn. Und was bringt man heute zustande? Alle, die knallhart die Wahrheit aussprechen, die diese Dinge beim Namen nennen, kommen nicht durch. Das fängt bei uns an, das geht weiter bei Journalisten wie dir. Das muss man sich mal vorstellen, da wird so ein langer Film von Netflix gedreht, oder besser gesagt über Netflix ausgestrahlt, wo sie so lange dran herumgedoktert haben, bis sie das so geschönt haben, dass das doch gar nicht schlimm war da. In der Netflix-Sendung kommt kein Opfer von uns drin vor, für diese Geschichten, die ich gerade erzählt habe, hat keiner Platz. Hätte man lieber berichtet, da sind soundsoviele siebzehnjährige Kinder gestorben und gefoltert worden. Wäre es dann durchgegangen vielleicht? Musste es so weit kommen? Hat es nicht gereicht, dass meine Schwester schon zu Tode gefoltert wurde? Dass so viele gefoltert wurden? Schon 1966, Erwachsene? Eine Frau Lindemann, die Mutter von Harald Lindeman, die dreimal geflohen ist und immer wieder zurückgebracht wurde, von der dann irgendwann niemand mehr gehört hat, wo sie geblieben ist? Riesengroße Skandale in Chile, die Zeitungen waren voll. Amnesty International war eingeschaltet. Prozess verloren nach zwanzig Jahren. Hat keiner mehr aufgegriffen heute, wo sich alles bestätigt hat, dass es doch die Wahrheit war. Das ist zum Verzweifeln. Dann sagt man natürlich, welchen Sinn macht das noch? Man läuft gegen die Wand. Man kämpft und kämpft."

Wen prangerst du am meisten an?

„Bei dieser Bandbreite ist schwer zu sagen das oder das. Erstmal die Regierung, dass sie nicht mal das, was sie selber versprochen und festgelegt hat, zu tun für uns, bis heute getan haben. Nämlich aufzuklären, wie die Besitzverhältnisse der Sekte gerecht verteilt werden und wie das zustande kommen kann überhaupt. Da einen Einblick zu kriegen. Nein, da wagt sich keiner ran. Im Gegenteil, die werden noch unterstützt und bezahlt vom Staat, dass es weiter läuft. Und uns hat man abgespeist mit einem Monatsgehalt von einem Abgeordneten, wenn man das so sagen darf. Einem einmaligen."

Wie hoch war der Betrag?

„Einmal siebentausend Euro und dann musste man noch sehr viel dafür tun und kämpfen, dass man auch noch die dreitausend Euro dazu kriegt."

Also pro Person zehntausend Euro?

„Pro Person natürlich. Wohlwissend, dass keine Rente eingezahlt wurde für uns. Dass wir keinen Rückhalt haben, dass wir uns kaputt gearbeitet haben. Doppelte Arbeitszeit als normal. Dass wir so kaputt sind, wie man nur kaputt sein kann, und froh ist, dass man heute noch einigermaßen gesund ist. Aber ein Leben ist das nicht. Ein billiger Trost. Das hat nichts mit Undankbarkeit zu tun. Ich bin dankbar, dass es nicht ganz umsonst war. Aber ich finde es ungerecht."

In wessen Besitz sind denn jetzt die Gelder?

„Das ist die große Frage. Das ist ein Geheimnis, würde ich mal sagen. Man weiß, dass Millionen und Abermillionen auf die hohe Kante gelegt wurden. Das wissen wir, weil Schäfer das in der Gemeinde selbst verkündet hat, dass für jeden reichlich gesorgt sei, finanziell. Dass Koffer mit Geld bewegt wurden, auch ins Ausland, auf Inseln zum Teil, oder nach New York. Das ist alles bekannt, aber das deckt niemand auf. Ein Satz, der noch interessant ist, den Kurt Schnellenkamp ausgesprochen hat, bevor er gestorben ist. Es gibt da ein Geheimnis, es gibt da eine Sache, wenn die rauskommt, dann …, also wenn das rauskommt, dann würde was ganz Schlimmes passieren. Da würden ganz viele drunter leiden, oder so ähnlich. Er hat das gesagt. Was er damit meinte, weiß ich nicht."

Woher weißt du das?

„Das weiß ich vom Ex-Colono Willi Wagner."

Was ist eure Vermutung, um welches Geheimnis es sich da handeln könnte?

„Ich denke, da spielt Geld eine Rolle, und auch Waffen. Das waren die schlimmsten Dinge, die verheimlicht wurden. Denn mit den Toten ist ja schon viel offengelegt. Vor allem, dass man letztendlich doch nicht nachweisen kann, wie viele es waren. Das sollte auch nicht rauskommen. Aber das war in der Zeit schon rausgekommen. Wenn der Mann sowas sagt, dann ist da was dran. Der hat das Wissen, die Macht, den Posten gehabt, zu wissen. Der war zu nah an Schäfer dran und hat sein Vertrauen genossen."

Ja, aber was könnte heute noch schlimm sein?

„Er meinte, wenn das rauskommt, würde ein großer Schaden passieren, der in seinen Augen sehr schlimm sein würde. Man kann jetzt spekulieren, aber man fragt sich trotzdem – warum sagt er so was? Mich beschäftigt das seitdem, was er damit meinte. Die haben uns doch alle betrogen. Wir wussten doch gar nicht, was die alles gemacht haben. Wenn du Kurt Schnellenkamp bei Netflix reden hörst, denkst du, ach, der arme Mann. Da kriegst du noch Mitleid."

Welche Bedeutung hatte Kurt Schnellenkamp für dich?

„Er ist einer der Mitverantwortlichen und auch Schuldigen – ganz in der vorderen Reihe der Jerarcas, die mit Schäfer zusammen das ganze System aufrechterhalten haben. Das, wobei er sich selber schuldig gemacht hat, das macht er heute ganz klein. Das sind die Sachen mit den Waffen. Unglaublich, das muss man sich mal vorstellen, da werden Geschäfte gemacht mit Waffen über Colonia Dignidad im Folterlager und dann kommt so ganz klitzeklein: Ja Papa, was hast du denn da gemacht, was war denn da mit den Waffen, fragt seine Tochter Anna in der Netflix-Sendung. Ja, wir waren da in Mexiko, ja, ich glaube in Mexiko. Also das spielt der immer so heuchlerisch runter. Ja, da war was. Aber sagt nichts."

Was war denn wirklich mit den Waffengeschäften in Mexiko?

„Es ist doch bekannt, dass Containerweise Waffen von Deutschland über Mexiko nach Chile gebracht wurden. Mexiko war ein Umschlagplatz, auch von Gerhard Mertins – einem deutschen Waffenhändler. Kurt Schnellenkamp war zusammen mit Helmut Seelbach in Mexiko. Ich dachte, jetzt spricht der in der Sendung von der Mine, weil uns wurde von Schäfer erzählt, dass Kurt Schnellenkamp und Seelbach die Silbermine in Mexiko beaufsichtigen sollten, weil Mertins andere Sachen zu tun und eine Vertretung gesucht hatte. Davon hat er gar nichts erwähnt. Also stimmt das gar nicht. Das war auch wieder eine Lüge. Die waren wegen des Waffengeschäfts da drüben. Die Waffen sind über einen Umweg, damit es nicht auffiel, über Mexiko nach Chile rein. Darin war die chilenische Regierung verwickelt. Das war so gewollt. Die haben sogar mit Flugzeugen gehandelt. Das war nach dem Putsch. Das war alles nachher. Die eigenen Waffen, die in der Colonie produziert wurden, wurden auch privat verkauft. Die haben die Mercedes-Ambulanz mit dem doppelten Boden dazu benutzt. Da hast du hinten die Klappe aufgemacht und da ist der Gerd Mücke nach Santiago und hat die an Freunde verkauft.“

Wie hießen die Freunde, die die Waffen gekauft haben?

„Das weiß ich nicht. Die haben die Waffen im Freihaussaal zur Schau gelegt und da kamen die Freunde, die Schäfer eingeladen hatte, und sie sind zusammen da durchgegangen und die haben dann bestellt.“

Welche Waffentypen wurden verkauft?

„Pistolen und Maschinengewehre. Die Freunde, die gekauft haben, waren Freunde von Albert Schreiber, Paul Schäfer, möglicherweise von Hartmut Hopp und von Gerd Mücke. Die alle haben ja Beziehungen nach draußen gehabt. Besonders Freunde aus dem Militär. Die waren ja gerne gesehen bei uns.“

Die Waffen aus Deutschland, die nach Mexiko gingen, was passierte mit denen?

„Das war ein Umschlagplatz, die gingen direkt an den Staat. Damit hat man Geld gemacht. Die wurden nicht noch mal in die Colonie gebracht. Es kamen auch über einen anderen Weg Waffen, die bei uns in die Colonie geschmuggelt wurden. Die kamen in Containern. Da war unten ein Boden, das war vernagelt, und darüber waren diese ganzen Sachen, die wir wie üblich dann immer ausgepackt haben. Da ist die Rede von Waffenverkäufen. Man muss wissen, es gab diese Stelle in Mexiko. Kurt Schnellenkamp und Helmut Seelbach waren monatelang weg. Die beiden waren in Mexiko, Kurt Schnellenkamp hat es auch nicht geleugnet. Er hat aber auch nie richtig ausgepackt. Warum hat der deutsche Staat kein Interesse dran, diese Sache aufzuklären? Wohl, weil er dann schlecht da steht?“

Was ist dir über die Produktion von Sarin in der Colonia Dignidad bekannt?

„Das ist passiert. Es wurde mit Sarin gehandelt. Dass Sarin auch selber produziert wurde in der Colonia Dignidad, diese Möglichkeit bestand wohl. Und das Chemielabor gab es auch. Und die Fässer, wo es angeblich drin war, gab es auch. Aber ich habe es selber nicht gesehen."

Und das Sarin ging dann tatsächlich weiter in den Irak?

„Das hört sich immer an wie ein Märchen. Man will es eigentlich gar nicht glauben. Aber was willst du denn heute noch ausschließen? Diese Sache ist so unglaublich. Warum hat man das Sarin ins Ausland, in den Irak geschickt? Dann hat man Geschäfte damit gemacht. Geld. Wo kam das viele Geld her andererseits? Es war da, das Geld. Ich hatte mich schon gewundert, dass wahnsinnig viele Maschinen gekauft wurden. Was meinst du, wie teuer so eine Großmaschine ist, mit der wir ins Gold ausgerückt sind. So viel haben wir meines Erachtens gar nicht erwirtschaftet, dass wir solche Maschinen hätten bezahlen können. Also, die Waffen müssen ja wahnsinnig viel Geld gebracht haben."

Kommen wir noch mal auf deine Kindheit zurück. Woraus bestand sie in der Colonia Dignidad?

„Da fällt mir direkt ein, dass ich noch gar nicht von den Entbehrungen gesprochen habe. Das ist ein ganz großes Thema. Was versteht man unter Entbehrungen? Alles das, was für einen freien Menschen normal ist. Die Freiheit, die ein normaler, gesunder Mensch hat, in der demokratischen Welt. Wenn ich daran denke, dann hat es an allem gefehlt. Es gab keinen Urlaub, die Arbeit war nicht geregelt, wie in einem geregeltem Arbeitsverhältnis. Dass es für die Arbeit keinen Lohn gab, das ist auch eine Entbehrung. Das hat zur Folge, dass man keine Renteneinzahlung hat. Man hat keine persönlichen Freiheiten gehabt, ein Stück für sich vom Leben. Das gab es überhaupt nicht. Wirklich nur jetzt für mich persönlich, meine eigenen Wünsche erleben, alleine oder mit jemand anderem. Es war alles vorgegeben. Alles war durchgeplant und durchdacht. Du musstest dich immer melden, abmelden oder es wurde irgendwo hinterlegt, der Werner ist rausgefahren zum Brennen oder der Werner ist raus nach Catillo. Mit wem, was macht er da?

Dann dieser Arbeitszwang. Diese Beschäftigung, die einen zermürbt hat, weil es viel zu viel davon gab. Man war immer von früh bis spät beschäftigt. Man hat nie Ruhe gefunden und hatte auch kein Interesse mehr an irgendetwas Positivem. Man war froh, dass man sich irgendwann ausschlafen konnte. Man hat gearbeitet, gearbeitet, und dann war noch musizieren, singen, und dann abends noch mal musizieren. Du warst schon hundemüde, aber es hat dann noch nicht gereicht, dann kam die Herrenversammlung noch bis in die Nacht rein, bis ein oder zwei Uhr morgens. Schäfer hatte ja immer ausgeschlafen. Er hatte bis mittags geschlafen, bis er endlich aus den Puppen kam. Da hatten wir alle schon einen halben Tag hinter uns. Da fing er erst mal an. Und dann kam diese scheiß Versammlung, wo die Leute fertig gemacht wurden. Es war immer was los."

Bis zu welchem Jahr wurdest du denn von Schäfer sexuell missbraucht?

„Ich wurde in einem Zeitraum von mehreren Jahren missbraucht, wobei es zwischendurch auch immer wieder Phasen gab, in denen ich kein Sprinter war. Es gab auch Zeiten, in denen du zurückgewiesen wurdest oder er wollte dich auch einfach nicht mehr als Sprinter. In meinem Fall denke ich, weil ich das Spiel einfach nicht mitgespielt habe. Irgendwann hat er mich dann aber wieder zurückgerufen. Ich war nicht so ein kontinuierlicher, treuer Sprinter wie andere, wie die Schaffriks, oder Matthias. Die Lieblinge halt, man kannte die schon. So einer war ich nicht. Aber ich muss für ihn attraktiv gewesen sein. Ich sollte ja als einer der wenigen Jungs die Haare lang tragen, was keiner verstanden hat. Ich selber auch nicht. Ich war sehr blond. Er hat irgendwas attraktiv an mir gefunden und hat mich auch deshalb immer wieder in den Dienst geholt. Ich habe mich immer wieder gefragt, warum macht er das? Was soll das? Was findet der an mir? Ich war ja auch weggelaufen, ich war eigentlich sein Feind, auf den er aufpassen musste. Warum hat er mich immer wieder zurückgeholt? Um noch einmal auf die Frage zu den Vergewaltigungen zurückzukommen. Die passierten in den jungen Jahren, in denen ich noch nicht erwachsen war. Innerhalb eines Zeitraums von zirka drei Jahren.
Man muss wissen, dass es im Turnus ging mit den Sprintern. Es war täglich ein anderer dran. Somit warst du alle paar Wochen wieder dran. Aber das hieß nicht, dass du jedes Mal vergewaltigt wurdest. Ich habe ganz schlimme Zeiten durchgemacht, in denen er mich die ganze Nacht nur bearbeitet hat. In denen er nur psychischen Druck auf mich ausgeübt hat. Auch Gehirnwäsche, bei der er mich ausgefragt hat, mir etwas unterstellt hat oder was Bestimmtes hören wollte.
Diese Fragen haben mich so fertig gemacht, dass ich es nicht mehr ertragen konnte, weil es immer um sexuelle Dinge ging. Das war ja gar nicht meine Welt, in der ich gelebt habe. Das war mir zuwider. Ich wollte es einfach nicht, und habe es auch verdrängt, aber er wollte immer auf diese

Themen hinaus, mit wem man es gemacht hat, wie oft und bis ins Detail, wie viele Erektionen beziehungsweise wie viele Ergüsse du hattest. Diese Sachen wollte er immer wissen bis ins Detail. Dann sollte ich es aufschreiben und was man dabei gedacht hat. Welche Fantasien man hatte, und ob ich ihn lieb habe, ob ich ihn mag und ich sollte beweisen, dass ich ihn mag. Das sollte ich ihm zeigen. Es ist zu wenig. Er wollte, dass man ihn befriedigt. Ich wusste gar nicht, was das ist.
Ich wusste nicht, was Sex ist, bis ich 40 Jahre alt war. Erst, als er weg war, wurde ich aufgeklärt. Wir wussten ja gar nicht, was das ist. Der ganze Bereich war Sünde. Das hat man selber auch gehasst und bekämpft. Das wurde zum Lebenskampf, weil du es nicht geschafft hast. Das ist unnatürlich, das kann man nicht besiegen. Das ist ein natürliches Bedürfnis, das gestillt werden muss, das befriedigt werden muss. Das kann ich sagen, weil ich selber mit aller Kraft versucht habe, das zu bekämpfen und zu verteufeln und es nicht geschafft habe. Ich habe mit meiner Psychologin über das Thema gesprochen hier in Deutschland. Ich habe mich nachher erst aufklären lassen, was normal ist und was nicht. Das ist verrückt. Wenn ich heute daran zurückdenke, habe ich einen ganz anderen Blick auf diese Sachen, die ich vorher gar nicht hatte, die ich gar nicht wissen konnte.
Und das ist auch so ein Punkt, warum ich ihn so hasse, dass er das so schamlos missbraucht und ausgenutzt hat. Dass er uns Jungs absichtlich in Unwissenheit gelassen hat. Sonst wäre sein Spiel beendet gewesen. Das wusste er auch. Deshalb wurde auch nicht beantwortet, warum ich nicht ein Mädchen lieben darf? Das Bedürfnis war ja immer da. Das konntest du ja nicht bekämpfen. Aber du musstest es bekämpfen. Und ich habe das so gehasst, und mich immer wieder gefragt: Warum hat Gott unser Leben so schwer gemacht? Dann soll doch das eine Geschlecht auf eine Insel gehen und man sieht es nicht und hat die Probleme nicht."

Warst du denn in ein Mädchen verliebt?

„Ja, hin und wieder gingen meine Augen schon zu Mädchen. So unauffällig, dass man das nicht gesehen hat. Wo ich so dachte, die zieht mich so an – so eine Liebe, es war gar nicht das Bedürfnis nach Sex. So weit war ich gar nicht. Einfach diese Anziehung, dass das so ein liebes Wesen ist, das anders ist als ich, das das hat, was ich suche. Einmal habe ich mich tatsächlich getraut, da war ich aber schon erwachsen, Paul Schäfer zu fragen. Zumindest habe ich gesagt, dass ich den Wunsch hätte, Rebecca, seine Adoptivtochter, zu heiraten. Das war derzeit so, dass sie die Einzige war, die auch bei den Jungs war, also Zugang hatte zu uns, weil er sie mitgenommen hat. Da hast du sonst nie ein anderes Mädchen gesehen. Und sie war ja auch noch jung in der Zeit und sie war schön. Da habe ich so gedacht, Mensch, ich kann ja mal fragen. Vielleicht, man hatte ja schon mitgekriegt, der ein oder andere hatte ja auch schon geheiratet. Vielleicht habe ich es auch im Rahmen eines Bekenntnisses gestanden, dass mich das bewegt, dass ich das möchte. Ach, ach, hat er gemacht. Dann war die Sache erledigt. Kam überhaupt nicht infrage. Ja, das war das Einzige. Es war ausgeschlossen. Ich war schon längst erwachsen, dreißig Jahre und drüber, da habe ich immer noch diesen ganzen Scheiß aufgeschrieben. Ich verstehe das gar nicht. Es hat nie gestimmt, was ich aufgeschrieben habe. Ich habe irgendwas aufgeschrieben. Er hat mich dazu getrieben."

Was denn zum Beispiel?

„Was ich wusste, das ihn befriedigt. Fantasien. Ich bin mehr oder weniger dazu genötigt worden, dahinterzukommen, wann er endlich Ruhe gibt. Dann wusste ich, was er hören will. Etwas über Selbstbefriedigung, mit anderen was gemacht und einander befriedigt zu haben. Pure Fantasien. Oder ihn zu befriedigen, das hat er am liebsten gehört. Obwohl ich das nie gemacht habe. Wo die Fantasie hingewandert ist und wie das dann aussieht bildlich, und wie oft am Tag. Pervers, dafür schäme ich mich heute noch, wenn ich darüber spreche. Einfach nur pervers und krank."

Kamen auch Frauen in den Fantasien vor?

„Doch. Es kamen Frauen und Mädchen drin vor. Habe ich mich aber nicht so getraut, darüber zu sprechen, weil mich das wirklich angezogen hatte. Da habe ich auch mal so Dinge gehabt, wo ich das beschrieben habe. Ich meine, ich habe mich auch immer gefragt, wie sieht ein Mädchen aus, wie sieht eine Frau aus? Das haben wir ja nicht gewusst, das haben wir nie gesehen. Dann die Fantasien, wie man sich das ausgemalt hat. Wie könnte das aussehen. Dann habe ich mich noch daran erinnert, dass man tatsächlich mal was gesehen hatte. Er wollte das alles ganz genau wissen. Dann sollte ich das noch aufmalen. Da kam aber nichts. Man dachte, jetzt gibt es aber ordentlich Prügel, gab es aber nicht. Prügel habe ich nur bekommen, wenn ich nichts gesagt habe. Wenn du nicht Meldung gemacht hast, dann kriegtest du Prügel. Wir hatten den Auftrag, jeden Tag zu melden.

Dann standen wir alle Schlange. Das muss man sich mal vorstellen. Damals war es gang und gäbe, dass man Ohrfeigen gekriegt hat. Da hast du immer wieder Leute gesehen, die waren grün und blau geschlagen im Gesicht. Das war später verboten, das sollten wir nicht mehr sehen. Aber damals standen wir in den Ecken und haben gewartet, dass Schäfer aus dem Freihaus kommt, um bei ihm Meldung zu machen. Das war ein reiner Wettkampf, wer zuerst dran kommt, denn du hattest ja Angst, dass du nie mehr dran kommst, denn dann gab es wieder was, weil du nicht gemeldet hast."

Meldung machen hieß also, drankommen, reinkommen, Text vorlesen?

„Ja, oder mündlich erzählen. Er hat manchmal die Leute auch mitgenommen im Wagen und hat sich das angehört. Ich erinnere mich, er hat mich in seinem Mercedes mitgenommen, und da sollte ich meine Hose vor ihm runterziehen. Die Tür war offen, da sollte ich mich hinstellen, er stand da, und ich sollte die Hose runterziehen, damit er gucken konnte.
Oder auch in der Speisekammer in der Küche. Das war das Beichtzimmer. Da ist er mit den Jungs immer reingegangen. Auch da – entkleidet vor ihm – er wollte das so. Er hat sich das angeguckt und dann hat er gesagt, du hast was angestellt. Es war nicht so, wie er das wollte, wahrscheinlich, weil er nicht stand, hat er gedacht, oh, der hat es alleine getrieben, der hat sich einen runtergeholt. Ich wusste das nicht, ich verstand nichts davon. Ich habe mich immer bemüht, das zu unterdrücken, wenn ich nackt vor ihm stand. Das war genau der Fehler, das wurde mir im Nachhinein klar. Weil er sehen wollte, dass du Lust hast, auf ihn. Nur ich wollte das nicht. Ich habe das unterdrückt. Das heißt, für mich war das eine Sünde. Es war eine Sünde, dass du da als Junge einen Steifen hattest. Es ging nur darum, das glaubst du nicht, wie billig das war. Es ging ihm um nichts anderes. Wenn du keinen Steifen hattest, hat mit dir was nicht gestimmt, und du hast es nicht gemeldet und du solltest ja alles melden.
Einmal hat er beim Chorsingen öffentlich vor allen gesagt: Dann kommen sie immer an, wenn die Milch schon weggeflossen ist. Da konnte sich jetzt jeder denken, was er will. Das war genau das, wenn man es wörtlich nimmt, was er sagen wollte. Dann gab es Strafen und die Fragen: Mit wem hast du es getrieben? Nenn mir die Namen. Dann hat er sich wahrscheinlich diese Jungs vorgeknöpft.
Ich muss ehrlich sagen, ich konnte mir ausrechnen, dass einer den anderen verpetzt. Ich habe auch unter Druck ausgesagt, ich hätte mit dem oder

dem was gemacht. Wir waren da beim Turbinenkanal, haben den Damm gemacht, die Steine im Wasser gerollt, dabei hatten wir die Turnhöschen an und unter Wasser habe ich ihn angefasst. Solche Geschichten habe ich ihm beim Meldungmachen erzählt, obwohl sowas nie stattgefunden hat. Ich hatte überhaupt kein Interesse an sowas, er hat mich angekotzt, dieser elende dreckige Wichser. Ich habe so eine Wut, heute noch, denn ich habe mich so dafür geschämt. Dass man nur so einen Scheiß serviert hat, als würde das Leben aus nichts anderem bestehen. Das ist unglaublich.
Dann hatte er einen Namen dafür. Jahrzehntelang hatte ich den im Kopf. Zum Penis hat er „Männchen" gesagt. Das war immer Thema. Jeder wusste, wenn er das Wort sagt, was er damit meinte. Das sind die Sachen, die sich immer wieder im Kopf drehen. Wie hat er mich gequält und gefoltert mit diesen sexuellen Dingen. Das kann man sich gar nicht vorstellen, was das mit einem Kind, einem jungen Menschen macht. Er hat uns so kaputt gemacht. Das wirklich Schöne, das Begehren eines Mädchens und sich zu lieben – vorbei die Zeit. Die hat es nie gegeben. Stattdessen wurde das alles niedergeknüppelt, zertrümmert und missbraucht, für sich ausgeschlachtet und die Idioten haben das alle nicht gemerkt oder wollen es nicht gesehen haben.
Ich habe ihm irgendwann einen Brief geschrieben, damit er endlich Ruhe gibt. Ich habe geschrieben, ich werde und will nie heiraten, und das bezeuge ich hier und jetzt vor Gott, damit du mir Ruhe gibst. Ich wollte in Ruhe gelassen werden. Ich wollte nie mehr, dass er denkt, ich hätte Interesse an einem Mädchen. Das Spiel hörte ja nie auf. Ich wollte einfach irgendwo einen Schlussstrich ziehen. Wir waren schon vierzig Jahre alt, da musste man uns erst mal aufklären und sagen, was Sache ist. Dann kam langsam die Erkenntnis, für mich war das nicht leicht. Ich habe, wer weiß wie viel, geweint, als ich das alles erkannt habe, als ich begriff, was wirklich Sache ist."

Hat Schäfer das Buch „Mein Kampf" auf seinem Nachttisch liegen gehabt?

„Ich wusste von dem Buch, aber ich kann es jetzt nicht genau sagen, ob ich das da liegen gesehen habe. Wir haben viel über Nazis gesprochen. Auch vom Krieg hat er gesprochen und von sich selber."

In welchem Zusammenhang hat er über die Nazis gesprochen?

„Dass er den Hitlergruß nicht gemacht hätte. Er hat auch so Geschichten erzählt, über einen Komiker in der Kirche. Er hatte immer versucht, uns den Eindruck zu vermitteln, dass er Nazi-Gegner sei."

Und nimmst du ihm das ab?

„Nein. Überhaupt nicht. Da gibt es ganz viele Widersprüche. Ich meine, das, was er gelebt hat, was er tatsächlich umgesetzt hat, waren seine Fantasien mit der Bewaffnung. Wir hatten ja eigene Truppen. Das ist ja auch so ein Ding, das weiß gar keiner oder vielleicht doch. Wir haben richtige Truppen gehabt, verschiedene Gruppierungen. Zehn bis fünfzehn Mann, immer bewaffnet und in Uniform. Die Frauen auch. Die hießen dann der „Dornenbusch", die waren zum Teil auch bewaffnet und hatten ihre Aufgaben im Sanitätsdienst und beim Essen und so was. Jeder hatte seine Aufgaben. Dann hatten wir diese Gulaschkanonen, diese Feldküchen von Deutschland von der Bundeswehr. Mehrere Feldküchen, Unimogs, Zelte gebaut, ausgebildet im Schießen und all sowas."

Woher kamen diese Waffen?

„Die wurden zum Teil in der Colonie hergestellt. Ich kann das heute nicht sagen, weil ich sie damals nicht gesehen habe. Die Waffen wurden erst an die Gruppen verteilt oder zur Ausbildung an der Waffe für die, die schon länger dabei waren. Ich war in der letzten Gruppe, „Die Jungs" hießen wir. Wir haben die militärische Ausbildung von chilenischen Generälen und Offizieren, die uns geschickt wurden, bekommen."

Wer war das?

„Das waren „Die drei Jungs", so haben wir immer gesagt. Jetzt muss ich erst mal überlegen, wie die hießen. Ich hatte nachher noch eine Freundschaft mit dem einen, habe ihn nach der Auflösung auch noch in Santiago besucht. Er hieß Marco. Und noch zwei andere, die haben uns auch im Kampfsport unterrichtet, und in der militärischen Grundausbildung. Das waren Freunde von Schäfer, die haben da mehrere Wochen verbracht. Sie sind da untergekommen und wurden bedient. Selbst der Sohn des Geheimdienstchefs Manuel Contreras, Mamo, hat da unterrichtet. Das war ein Kämpfertyp, ein Sportstyp. Der hat mit den Jungs Kampfsport gemacht. Das waren ausgesuchte, hochgebildete Leute. Jung, aber hochgebildet. Offiziere mit sehr heller Haut. Einer konnte sogar etwas Deutsch. Ich spreche jetzt speziell von denen, die zuletzt da waren. Davor hatten wir ja auch Karate-Unterricht bei zwei Karate-Lehrern aus Linares. Der eine ist später nach Santiago gezogen. Das hat schon früh angefangen mit dem Kampfsport und der Ausbildung. Die Herren sind dann immer am Schießplatz in der Schlucht oberhalb des Kinderhauses gewesen, und haben schießen geübt."

Warum seid ihr militärisch ausgebildet worden?

„Das frage ich mich auch. Da fange ich auch erst an, darüber nachzudenken, warum. Schäfer wäre bereit gewesen, dass wir da gekämpft hätten, wenn uns jemand überfallen hätte. Wenn da einer reingekommen wäre, hätten wir das Feuer eröffnet. Es war alles dafür eingerichtet. Wir haben eine Schießstellung gebaut, alles. Wir sind so um die Neunzigerjahre herum ausgebildet worden. Das war ein Geheimnis. Darüber durften wir nicht reden. Die Leute, die daran beteiligt waren, haben sich als etwas Besonderes gefühlt, dass sie da diese Rolle gespielt haben. Ich war auch stolz darauf, dass ich auf einmal nicht nur Opfer war. Dass ich jetzt auch mal eine Uniform trug. Wir haben danach gelechzt, etwas zu lernen, egal was. Für mich war es Sport. Es war interessant. Aber ich habe doch nicht an Kampf gedacht oder sowas. Gefragt habe ich mich jedoch schon. Warum diese Uniform? Warum diese Ausbildung? Das fing in der Pinochet-Zeit an, nach dem Putsch. Aber auch schon vorher.
Der Anfang war, dass man sich vorbereitet auf einen Krieg. Also dass man uns überfallen, beziehungsweise auslöschen oder enteignen wollte. So wurde es uns jedenfalls dargestellt. Also mussten wir uns darauf vorbereiten, dazu gab es noch extra die Gemeindeversammlung. Da hat Schäfer das Thema ausgebreitet, da waren die Jungen natürlich nicht dabei. Ich weiß aber, was so besprochen wurde. Dann wurde darüber befunden, ob es richtig ist, sich zu verteidigen oder ob man es geschehen lassen soll. Die haben sich darauf geeinigt, dass man sich verteidigen soll. Das war die Entscheidung. Und dann wurde sich darauf vorbereitet. Dann haben wir, also die Heilsarmee, die jungen Männer, monatelang Pfähle an den Berghängen entlang gebaut und Treppenstufen in die Erde getrieben. Wir haben den ganzen Berghang am Kinderhaus abgesichert. Überall, wo die

Einfallswege waren, wo man hätte reinkommen können. Zum Teil wurden da Autofallen gebaut. Wenn da jemand lang gefahren wäre, wäre das Auto in dieses Loch gefallen. Dann hätte die sich wieder automatisch aufgestellt fürs nächste. Das wurde an drei oder vier Zufahrten, die ins Tal der Colonie geführt haben, aufgestellt. Kilometerweise haben wir diese Wege ausgebaut, mit Stellungen zwischendurch, mit Aufsichtsposten. Wo große Bäume waren, wurde so eine Art Leiter angebracht, wo oben Wachposten waren, oder es wurden Wachposten geschaffen. Es wurden Stellungen ausgehoben. Alles unter Bewachung, denn es kam ja immer noch Besuch, fremde Leute oder Leute vom Krankenhaus. Dann stand immer einer mit einem Walkie-Talkie, der unten oder oben Wache geschoben hat. Wir mussten jeden Tag arbeiten. Es wurde immer ein Kontakt hergestellt: Alles ruhig sein. Still. Das ging wochenlang so. In der Zeit haben wir da alles ausgebaut. Insgesamt verteilt gab es vier Wächter. Einer war oben auf dem Berg.

Das war eine Knochenarbeit, eine Wahnsinnsarbeit. Gleichzeitig haben „Die Herren" – ja, wir haben gesagt – „Die Herren" – immer Alarm ausgerufen. Dann hieß es: Hoch zum Galpon. Oft waren wir nachts unterwegs. Die waren damit beschäftigt, Übungen zu machen. Auch nachts, besonders nachts. Da waren sie oft unterwegs. Ich weiß es, weil ich Sprinter war zu der Zeit und warten musste, bis Schäfer und sie zurückkamen. Das ging immer bis spät in die Nacht. Was die da eigentlich gemacht haben. Dann wurden ja die Waffen gebaut, Pistolen anfangs, später Maschinengewehre. Gut, wir haben nur die Teile gesehen. Weil wir teilweise mitgearbeitet haben. Wir haben in der Schlosserei mit angepackt, die Bleche gepfeilt. Damit waren viele Jungs beschäftigt. Aktiv. Wir haben die aber nie richtig im Fertigprozess gesehen. Aber da wurden die Waffen gebaut. Dann wurden Fahrzeuge gepanzert. Ein Lkw wurde wie ein Panzer mit Eisenplatten und Stahlplatten ummantelt und die Räder mit Stahlplatten geschützt. Wir hatten also einen richtigen Panzer. Der hat auch einen Tank geführt. Das war so ein Feuerwerfer. Das habe ich selber gesehen, wie sie da geübt haben auf so einem großen Feld, wie so ungefähr auf vierzig, fünfzig Meter ein Feuerstrahl rauskam. Dann haben sie Experimente mit so Elektronen gemacht, mit Spiegeln. Große Spiegel, die so aussehen wie Satellitenschüsseln, von der Form her jedenfalls. Da hat man Pole zusammengeführt und dann gab es ein ganz helles Licht. Das wurde alles selber gebaut. Dann wurden Schützengräben gebaut, mit diesem System, das man im Krieg auch kannte, mit dem Teil, wo man so einen Spiegel hatte.

Ich gehe jetzt ein bisschen ins Detail, aber diese ganzen Dinge wurden nachgebaut, die man vom Krieg kannte. Alles nachgebaut. Dann gab es, wie schon gesagt, diese Feuerwerfer. Aber es gab auch Tränengaswerfer. Schäfer wollte selber so ein Teil bedienen, hat er gesagt. Er hat mich mitgenommen zur Schule, die oben am Flugplatz ist. Das war in Wirklichkeit gar keine Schule, da wurden auch Experimente durchgeführt. Da kam immer ein Chemiker, ein Deutscher oder Tscheche, der hat mit Karl van den Berg zusammen immer Experimente gemacht. Er hatte einen Spitznamen„„Pancho“. Da ist Schäfer eines Tages zur Schule gefahren und hat die dahin bestellt und sie waren da. Sie haben diese Maschine angeworfen. Das war ein Motor, den man anzog und dann hatte er dieses Gebläse dran. Da kam Rauch raus und Schäfer sagte, ich solle da durchlaufen. Das haben sie auf mich draufgehalten. Ich war ein Versuchskaninchen. Daher wusste ich, was da so alles gebaut wurde.
Das war eine kleine Anekdote jetzt so nebenbei. Aber auch andere Fahrzeuge wurden gepanzert und ausgerüstet. Es war alles so auf Krieg, auf Kampf ausgelegt. Das war alles, nachdem geputscht worden war, nachdem Pinochet dran gewesen war. Da ging es ja erst richtig los. Und immer diese Übungen. „Die Herren“ haben sich da am Schießplatz getroffen, oben beim Kinderhaus in der Schlucht. Ist ja sehr bewaldet dort, da gibt es eine sehr tiefe Schlucht. Auch Wege gab es, wo Treppen runtergingen. Das war dann der „Eisenplatz“. Für alles gab es einen Spitznamen. Da sind die dann immer zur Übung gegangen. In der Schlucht haben die geschossen. Ihre Einsätze haben sie, wie ich schon erzählte, immer nachts gehabt. Die waren immer unterwegs, immer auf Achse, in Bereitschaft. Es gab dann die Bereitschaftsfahrzeuge mit den Schäferhunden. Auf ganzer Linie war gesorgt. Es gab alles. Dieses Sicherheitssystem wurde ja bis zum Schluss erhalten. Es wurde weiter ausgebaut. Dann kam die Zaunanlage. Das kam alles viel später, dass der Zaun dann ausgerüstet wurde mit Meldeanlage und Infrarotkameras, die in Dornenhecken und versteckten Stellen eingebaut wurden. Ich glaube, Schäfer wäre aufs Ganze gegangen. Wenn man versucht hätte, uns aufzulösen und zu bekämpfen, ich weiß nicht, von welcher Seite, aber er hatte einfach Angst. Warum hat er sich so abgesichert? Doch nicht wegen nichts.“

Waren denn alle so militärisch ausgebildet wie du?

„Nein. Nicht alle. Es wurde immer wieder aussortiert, die ja, die nein.

Vielleicht hatte Schäfer kein Vertrauen zu ihnen. Die, die vertrauenswürdig waren, durften dann in so eine Gruppe. Alle, die geschädigt waren oder unter Medikamenten standen, waren nicht dabei."

Und du standest nicht unter Medikamenten?

„Nein, da nicht. Aber es gab andere Zeiten, früher, wo ich auch unter Medikamenten stand. Die Zeit, wo wir im Neukra waren, und später auch mal. Da habe ich richtig viele Medikamente bekommen. Aber ich hätte später auch keine Medikamente mehr genommen. Dafür war ich zu schlau. Die hätte ich weggespuckt."

Wurde Willi Malessa auch militärisch ausgebildet?

„Ja, natürlich. Willi Malessa war ja ein Liebling von Schäfer. Er musste überall gerufen werden. Der hat bestimmt eine schwere Maschinenpistole gehabt. Die hat nicht jeder gekriegt."

Ist Willi Malessa für dich eher ein Täter oder ein Opfer?

„Eigentlich beides. Ich würde eher zu Täter neigen, weil ich sehe das so, dass die Rolle, die er gespielt hat, die wir jedenfalls wahrgenommen haben, tatsächlich eine Favoriten-Rolle war. Er war mit im Sicherheitsdienst, er war Fahrer, er hat Waffen getragen. Das waren ja nur wenige. Er wurde zu Aufträgen gerufen, wo man auch nicht wusste, wann und wo. Willi war immer gefragt. Der war irgendwie bei Schäfer beliebt. Und die Sache, die er erzählt hat, als er mit dem Bagger Aufträge hatte, da sehe ich das schon so, dass er Mitschuld trägt. Auch wenn er sich da als Opfer präsentiert, indem er sagt: Was hätte ich denn machen sollen? Er hätte widersprechen sollen, er hätte es nicht machen dürfen. Er hätte nicht die verscharrten Leichen aus den Gräbern wieder ausbuddeln dürfen mit dem Bagger. Das ist ja schrecklich. Da hat er sich schuldig gemacht. Warum hat er das gemacht? Wem hat er damit gedient? Dem Schäfer. Um zu verheimlichen, zu vertuschen, damit die Leute heute ihre Spuren nicht mehr finden. Das ist ein Verbrechen in meinen Augen. Er ist kein Opfer. Er musste nicht den Bagger fahren.
Anfangs, wie er mir das damals erzählt hat, als ich noch unten im Süden Chiles war, hat er das noch ganz anders geschildert. Er sei erschrocken gewesen und hätte gesagt: Nein, das mache ich nicht. Das hat ihn dermaßen in Schrecken versetzt, da ist er zu Gerd Mücke hin, hat sich beschwert

und gesagt, dass er das nicht macht, weil der ihn wohl geschickt hatte. Und dann sagte der Mücke, ne, das musst du aber machen. Nein, er musste es gar nicht machen. So sehe ich das. Und wenn ich das gewesen wäre, ich hätte das auch nicht gemacht. Alleine schon, dass die Menschen umgebracht wurden, ist ein Verbrechen. Das war ja bis dato unbekannt für uns."

Für Willi Malessa auch?

„Das frage ich mich auch, ob er das gewusst hat. Wer hat denn eigentlich die Löcher gemacht, vorher? Er schildert das so, dass da plötzlich Löcher gewesen wären. Und auf der anderen Seite sagt er, er sei Baggerfahrer. Da gab es ja nicht so viele."

Und wer hat die Leichen verscharrt, wer hat die da reingemacht?

„Das möchte ich auch wissen. Wir wissen alle, dass er sie da rausgeholt hat. Wer hat sie da eingescharrt, das frage ich mich. Darüber spricht keiner. Moment, der Willi wusste, wo er sie ausbaggern sollte, also muss jemand dabei gewesen sein und ihm gesagt haben, wo die Löcher sind. Also wusste er auch von dieser Person, die das gemacht hat. Er konnte doch nicht wissen, wo die Löcher sind. Er konnte ja nicht durchs Fundo fahren und es vermuten. Nein, ihm wurde genau gezeigt, wo die acht Löcher waren. Das sind ja nicht wenige. Sie haben nicht alle gefunden. Wer hat sie ihm denn gezeigt? Das ist es nämlich. Musste ihm die überhaupt einer zeigen? Ich weiß nicht, ob das die Wahrheit ist. Immer diese offenen Fragen, die man sich heute noch stellt. So wie er sagt, sind die Leichen verbrannt worden. Aber soweit ich weiß, hat das mit dem Verbrennen auch nicht gereicht. Dann hat man eine chemische Substanz ausprobiert. Dafür war der Chemiker doch auch da. Die Knochensplitter und was da übrig geblieben ist, hätten sie dann in den Fluss gebracht. Er sagte, das hätte Monate gedauert. Wie konnte er monatelang so was machen? Wie kann das ein Mensch durchstehen? Was geht da in einem vor? Das erschreckt mich dermaßen, das zu hören. Er vermittelt auch in Fernsehfilmen, dass er Opfer war, und das machen musste. Das ertragen musste. Also ich bin da ganz anderer Meinung und bleibe auch dabei. Wo hat er sich mal gegen Schäfer gestellt? Soll er das doch mal erzählen. Wo ist er an ihn rangegangen und hat gesagt, ich will jetzt wissen, was hier läuft? Er war doch auch bibelkundig. Wieso hat er das dann nicht gemacht. Das sind Fragen, die keiner gestellt hat. Für mich ist das alles noch nicht beantwortet. Ich kann auch nur wenig dazu sagen, weil über das, was ich jetzt erzählt habe, spricht man schon nicht.

Sexualität musste ja unterdrückt werden, Paul Schäfer gegenüber mussten falsche Fantasien gebeichtet werden, trotzdem kam es zur Ehe. Wie ist das passiert?

„Das war, nachdem Schäfer 1997 draußen war. Wie man heute weiß, hat er sich erst in Chile versteckt und ist dann rüber nach Argentinien. Jedenfalls gab es dann einen Wechsel in der Colonie und da haben gewisse Leute das Zepter übernommen. Man hat plötzlich mitbekommen, dass Leute geheiratet haben. Das war ja eigentlich immer eine geheime Sache. Bei mir war es so, dass ich, ja, wer hat mir denn den Anstoß gegeben? Ich war schon vierzig Jahre alt, da habe ich Klaus Schnellenkamp getroffen. Der ist ja ein aufgeweckter Junge, intelligent, und er war immer ein Erzfeind von Schäfer. Alle, die starke Persönlichkeiten waren, was auf dem Kasten hatten und ihn durchschaut hatten, waren Schäfers Gegner. Klaus Schnellenkamp traf mich im Bau. Er war mein Freund. Ich habe ihn gemocht und musikalisch unterstützt, wo ich konnte. Er konnte gut singen, hatte eine gute Stimme, und ich hatte mit Musik zu tun. Ich habe ja auch den Kinderchor geleitet und für den großen Chor musikalische Sätze geschrieben, die dann gesungen wurden. Auch Instrumentalgruppen haben wir gehabt, eine kleine Volksmusikgruppe. Ich habe ihn unterstützt mit seiner Stimme, und das war nicht gern gesehen. Der wurde so fertig gemacht von Schäfer, „den Keilen“ und der ganzen Gruppe. Man hat ihn einfach mundtot gemacht. Ich fand überhaupt nichts Negatives an dem Jungen. Ich konnte es nicht verstehen. Nur weil er sich zur Wehr gesetzt hat? Weil er schlau war? Weil er die Dinge durchschaut hat? Weil er Sachen geäußert hat, die sich andere nicht getraut haben zu sagen?“

Stimmt es, dass Hartmut Hopp Klaus Schnellenkamp gebeichtet hat, dass er Zwillinge mit einer Prostituierten in Santiago hat?

„Echt? Hat er das hier gesagt oder drüben?“

Angeblich drüben, in Chile. Glaubst du das?

„Nein. Ich habe wohl was gehört. Das nicht. Aber ich habe schon gehört, dass Hopp tatsächlich mit Prostituierten gesehen worden ist. Des Öfteren."

Und wo?

„In Santiago. Er hat ja sein Leben hauptsächlich in Santiago gelebt und kam meistens am Wochenende ins Fundo. Ja, man kann sagen – Gerüchte. Aber wenn man das jetzt überall hört … An Gerüchten ist meistens was dran. Er ist gesehen worden. Auf alle Fälle. Da ist schon was dran, denke ich. Bedarf hat er wahrscheinlich auch gehabt, denn mit seiner Frau sah er nicht ganz so glücklich aus. Das muss man so sagen. Ich glaube nicht, dass er zufrieden war mit seiner Ehe. Ich glaube, seine Frau ist zehn Jahre älter oder so. Er hat sich wahrscheinlich auch was anderes gewünscht. Ob es die Liebe war, die die beiden zusammengebracht hat, das stelle ich mal infrage. Meistens hat Schäfer das mitbestimmt und Einfluss gehabt. Ich kann mir vorstellen, dass er unglücklich war. Deshalb – ausschließen kann man das nicht. Ich kann mir das vorstellen. Ist ja auch seine Sache. Ist eine private Sache. Er ist erwachsen."

Hast du auch mal positive Erfahrungen gemacht mit Hartmut Hopp?

„Ja, eine Sache fällt mir schon ein, da war er auch schon Arzt. Ich war schwer krank war, also ich will mal sagen, dass ich sogar im Sterben lag. Ich hatte einen ziemlich heftigen Darminfekt. Das ging ziemlich rapide, dass ich sehr hohes Fieber hatte. Die Krankenschwestern haben mich nur noch die Treppe hochgeschleppt, da war ich nicht mehr richtig da. Aber ich weiß, dass Hopp dann kam und die Doktora und Ingrid Seelbach oder Maria Strebe waren sehr besorgt. Ich habe ihre Gesichter gesehen, wie sie mich angeguckt haben. Die wussten nicht richtig Bescheid, was ich habe, was los ist. Das hat gestochen, als wenn mir einer ein Messer in den Bauch gerammt hätte. Ich war lange Zeit unter Narkose. Ich weiß nicht, ich war jedenfalls weg. Irgendwann bin ich langsam aufgewacht. Ich war in einer anderen Welt, sodass ich, als ich aufgewacht bin, geheult habe. Ich habe so geweint, das war so schön, dort in dieser Welt, ich wollte gar nicht zurück. Es war so was Schönes, was ich da erlebt habe. Davon habe ich ja lange noch gezehrt. Da habe ich gedacht, jetzt kommst du wieder zurück in dieses beschissene Leben. Jetzt geht das wieder weiter. Aah, jetzt haben sie mich wieder zurückgeholt.

Ich bin jedenfalls gesund geworden. Ich hatte es überstanden. Später habe

ich gefragt, was das war. Da hat die Doktora mir gesagt, es sei eine Darmentzündung gewesen und dass man daran sterben kann. Da kann ich nur sagen, Hopp war auch ein liebevoller Arzt. Ich weiß von anderen, dem Udo Hopp soll er auch das Leben gerettet haben. Der hatte irgendwie Luft in der Lunge, im Brustkorb und brauchte Blut, da hat er sein eigenes Blut gespendet. Er hat ihm da die Brust mit irgendeinem Werkzeug … Sein ganzes Körpergewicht musste er da drauf legen auf seinen Brustkorb – und drücken, dass er die Luft wieder rausholen konnte. Das haben die erzählt damals. Das hat mich beeindruckt irgendwie. Also wenn er was gemacht hat, der konnte was. Er hat sich schon eingesetzt. Ich denke, er war eigentlich ein lieber Kerl vom Wesen her, aber, wie das so oft ist, das Leben hat zwei Seiten. Er hat dann eine Position gehabt, mehr Macht, da hätte er eigentlich reagieren müssen. Er hätte den Schäfer angehen müssen, da er selber so viel gesehen und auch zum Teil mitgemacht hat, was ich vorhin vom Neukra erzählt habe. Das spricht Bände. Dann komme ich nicht mehr mit. Da ist bei mir das Verständnis nicht mehr da. Das sind zwei Seiten an ihm. Wie kann das sein? Auf der einen Seite hat er beeindruckt mit seinem Charme und mit seiner Stimme. Er hat auch gesungen am Klavier. Er hat uns immer beeindruckt, er hatte eine tolle Stimme. Dann haben wir auch schon mal Tränchen in den Augen gehabt. Richtig toll gesungen hat er. Er hat auch in Santiago in der Wohnung gesungen – vor Pinochet, als der eingeladen war.
Augusto Pinochet war von Schäfer eingeladen worden. Die haben ein großes Fest zelebriert im Haus in Santiago. Da gab es einen Saal. Da war alles nur vom Feinsten. Kellner wurden angefahren, die hatten extra geübt dafür. Da wurde sich fein gemacht. Da hat Hopp auch gesungen, am Klavier oder am Flügel. Die Leute waren beeindruckt von ihm. Der große blonde Arzt und seine tolle Stimme. Das ist so bei vielen noch hängengeblieben. Die wissen nicht oder wollen nicht wahrhaben, wie er noch sein konnte. Wenn man jemanden sympathisch findet, ist es schwierig, wenn man dann solche Sachen hört. Das ist bei Reinhard Döring ähnlich. Der hatte auch viele Freunde durch seine Komik, weil er der Spaßvogel war und immer diese Witze gemacht hat. Die Leute haben gelacht und ihn natürlich gemocht."

Und was sagst du dazu, dass er jetzt in U-Haft sitzt in Italien?

„Er hat gedacht, dass er so durchkommt. Also für mich ist der Fall ganz klar. Erst mal weiß ich, was er getan hat, dass er Verbrechen begangen hat. Nicht nur er, mit anderen zusammen, aber er hat es getan. Für diese Verbrechen ist er auch nie gesühnt worden. Was er mit uns als Kinder getan hat, ist ein Verbrechen für mich. Folter. Das ist doch ein Verbrechen. Für mich ist das ein Verbrechen an einem Kind. Wir hätten dabei draufgehen können. Da gibt es nichts zu beschönigen. Das Verbrechen, das ihm vorgeworfen wird, kommt ja nicht aus heiterem Himmel. Da ist wirklich lange recherchiert worden in Chile. Leute haben vor Gericht geklagt. Daraufhin kriegt er einen Schiedsspruch und wird gesucht. Er verschwindet aus Chile, also er ist Fahnenflüchtig. Da muss man sich schon fragen, ob das alles mit rechten Dingen zugeht. Meine Meinung ist jedenfalls, dass ihm das mit Recht widerfährt. Das ist gut so. Ich freue mich auch darüber. Nicht, weil ich gehässig bin, sondern weil ich einfach finde, dass hier Gerechtigkeit und Klarheit geschehen muss. Andere sitzen im Gefängnis ihre Strafe ab. Er kriegt gar keine. Der lebt hier sein Leben. Der hat sich auch nie entschuldigt, auch bei uns Opfern nicht. Das kann alles nicht so ungestraft hingenommen werden. Ich meine, wir müssen alle mit unseren Problemen leben."

Wie ist denn eigentlich Hopp die Flucht nach Deutschland gelungen?

„Ich glaube, dass er Kontakte hatte. Das darf man nicht vergessen. Er hatte einen Diplomatenausweis, damals schon. Schäfer auch, Albert Schreiber auch. Verschiedene hatten sowas. Da hat man auch verschiedene Vorteile."

Und ist er erst nach Argentinien und von da aus nach Deutschland oder wie war die Fluchtroute?

„Nein. Ich habe es jetzt nicht gehört, sagen wir mal so. Die Zeit, wo es für ihn interessant gewesen sein könnte, war in Argentinien, als Schäfer noch da war. Schäfer war da schon gefasst. Was sollte er in Argentinien? Das war ja schon alles beschlagnahmt damals von Gerichten und Anwälten. Ob seine Fluchtroute über Argentinien gegangen ist, das kann schon sein. Ich bin ja auch über Argentinien gekommen. Argentinien, London und dann nach Deutschland. Vielleicht hat er auch diese Route gehabt.
Es bleibt ja immer noch die Frage: Gibt es doch noch andere Konten in Südamerika, in anderen Ländern? Weil sie ja auch in Uruguay waren, in Paraguay, in so vielen Ländern. Die haben das Geld immer verschoben, dass überhaupt keiner mehr Bescheid weiß am Ende. Da fragt man sich

schon, wenn er auf so eine Reise geht, wo er da noch Zwischenstopp macht. Aber das sind Spekulationen. Man weiß es einfach nicht. Vielleicht gibt es jemanden, der es weiß. Ich nicht. Die Tatsache, dass er geflohen ist, ist ja schon eine Straftat. Das finde ich, ist das Traurige hier, dass in diesem Land, in Deutschland, keine Gerechtigkeit gesprochen wird. Schäfer wird prozessiert und Leute, die um ihn herum waren, werden zum Teil festgenommen und verhaftet, gerechterweise, aber er war einer der Hauptschuldigen. Ob man das einsieht oder nicht, das liegt einfach offenkundig auf der Hand. Jeder weiß das, welche Aufgabe und welche Rolle Hopp gespielt hat. Er hatte auch Kontakte mit Pinochet, er hatte auch Kontakte mit den Geheimdiensten. Er hat überall mitgemacht. Aber er ist ja so raffiniert, dass er immer nur das sagt, was du ihm nachweisen kannst. Sonst redet er sich immer raus. Das hat er immer gemacht, immer. Ich traue ihm nicht, wirklich nicht. Der gehört auch ins Gefängnis. Der gehört ausgeliefert, genau wie Döring. Dann sollten die ihre Strafe da drüben absitzen."

Es gibt aber kein Auslieferungsabkommen zwischen Deutschland und Chile?

„Die Gesetze sind hier so, dass nicht ausgeliefert wird. Ja, die Rechtsanwältin Petra Schlagenhauf ist auch darüber verzweifelt. Es sind nicht mal Zeugen gehört worden, die genannt wurden. Also man hat dem Gericht schon Zeugen genannt, die hätte man hören müssen. Da war der Andreas auch dabei. Das sind Leute, die schon ausgesagt haben – die hat man nicht gehört. Der hat immer Glück gehabt. Der hat immer Leute und Freunde gehabt, die ihn geschützt haben.
Die Verbindung, die verdächtig und schon anrüchig ist, ist, dass Verwandte, also Kinder von Albert Schreiber, die Tochter Bärbel Schreiber, beim Staatsanwalt Axel Stahl, der das Verfahren leitete, angestellt im Haushalt war. Bei Staatsanwalt Stahl putzte Bärbel Schreiber. Bärbel Schreiber hängt mit Hopp eng zusammen. Bärbel Schreiber hat ja Michael geheiratet, Hopps Adoptivsohn. Enger kann man das nicht zusammenlegen. Das riecht. Oder stinkt, würde ich zumindest sagen. Dass dann sowas dabei rauskommt und einfach so ein Verfahren eingestellt wird von der Staatsanwaltschaft Krefeld, sang- und klanglos, das ist unglaublich. Das ist auch eine Missachtung der Gerichtsbarkeit in Chile. Als würden die einfach was erfinden da drüben oder korrupt sein oder was weiß ich.

Nein, die chilenischen Gerichte arbeiten sehr gut und sehr genau. Vielleicht sogar besser als hier. Vielleicht sind die noch nicht einmal so korrupt wie die hier sind.
Das sage ich dazu. Mehr will ich gar nicht sagen. Man ist dem gegenüber einfach machtlos. Man läuft gegen die Wand. Da braucht nur ein Gericht die Sache drehen und dann ist die Sache erledigt. Alle, die daran so lange gearbeitet haben, die sich geopfert haben, um die Wahrheit nach vorne und Klarheit da reinzubringen, denen wird mit einem Strich alles weggemacht. Und dann hat sich das. Das soll dann Gerechtigkeit sein oder was? Was ist mit den ganzen Opfern, die mit den Folgen leben müssen? Die Medikamente bekommen haben und Spritzen? Ich bin jetzt nicht betroffen davon. Aber ich weiß, dass es Fälle gibt wie mein Bruder Andreas zum Beispiel."

Hopp meint, für die Medikamentenverabreichung nicht zuständig gewesen zu sein, sondern die Doktora Gisela Seewald?

„Das glaube ich jetzt nicht, weil das in der Zeit war, wo Hopp im Krankenhaus eingesetzt war als Oberarzt, da hatte er immer die Verantwortung. Von Andreas weiß ich, dass er direkten Kontakt zu Hopp hatte, der ihm die Tabletten verschrieben hat. Also irgendwas stimmt da nicht. Er weiß es am besten, der Andreas. Mehr kann ich dazu nicht sagen, weil ich nicht betroffen bin. Aber es tut mir schon leid, dass es für die Gerechtigkeit so ausgeht. Dass das so im Sande verläuft oder dass das einfach … das macht einen traurig. Wo will man dann noch Gerechtigkeit erwarten, wenn die Gerichte versagen?"

Kommen wir noch mal darauf zurück, wie es dazu kam, dass du geheiratet hast.

„Klaus Schnellenkamp sagte zu mir: Werner, ich will dir mal was sagen. Da war Schäfer schon raus, aber noch nicht so lange. In der Colonie war zu der Zeit alles durcheinander. Viele waren durcheinander, denke ich. Werner, ich muss dir mal was sagen. Weißt du was? Tobias Müller, hat zu mir gesagt, bevor er gegangen ist: Schäfer ist das größte Dreckschwein. Das mag jetzt komisch klingen für einen Außenstehenden. Aber was das mit mir gemacht hat. Das war wirklich der ausschlaggebende Punkt für mich. Mir sind die Tränen in die Augen geschossen, ich bin die Treppe

runtergelaufen und weg. Ich habe geheult, geheult, geheult. In dem Moment ist bei mir das Kartenhaus zusammengebrochen. Wie viel Macht doch ein Funken Wahrheit hat! Bis dahin hat es keiner ausgesprochen. Ich höre diesen Satz und ich kann mich nicht halten. Es bricht aus mir heraus. Da kam dieses ganze Leid. Mit einem Moment habe ich das ganze Unrecht gesehen. Diesen ganzen Missbrauch, wo ich schon selber an mir gezweifelt und gegen das Böse gekämpft habe. Das ist wie ein Kartenhaus auf einen Schlag alles zusammengebrochen. Wie recht er doch hat, warum habe ich das nicht gesehen? Da muss dieser junge Bursche, zehn Jahre jünger als ich, es erst aussprechen. Tobias Müller kam aus Deutschland. Er war zehn Jahre alt, als er kam. Er ist von seiner Mutter mitgenommen worden. Schäfer hat ihn rüberbringen lassen. Der hatte einen ganz anderen Blick als wir alle. Der war zehn Jahre jünger und hat die meiste Colonie-Zeit über gar nicht mitgemacht. Und der sagt dann so einen Satz. Das war eine Bombe für mich.
Ab da war mir klar, ich brauche jemanden, mit dem ich sprechen konnte. Ich hatte jetzt dringend Redebedarf. Ich musste jemanden finden, dem ich das alles sagen konnte. Alles, was die ganzen Jahre auf meinem Herz lag. Die ganzen Belastungen, das ganze Leid. Und den habe ich gefunden. Das war damals Hans-Jürgen Riesland. Das hatte sich rumgesprochen, „die Jungs“ waren bei ihm „die Keile“. Da war ja auch keine starke Hand mehr. Da war ja niemand mehr, der für sie da war. Riesland hatte so eine Seite …, er mochte Kinder. Das muss man ihm lassen. Wir waren zum Teil schon so ein bisschen Freunde. Hin und wieder hat er mich mal auf dem Trecker mitgenommen. Da saß ich als Junge auf dem Kotflügel und habe mich bei ihm ausgeweint. Ich fand, er hatte eine ganz liebe Seite. Er hat mich auch nie geschlagen oder beschimpft. Er hat mir einen gewissen Rückhalt gegeben. Das muss ich sagen. Der Wahrheit wegen. Da war auch gar kein anderer. Sollte ich zu den Herren rennen, die selber alle Mittäter waren? Er kam und ich fragte, ob ich mit ihm mal sprechen könnte. Ich musste schon wieder heulen. Ja komm mit mir, sagte er. In den Wagen rein, dann sind wir rausgefahren. Raus aufs Feld nach oben. Er hat einen Wagen gehabt. Er war ja Landwirtschaftschef. Ich saß vier Stunden bei ihm im Wagen. Vier Stunden habe ich ausgepackt wie ein Wasserfall, über alles, was passiert ist. Da fing er schon an zu heulen. Das habe ich nicht gehört, das habe ich nicht gewusst. Ich konnte danach zwei, drei Nächte nicht schlafen, sagte er zu mir.“

Also war er auch nicht informiert über die Gräueltaten? Nimmst du ihm das ab?

„Das vom Neukra wusste er auch nicht. Er fragte, ob ich das für ihn aufschreiben könnte. Er wollte das vor die „Herren" bringen, die auch das Sagen hatten. Also zu Gerd Seewald, Hans-Jürgen Blanck, Gerd Mücke, Rudolph Cölln und Karl van den Berg. Die, die zu den Jerarcas gehörten. Und Wolfgang Müller. Mit dem war er ja eng zusammen nachher. Damit hatte ich aber nichts zu tun. Ich habe meine Arbeit getan. Ich habe alles aufgeschrieben. Da habe ich, puh, wie viel ich da geschrieben habe. Alles aus der ganzen Neukra-Zeit. Das war 2000. Ich habe mich hingesetzt und fing an zu schreiben. So viel habe ich noch nie geschrieben. Ich habe früher schon viel geschrieben, immer für Schäfer. Die Finger waren immer blau vor Tinte. Ich habe lange daran geschrieben. Tage, Wochen – ich weiß nicht genau. Das war ja nicht das einzige Schreiben. Das war nur diese ganze Neukra-Geschichte. Und dann hat er gesagt, ich spreche mit den „Herren" darüber. Wir werden die Leute alle zusammenrufen.
Dann ging ein bisschen Zeit dahin und eines Tages war es so weit. Wir sollten in den Konferenzraum kommen. Die haben die Leute zusammengetrommelt. Wir saßen hier an der Wand und die Täter saßen uns gegenüber. Das Verwunderliche, was dann passierte, das hat mich jedenfalls sehr verwundert und geschockt, war, dass die nicht geredet haben. Die hätten reden müssen. Gerd Seewald oder Jürgen Blanck haben die Vermittlerrolle eingenommen. Ich muss sagen, ich war sehr verwirrt, sodass ich auch gar nicht mehr wusste, was da geredet wurde. Aber es war beschwichtigend, wir müssen Frieden schließen und vergeben. Es steht geschrieben: Du sollst vergeben und so weiter. Das war der Tenor. Wenn du nicht vergibst, dann vergibt der Herr dir auch nicht. Das war wieder so typisch. Das habe ich immer wieder gehört.
Dann hat einer, der besonders leicht zu erreichen ist, den Anfang gemacht und ging auf die zu und umarmte die. Rainer, mein Bruder. Und zwar so, als wären sie die größten Freunde. Das hat uns regelrecht unter Druck gesetzt. Wir fühlten uns alle … Wer wollte denn jetzt keinen Frieden haben? Aber das haben wir nicht verdauen können, nicht verarbeiten können. Besonders Aki, also Georg Laube und ich nicht. Wir haben das jedenfalls klar geäußert."

Was habt ihr gesagt?

„Dass das Manipulation ist. Dass das nichts mit Vergebung zu tun hat. Jeder muss selber und alleine für seine Schandtaten und Gemeinheiten aufkommen und um Entschuldigung bitten. Es ist auch nicht mit entschuldigen getan. Weil das war so eine Strafe, das war so schlimm, was die gemacht haben, das kann man eigentlich nicht entschuldigen. Also ich hatte damals nicht die Kraft, das zu entschuldigen. Wenn ich ehrlich bin, bis heute noch nicht. Warum soll ich das entschuldigen? Für mich, für meinen Frieden, ja, okay. In Zorn will ich auch nicht bis zum Ende leben. Jeder will Frieden haben. Besonders im Alter oder wenn es zu Ende geht. Wir mussten die Kröte schlucken, das ist so geblieben. Da ist nichts mehr passiert. Da haben wir gedacht, das war der Anfang, damit sie mal wach gerüttelt sind, damit sie jetzt auch mal wissen, dass es auf dem Tisch liegt und dass wir alle Bescheid wissen und jetzt können sie nicht mehr anders. Jetzt müssen sie ihre Schuld eingestehen. Den Gang nach Canossa hätten sie gehen müssen. Und das haben sie nicht getan. Einer war es, das muss ich der Ehrlichkeit halber sagen, der mich besucht hat, später. Helmut Seelbach. Dem sah ich das von weitem schon an ..., das habe ich vorher nie gesehen. Er sah so zerbröckelt und zerknirscht aus. Ich wollte mir das nicht antun. Ich habe gesagt, es ist gut. Ich wollte mir das auch nicht anhören. Ich weiß nicht, ich war nicht bereit.

Also Helmut Seelbach wollte sich entschuldigen?

„Ja. Offensichtlich. Aber ich habe ihm nicht das Wort gelassen. Ich meine, der Mensch kann ja manchmal auch ohne Worte sprechen. Wir haben ja auch noch andere Sinne. Ich wusste, er hatte alles gesagt, ich wusste, was er von mir wollte. Ich war ihm besonders bekannt, weil ich ja auch noch außerhalb der Neukra-Zeit bei ihm in der Funkbude – er war ja Funker – isoliert von der Gruppe immer bei ihm schlafen musste. Er war mein Lehrer. Also wir haben so viel gemein. Und wenn der zu mir kommt, so wie ich ihn nie gesehen habe, dann ... ich kann mir jetzt einen Vorwurf machen und sagen, ich habe es ihm leicht gemacht, weil ich einfach gesagt habe, ist okay."

Aber du hast ihm innerlich nicht wirklich vergeben?

„Wenn ich ehrlich bin – nicht."

Gehörte er zu richtig harten Folterern?

„Ja. Auch als Lehrer. Der war so brutal und hart, der hat mir die Hefte um die Ohren geschlagen. Öffentlich, vor allen anderen. Er hat mich traktiert, ich wurde eine Klasse nach oben versetzt, wo ich überhaupt nicht mithalten konnte. Ich wurde von der dritten in die vierte Klasse nach oben versetzt, um mich traktieren zu können. Er war mein Hauptlehrer. Es war ein Graus, die Hölle. Das ganze Jahr. Ich habe nur Fünfen gehabt. Deutsche Fünfen. Für uns waren das die schlechtesten Noten, die es gab."

Welche Erfahrungen hast du mit Manfred Skrabs gemacht?

„Ich denke, dass Manfred Skrabs brutaler war. Bei Helmut Seelbach hatte ich immer noch den Eindruck, dass er noch Gefühle hatte, dass er noch ein Stück Seele hatte. Der hat sich auch immer bei mir im Neukra ans Bett gesetzt, wenn ich mich gefragt habe, warum liege ich hier? Was ist das? Was kann ich besser machen, dass ich hier rauskomme? Was mache ich falsch? Was muss ich überhaupt tun? Stell dir mal vor, der hat sich bei mir ans Bett gesetzt und ganz liebevoll mit mir gesprochen. Der hatte Mitleid. Er sagte: Guck mal, andere haben es doch auch geschafft. Der Günter und der Rolf Schaffrik und der Manfred Schaak. Die haben es doch auch geschafft und die sind doch auch draußen. Ich wusste aber nicht, was ich machen soll. Ich habe mich auch nicht getraut, was zu fragen und zu sagen, weil mir das alles so verdammt peinlich war. Das Thema und dass die da waren, dass die uns da gesehen haben und dass wir da so liegen mussten. Seelbach hatte noch ein Gefühl, die anderen nicht. Die anderen waren so eiskalt brutal, da kannst du meinen Bruder Rainer fragen. Sprich den mal auf Skrabs an, da öffnen sich die Tore der Hölle. Die Pforte der Hölle. Qualen.
Reinhard Döring war auch ein supergemeiner Teufel, der richtig Spaß daran hatte. Eines werde ich nie vergessen: Wir sind uns ja im Kanal waschen gegangen. Das war unser Waschraum. Zumindest im Sommer. In den Turbinenkanal rein, hieß es. Du warst noch klein und es war ziemlich tief. Du konntest kaum schwimmen. Reinhard Döring und Manfred Skrabs haben den Fuß gepackt und hochgerissen. Kopf unter Wasser, Fuß runter, du hast geschrien, sofort wieder hoch den Fuß, Kopf unter Wasser. Und das eine ganze Weile, bis du platt warst. Es war die Hölle, ich hatte so eine Angst davor, überhaupt noch ins Wasser zu gehen. Das ist so – du fühlst, dass du ertrinkst. Mit einem Kind kann man alles machen. Wehe,

wenn ihr einem meiner Geringsten was antut. Also den Kindern, den Schwachen. Diesen Satz habe ich nicht vergessen. Den hat Jesus gesagt. Mehr kann ich dazu nicht sagen. Ein Kind vergisst nie. Ich vergesse das nie. Das kann man nicht vergessen. Vergeben ja, verzeihen ist schwer. Dafür braucht man sehr viel Kraft. Aber ich kann auch nichts dafür, wenn ich es nicht schaffe. Muss ich ja auch nicht. Dafür muss ich mich auch nicht schämen. Wenn ich es nicht schaffe, schaffe ich es nicht. Aber es kann mich niemand zwingen, jemandem zu vergeben, damit er seine Ruhe hat. Ich muss auch mit den Albträumen leben bis ins Alter, ich bin heute über sechzig. Immer noch Albträume."

Trotz Medikamenteneinnahme?

„Ja. Die Medikamente sind nicht dagegen. Das Einzige, was mir hilft, gut zu schlafen, ist ein Schlafmittel, das ich nehmen darf. Von meiner Psychiaterin verschrieben. Das kann ich auch nicht jeden Tag nehmen, da will ich mich auch nicht dran gewöhnen. Das sollte man auch nicht. Aber ohne geht es nicht. Ich muss es zwischendurch immer wieder anwenden. Aber auf der anderen Seite will ich auch nicht der sein, der heute jammert und ein Leben lang diese Opferrolle einnimmt. Ich will stark sein. Ich will leben, ich will einfach in meinem Leben noch was sehen und erleben, wie es zum Teil auch schon war hier in Deutschland. Das ist für mich wichtig. Mit diesen Dingen, dass ich damit leben muss, und die anderen Opfer sicherlich auch, die so traumatisiert sind. Da spricht nicht jeder drüber. Das heißt aber nicht, dass es nicht existiert. Aber ob die sich dessen bewusst sind, die, die es uns angetan haben, das glaube ich nicht, dass ihnen das klar ist. Sonst würden die sich heute nicht so dreist und frech benehmen und selbstgerecht fühlen und meinen, ihnen kann keiner was anhaben. Deshalb freue ich mich der Gerechtigkeit wegen, was ist denn das kleine bisschen im Gefängnis zu sitzen als Strafe im Gegensatz zu dem, was die uns angetan haben? An Schmerz, an Leid, Erniedrigung, Demütigung, an Traumata. Ich will heute lachen, ich will ein fröhlicher Mensch sein. Aber ich muss diese Sachen leider immer wieder ansprechen und sagen, dass da was offen ist und dass die sich nicht so sicher fühlen sollen. Juristisch sind alle Straftaten, die an uns Kindern begangen wurden, verjährt. Aber verjähren ist wieder was anderes als menschliche Regeln, wie vergeben oder vergessen. Verjähren ist in den Gesetzen so festgemacht. Das finde ich traurig, dass man Verbrechen an Kindern so wenig Bedeutung schenkt. Und dann das abtun mit Verjähren. Die Wunden verjähren ja auch nicht."

Kommen wir noch einmal auf deine Heirat zurück. Wie kam es dazu?

„Hans-Jürgen Riesland hat mir angetragen, ich könnte ja mal darüber nachdenken, beziehungsweise fragte er mich: Hast du jemanden, den du magst? Diese Frage hat mich ziemlich getroffen. Ich fragte: Wie meinst du das? Ja, so von den Mädchen, sagte er. Das konnte ich gar nicht beantworten. Das war ja immer noch ein Schock. Jetzt plötzlich – hundertachtzig Grad in die andere Richtung – was immer bekämpft wurde, war auf einmal gut. Ich hatte dann lange Zeit darüber nachzudenken. Das hat mich innerlich bewegt, und ich habe gesagt, wenn ich ehrlich bin, könnte mir nichts Schöneres passieren, als einen Menschen an meine Seite zu bekommen. Damit ich das Leid teilen kann mit einem Menschen, den ich wirklich liebe. Das hat bei mir gefunkt und nach einer Bedenkzeit habe ich klar zu verstehen gegeben, dass ich wohl bereit wäre. Dann ging es nur noch darum – wen? Da habe ich gesagt, da lasse ich mir aber nicht mehr reinreden, so wie es bei vielen anderen passiert ist. Dann muss man das nächste Schicksal besiegen und ich bin wieder unglücklich. Das will ich auf keinen Fall.

Man hat mir Vorschläge gemacht, aber ich habe wieder lange Zeit gebraucht. Ich habe immer gesagt, nein, nein, die nicht, die nicht, die nicht – nein. Lasst mich bitte alleine entscheiden. Ich war ein bisschen verwirrt und wusste einfach nicht … Schau mal, wir hatten ja nicht die Möglichkeit, jemanden kennenzulernen oder auszugehen. Gar nicht. Da konntest du ja nicht sagen, ich will die kennenlernen. Also – friss oder stirb. Das kam für mich nicht infrage. Dass ich aus der Colonie rauswollte, war mir klar. Da habe ich eines Tages also gesagt: Ich werde hier drin keine Frau heiraten. Es ist auch noch die Frage, ob ihr mir überhaupt jemanden gebt. Andere wollten auch heiraten, die haben niemanden gekriegt. Die sind dann rausgegangen. Zum Beispiel Efrain Vedder. Klaus Schnellenkamp ist auch aus diesen Gründen raus. Die haben kein Mädchen bekommen. Der Riese auch nicht, mein Cousin. Das sind schon drei Fälle, die ich kenne.

Sie meinten, ich wäre nicht vertrauenswürdig. Der doch nicht. Der ist doch krank. Man weiß doch, wie Klaus Schnellenkamp eingestuft wurde. Einfach so. Da war immer noch dieses alte Denken. Wo war da der Neuanfang? Das war so gemischt. Auf der einen Seite – Aufbruch, Umbruch. Wir wollten ja ein normales Leben leben, wir wollten auch Kinder haben.

Eines Tages habe ich dann ganz tief in mich hineingehört und gesagt: Da ist doch dieses Mädchen. Die magst du doch, die ist so lieb. Ich kann mir nichts Lieberes vorstellen. Der traue ich hundertprozentig. Die ist so lieb, die wird mich nicht in die Pfanne hauen, auch später nicht. Vom Wesen her strahlte sie das schon aus, das war mir klar. Dann habe ich den Namen gesagt: Katharina. Kathi hieß sie. Die oder keine, habe ich zu Riesland gesagt. Ja, hmm, sagte er. Er hat sich erst mal Gedanken gemacht und gesagt: Wir sprechen noch mal. Irgendwann kam er wieder und sagte: Ja. Gerne. Ich bin nicht abgeneigt.
Die „Herren“ mussten noch ihre Zustimmung geben. Er hat alles mit den „Herren“ zusammen gemacht. Dann stand ich vor dem nächsten Problem. Ich hatte mich zu der Zeit immer noch nicht getraut, selber ein Mädchen anzusprechen. Deshalb fragte er, ob ich das selber mache oder ob er das machen soll. Ich sagte: Mach du das. Obwohl ich heute sage, das war verkehrt. Normalerweise muss man das selber machen. Aber gut, es war halt so. Es hat zum selben Ziel geführt. Bis heute bin ich glücklich mit meiner Frau. Das war genau die richtige Wahl. Dass ich so einen lieben Menschen an meiner Seite habe, bedeutet mir so viel. Vieles hätte ich anders entschieden oder vielleicht wäre ich auch nicht mehr da, wenn ich ganz ehrlich bin. Ich habe eine ganz tiefe Phase durchgemacht, wo ich … Die Phase hatte ich in Chile schon des Öfteren. Da war keine Lebensfreude mehr da, da war keine Hoffnung mehr, da war nichts mehr. An dem Punkt war ich dann auch. Aber meine Frau hat mich davor bewahrt. Ihre Liebe, die Kinder natürlich dann. Ja, so wie es ist, bin ich eigentlich sehr zufrieden.“

Und ihr habt dann wann geheiratet?

„Wir haben 2001 geheiratet. Das hat nicht lange gedauert, dann haben wir das nicht mehr abwarten können. Dann war ich verheiratet. Ich war froh, dass das schon mal unter Dach und Fach war. Wir haben da noch mal so einen blöden Brief vorgetragen bekommen. Das war ganz Schäfers Handschrift. Diese Moralpredigten, von wegen die Kinder gehören der Gemeinde und dann Gott. Erst die Gemeinde, dann die Familie. Genau dieselben Predigten, derselbe Käse alles. Wir sollten unsere Ehe geheim halten. Diesen Scheiß haben die uns vorgetragen. Das war, bevor wir geheiratet haben. Uns wurde nahegelegt, dass das eine Bedingung ist, die wir unterschreiben mussten.“

Und den Brief hatte Schäfer in Argentinien verfasst?

„Ich weiß das heute. Das war genau Schäfer. Da war also immer noch der Kontakt mit Schäfer. Gerd Seewald hat das natürlich geschrieben. Aber der Geist war hundertprozentig Schäfer. Ich habe den Brief sogar noch. Den habe ich mitgebracht. Das hat gekocht in mir. Ich dachte: Scheißegal. Das ist mir scheißegal. Ich kann den nachher zerreißen. Ich lebe jetzt sowieso mein Leben. Ich will jetzt meine Frau haben, meine Kathi, und glücklich werden. Also habe ich das einfach unterschrieben. Später aber hat es mich gewurmt, weil ich nicht ehrlich war mit mir selber. Ich hätte sagen müssen: Nein, da denke ich gar nicht dran.
Aber ich habe meinen Mund aufgemacht. Da war ich im Fundo noch, in Bulnes. Gerd Mücke hat mich zu sich zitieren lassen, und da saß er in seinem Bus – er ist ja Busfahrer gewesen. Er hat gesagt, dass sich die Leute beschweren, weil ich mich mit Kathi sehenlasse, und dass sie das doch nicht wollten. Dann fing er wieder mit den Predigten an, und dass das alles nicht gewünscht sei. Ach ja, sagte ich, und guckte ihn nur an. Ihr macht mir das Leben ja richtig schwer, habe ich gesagt. Jetzt geht das wieder so weiter. Und dann war meine Entscheidung gefallen."

Und dann kamen die Kinder. Wurden die in der Colonie geboren?

„Nein. Das Leid wollte ich den Kindern nicht hinterlassen, dass die sagen müssen: Ich bin da in dieser Sekte geboren. Da waren Kathi und ich uns einig. Wir haben gesagt: Unsere Kinder gehen nicht in dieses Krankenhaus. Wir gehen außerhalb in ein Krankenhaus. Wir gehen nach Concepcion. Da ist eine gute deutsche Klinik. Das war die nächste Großstadt. Da ist unser erstes Kind zur Welt gekommen. Eineinhalb Jahre später hatten wir schon unsere zweite Tochter. Die kam in Linares zur Welt, das ist auch eine größere Stadt, die war näher dran. Die chilenischen Ärzte sind sehr gut. Vor allem so liebevoll und herzlich. Das ist richtig toll. Wir haben uns sehr gut aufgehoben gefühlt."

Habt ihr in den Städten auch gelebt?

„Nein. Wir hatten noch eine eigene Wohnung in der Colonie. Ich hatte ja selber an den Wohnungen gearbeitet. Da war ein Neubau, der eigentlich für die chilenische Jugend sein sollte. Die kam ja in Scharen und dieser große neue Saal, der da im Kinderhaus entstanden ist, dieser Bau sollte für die Jungend sein. Nein, haben wir gesagt. Jetzt wird umdisponiert, das ist für uns. Wir bauen einer Familie jetzt mal Zimmer. Damit die Familien Zimmer und die Ehen Platz haben. Wer möchte, kann schon mal mit den eigenen Kindern beginnen. Ich habe da ein Zimmerchen. Ich hatte an den ganzen Wohnungen als Schreiner gearbeitet, habe die Decken eingezogen, die Wände eingezogen, die Türen eingesetzt. Also sehr viel. Die meisten Schreinerarbeiten habe ich alleine gemacht. Mit Herzblut. Da hatte ich ein Zimmer und da haben wir die Kinder auch untergebracht. Aber ich bin nicht mehr in die Gemeinde gegangen. Ich wollte da nicht mehr hin. Wir haben nur gewartet, bis Evelyn, unsere zweite Tochter, alt genug, also ein bisschen stabiler, war. Mit ihr als Baby wollten wir nicht raus. Ich sagte: Lass uns noch ein bisschen warten, bis sie stabiler ist. Dann sind wir zum Kinderarzt gefahren, zum chilenischen Kinderarzt. Bei der Kontrolle war alles gut. Sie war einen Monat alt, die andere war ein Jahr alt – da sind wir raus. Wir haben den Sprung ins kalte Wasser gemacht."

Seid ihr dann gleich nach Deutschland?

„Nein. So weit war ich noch nicht. Ich hatte einen Kontakt durch meinen Cousin, der schon draußen war. Reinhard Schmidtke von der anderen Familie Schmidtke. Der war schon draußen und hat gesagt: Ich habe einen Freund, er ist Deutscher und hat eine Eisdiele im Süden unten in Pucón, der sucht jemanden. Ob ich Interesse an dem Job hätte. Das kam mir wie gerufen. Das war der Einstieg für mich. Ja, sagte ich, ich will das. Der Freund hat mich auch gleich eingestellt. Dann waren wir schon mal draußen. Später habe ich noch mal den Arbeitsplatz gewechselt. Da hat mich ein Österreicher in der Landwirtschaft eingestellt. Dort habe ich noch eine Zeitlang gearbeitet. Aber ich bin unter diesen Arbeitsbedingungen ganz schnell an meine Grenzen gestoßen. Da habe ich genauso hart arbeiten müssen wie in der Colonie und hätte das Geld für die Kinder nicht aufbringen können, damit sie vernünftig aufwachsen. Etwa ein Jahr lang habe ich mich dann noch umgeguckt und in Chile nach Arbeit gesucht.
Da kam nichts, da hat ein Schubs gefehlt. Eines Tages bin ich in Los Angeles herumgelaufen und habe mich nach Firmen umgeschaut, denen ich so Artikel anbieten konnte. Bodenreinigungsmittel zum Beispiel, die aus Amerika kamen. Aber das ging alles nicht. Wir konnten nicht davon leben. Ich lief also richtig verzweifelt durch die Straßen und zerbrach mir den Kopf, wo ich noch hingehen soll, um Arbeit zu finden? Ich lief über

eine Kreuzung und plötzlich hupte ein Wagen mit einer Frau drin. Sie war gerade über die Ampel gefahren und hatte mich gesehen. Genau zu dem Zeitpunkt, irgendwo in Los Angeles. Hallo Werner, da bist du ja, sagte sie. Wer war‘s? Meine liebe Tante, die ich in der Colonie in der Käserei kennengelernt hatte. Die war so lieb, die hat Seelsorge gemacht, der konnte ich alles Mögliche erzählen, den Ballast, alles, was wir schon durchgemacht hatten. Sie war wie eine Mutter zu mir. Sie hatte studiert und kam immer, um die Milch zu prüfen. Sie wurde vom Amt geschickt. Ich hatte da auch in der Käserei gearbeitet. Dadurch hatten wir uns kennengelernt. Weißt du was Werner, ich muss dir mal was sagen: Geh nach Deutschland. Du gehörst dahin. Das war wieder so ein Hammer, der wohl kommen musste. Ich klopfte mir auf den Kopf und sagte: Ja klar, da kann ich nicht widersprechen. Wieso kam ich da nicht vorher drauf?“

2005 seid ihr nach Deutschland gekommen. Wie ergeht es dir hier? Haben sich die Träume und Vorstellungen von Deutschland erfüllt?

„Erstmal muss ich sagen, dass es eine Befreiung, eine Erlösung war, dass der Traum erfüllt wurde, in das Land zurückzukehren, in dem ich geboren wurde und wo meine Wurzeln sind, wo ich hingehöre und wo meine Sprache gesprochen wird, wo ich meine Identität wiederfinde. Aber ich muss auch ganz ehrlich sagen, jetzt, nach sechzehn Jahren, sieht die Welt schon wieder ein bisschen anders aus. Es hat sich auch vieles verändert in den sechzehn Jahren. Vor allem politische Gründe, mit denen ich mich vorher nicht befasst hatte, woran ich damals auch kein Interesse hatte, weil meine Schwerpunkte erst mal im Neuanfang mit meiner Familie lagen. Mit den Kindern zurechtkommen, viel lernen, viel einleben, einfinden, Selbstfindungsprozess, Psychologen, Betreuung. Man wächst auch daran. Ich bin daran gewachsen.

Ich habe viel gelernt hier in Deutschland, vor allem selbst zu denken. Selber Entscheidungen zu fällen. Das macht es nicht unbedingt leichter, aber freier. Das heißt, es ist auch anstrengender, denn wo ich hergekommen bin, in der Colonia Dignidad, wurde einem das Denken abgenommen, auch Entscheidungen wurden einem abgenommen. In dieser Beziehung brauchte man sich keine Sorgen zu machen, einfach nur da sein. Das abzulegen muss man auch lernen. Man muss lernen, Entscheidungen im Leben zu treffen, aber das hat man nicht gelernt. Das, muss ich sagen, ist ein Prozess. Es fällt mir heute noch schwer, Entscheidungen zu treffen. Meine Einstellung zum Leben brauche ich nicht zu erneuern. Die ist klar. Die

Richtung ist klar. Aber Kaufentscheidungen oder der Umgang mit Geld, da frage ich mich immer, was ist die richtige Entscheidung? Ich setze mich heute auch damit auseinander: Was ist Freiheit? Was bedeutet Demokratie? Vielleicht habe ich einen anderen Blick darauf als Leute, die hier aufgewachsen sind, vielleicht bin ich kritischer dadurch, dass ich Dinge anders sehe und auch anders bewerte. Besonders, was politische oder demokratische Entscheidungen betrifft, Wahlen, welche Partei, in welche Richtung soll das Land gehen. Da muss ich sagen, dass ich eine große Diskrepanz, eine Spaltung beobachte, die sich hier in den letzten Jahren vollzogen hat, die mir nicht gefällt. Ich fühle mich zum großen Teil wieder zurückversetzt in ein System, in dem man gehorchen muss, in dem man nicht hinterfragen darf, um nicht in eine Ecke gestellt zu werden. Das gefällt mir nicht. Ich habe gehofft, dass ich jetzt frei bin und meine Meinung sagen darf, auf jeglichem Gebiet, oder auch Entscheidungen treffen darf darüber, was ich für richtig halte. Aber ich beobachte, dass das nicht mehr gegeben ist, dass das alles gefährliche Züge angenommen hat. Wie gesagt, ich weiß, was es bedeutet, in einer Diktatur zu leben. Das war eine kleine Diktatur. Ich denke auch, dass die Menschen hier unterschiedlich ticken. Wenn man vom Westen und Osten spricht, dann spricht man von zwei ganz verschiedenen Generationen, die nebeneinander aufgewachsen sind. Dass diese Menschen anders geformt sind in den vierzig Jahren, genau wie wir auch in den vierzig Jahren, kann ich nur bestätigen. Daher fühle ich eher mit dem Osten mit als mit dem Westen."

Wäre das in Chile anders?

„Ja. In Chile macht man sich da so gar keine großen Sorgen, weil es gibt nicht diese Bevormundung, wie man sie hier eigentlich täglich erlebt und liest. Es gibt nicht diese wahnsinnig vielen Ämter und Posten, die was zu sagen haben. Ist ja riesig, auch der Bundestag. So viele Parteien gibt es in Chile nicht. Es ist einfacher. Also ich musste mir damals keine Sorgen darum machen. Es hat eine Diktatur gegeben, das stimmt, aber jetzt gibt es dort auch wieder eine andere Regierungsform, eine demokratischere, obwohl der Präsident, der derzeit in Chile regiert, auch nicht der Richtige ist, den das Volk verdient hätte. Die Leute wollen mehr Gerechtigkeit. Ich glaube, das ist ein System, das überall auf der Welt erscheint, wo es Korruption gibt, wo Leute in Ämtern sitzen, die sich Vorteile verschaffen. Da muss man sich nicht darüber wundern, das so was passiert. Dann ist natürlich auch immer die Opposition gefragt. Ich hätte nie gedacht, dass ich mich mal mit Politik befassen muss, weil ich hasse Politik. Ich mag keine Politik und ich mag auch keine Parteien. Ich will einfach ein freier Mensch sein. Ich will, dass alle gleich und gerecht behandelt werden und dass Frieden untereinander herrscht. Ich weiß nicht, warum ich so unzufrieden bin in den letzten Jahren. Nur weil ich anfange zu denken, und mich damit auseinanderzusetzen, was hier läuft, wird es für mich auch schwieriger. Also ich fühle mich unfreier."

Aber wirtschaftlich geht es euch doch hier besser als in Chile, oder?

„Das stimmt zwar, wir haben wirtschaftlich keine Not, aber bei mir liegen die Werte woanders. Ich würde die finanziellen Werte nicht vor die Freiheit stellen. In Chile ist das Leben freier. Auf dem Land sowieso, auf dem Land regiert keiner rein. In Chile gibt es sehr viel ländliches Volk. Sehr viele Menschen leben ein ganz anderes Leben als hier in Deutschland. Die leben aus eigener Hand. Die haben ihr eigenes Stück Land, wenn sie auch arm sind, aber sie haben ihr eigenes. Die bestellen selber ihre Felder, bauen Gemüse an, sie haben eigentlich alles, sie kaufen nur ab und an etwas dazu. Aber sie haben ein freies Leben. Das ist eine andere Art von Leben. Die Leute sind beschäftigt, sie sind glücklich mit den Tieren, mit der Ernte."

Was hält euch davon ab wieder nach Chile zu gehen?

„Ich muss ganz klar differenzieren zwischen Chile und Colonia Dignidad. Colonia Dignidad ist nicht Chile. Ich spreche von den freien Menschen, die da unten auf dem Land leben und nicht in der Colonie. Was es erschwert, sind die Lebensbedingungen, weil dann ist es letztlich doch eine finanzielle Sache. Ich bekomme in Chile nicht die finanzielle Unterstützung wie ich sie in Deutschland habe. Die Kinder bekommen Unterstützung. Hier bist du auch versorgt, wenn du keine Arbeit hast. Das gibt es in Chile nicht, da gibt es nicht diese soziale Unterstützung. Du musst da arbeiten oder Geld haben und das ist bei uns ausgeschlossen. Das funktioniert nicht, wir sind dafür auch zu alt.
Also ich fühle mich zu alt dafür, jetzt noch was Neues aufzubauen. Hätte man einen neuen Grundstein gesetzt und gesagt, jeder hat hier ein Haus zur Verfügung, ein Stück Land und man hilft sich untereinander. Das

funktioniert ja bei gewissen Leuten da unten, die ich kenne. Wenn ich so einen Staat habe, ist es möglich für Leute, die keine Kinder haben. Aber wenn du Kinder hast und für die Kinder da sein musst und Verantwortung trägst, solange die Kinder noch im Haus sind, geht das nicht.
Aber von meinen Bedürfnissen her würde ich heute lieber wieder in Chile leben, nicht in der Colonie. Oder in ähnlichen Ländern, wo ich nicht täglich behämmert werde von Politikern, Aufständen, Hetze. Du weißt ja gar nicht, wo das noch endet. Mir geht es auf die Psyche."

Meinst du speziell die Corona-Politik?

„Ja, die Corona-Politik, und auch die Einwanderungspolitik. Was ich festgestellt habe, muss ich mit Bedauern sagen, dass ich sehr enttäuscht bin. Meine Wahrnehmung ist, dass wir Deutschen nicht mehr gewollt sind. Der Deutsche wird gehasst. Das bezieht sich auf die Kriege, die gewesen sind. Man findet die Deutschen scheiße. Merkel, die die Deutschlandfahne nimmt und wegschmeißt, solche Sachen schockieren mich. Ich hatte, als ich hierherkam, eine Deutschlandfahne stehen, ich war stolz, endlich als Deutscher wieder in diesem Land sein zu dürfen. Dass wir hier wieder ein neues Leben beginnen können und wir Deutsche sein können. Warum dürfen wir nicht Deutsche sein? Müssen wir diesen Fluch, den wir nicht verschuldet haben, sondern unsere Vorfahren, die die Kriege angefangen haben, alle mittragen? Dass man uns das immer wieder vorhalten muss. Ich ertrage das nicht. Was habe ich damit zu tun? Niemals hätte ich sowas mitgemacht und habe ich auch nicht."

Welchen Vorwurf machst du denn jetzt im Nachhinein der Deutschen Botschaft, dem Auswärtigen Amt und Deutschland überhaupt nach deinem Leben in der Colonia Dignidad?

„Dass man uns nicht befreit hat, dass man uns nicht da rausgeholt hat aus dieser Hölle. Das hätte zu einem ganz anderen Zeitpunkt geschehen müssen. Als die Not da war. Als wir gelitten haben, hätte man eingreifen müssen. Da hätte man alles tun müssen, das da drüben zu beenden. Da hätte man den Kerl fassen und das alles beenden müssen. Dann hätte man das alles gerecht verteilen müssen, sodass man irgendwo rechtzeitig einen Neuanfang machen kann. Man hätte an seinem Leben noch was ändern können. Doch man hat diese Zeit verstreichen lassen, sodass einem die Chance von der biologischen Uhr her genommen wurde.

Man ist zu spät dran, überall. Frührentner zu sein ist kein Leben wie ich leben möchte. Ich möchte meine Arbeit haben, ich möchte mein Geld selber verdienen, und ich möchte nicht auf Kosten anderer leben. Aber auf der anderen Seite habe ich durch diese Umstände keine andere Wahl. Ich fühle mich nicht wohl in meiner Haut. Da finde ich es gerechter, dass man zugesteht, dass der Staat versagt und die Schuld hat, und uns wenigstens das Einkommen ermöglicht, damit wir ein menschenwürdiges Leben führen können. Und das ist nun mal ein bisschen mehr als Hartz IV. Da stelle ich gar keine großen Ansprüche, aber das wäre recht und billig, wenn wir auf den Stand gebracht werden, den der Durchschnittsmensch hier in Deutschland auch hat. Mit Arbeit. Aber die Arbeit müsste so viel einbringen, dass man davon leben kann. Dann reicht die Rente ja auch nicht mehr aus. Also du arbeitest über die Rente hinaus. Das ist irgendwie gelaufen. An der Rente ist irgendwie nichts mehr zu retten."

Das heißt, du hattest gehofft, dass das Auswärtige Amt euch eine Rente zusichert?

„Wir als Opfer vertreten diese Ansicht. Also ich habe das nur dort hingebracht, wo man es hört, das haben wir erwartet und das erhoffen wir immer noch. Mein Bruder Rainer sagte zu mir, in Gronau haben sie mit dem Bürgermeister gesprochen. Da ist ja eine kleine Gruppe von Ex-Colonos, die sich zusammengetan hat. Die haben gebeten, das Thema noch mal auf den Tisch zu bringen, und zwar beim Arbeitsminister. Dass man uns zumindest in die neu geplante Rente mit reinnimmt und uns aus dem Sozialsystem rausnimmt. Damit wären wir hochzufrieden. Das fänden wir auch angemessen und gerecht. Aber so kann man nicht zufrieden sein."

Wie viel Geld habt ihr als Opfer von der deutschen Regierung erhalten?

„Es hat eine Einmalzahlung von siebentausend Euro pro Person stattgefunden. Man konnte noch eine weitere Zusatzzahlung von dreitausend Euro beantragen, wenn man die entsprechenden Belege vorlegte. Das haben wir gemacht und somit haben wir pro Person zehntausend Euro von der deutschen Regierung erhalten. Damit war die Sache abgehakt. Ich finde, das kann es nicht sein. Ich glaube, das weiß jeder. Das brauche ich gar nicht zu erklären. Jeder Deutsche weiß, das stimmt, was ich sage. Man kauft sich einen Gebrauchtwagen für zehntausend Euro und guck dir an, wie der aussieht. Wie lange er fährt. Dann ist das Geld weg. Oder ich hätte

fünfundzwanzig Euro Rente mehr bekommen, wenn ich mir das Geld in Rente hätte auszahlen lassen. Das habe ich alles ausgerechnet. Ich hätte dann fünfundzwanzig Euro mehr. Jetzt kriege ich zweiunddreißig Euro Rente. Ich lebe von Grundsicherung, denn ich bin arbeitsunfähig. Ich bin aus gesundheitlichen Gründen, die ich nicht erläutern muss, arbeitsunfähig, also weniger als drei Stunden einsetzbar. Daher bekomme ich eine Erwerbsminderungsrente. Die ist auf die Dauer ausgesetzt. Erst lief das auf zwei Jahre und man hat es mir dann anerkannt, ich musste sogar noch einen Prozess führen, damit sie mir die fünfzig Prozent Behinderung anerkennen. Das sind aber zwei Sachen. Das eine ist der Behindertenausweis und das andere ist die Arbeitsunfähigkeitsbescheinigung. Wegen der psychischen Folgen, mit denen ich leben muss, und auch die körperlichen Schäden, die ich habe.
Ich muss dazu sagen, es geht nicht jedem so. Es hat auch nicht jeder das Gleiche durchgemacht in der Colonie. Und das sind die Unterschiede heute. Damit muss man leben. Ich leide unter Gelenkverschleiß, gerade mal so, dass ich noch an einer OP vorbeikomme, aber ich versuche mich so zu halten, weil ich nicht operiert werden möchte, in den Knien zum Beispiel, in den Fingergelenken, Handgelenken, Ellenbogen zum Teil, Schultergelenken. Alles, was der Körper ertragen musste, durch die wahnsinnig harte Knochenarbeit, die wir leisten mussten. Das ist alles Verschleiß. Viele von uns haben eine kaputte Wirbelsäule und schon Operationen hinter sich. Ich bin sehr stabil gebaut. Ich habe das nicht. Ich habe auch nie einen Knochenbruch gehabt. Ich hatte mindestens drei schwere Stürze, vom Dach, vom Heuwagen runtergestürzt aufs Feld, beim Sportüben, wir mussten ja auch Leistungen erbringen im Sport. Da hatte Schäfer den Spleen, wir müssen Doppelsalto machen. Wir haben überhaupt keinen Sportlehrer gehabt. Das ist lebensgefährlich. Einer von unseren Jungs hat sich da eine Lähmung zugezogen. Der ist ein Leben lang geschädigt.
Ich bin bei diesem Sport auch auf den Kopf gestürzt. Ich war bewusstlos und musste ins Krankenhaus. Aber ich bin irgendwie so stabil gebaut, sodass ich keine Knochenbrüche hatte. Ich habe aber so oft Leute bei uns gesehen, die ein Gipsbein hatten, oder Gipsarme. Ich habe dafür den Verschleiß in den Gelenken. Die Schmerzen in den Knien. Da sind noch andere Kleinigkeiten, aber ich will jetzt nicht über jedes Detail sprechen. Ich habe auch noch andere gesundheitliche Probleme, die mit den Vergewaltigungen zu tun haben. Das größte Problem jedoch ist das psychische Problem. Psychische Schäden, Traumata, Depressionen, gegen die ich

kämpfen muss. Dazu gehören Albträume, nicht jede Nacht, aber noch sehr häufig. Mit Medikamentenbehandlung geht das wohl, aber ohne ist das schon schwierig. Ich werde in den Träumen angegriffen, verfolgt, so wie es in der Realität auch gewesen ist. Ich wache nachts auf, habe Bauchschmerzen, bin verkrampft, habe Angst und japse. Ich muss das immer noch durchleiden, obwohl ich das doch schon hinter mir habe. Das ist nicht schön. Ich kann es auch nicht abstellen. Es ist da. Wenn man jemandem was antut, ihm Leid zufügt, besonders an Kindern, bleibt die Rechnung, dass sie einen lebenslangen Schaden davon tragen. Dass man das nie vergisst und mit den Folgen leben muss. Das ist mir wichtig, dass das Menschen erfahren und hören."

Inwiefern prangerst du den chilenischen Staat an?

„Chile hat nicht verhindert, dass die Deutschen dort reinkamen. Chile hat Schäfer den Rücken gestärkt und gedeckt und gestützt, unterstützt, gefördert – auch finanziell unterstützt. Ich hatte es ja schon gesagt – die Verbindung zum Militär. Die Verbindung bis in die Regierung rein, dass Schäfer dort einen Platz hatte. Dass Schäfer einen Generalstitel hatte. Wie konnte das denn sein? Dass man Geschäfte mit der Regierung gemacht hat. Sie waren doch kompromittiert. Die Deutsche Botschaft kam auch zu kurz, glaube ich. Die Botschaft, die für uns zuständig war. Das ist schon so oft gesagt worden. Ich glaube, dass ich das gar nicht mehr erzählen muss, weil das ja von anderen schon gesagt wurde. Die deutsche Botschaft hat doch die Leute, die geflüchtet sind, aufgefangen und wieder zurückgebracht in die Hölle. Das muss man sich mal vorstellen."

Wen denn alles?

„Heinrich Wagner, Nathanael Bohnau, das deutsche Konsulat Horst Münch in Concepción. Horst Münch hatte darum gebeten, nach Deutschland auszureisen. Stattdessen haben sie in der Colonie Bescheid gesagt, und die haben seinen Bruder geschickt und ihn wieder zurück in die Colonie geholt. Daraufhin wurde er in der Colonie mit Elektroschocks gefoltert. Horst Münch hatte in der Steinbrecheranlage außerhalb der Colonie als Elektriker gearbeitet. Es gab ja auch die Steinbrecheranlage unten im Süden. Dann sind sie nachher noch mal umgezogen nach Bulnes, wo sie jetzt sind. Sie haben also zwei bis drei Mal den Platz gewechselt. In der Zeit hat Horst Münch die Gelegenheit wahrgenommen und ist zum deutschen Konsulat nach Concepción. Da bat er um Hilfe, er wollte nach

Deutschland. Das muss in den Siebziger- oder Achtzigerjahren gewesen sein. Er wollte raus aus der Colonie. Dann hat die Botschaft, wie das üblich war, wie die Deutsche Botschaft in Santiago, in der Colonie Bescheid gesagt, dass da jemand ist, und so weiter und so fort. Sie hat das sozusagen verraten, und dann hat Schäfer dessen Bruder, Herbert Münch, mit noch jemandem geschickt, der zur Führung gehörte, und die haben ihm die heile Welt versprochen. Wir kümmern uns darum und so weiter. Sie haben ihn belogen, haben ihn ins Fahrzeug geholt und zurück in die Colonie gebracht.
Dort wurde er Krankenhausreif gefoltert, mit Elektroschock behandelt, und hat dann einen richtigen Schaden weg gehabt für viele Jahre. Es ist bekannt, dass er Albträume hatte, dass er nachts gebrüllt hat. Die Jungs, die im Nebenzimmer geschlafen haben, haben das nachts immer ertragen müssen. Die haben sich gewundert, warum Horst Münch nachts immer so laut brüllt. Da hat er diese Folter nacherlebt, immer wieder. Der Mann hatte seitdem den Mund nicht mehr aufgetan in der Colonie. Der war gefügig, hat geschwiegen, ist seiner Arbeit nachgegangen.
Nach dem Neubeginn, der war um das Jahr 2000 herum, hat er eine Österreicherin geheiratet, die auch aus der Colonie war, Edith Wagner, und ist dann anfangs nach Deutschland und dann nach Österreich ausgewandert. Der lebt jetzt in Österreich im Altersheim. Der Mann ist jetzt schon sehr alt. Er hat viel gelitten. Es waren, ich möchte das noch mal sagen, weil ich viel recherchiert habe, insgesamt – ich habe das auch namentlich – fünfzig Personen, die Fluchtversuche unternommen haben. Sagt das nichts? Das negiert man einfach, das existiert nicht? Wohin sollte man fliehen, an wen sollte man sich wenden, wer war zuständig? Columbien? USA? Oder China? Wer denn bitte?
Nathanael Bohnau, einer der Ältesten, war schon sehr früh da drüben und hatte recht bald gemerkt, wo der Hase langläuft. Der hat einen Brief nach Deutschland geschrieben und alles versucht, da rauszukommen. Er hat sich auch an die deutsche Botschaft in Chile gewandt. Er war vor Ort und hat die Deutsche Botschaft informiert. Er ist dann abgeholt worden von der Colonie. Auch mit dem Versprechen, dass man seinen Wünschen nachgehen wollte. Er wollte nach Deutschland zurück, das hatte er klipp und klar gesagt, so wie andere vor ihm auch schon, so wie Franz Wöhri mit seiner Frau. Die hatten es geschafft, die hatten sogar noch Geld gekriegt von der Colonie, von Schäfer – mit der Auflage, dass sie schweigen sollten."

Warum durften die Wöhris noch raus und alle anderen nicht?

„Das war noch ganz am Anfang mit den Wöhris. Ich gehe mal davon aus, dass das nicht über die Botschaft lief. Das sollte sich dann aber nicht mehr wiederholen. Dafür hat Schäfer schon gesorgt. Das wollte er nicht noch einmal erleben. Ich weiß auch nicht mehr, in welchem Jahr das war mit Nathanael Bohnau. Um noch andere Namen zu nennen: Heinrich Wagner, Horst Münch, Gitta Bark, die Ehefrau von Gerd Mücke. Das muss auch schon sehr früh gewesen sein. Möglicherweise waren die noch nicht verliebt oder verheiratet. Das weiß ich nicht, aber die Information, die ich habe, ist, dass man sie zurückgeholt hat mit dem Druck, dass sie ihn nicht verlassen dürfte von der Bibel her. Die hatten sie dann wieder umgekrempelt und sie wurde dann natürlich auch wieder abgeholt. Es waren eigentlich vier, aber mir fällt der vierte Name nicht mehr ein. Es war nachher ja auch plausibel für die Leute, die noch versucht haben zu fliehen, dass die wussten, es macht keinen Sinn, in der Deutschen Botschaft hast du auch keinen Schutz. Dann ist mein Bruder geflohen, Winfried Schmidtke. Der ist dann aber nicht zur Botschaft, weil er das schon wusste. Er war schlau. Er wollte über ein Schiff in Valparaíso rauskommen. Da haben sie auch Familienangehörige eingesetzt – meistens waren Albert Schreiber oder Kurt Schnellenkamp mit dabei, oder Alfred Matthusen – die dann dafür gesorgt haben, dass die Flüchtenden wieder nach Hause kamen."

Woher wussten sie denn, wo Winfried Schmidtke war?

„Man hatte diese Kontakte. Man wusste das. Daran siehst du ja, da fragt man natürlich – woher wussten die das eigentlich immer? Die haben alles rausgekriegt. Du hast gedacht, die haben überall Augen. Klar haben sie überall Leute sitzen gehabt. Das waren vielleicht chilenische Freunde von der Geheimpolizei oder was auch immer. Woher haben die das gewusst? Winfried ist in Valparaíso aufgegabelt worden. Da kamen sie dann an. Da haben sie unseren Vater noch mitgenommen. Dann haben sie sich aber gedacht, ne, das ist zu unsicher, den Vater dabeizuhaben. Da haben sie meinen Vater alleine an einer Tankstelle in Parral abgesetzt, haben ihn da einfach sitzen lassen und sind alleine abgehauen nach Valparaíso, weil sie Angst hatten, dass mein Vater mit Winfried zusammen fliehen könnte. Die haben meinem Bruder in Valparaíso aufgelauert.
Die hatten immer irgendwelche Leute im Wagen sitzen, durch ihre Freundschaften – auch mit der Polizei. Durch die Freundschaften wurde

dann einfach immer weiter telefoniert. Dann hatte man schon die entsprechenden Sachen in die Wege geleitet. Die haben das alles immer rausgekriegt. Es waren andere geflohen, die haben sich in Chillán versteckt. Wolfgang Kneese. Das haben die einfach rausgekriegt. Der hat sich in irgendeinem Haus versteckt und die haben das rausgekriegt. Die sind dahin und rein ins Haus. Er war der erste Flüchtling. Ihm ist die Flucht erst beim dritten Mal gelungen. Zweimal wurde er zurückgebracht. Das ist ein Krimi für sich. Die sind da einfach nachts bei einer fremden Familie auf den Hof gefahren, mit Scheinwerfern an zur Tür und durch die Fenster geleuchtet, sind durch den Garten gelaufen. Da hat man der Familie richtig die Hölle heiß gemacht. Die haben ihn zurückgeholt und dann ging es ihm noch dreckiger. Deshalb hat er ja beim dritten Mal gesagt – der war in Santiago bei einem religiösen Hilfsverein: Wenn ihr mir jetzt nicht hier raushelft, holen die mich hier, die finden mich hier. Dieses Mal bin ich mir sicher, die bringen mich um. Er war schon gekennzeichnet mit einem roten Pullover. Beim dritten Mal wäre es vorbei gewesen, das würde ich auch mal so glauben wollen.
Ich hab mal die Jahre so recherchiert und es sind tatsächlich fünfzig Menschen, die einen Fluchtversuch unternommen haben. Viele Jugendliche, die gar nicht weit gekommen sind, intern schon gefasst wurden. Oder Leute, die sich rausschleusen wollten. Ein Chilene zum Beispiel im Lkw-Hänger. In seinem Radkasten. Früher gab es diese alten Lkw-Anhänger und da waren da so Kästen unter dem Unterbau, wo die Ersatzreifen drin waren. Da reingeschleust, um rauszufahren. Also die tollsten Sachen wurden da probiert. Mein Cousin auch, Karl-Heinz. Der hat es auch mehrere Male versucht. Mit dem, was du am Körper hattest, du hattest ja gar nichts mitzunehmen, im Sommer hattest du ein kurzes Höschen an und ein kurzes Hemd. Drei Wäscheteile und dann hattest du noch so Latschen. Das wars, nichts anderes ansonsten."

Bis wohin hattest du es denn bei deinen fünf Fluchtversuchen am weitesten geschafft?

„Die weiteste Strecke, die ich zurückgelegt habe, war kreuz und quer durchs Fundo, so groß wie das Fundo war. Ich habe mir die Route so gewählt, dass sie mich nicht fassen. Ich wusste Bescheid, wie sie mit den Hunden arbeiten, weil ich ja auch selber Fährten gelegt habe. Wir haben ja geübt mit den Hunden. So zwei bis drei Leute haben dann immer die Fährten gelegt für die Hunde. Daher wussten wir, wie die arbeiten, wie

das System funktioniert. Deshalb haben sie mich auch nie gekriegt, weil ich war ja nur einer dabei, der hat das freiwillig gemacht. Ich bin bis an die Grenze unseres Fundos. Ihr wisst ja, wie groß das war ungefähr. Das war Riesengroß. Also zu Fuß durch die Wildnis. Ich bin dann in einer Scheune gewesen, ganz hinten an der Grenze, und habe mich nachts zusammengekauert zwischen den Strohballen. Ich bin immer wieder freiwillig zurückgekehrt, und nur, wie gesagt, beim ersten Mal erwischt worden.
Ich bin freiwillig zurückgekehrt, nicht, weil ich aufgegeben habe, sondern weil ich gar keine andere Wahl hatte. Sie haben mich eh nicht gefunden und um sie nicht noch mehr zu reizen, bin ich dann nachts zurück. Da waren die anderen schon wieder zu Hause. Ich habe mich im Mondschein auf den Weg gemacht.
Da habe ich mich durchs Fundo geschlagen. Schäfer war dann wieder glücklich, dass ich zurück war. Er war dann immer sehr überrascht und hat sich wohl gedacht: Ach du Schande, dem tue ich am besten nichts an, der kommt beim nächsten Mal gar nicht mehr. Das ist ein schlauer Fuchs, den kriegen wir nicht. Weil sie mich nie gekriegt haben."

Bist du auch wieder zurückgegangen, weil du psychisch abhängig warst von dem System?

„Da hast du sicherlich recht, dass das auch damit zusammenhing – mit dem System. Natürlich, dieses Weglaufen hieß auch: Du gehörst nicht mehr zu uns, du bist dann verloren und Gottlos – das hat sicherlich mit reingespielt. Hätte ich was anderes gewusst, was anderes gefunden, hätte ich es gemacht. Aber ich habe ja gar nichts anderes gekannt. Du kannst nicht über deinen eigenen Schatten springen, wenn du gar nicht weißt, wo ende und wo lande ich denn jetzt? Andere sind auch zum Beispiel über den Fluss rüber. Die Chilenen selbst – das hat nicht lange gedauert – bei denen sprach sich das so schnell rum. Und schon waren die Deutschen da und mit der Polizei zusammen haben sie die da aus dem Haus geholt. Wieder zurückgeholt, eingefangen.
Woher sollten wir wissen, wo es Schutz und Hilfe gibt? Du warst dazu verdammt, in dieser Hölle zu leben. Das System hat dich gebunden und verpflichtet. Vor allem in religiösem Sinne. Wenn du dich trotzdem überwunden hast, hast du einen doppelten Kampf durchgeführt. Einmal den physischen, das Fliehen ohne was, das Risiko und dann noch den seelischen, inneren Kampf, den du geführt hast. Mache ich jetzt das Richtige?

Bin ich verloren? Bin ich ein Verräter? Diese Angst war immer da. Ich kann das nicht anders beschreiben. Das ist ein Thema, das eigentlich überhaupt nie so deutlich zur Geltung kam. Nicht in den Medien, der Öffentlichkeit – ich habe da kaum was drüber gehört. Das ist traurig, dass Menschen, die einen eigenen Staat haben, dass die keinen Schutz gewährt kriegen oder keine Hilfe, besonders wenn es sich um Kinder und Jugendliche handelt."

Ist denn auch von der Führungsriege mal jemand geflohen?

„Ja, Alfred Matthusen. Das blieb aber unter der Decke. Das sollte keiner wissen. Den haben sie dann irgendwo in Spanien aufgegabelt. Der muss auch verzweifelt gewesen sein. Wo sollte er hin? Er war schon in Deutschland und ist dann weggelaufen. Hin und wieder hat Schäfer Leute rübergeschickt nach Deutschland mit einem Auftrag. Eigentlich nur die Leute, denen er vertraut hatte. Alfred Matthusen war dann wohl doch nicht so vertrauenswürdig. Der wird Gründe gehabt haben, warum er dachte: Jetzt weg oder nie, wenn er schon mal draußen war. Das muss man sich mal vorstellen, die eigenen Leute selbst im Ausland. Da hatte Schäfer so viel Einfluss und ist allen und allem nachgegangen. Er hat die Leute überall ausfindig gemacht. Der wusste ganz genau, wo sie waren. Auch die, die geflohen waren, von denen wusste er genau, wo die sind, wo die wohnen. Er hat überall Leute hingeschickt. Er hat mit dem Geheimdienst Hand in Hand gearbeitet. So viel Einfluss war nun mal da. Das muss man heute ganz klar sagen."

Von wem wurde Alfred Matthusen denn in Spanien gefasst?

„Von Leuten, die damals noch in Siegburg gelebt haben, die das Geschäft geführt und die Aufträge von Schäfer erledigt haben. Alfred Schaak auch, das weiß kaum jemand. Das Thema ist ja sowieso total links liegen lassen worden. Dem ist keiner auf den Grund gegangen. Warum ist Alfred Schaak verschwunden? Heute ist man schon so weit, dass man weiß, dass er sich auch gegen Schäfer ausgesprochen hatte. Er wollte auch raus aus der Colonia Dignidad. Er war immer in Deutschland, war Geschäftsführer hier in Siegburg, er hat das Sagen gehabt. Alfred Schaak soll nachher plötzlich an einer Vergiftung gestorben sein. Ganz schnell. Sobald sich jemand gegen Schäfer gestellt hat, waren es immer die gleichen Gründe, warum die Leute starben.

Das war auch bei dem Geheimdienst, der für die Colonie gearbeitet hat. Der Vater von Miguel Becerra war als Agent der Geheimpolizei der chilenischen Militärdiktatur (DINA) in der Colonie stationiert, der hat sich geäußert, dass er das nicht mehr mitmacht, dass das zu grausam ist, was die da alles treiben. Weißt du, was sie mit ihm gemacht haben? Den haben sie noch in der Colonie vergiftet. Der hat immer im Neukra geschlafen, da war ja auch so ein Besuchszimmer. Und eines Nachts war er tot. Da hatten Kurt Schnellenkamp und Rudolf Cöllen den Auftrag von Schäfer gekriegt, sie sollen ihn in seinen eigenen Wagen packen. Den Wagen haben sie aufgeladen auf einen Lkw und sind dann irgendwo rausgefahren nach Cauquenes. Eine lange Strecke Richtung Meer. Den Wagen haben sie irgendwo abgestellt. Fertig. Als Leiche lag er da und soll noch einen angebissenen Apfel auf der Brust liegen gehabt haben."

Und was passierte mit Alfred Matthusen, nachdem er nach seiner Flucht in Spanien gefasst worden war?

„Den haben sie wieder bekehrt. Den haben sie wieder zurückgeholt. Der musste dann nach Chile. Schäfer hat ihn dann wohl mit Wattehandschuhen angepackt, er war dann wieder eine Vertrauensperson und hat in Santiago für die Colonie gearbeitet. Er war eigentlich der Chef in Santiago. Er war Bäckermeister. Am Wochenende fuhr er vom Fundo mit der frischen Ware raus nach Santiago und hat die Ware an die Kunden verkauft. Das Geld wurde mit den Backwaren verdient."

Wer war der brutalste in der Führungsriege?

„Jetzt einen Einzeln rauszunehmen, kann ich gar nicht, weil die immer als Gruppe gehandelt haben. In der Gruppe waren welche, die das besonders gut konnten. Die auch als Schläger bekannt waren. In den Anfangsjahren waren es die „Cumalos", einige „Herren", die das gut konnten. Gerd Mücke und vor allem Kurt Schnellenkamp. Die haben die Menschen mit dem Stock verprügelt. Kurt Schnellenkamp hat immer wieder eigene Ideen gehabt, wie er einen foltert – auch mit anderen Methoden. Muss ihm irgendwie Spaß gemacht machen oder hat er wohl interessant gefunden, weiß ich nicht. Zum Beispiel Bückstellung und dann die Finger so weit runter, wie es geht, Elefantengang und solche Sachen. Das schafft nicht jeder, und dann so lange gequält und in dieser Stellung verharren, wie er das

wollte. Es waren nicht nur immer die Prügel, es gab auch andere Gemeinheiten. Oder Arme hoch, sitzen. Wehe die Arme gingen runter. Das ging lange Zeit so, das kannte ich von Kurt Schnellenkamp.
Oder wie sie dann auch auf dem Steinacker mit uns vom Neukra den sogenannten „Frühsport" veranstaltet hatten. Als ob wir noch Frühsport gebraucht hätten. Es war noch Nacht. Kein Frühstück, aber Frühsport. Zum Steinacker runter, da haben wir am Fluss gelegen, das sagt ja alles. Fluss heißt Flussbett. Ehemaliger Fluss. Wenn da ein Acker ist, kann man sich ja vorstellen, dass da drunter nur Steine sind. Das war der unendliche Steinacker. Da haben sie uns nur gequält und Steine sammeln lassen, obwohl jeder wusste, es macht überhaupt gar keinen Sinn. Steine schleppen. Ich sage das wegen des Namens „Steinacker" – wo der herrührt. Jeder, der da arbeiten musste, wusste, was Steinacker bedeutete. Besonders die Gruppe damals.
Dort sollten wir dann, wie ich gerade gesagt habe, Frühsport machen. Da waren Bretter, ziemlich nasse, schwere Bretter von frischgeschnittenen Bäumen, die haben wir selber geschnitten. Wenn die geschnitten waren, waren die so getränkt, richtig verdammt schwer und so harzig klebrig, diese Kieferblätter. Auf den Kopf. Vorne einer, hinten einer. Immer zwei im Riesenbogen und dann Laufschritt. Immer in der Runde laufen, immer in der Runde – und all so einen Scheiß haben sie sich da ausgedacht. Reine Schikane. Keine Minute mal Ruhe lassen, oder Gedanken fassen. Keine Zeit lassen. Keinen Raum lassen, das war Prinzip, das war Absicht. Ruhelos, immer unter Beobachtung. Tag und Nacht. Nicht mal deinen Toilettengang konntest du unbeaufsichtigt machen. Da standen sie an der geöffneten Tür. In unserem Schlafhaus, dem Weizenhaus, gab es überhaupt keine Toiletten. Da sind wir zehn Jahre oder noch länger in die Büsche gerannt.
Und immer Hunger, immer Hunger bis unter die Arme. Ich erinnere mich, immer Hunger gehabt zu haben. Deswegen habe ich heute noch so einen Essdrang. Alles schmeckt mir, das ist verrückt, ich bin doch satt und zu dick. Aber das ist dieses Krankhafte, weil du immer gehungert hast. Immer das Bedürfnis, ich muss was essen. Die Sachen, die man heute gar nicht mehr als lecker empfindet, aber diese Sachen, die es bei uns so wenig gab, die esse ich heute immer noch. Und ich finde das heute immer noch so lecker. Trockenes Brot zum Beispiel.
Das esse ich so gerne. Weil ich das aus der Colonie kenne. Weil damit die Erinnerung zusammenhängt – ah, endlich was zu essen, was so ein biss-

chen das Leid gelindert hat. Verrückt ist das. Bis unter die Arme gehungert. Und dann wollen die heute sagen, sie sind alle Opfer. Also, wenn ich so was höre! Die haben uns gefoltert, die haben bestimmt und selber haben sie gegessen wie sie wollten jeden Tag. Die brauchten nicht zu fragen, die haben bei Tisch gesessen und Witze erzählt und gelacht. Und wir saßen zusammengekauert daneben und durften nicht einmal mucksen."

Hatte Schäfer auch was mit Frauen?

„Das ist eine gute Frage. Soweit ich gehört habe – ja. Es wurde nur nicht so breit getreten. Ich habe einen guten Freund, der auch so offen ist, und der hat mir erzählt, dass verschiedene Frauen an ihn herangetreten sind. Es waren wohl eine ganze Reihe. Schäfer hat sich genommen, wann und worauf er Lust hatte. Er ist auch in die Waschräume der Frauen rein, wenn die geduscht haben. Man hatte von Schäfer den Eindruck, er war ein Frauenhasser. Also was er öffentlich gelebt hat, und wie er geredet hat, das widerspricht all dem, dass er Frauen geliebt hat oder auf Frauen stand."

Und wie war das mit Maria Strebe?

„Eigentlich haben wir gar nicht mitbekommen, dass das seine Frau ist. Man hat gemerkt, dass er einen guten Draht zu ihr hatte, und dass sie seine Lieblingsschwester war. Die hat er dann immer gerufen. Die kam auch ins Freihaus. Er hat die Sprinter auch oft losgeschickt. Er hat drüben im Krankenhaus angerufen, fahr mal los, da was abholen. Da war Maria Strebe immer. Ich weiß es selber auch, da bin ich geschickt worden und musste Vaseline holen. Ich weiß, wofür er die gebraucht hat. Was sie sich dabei gedacht hat, weiß ich nicht. Maria Strebe war Oberschwester und hat das Vertrauen genossen. Vielleicht war sie auch froh, dass sie in dieser Rolle war. Als Mensch war sie eine ganz liebenswerte Frau. Besonders in den ersten Jahren, wo ich sie kennengelernt habe. Sie war ja auch Lehrerin. Ein gebildete Frau mit einem ganz, ganz lieben Wesen. Sie war einfach zart besaitet, vielleicht war sie zu zart.
Maria Strebe hat er sich wohl ausgesucht, weil sie alles gemacht hat, was er gesagt hat. Dabei war sie gar kein brutaler Mensch, so kennt man sie nicht. Aber sie war voll in seinem Gehorsam. Deshalb hat er sie sogar nach Argentinien mitgenommen. Aber – was auch wieder rausgekommen ist – sie wollte auch weg von da. Sie wollte von Argentinien aus fliehen.

Die hatte ich noch gar nicht mitgezählt zu den Personen, die versucht hatten zu fliehen. Warum ist sie in Argentinien so schnell gestorben? Mir hat sich das nicht aufgeschlüsselt, warum die Frau so plötzlich verstorben ist und Ersatz hinmusste. Man weiß aber, dass sie fliehen wollte. Wieder so ein Fall. Man weiß das von Leuten, die auch dabei waren in Argentinien."

Und ist sie dann tatsächlich geflohen?

„Vielleicht hat sie einen Versuch unternommen. Ich weiß es nicht so genau. Man weiß aber, dass sie fliehen wollte. Ich denke, ich habe es von Friedhelm Zeitner erfahren, der mit in Argentinien war. Der hatte auch mal ausgepackt. Man vermutet, dass sie vergiftet und umgebracht wurde. Denn es ist sonderbar, dass die Frau danach ins Krankenhaus musste und verstorben ist. Warum und woran, das blieb genauso ein dunkles Geheimnis wie bei anderen Verstorbenen der letzten Jahre in der Colonie. Darüber hat man nicht geredet. Über jene, die verstorben sind, wo man gar nicht weiß, warum die gestorben sind. Es gab auch plötzlich keine Beerdigungen mehr .
Ab dem ersten Jahr wurde in Chile mit der Gemeinde jede Beerdigung durchgeführt. Immer. Das war ein gemeinsamer Akt. Auf einmal war nichts mehr. Es ist auch keiner mehr gestorben. Man hatte dann gemeldet, dass der oder diejenige fehlt, man wusste aber nicht, warum die Person nicht mehr da ist. Das war dann normal geworden. Warum hat man sich dann gefragt. Aber es hat sich keiner getraut zu fragen. Und dann sind wir irgendwann mal wieder auf dem Friedhof gewesen. Da lag dann mal wieder einer, den Schäfer so geliebt hat, wie Friede Matthusen. Tante Frieda hat er immer zu ihr gesagt. Das war die Mutter von Alfred Matthusen, die hat im Hühnerstall gearbeitet. Der Vater war ja wieder zurück nach Deutschland. Der war drüben in Chile und wollte da auch nicht mehr leben. Der ist nicht geflohen, sondern hat das ganz offen gesagt und hat Schadensersatz eingefordert. Dann gab es einen Briefwechsel und er ist wieder zurück. Die Mutter ist geblieben und ist da gestorben. Die hat er so lieb gehabt, seine Tante Frieda da unten im Hühnerstall. Manche Leute hat er so in Ehren gehalten, wo man gar nicht wusste, warum. Und als die gestorben ist, gab es plötzlich wieder eine Beerdigung und da hat er ihr nachgeweint. Da hat man auch gesehen, da sind nur lauter Holzkreuze und gar keine Namen dran. Also stimmt das doch, dass die nicht mehr leben."

Wer gehörte denn dazu, der urplötzlich ohne Beerdigung verstorben war?

„Spontan fällt mir Helga Mysliwietz ein. Die war noch in ihren guten Jahren. Sie soll angeblich Krebs gehabt haben. Aber darüber muss ich lachen, denn das war eine Standardantwort. Die Frauen sind bei Schäfer komischerweise alle an Krebs gestorben. Warum hat man sie aber nicht beerdigt und geweint?“

Als Schäfer in Argentinien ins Krankenhaus eingewiesen wurde, hätte man ihn doch schnappen können?

„Nein, der hat doch unter einem anderen Namen eingecheckt. Schäfer hatte auch nicht nur einen Pass, sondern mehrere. Dafür hat er seine Leute gehabt. Bei Schäfer war das alles möglich. Überhaupt keine Frage. Es ist so ein Mysterium, es gibt so viele offene Fragen über das ganze, und keine Antworten. Denen auch keiner so genau nachgegangen ist. Die Fragen, diese Themen – vermutlich hat sich da keiner rangetraut, weil da höhere Mächte mit im Spiel sind.“

Meinst du, die sind bis heute mit im Spiel?

„Ja. Ich glaube, dass diese Verbindungen noch existieren. Solange die Leute noch leben, werden die auch zu Lebzeiten alles dafür tun, dass das nicht aufgedeckt wird. Es hat mich lange verfolgt, das war auch so ein gewisser Wahn bei mir. Auch, dass ich mich so stark abgeschirmt und gesagt habe, bei mir kommt keiner mehr rein. Dass ich zu allem bereit bin. Also wenn einer kommt, rufe sofort die Polizei. Das hatte ich beschlossen. Das ist so ein Mechanismus. Ich habe aber keine Angst, so ist es nicht. Aber diese Gedanken, diese Verfolgung – das hatte ich ja auch noch auf dem Flug nach Deutschland. Ich glaube jetzt spezifisch nicht daran, dass da jemand ist, der mich verfolgt. Ich bin keine Gefahr für jemanden. Ich war kein Mensch, der irgendwas verheimlichen würde oder irgendwas weiß und dicht halten soll, weil es gefährlich sein könnte. Ich wüsste auch nicht, welche Geheimnisse da noch lauern beziehungsweise mit den Konten, mit dem Geld – das ist immer noch die Frage, was die Wahrheit ist, und wo das Geld ist.“

Was schätzt du, wo liegen die Gelder der Colonia Dignidad?

„Ich schätze, das Geld wurde zum großen Teil ausgegeben. Das liegt auf der Hand. Es musste sehr viel investiert und gekauft werden. Das Geld kam ja nicht aus dem Himmel. Da ist schon richtig viel Geld weggebuttert worden. Was nicht ausschließt, dass es existiert, aber ich selber glaube schon nicht mehr daran. Jetzt nach so vielen Jahren – zwanzig Jahre, seit das System aufgebrochen ist – welchen Sinn würde das machen, noch irgendwo Geld versteckt zu haben? Viele von den Leuten, die das hätten beanspruchen können, sind ja schon gestorben. Und die anderen wissen von nichts."

Glaubst du, Hopp hat Geld?

„Das würde auffallen, wenn er wirklich an das Geld rangehen würde. Ich denke, wenn er das Geld hätte, würde er sich absetzen und irgendwo verstecken. Sich was kaufen in irgendeinem Land. Die Welt ist groß. Und fertig. Aber nein, er lebt von Hartz IV. Er ist ein alter Mann geworden. Er ist längst Rentner. Was macht das noch für einen Sinn für ihn? Ich glaube nicht daran. Das ist eine Illusion. Damals hätte ich das nicht gesagt, aber heute sehe ich das so."

Oder wurde das Geld der Colonia Dignidad in die Freie Volksmission nach Krefeld getragen?

„Das sagst du was. Genau, warum halten die alle so gut zusammen da, halten so dicht? Vielleicht kriegt der eine oder andere doch noch mal eine Spende von der Colonie? Oder es wird dies oder jenes aufgebessert. Das kann man gar nicht kontrollieren, weil das ganze Finanzwesen und System so undurchsichtig ist. Niemand hat da reingeschaut bis heute. Jetzt soll ja die Tage ein Gespräch mit denen stattfinden. Mit der Opfergruppe ADEC in Chile, die schon Jahrelang gegen die Colonie vorgeht, und um Gerechtigkeit kämpft. Also die ADEC und die Botschaftsleute wollen eine Gegenüberstellung mit der heutigen Führung der Colonie, mit den Nachfolgern der Jerarcas. Ein Gespräch hat schon stattgefunden, aber ohne die ADEC. Die Colonie war dagegen und hat das Gespräch alleine mit den Botschaftsleuten geführt. Da will die Opfergruppe ADEC Fragen stellen – auch über die Gelder, die Aufteilung. Und dann soll über eine gerechte Lösung für alle gesprochen werden."

Das heißt, ihr kriegt doch noch Geld?

„So weit bin ich noch lange nicht. Ich kenne die Leute. Die sind so eiskalt, die überstehen das auch noch. Es ist doch nur ein Gespräch. Ich glaube das einfach nicht mehr. Bis heute haben die nicht einen Schritt gemacht in Richtung einer friedlichen Lösung für uns alle – uns Opfern vor allen Dingen. Die haben es sich selber eingerichtet für ihre eigene Zukunft. Da wollen die das doch nicht aufgeben und woanders wieder von vorne anfangen. Das geht doch schon so lange. Trotzdem sage ich, das muss sein. Und man wird sehen, was draus wird."

Der Ex-Colono Heinz Kuhn ist ja auch Mitglied von ADEC. Andere Ex-Colonos haben sich dafür eingesetzt, dass auch er eine Entschädigung bekommt. Was ist deine Meinung dazu?

„Das ist doch ein Witz. Ich glaube das ja nicht. Was anderes kann ich dazu nicht sagen. Das ist unglaublich. Dass das auch ausgerechnet noch die ADEC ist, also die Leute, die es am besten wissen müssen. Daran sieht man doch schon, welchen Einfluss er auf die Leute hat. Man sieht doch, was für ein gewiefter Hund das ist, dass der das schafft.
Dass er diese Leute, die da rausgegangen sind, alle umgarnt hat. Dazu ist er ja raffiniert genug. Aber der hat null Chance, ich bleibe da ganz ruhig. Ich bin mir sicher, dass der nichts kriegt. Die Leute, die dafür zuständig sind, die sind informiert. Die wissen ganz genau, wer wohin gehört, wer auf welche Seite gehört. Ich sage mal, es gibt eine ganz klare Linie, wer Täter und wer Opfer ist."

Was ist Heinz Kuhn?

„Der ist nicht nur Täter, der ist Jerarca. Er ist Führungsmitglied gewesen. Das kann er nicht rückgängig machen, das kann er nicht auslöschen. Ich habe es am Anfang schon ganz deutlich gesagt. Er hat mit große Schuld daran, dass es überhaupt dazu gekommen ist, dass die Kinder entführt wurden. Da hat er selber Hand angelegt. Er ist übrigens der Einzige, der seine erste Ehe geschieden hat, während die anderen Jeracas, die geheiratet haben, alle in ihrer Ehe geblieben sind. Da muss also schon richtig was los gewesen sein, denn das war gar nicht so leicht, sich einfach scheiden zu lassen, sowas gab es gar nicht. Bei uns überhaupt nicht. Das war schon

eine ganz knallharte Sünde. Das wusste er auch. Da muss schon was Gewaltiges gewesen sein, dass diese Trennung zustande kam.
Ich kenne die erste Frau, Ursel Klemkow. Die ist dann nach der Scheidung zurück nach Deutschland gegangen. Sie war ja auch Krankenschwester, unauffällig. Und als er rausging, hat sie niemand mehr gesehen. Er hat zwei Kinder, zwei Söhne mit seiner ersten Frau gehabt. Die sind ins Ausland gegangen und wollen nichts mehr von ihm wissen. Die haben dann noch ihre Ausbildung gemacht und hatten die Schnauze voll von ihm. Das hat er mir selber gestanden hintenrum.
Er jammert aber auf hohem Niveau, wie arm und schlecht es ihm heute geht. Ich sage, wieso denn? Du hast doch Kinder. Und die haben doch so gute Jobs, hast du mir erzählt, warum helfen sie dir nicht? Da war er nicht gut anzusprechen drauf. Wieso können die dir nicht helfen, wenn du doch so tolle Kinder hast? Seine zweite Ehefrau, eine Chilenin, hat mir erzählt, dass sie alle die Nase voll von Colonia Dignidad haben. Dass sie von dem ganzen Thema nichts mehr hören wollen. Und die Tochter, die er mit seiner zweiten Frau zusammen hat, selbst die will schon nichts mehr von dem Thema wissen. Wer will denn auch mit so einem Horror zu tun haben? Selbst meine Kinder, das muss ich jetzt auch mal sagen, wollen nichts von dem Thema wissen."

Haben sie das gesagt?

„Ja, die wollen davon einfach nichts wissen. Ich weiß, dass besonders meine jüngere Tochter sich heimlich was angelesen hat. Ja, ich habe mir den Film angeguckt, sagte sie eines Tages. Darf sie eigentlich gar nicht, der war für sie noch nicht freigegeben. Sie weiß Bescheid, stellt aber nie Fragen. Und die große Tochter, die will da gar nichts davon wissen. Hat sie ganz offen gesagt."

Interview Sergio Campos

Interviewführung: Anette Ende
Ort: Villa Baviera/Colonia Dignidad, Chile
Datum: 18.07.2019
Anmerkung:
Tia – Tante
Bueno – nun gut
Paule – Paul Schäfer

Wann kamen Sie denn in die Colonia Dignidad und unter welchen Umständen?

„Ich bin 1976 geboren und kam mit vier Jahren zu den Colonos – 1980. Ich kam dann erst mal ins Krankenhaus. Mit fünf Jahren kam ich dann ins Kinderhaus. Da hat Paul Schäfer schon mit mir angefangen. Ich wurde von einer Gruppentante geschickt. Wie Kinder eben so sind, habe ich schon gewusst, dass man das nicht machen darf. Das ist ja ganz logisch, dass Kinder noch nicht mal wissen, wie das geht. Wie die ganze Geschichte angefangen hat, ist natürlich sehr schwer zu erklären.
Aber eine Kleinigkeit kann ich sagen. Paul Schäfer hatte eine Tante, oder eine Freundin, Tia Mina. Er war ja da, um allen armen Kindern zu helfen. Bueno, man kann das glauben oder nicht. Auf jeden Fall hat Tia Mina überall in Parral nach Kindern gesucht, die schlecht dran waren, mit Krankheiten und so weiter. Sie hat mich zu einer Zeit aus meinem Elternhaus geholt, in der meine Mutter nicht da war. Meine Mutter war schwanger und gerade in Santiago. Da haben die mich rausgeholt. Daraus wurde ein großes Tamtam gemacht, falsche Behauptungen, von wegen, meine Mutter hätte mich in die Mülltonne getan. Das stimmt nicht. Ich habe mit meinem Bruder gesprochen, ich war sehr schwer krank. Ich hatte Durchfall. Jedes Mal, wenn ich gegessen habe, kam es wieder raus. Deswegen wurde ich neben einen Ofen gesetzt, in einem Karton, schön eingepackt, damit die Wärme bleibt, weil früher gab es ja keine Häuser wie heute. Damals war alles aus Lehm.
Jedenfalls kam ich dann ins Kinderhaus. Ich war natürlich ein bisschen ängstlich, weil ich neu war. Das ging so seine Zeit, dann durften wir langsam rübergehen zum Zippelhaus. Bis, tja … Wie der Paule so war, wollte

er Sprinter nehmen, Kinder. Wie ich später dem Minister gesagt habe, Sprinter ist eigentlich ein gutes Wort, aber in der Colonie stand es für missbrauchte Kinder. Wir hatten dann auch Schule, aber nicht so wie in heutigen Zeiten. Es war keine richtige Schule, aber die Kinder lernten lesen und schreiben. Ich hatte das Problem, dass ich schlechte Ohren hatte. Ich konnte nicht richtig verstehen. Deswegen konnte ich auch mit der Sprache nicht gut umgehen.
Wir – ich – wurde viel missbraucht von Paul Schäfer. Ich musste mit in sein Zimmer, und da er hat mir immer Fragen gestellt, ob ich es mit jemand anderen gemacht hätte, und so weiter. Ich durfte nie nein sagen, sondern musste immer ja sagen. Das war verkehrt, ich habe praktisch gelogen, obwohl eigentlich er mich dazu gedrängt hatte.

Wir haben dann auch mitgearbeitet, draußen, bei Frost bis minus sieben Grad. Ich war da elf Jahre alt. Ich hab mitgearbeitet, wo ich arbeiten konnte. Steine sammeln, Pfähle setzen, bei minus sieben Grad im Winter bis fast vierzig Grad im Sommer. Mittag war erst gegen sechzehn Uhr. Wenn ich auf dem Sprung nach Hause war, kam Paul wieder an und wir mussten weiterarbeiten. Weil er wieder meinte, wir sollten das und das machen. Dann kamen wir erst um vierundzwanzig Uhr nach Hause."

Haben Sie denn mal Ihre Mutter wieder gesehen, nachdem Sie hier gewesen waren?

„Ich habe lange gar nicht erfahren, dass ich adoptiert worden war, dass ich eine leibliche Mutter habe. Das wusste ich gar nicht. Das kam erst viel später raus.
Als wir verheiratet waren – also erst mal, bevor es da weitergeht – sind wir mitgefahren auf die Jagd. Paul wollte immer Kinder mit zur Jagd nehmen. Unterbewusst hatte ich schon gespürt, dass er sie hetzen wollte, also bin ich nicht mitgefahren. Aber dann am Freihaus stand er plötzlich hinter mir und hat mit der Schrotflinte genau an meinem Ohr vorbeigeschossen. Er hat mich nicht getroffen, was ein Wunder war.
Ich wurde meistens auch verdroschen. Weil ich – mit anderen Worten – die Sünde war, wegen dem, was ich da mit Paule gemacht habe. Aber umgekehrt hat er mich da reingeholt, um das zu machen. Trotzdem wurde ich dafür dann mit dem Schlauch eine halbe Stunde lang verdroschen. Im Keller. Dann gab es für mich wieder für einen Monat Stubenarrest. Kaum durfte ich wieder raus, hat er mich wieder mit rüber genommen und so

weiter. Dann haben die „Keile“, meine ehemalige Gruppe, in der Küche eine Versammlung gehabt und ich kam zu spät. Paul hat mich gefragt, wo ich herkomme. Da habe ich gesagt: Ich komme aus dem Saal. Stimmt doch nicht, du hast doch irgendwas gemacht. Komm mal nach vorne. Dann habe ich eine Ohrfeige von Martin Matthusen gekriegt. Weil er halt gedacht hat, dass ich was gemacht hätte. Ich sollte mich dann wieder hinsetzen und warten. Dann kam Hans-Jürgen Riesland, hat mich mit runtergenommen in den Keller und verdroschen, eine halbe Stunde lang.
Meine Mutter wollte immer hier reinkommen, und mich besuchen, aber Gerd Mücke hat zu ihr gesagt, der Junge lebt nicht mehr, der ist tot. Meine Mutter hat gesagt, das stimmt nicht, mein Junge ist da drin. Da haben die da draußen eine Stunde rumgezetert, bis Gerd Mücke meine Mutter an den Haaren gerissen und zum Fluss gezerrt hat. Pass auf, verschwinde hier, der Junge ist tot. Aber das stimmte gar nicht. Das war alles gelogen. Die wollten nur nicht, dass meine Mutter reinkommt, um ihr Kind wieder rauszuholen. Um ihr Kind wieder mitzunehmen. In der Zeit stand auch schon das Militär vorm Tor. Mit Gewehren. Das hat meine Mutter erzählt. Sie kamen öfters hierher, um mich zu besuchen. Aber sie haben sie einfach nicht reingelassen. Sie haben gesagt: Dein Sohn ist in Santiago, er hat eine schwere Krankheit. Ob ich wirklich dort war, weiß ich nicht. Dann kam die Mutter wieder, dann haben sie gesagt, nein, der Junge ist in Deutschland. Ob ich wirklich dort war, weiß ich auch nicht. Ich habe keine Ahnung. Und so ging das hin und her. So bin ich in der Colonie geblieben. Mit einer Gruppe von Kindern. Ich durfte nicht raus, ich durfte auch nicht mit fremden Leuten sprechen. Wenn überhaupt fremde Leute da waren, das weiß ich auch nicht.
So ging das bis zur Jugendzeit. Juventud permanente hieß das früher. Da habe ich mit der Parraler Jugend gesprochen, und so ein bisschen Freunde gefunden. Da wollte ich eigentlich schon abhauen, aber das ist mir nicht gelungen, weil zu viele Sicherheitsanlagen da waren, und Kameras. Ich habe mich aber trotzdem mit einem Freund vorbereitet und wir waren kurz davor, abzuhauen. Aber da hat die deutsche Colonie, Hans-Jürgen Riesland, mich umgedreht und zu mir gesagt: Die Welt braucht dich als Hilfe, zum Arbeiten. Aber wie ich so schlau war, ein Bild gesehen habe, wie Eduardo Salvo, das war mein Freund, herausgebracht wurde, damit ich nicht raus soll. Ich bin dann von da ab wieder in der Colonia geblieben.“

Wer hat Sie denn adoptiert?

„Hans-Jürgen Blanck und Erika Heimann Blanck. Hans-Jürgen Blanck ist gestorben, ich weiß nicht, wie lange das schon her ist. Erika Heimann Blanck ist nach Deutschland gezogen. Aber mit ihr habe ich mich sowieso nicht richtig verstanden. Das war so eine Falsche-Fünfziger-Tante. Wenn ich gefragt habe, ob ich Geld kriegen kann, hat sie mir nie was gegeben. Sie war immer auf der Seite von Schäfer. Sie war ja diejenige, die das Colonia Dignidad Geld aufbewahrt hat und das Konto hatte und alles.
Als das alles vorbeiging, mit Paul Schäfers Zeiten, haben wir – Iris Leiva und ich – uns drei Monate kennengelernt. Wir wollten dann heiraten, aber das wollten die Doktora Gisela Seewald und Dr. Seewald, ihre Adoptiveltern, nicht. Weil ich angeblich geistig zurückgeblieben sei. Na ja, ob das stimmt, weiß ich nicht. Iris ist dann rübergegangen und hat mit ihrer Mutti gesprochen, dass sie den Sergio heiraten wollte. Die hat aber gesagt, nein, das will sie nicht, weil, der ist schlecht dran. Also kam Iris Leiva wieder zurück und hat geweint. Ich fragte: Was ist denn los? Warum weinst du denn? Meine Mutti will nicht, dass ich dich heirate.
Da habe ich gesagt, gib mir mal die Nummer, ich werde mit ihr sprechen. Habe ich auch gemacht. Zack-zack bin ich rübergegangen und habe gefragt: Na, wie geht es euch denn? Ach, es geht uns gut. Und dir Mutti, wie geht es dir denn? Mir geht es den Umständen entsprechend gut. Sie hatte ja ein kaputtes Bein von einem Unfall. Dann habe ich gesagt: Was ist denn da los jetzt? Ihr wollt nicht, dass ich Iris heirate? Da wollten die mir nichts sagen. Ich sagte: Sagt die Wahrheit, ich weiß alles. Ich sagte: Warum eigentlich nicht? Ich sage: Ihr seid schuld, dass Paul Schäfer die Kinder missbraucht hat. Ihr wusstet ganz genau, was da passiert ist. Das könnt ihr nicht abstreiten, und jetzt, wo die Jugend anfängt, ein normales Leben zu wollen, zu dem es gehört, zu heiraten, wollt ihr mir doch wohl nicht sagen, dass wir das nicht sollen. Ich habe gesagt: Ich werde die Frau heiraten. Ich gab ihnen dann Bedenkzeit, damit sie sich beruhigen.
Da kam Onkel Dr. Seewald mit dem Fahrrad angestrampelt und hat mich gefragt, wo Iris ist. Ich sagte, die muss irgendwo in der Küche sein. Er hat sich dann entschuldigt bei ihr, dass sie das nicht zulassen haben wollen. Also haben wir geheiratet. Wir waren auch beim Standesamt und alles hat gut geklappt. Aber dann war Mutti – die Doktora – im Gefängnis in Santiago, da sind wir nachher hingegangen, um sie zu besuchen. Da hat die so geweint und Iris hat zur ihr gesagt: Warum weinst du denn? Kommt mal beide her, hat die Doktora gesagt, ich möchte mich entschuldigen bei

euch, es hat mir wahnsinnig leidgetan, dass ich euch nicht heiraten lassen wollte. Aber so, wie ich euch jetzt sehe, passt ihr wunderbar zusammen. Ab da hat sie geholfen mit Geld und gesagt: Wenn euch was fehlt, kommt ruhig, wir wollen euch helfen, dafür dass wir euch so viel Leid angetan haben.
Die Mutti selber. Mittlerweile ist sie leider verstorben. Nachdem sie sich entschuldigt hat, hat sie uns viel geholfen. Daher fällt es Iris natürlich schwer, dass sie keine Mutter mehr hat. Weder die adoptierte Mutter noch ihre leibliche Mutter.
2004 habe ich meine Mutter kennengelernt, durch Dennys Alvear, meinen Verwandten. Meine Mutti hat zu ihm Kontakt aufgenommen. Mein Vater hat zweimal geheiratet. Seine erste Frau ist gestorben, die hatte acht Kinder. Sie hatte Gebärmutterkrebs. Dann hat mein Vater wieder geheiratet und wieder acht Kinder gekriegt. Ich bin von der zweiten Frau. Meine Mutter lebt noch. Als wir 2004 ankamen, hat Dennys mir geholfen, zusammen zu ihr rauszufahren. Als ich sie in den Arm genommen habe, hat sie so geweint. So geweint. Mein Vater auch. Wir lagen uns mindestens eine Stunde in den Armen. Für mich war das ja auch ein Wiedersehen. Das Problem ist, dass heute noch schlecht über meine Mutter geredet wird, auch wenn unsere Leute gar nicht wussten, was früher gelaufen ist."

Wer redet denn schlecht über Ihre leibliche Mutter?

„Maria Schnellenkamp. Und – wie heißt die Frau vom Scha? Ich weiß gerade nicht, wie die heißt. Auch die. Klar, ich war schlecht dran, aber das war nicht so, dass meine Mutter mich in die Mülltonne getan hat. Das stimmt nicht. Das ist gelogen. Sie hat mir nur geholfen, dass ich warm bleibe, weil ich krank war. Das war alles. Aber die Leute bleiben dabei und sagen, meine Mutter hätte mich schlecht behandelt. Das stimmt nicht. Da muss ich mal mit dem Rechtsanwalt sprechen, damit sie auch als Opfer gelistet wird, weil es wurde so viel mit ihr gemacht, dass …
Ich bin so glücklich, dass ich meine Mutter habe, dass ich meinen Vater habe. Er ist mittlerweile leider gestorben, aber er war noch ein ganz lieber Vater. So einen Vater hatte ich noch nie in meinem Leben. Noch nie. Muss ich ganz ehrlich sagen.
Warum ich jetzt noch hier bin, ist eine gute Frage. Ich lebe hier, weil es schwer ist, draußen Arbeit zu finden. Ich bin Klempner und arbeite hier bei einer Firma, kriege meine Krankenversicherung und alles. Dann ar-

beite ich auch noch draußen, damit ich mit den Leuten ein bisschen Kontakt habe und ein bisschen mehr Geld reinkommt. Ich würde schon längst hier abhauen, aber wo soll ich arbeiten? Wenn du heute in Chile hörst, wie viele Leute arbeitslos sind – da möchte ich nicht hin. Deswegen arbeite ich hier. Wir haben jetzt geplant, meine Frau und ich, in Parral ein Geschäft aufzumachen. Wir verkaufen dann Trinken und so weiter. Sie arbeitet da und ich komme mit dem Bus morgens früh hierher, arbeite, und fahre dann wieder nach Parral. Das ist unser Ziel, das wir jetzt durchziehen, weil mein Junge sowieso in zwei Jahren in Parral zur Schule gehen wird. In der Schule der Villa Baviera wurde er sehr schlecht behandelt. Da gibt es immer noch Unterschiede. Hier gibt es gute Leute, die gut lernen, die studiert haben, die sind besser angesehen als wir, die nicht studiert haben, die nicht gelernt haben. Wir werden wie Putzlappen behandelt. Wie soll ich sagen? Auch mein Sohn behandelt.
Ihm wurde viel Unrecht angetan. Es wurde gesagt, der Junge sei zu faul zum Lernen, zu faul, um Schularbeiten zu machen, und so weiter. Wir haben geprüft, was da eigentlich los ist. Der Junge ist elf Jahre alt und seine Seele acht Jahre . Deswegen ist er ein bisschen unreif. Die Tarressa, die Doktora, oder die Direktora war mit Paule befreundet. Deswegen haben wir gesagt – Auf Wiedersehen. Jetzt ist der Junge bestens dran. Hat zwar noch ein bisschen, aber ihm wird viel geholfen in der Schule. Wir sind so glücklich mit ihm. Er ist in der Schule gut angesehen."

Und haben Sie noch viel Kontakt zur Mutter heute?

„Ich habe immer Kontakt zu ihr. Immer. Auch zu all meinen acht Brüdern. Die wollen immer, dass ich wiederkomme, aber ich bin der Einzige, der einen Arbeitsvertrag hat. Der gut arbeitet und guten Lohn kriegt. Meine Brüder haben alle nichts. Das ist das Problem."

Wovon leben die?

„Von Gelegenheitsjobs, wenn eine Firma mal jemanden braucht. Ein paar Monate, dann wars das wieder. Meine Mutter arbeitet deshalb auch zwischendurch, sie hat auch keine feste Arbeit. Chile ist nicht so gut."

Wie lange hat denn Ihre Mutter versucht, Sie als Kind wiederzusehen – hier in der Colonia?

„Sie hat es versucht, seit ich fünf Jahre alt war. Wann war das? 1981. Da hat meine Mutter versucht, mich wiederzusehen, aber sie hat das nie geschafft, bis ich dann selber da hingefahren bin. 2004 haben wir uns dann wiedergetroffen. Ich bin so glücklich, dass ich meine Eltern und meine Brüder wiederhabe. Ich habe immer viel Kontakt mit ihnen. Sie helfen mir auch. Wir sind so, Brüder unter Brüdern. Wir verstehen uns gut."

Und wen von ihrer Familie hat Iris heute noch?

„Sie hat Zeda, die arbeitet hier im Krankenhaus. Eine Schwester von ihr. Ein Bruder arbeitet hier auch noch. In Santiago hat sie noch, glaube ich, drei oder vier Geschwister. Und ein Bruder ist auch noch da. Wir haben auch Kontakt mit denen. Aber wenn Iris mal ihre Schwester sehen will, wird immer noch genau geguckt, mit wem sie da spricht. Das Schema von Paul ist immer noch drin. Aber wir ziehen unsere Hosen an und gehen auf die Leute zu. Davon lassen wir nicht mehr. Wir müssen das einfach machen. Deswegen kämpfe ich hier weiter, so gut ich kann. Ich möchte hier mein Recht bekommen. Wie ich eben auch gesagt habe: Damit mein Sohn alles hat, was er braucht, wenn ich mal alt bin. Das Geld, das Haus. Alles, was wir früher nicht gehabt haben.
Ich wurde auch viel übers Ohr gehauen. Mein Adoptivpapa hatte ein Grundstück hier oben. Ich war mit Winfried Hempel am …, bei der …, und haben das Dokument rausgeholt. Da haben sie das Grundstück auf Markus Blanck überschrieben statt auf mich. Mich haben sie da völlig rausgelassen. Da frage ich mich, warum haben sie mich adoptiert?"

Wie ist Ihre Meinung heute über Colonia Dignidad?

„Es werden so viele Versprechungen gemacht, von wegen, es geht jetzt weiter. In Wirklichkeit geht es doch nicht weiter. Viele Leute bekommen einen hohen Lohn. Die, die es eben nicht so dick haben, bekommen dagegen einen Minilohn. Sie würden auch gerne mehr verdienen. Es kommen wieder Leute rein, für die wird der Lohn hochgeschraubt, aber die anderen werden weiter ausgenutzt. Die Neuen gehen umsonst essen, wohnen umsonst. Aber wir müssen den ganzen Strom und das ganze Essen zahlen. Das ist ein bisschen ungerecht. Ich bin am Kämpfen, aber ich weiß nicht, wem ich vertrauen kann. Wem ich etwas sagen kann, dass auch mal was passiert."

Welche Wünsche haben Sie noch?

„Ich hätte gerne ein Grundstück und ein Haus. Ein Stück Land, auf dem ich auch mal was privat anbauen kann. Die Zeit geht dahin. Bueno, ich bin jetzt dreiundvierzig Jahre alt, ich habe noch ein paar Jahre vor mir, aber trotzdem – die Zeit rennt. Ich möchte gerne bald ein Haus haben, ein Grundstück, hier.“

Das heißt, Sie bleiben hier?

„Hier bleiben wäre zu viel gesagt. Dass man sich mal austauschen kann. In Parral ist so viel los, da werden Kinder umgebracht. Es werden Kinder geklaut. Die Polizei meint, man sollte aufpassen, dass der Sohn nicht alleine geht, weil er blaue Augen hat. Die, die blaue Augen haben, werden geklaut, die werden umgebracht, da werden die Augen rausgeholt. Das läuft in Parral schon.“

Warum das?

„Gute Frage. Hat mir die Polizei jetzt noch mal gesagt, pass auf deinen Sohn auf. Da sind auch schon viele Mädchen umgebracht worden, sexuell missbraucht in der Busbahn. Und da wurden sie umgebracht.“

Und warum gerade die blauen Augen?

„Ist mir auch ein Rätsel. Deswegen habe ich lieber zwei Orte, an denen ich zu Hause bin, dass ich mal hier hingehe, und mal da. In Parral hat man nicht so eine Freiheit, wie man sie hier hat.
Du kannst hier spazieren gehen, du kannst das Kind mal ein bisschen alleine lassen. In Parral kannst du das nicht. Du musst immer aufpassen, dass nichts passiert. Ich möchte zwar gerne nach Parral, aber nur mal zwischendurch, mal ein bisschen ausspannen, mal ein bisschen weg von hier, und dann wieder hierherkommen.“

Interview Edeltraud Bohnau Malessa

Interviewführung: Anette Ende
Ort: Parral, Chile
Datum: Juli 2019

Welche Erfahrung haben Sie mit Rebecca Schäfer, der Stieftochter von Paul Schäfer, gemacht?

„Das Mädchen hat in der Küche gearbeitet. Ich kam für zwei Monate von außerhalb in die Küche. Das war schon die neue Großküche. Rebecca war wahnsinnig dünn, abgemagert und sah auch so sehr schlecht aus. Sie hatte so einen Ausdruck von … so ein trauriger Ausdruck. Heute weiß ich, dass es eine Depression oder sowas gewesen sein könnte. Ich habe die Gruppentante Gesa Kunde darauf angesprochen, sage: Rebecca sieht so schlecht aus, kannst du dich nicht mal um sie kümmern? Die sieht krank aus. Darauf antwortete Gesa Kunde, wir sollen Rebecca in Ruhe lassen.
Viel später hat mein Mann gesehen, wie ein Sprinter einen Umschlag mit lauter entwickelten Fotos ausgepackt und immer so auf den Tisch geblättert hat. Das waren Bilder von Chilenen, Kindern und Jugendlichen. Und plötzlich kamen pornografische Bilder. Er hat gesehen, dass das nur Rebecca gewesen sein kann, wegen der dunklen Haare auf der Vulva. Das Bild war praktisch nur der Po und die Haare auseinander gestrichen, die dunklen – also von der Gürtellinie nach unten war das fotografiert worden. Das waren verschiedene Bilder in verschiedenen Positionen. Der Junge, der die da hingelegt hatte, wusste gar nicht, was das ist. Mein Mann merkte das, dass der gar nicht reagierte. Der hat die Bilder nur so hingeschmissen, weil der gar nicht wusste, was das ist. Der hat das nicht als Pornografie erkannt. Das kannte er nicht. Und dann kamen andere Bilder, und mein Mann ist immer weiter rückwärtsgegangen, weil er dachte, gleich merkt der was.
Mein Mann hat daraufhin Schäfer angesprochen, ihm gesagt, er hat die und die Bilder gesehen. Schäfer fragte: Ja wieso meldet der Sprinter das nicht? Dann meinte Willi: Ich glaube, der weiß gar nichts damit anzufangen. Deswegen sage ich es dir, dass der solche Bilder hat. Dann hat Schäfer jemanden gerufen und gefragt: Wer hat das fotografiert? Da kam der

„Bimmel“ an, der fotografiert hatte, und sagte, das ist von deinem Fotoapparat. Also hatte Schäfer das selber fotografiert. Darauf hat er gesagt: Was guckt ihr hier alle so? Verschwindet, verschwindet, verschwindet. Das war´s dann wohl. Er wusste genau, welche Bilder das waren.“

Das heißt, Schäfer hat nicht nur kleine Jungs sexuell missbraucht, wie bislang bekannt war?

„Das hat mein Mann auch zum ersten Mal gesehen. Das war, als wir schon im Begriff waren, rauszugehen. Schäfer ist ja dann auch geflüchtet. Aber es gibt Augenzeugen, und dadurch, dass mein Mann wegen der Bilder geschaltet hat und Schäfer sagte, verschwindet hier, verschwindet hier, ist das doch die Bestätigung, dass er die Bilder gemacht hatte.“

Es gab auch noch zwei Freundinnen von Ihnen, die das auch bestätigt haben, oder?

„Ja, aber nicht direkt. Irmgard Zentrus ist eines Tages zusammengebrochen und hat mir ihr Herz ausgeschüttet, obwohl ich viel jünger bin als sie. Wir kannten uns schon gut von Gronau, haben dort beide sogar eine Zeitlang im selben Haus gewohnt. Da hat sie sich bei mir regelrecht ausgeheult. Sie hat gesagt, ich kann nicht mehr. Ich kann nicht mehr. Ich möchte nie einen Mann haben, ich möchte nie heiraten und ich werde nie heiraten. Sie hat mir also nicht direkt gesagt, was genau passiert ist, aber ich habe später von Gudrun Müller erfahren, dass Schäfer … Irmgard Zentrus und Gudrun Müller haben ja beide im Kuhstall gearbeitet. Sie hatten ein schönes Zimmer eingerichtet, wo sie sich ausruhen konnten zwischendurch. Schäfer hat sie da extra reingenommen, nicht nur Irmgard, sondern auch Helga Myslilwietz.
Von Helga wussten wir, dass sie es ganz schlimm mit dem Magen hatte. Die hat am Ende nur noch trockenes Brot mit Marmelade gegessen und war oft im Krankenhaus. Als sie endlich mal eine Untersuchung bekam, war es zu spät. Da hatte sie Magenkrebs und war komplett abgemagert. Sie haben sie operiert, aber das konnte sie nicht überleben. Einige Zeit nach der Operation ging‘s dann mit ihr auch langsam zu Ende. Sie lag dann nur noch im Krankenhaus. Meine Companera Ulrike Mysliwietz, ihre Schwester, wollte sie besuchen, aber Schäfer sagte, du darfst sie nicht besuchen. Deine Schwester ist eine Sünderin. Ulrike hat gar nicht ver-

standen, was das wieder sollte. Ihre Schwester lag im Sterben und sie haben ihr Hoffnung gemacht, dass sie wieder gesund wird. Das hat mir Ulrike erzählt. Aber sie konnte gar nicht mehr gesund werden. Ulrike sagte: Da stör ich mich nicht dran (dass sie eine Sünderin ist), ich will meine Schwester noch besuchen. Wegen des Magens und dem, was ich mit Irmgard Zentrus erlebt habe, kann ich mir vorstellen, dass sie ihn mit dem Mund bedienen mussten. Dass das sehr eklig war und Helga krank gemacht hat."

Dialog Edeltraud Bohnau Malessa & Heinz Kuhn

Ort: Parral, Chile
Datum: Juli 2019

Edeltraud: „Ich habe von dir zum ersten Mal gehört, dass deine Frau Ursel ihr Kind abtreiben sollte – oder musste? Wenn ich das mal fragen darf, ich verstehe nicht, aus welchem Grund? Wäre das Kind unehelich geboren worden, oder was hatten sie für einen Grund dafür?“

Heinz: „Das hat eine Vorgeschichte. Ich bin aus der Colonie geflüchtet. Ursel wurde hinterhergeschickt, um mich zu überzeugen. Das war bei der zweiten Flucht. Ich war bei Doktor Mojika untergebracht, dem Chefarzt der Colonia Dignidad. Ich möchte das jetzt auf die richtige Reihe bekommen: Ursel war im vierten Monat. Doktor Mojika hat uns in den Norden gebracht, etwa tausend Kilometer entfernt vom Fundo. Die Colonie hat von Mojika erfahren, wo wir sind. Mücke kam an dem Wochenendhaus an der Küste an, wo wir waren, und schob so gegen vier morgens einen Zettel unter der Tür durch. Da stand drauf: Ich warte auf euch drei. Also hatte Schäfer inzwischen erfahren, dass Ursel in Umständen war. Deswegen, ich warte auf euch drei. Es war seine Schrift. Die kannte ich ja. Wir waren down, weil schon weiß Gott wie lange auf der Flucht. Wir hatten nichts, nur ich wahnsinnige Koliken. Nierenkoliken. Also haben wir uns überzeugen lassen und sind zu Mücke in den Wagen gestiegen. Ab zum Fundo.

Das sind x-Stunden, bis du da hinkommst. Außerdem ist noch ein Bus mit Leuten mitgekommen, falls wir nicht spuren. Das war ein Bus der Villa Baviera, also lauter Hundertfünfzigprozentige. Um es kurz zu machen: Wir kamen im Fundo an, nachts, und Ursel musste beim Eingang aussteigen. Wir wurden also getrennt. Mich brachten sie in Schäfers Schlafzimmer. Dort stand eine weiße Flasche mit roter Schrift, an mehr erinnere ich mich nicht mehr. Ich wurde im Krankenhaus wach. Jedes Mal wenn ich wach wurde, wurde ich wieder mit Spritzen betäubt und mit Elektroschocks behandelt. Was ich nicht wissen konnte, war, was mit der Ursel,

meiner Frau, war, mit der ich gerade einmal vierundzwanzig Stunden verheiratet gewesen war.
Ich hatte fünf Bewacher in der Schreinerei. In Zimmern mit drei Betten übereinander. In dem obersten lag ich. In der Nacht muss wieder ein Alarm gewesen sein. Meine Bodyguards, meine Beschützer, Rudi Cöllen, Matthusen und Mücke, waren wieder die ganze Nacht unterwegs gewesen und gegen morgen tief eingeschlafen. Ich wusste, dass meine Frau jeden Morgen so um sechs Uhr früh mit dem Fahrrad auf dem Weg zur Arbeit an der Schreinerei vorbeifährt. Ich stellte mich an eine Ecke der Schreinerei und wartete auf sie. Als ich sie kommen sah, sagte ich nur: Ursel. Sie sagte: Heinz, ich warte nicht mehr auf Peter. Da wurde ich verrückt. Da wusste ich, sie haben ihr das Kind abgetrieben. Da wurde ich nervös. Als meine Bodyguards wach wurden, sagte ich zu Cöllen – er war ja ganz besonders für mich zuständig: Ich will Paul sprechen. Paul Schäfer. Er sah, dass ich nervös war. Er muss zu Paul gegangen sein, mich vorher vielleicht schon angemeldet haben, wer ich bin, wie ich aussehe und was ich sage. Er sagte: Ja, nachher gehen wir dahin.
Das Nachher war ungefähr gegen Mittag. Da ging er mit mir dahin. Ich war noch immer in der Strafuniform. Weiße Hose, rotes Hemd. Das war auch zu Zeiten von Kneese. Der rote Punkt im Gelände, hieß es immer. Da mussten die Schergen, die Hundertfünfzigprozentigen aufpassen, wo der rote Punkt ist. Und dann kam's: Rudi ging mit mir zur Mühle. Dort stand Schäfer mit einem Ingelino. Guillermo Soto. Daran erinnere ich mich noch bis heute. Guillermo Soto war auch ein überzeugter Nachbar von Schäfer und Zubringer von allen Kommentaren, die die Nachbarn gegen das Fundo hervorbrachten. Als ich flüchtete, liefen ja schon zweiunddreißig Prozesse. Guillermo Soto wurde aufgrund seiner Zuhälterei natürlich begütert von Schäfer. Er bekam einen Sack Mehl gratis. In diesem Fall, an diesem Tag, als er mit Schäfer zusammen war, bekam er einen Sack Mehl und einen Pflug, der von Ochsen gezogen wird, den hatte Schäfer schweißen lassen. Der war gebrochen gewesen.
Ich sagte zu Schäfer: Ich will mit dir sprechen. Darauf sagt er: Bring erst Soto weg. Nachher sprechen wir. Nein, sagte ich, ich kann das nicht. Zum einen war ich schon wer weiß wie lange ohne Essen und Trinken. Zum anderen war ich mit Elektroschock und Pharmaschock behandelt worden. Da sagte ich: Ich kann das nicht. Da sagte er: Stell dich nicht so an, nachher sprechen wir. Was sollte ich machen, so wie ich war, kurze Hose, rotes Hemd, mit nichts in der Hand, nicht Geld, nicht Ausweis, nicht gar nichts? Ich brachte Soto mit dem Mercedes Kipper, mit dem ich auch die tote

Ursel aus dem Fluss geholt hatte, über den Fluss. Wir fuhren über den Fluss, ich brachte Soto in sein Haus, und bin mir nichts, dir nichts, zur Panamericana abgehauen, was das Zeug hielt. Ich habe den Mercedes Kipper an der Tankstelle an der Panamericana abgestellt und bin in die Stadt nach Parral gelaufen zu Doktor Mojika.

Ich komme zu seinem Haus und es ist alles zu. Aber ich kannte seinen Freund, das war der Mann, der eine Radiosendung in Parral hatte. Er hieß Juan Rogasi. Ich bin zu ihm hin und sagte: Juan, ich muss mit Doktor Mojika sprechen. Da sagt er, der ist doch an der Küste im Norden. Ich bring dich hin. Juan Rogasi ließ alles liegen und stehen und brachte mich an die Küste. Das waren von Parral weg ungefähr vierhundert Kilometer. Kaum kamen wir an der Küste bei Doktor Mojika an, fragte dieser, was ist los? Wir konnten noch kein Wort wechseln, da kam die Ambulanz mit Mücke und wollte Mojika sprechen. Mojika sagte: No, nicht hier in meinem Haus. Ich habe hier meine ganze Familie, meine Enkelkinder. Hier machen wir keine Musik. Wir fahren nach Parral.

Also sind wir noch am selben Tag wieder zurück nach Parral in sein Haus gefahren und da war ich dann auch für sechs Monate. Jetzt kommt's. Ich sagte zu Mücke, noch oben an der Küste: Wenn heute die Ursel nicht in Parral ist, dann bin ich morgen in der deutschen Botschaft. Vor der deutschen Botschaft hatte Schäfer ja schon zu dieser Zeit unwahrscheinlich Gamaschen. Aufgrund der Anzeigen und der Geflüchteten. Bueno, Mücke fuhr zurück zu Paul, höchstwahrscheinlich, um ihn zu informieren, was los ist. Auf einmal kam Mücke mit einer Ambulanz, besprach das mit Doktor Mojika. Wir trafen uns dann an einem kleinen Fluss. Und wer war in der Ambulanz? Meine Ursel, zugedeckt bis obenhin, und sie hat gelallt. Da wusste ich sofort, die steht unter Drogen. Ich sagte: Ursel, steh auf, komm mit. Da wartete Doktor Mojika mit seinem Wagen. Sie hat überhaupt nicht reagiert. Da sagte ich zu Mücke: Morgen bin ich in der deutschen Botschaft.

Wer kam dann nachts um ein Uhr bei Doktor Mojika an? Meine Ursel mit ihrem Täschchen. Die gerade noch so Sterbenskrank war, wie Mücke behauptet hatte. Er sagte ja auch noch, wenn du nicht mit ihr zusammen zurückkommst, wird sie das Kind verlieren. Aber das hatte sie ja schon längst verloren. Man hatte es ihr schon längst abgetrieben. Aber das war das Evangelium von Schäfer. Lügen, betrügen – auf Teufel komm raus. Wir haben noch sechs Monate unter dem Schutz von und bei Doktor Mojika gewohnt."

In welchem Jahr war das alles?

„1968."

Und du bist nicht zur Botschaft gegangen?

„Nein."

Wäre vielleicht besser gewesen?

„Wäre vielleicht besser gewesen. Dann hätte ich viele Leute beschützen können. Aber Doktor Mojika wollte Frieden haben. Es war ein Chilene, der längst nicht die Mentalität hatte wie Deutsche, wie perverse, diffamierte Deutsche."

Hat die Ursel mal gesagt, was mit der Ursel gemacht wurde?

„Blanck war als Blutspender dabei, falls was schiefgeht. Blanck ist inzwischen auch tot. Das war der Rechtsanwalt der Colonie. Das Einzige, was sie mir sagte, bevor die Prozedur der Abtreibung losging, war, dass der Schnellenkamp sie geschlagen hatte. Das ist der berühmte Kurt Schnellenkamp, der dann auch zu elf Jahren verknackt wurde, weil er das Kerbholz voll hatte, und die Hände blutig von dem, was er alles getrieben hat. Sowohl mit unseren Leuten, als auch mit den Chilenen."

Was ist das jetzt für ein Gefühl, hier ins Fundo zu fahren?

(Edeltraud Bohnau Malessa) „Es ist nicht das erste Mal, dass ich da hinfahre. Ich bin schon öfters hingefahren, weil ich immer wieder Fluchten aus der Colonie organisiert hatte."

Interview Aki (Georg Laube)

Interviewführung: Anette Ende
Ort: Villa Bavaria, Colonia Dignidad, Chile
Datum: Juli 2019
Anmerkung: Galpon – Schuppen

„Die Bude wurde gebaut für Elektronik. Da sollte Knüselböck drin arbeiten, der Poncho, um Bomben zu bauen. Dafür wurde diese Werkstatt ursprünglich gebaut."
„Hier haben sie ein Museum draus gemacht. Aber das war früher ein Kartoffelschuppen. Der wurde unterhöhlt, da wurde ein Keller eingebaut und in dem Keller wurden Waffen gelagert. Hier in der Mitte, das war die sogenannte Kaserne. Hier war Lindes drin, das ist ein Deckname. Das war ein Nazi, der hat hier Deutsche im Nahkampf ausgebildet. Und da, wo diese Bäume sind, war so ein großer Turm. Der hatte einen ganz schweren Aufzug und schwere Waffen. Hier drunter ist ein Tunnel, der geht in den Keller. Das ist alles zugemacht worden, mit dem Bagger kaputtgemacht. Aber der Tunnel existiert noch. Diese schweren Waffen wurden mit dem Aufzug runter in den Keller gelassen oder hochgeholt. Da sieht man noch die gepanzerte Tür. Da geht eine Treppe in den Keller.
Später, als in den Achtzigerjahren die Hausdurchsuchungen anfingen, war auf einmal der Keller leer, leer, leer. Nichts war mehr da. Da waren Regale drin, in denen Medikamente gelagert wurden."
„Und das hier – das wurde in den späteren Jahren für die Sicherheit gebaut. Das war auch so eine mystische Gegend, wo keiner hindurfte. Hinter dieser Tür ist ein Keller, darin haben sie Waffen versteckt. Das hat die Kripo aufgemacht. Da nimmt man Ziegelsteine weg, dann liegt ein Teppich drauf, ganz vorsichtig dreht man so ein Gewinde rein und dann kann man da unten hineingehen wie in einen Keller. Ganz versteckt wurde da ein Keller gebaut."
„Das ist das sogenannte Weizenhaus, wo wir als Jungs früher immer geschlafen haben. Das ist aber der Anbau aus den Neunzigerjahren."
„Das ist die Schlosserei. Die berüchtigte Schlosserei, wo in den Siebzigerjahren immer Waffen gebaut wurden."
„Hier war die Schreinerei. Die ist vor ein paar Jahren abgebrannt, weil Udo Hopp dort Dokumente von seinem Bruder Hartmut Hopp im Ofen

verbrannt hat. Deshalb ist sie abgebrannt. Der Ofen wurde zu heiß. Er hatte ihn alleine gelassen, dann fing das an zu schwelen, dann ist die ganze Werkstatt runtergebrannt."
„Hier sind noch ein paar Reste, Laborreste. Siehst du da? Laborreste hier."

Von dieser Giftküche?

„Weiß ich nicht. Kann sein."

Wer hat denn in dem Labor gearbeitet?

„Hermann Schmidt und Georg Schmidtke."

Und was haben die hergestellt?

„Ich weiß noch, dass er da unten Anfang der Achtzigerjahre immer das Gold, das wir im Süden in Temuco geschürft haben, da gereinigt und geschmolzen hat …
Wo das Fenster ist, da war die Elektronikwerkstatt in den Siebzigerjahren. Diese drei Fenster hier, das war das Fotolabor. Das Fenster hier war das Zeichenbüro. Und das hier war die Schneiderei. Direkt hier oben stand mein Bett, ein Feldbett. Da habe ich mein Feldbett aufgebaut und nachts drin geschlafen. Die Geschichte, die ich erzählt hatte. Hier waren Holztüren drin. Hier unten war so ein Luftspalt mit einem Sieb, damit Luft reinkonnte. Und hier war noch so eine kleine Luke drin, die man aufklappen konnte. Hier drin war eine Wand, aus dem gleichen Material, aus dem das Neukra hergestellt ist. Dann war hier eine Holztür, dann hier, dieser Bereich hier, war die Folterkammer mit dem wahnsinnigen Geschrei, das ich immer mitgekriegt habe. Das war genau hier. Hier war so ein kleines Fenster, das haben sie jetzt mit einer Eternitplatte zugemacht. Das war ein Holzfenster und da war so dick Styropor drin, damit der Schall nicht rausgehen konnte nach draußen. Von hier oben habe ich immer ganz heimlich runtergeguckt. Ich sah immer Heinrich Neufeldt, Johann Spatz und Karl van den Berg. Von hier raus, direkt von der Folterkammer raus, war so ein Zwanziglitereimer. Da stand drauf: Mobil. Das war ein Öl-Eimer. Der hatte einen Deckel aus Sperrholz und einen roten Griff. Die liefen immer rum. Ich erinnere mich an Karl van den Berg. Der hatte immer einen grauen Kittel an."
„Ja, und dann die nächste Tür, wenn wir das weiter angucken wollen: Hier

war ein Zwischenraum und hier die nächste Wand. Auch wieder so Restplatten, dasselbe Material, aus dem das Neukra gebaut wurde. Und hier dann die nächste Tür. Hier war ein ganz großer Raum. Der ging bis dahin. Die Information, die ich dazu habe, hat mir eine Person erzählt, die dabei war: Hier drin wurden die Gefangenen festgehalten und gefüttert. Hier drin. Hier auch, hier war so eine Luke drin, so groß, wahrscheinlich wurde hier Essen reingereicht. Und hier unten waren Schlitze, damit Luft reinkonnte. Das waren alles Holztüren, aber die hatten ungefähr die gleiche Farbe, die Türen. Hier geht es weiter. Da ist alles zu. Das ist alles wie früher, da darf keiner rein. Hier war auch eine Holztür. Der Raum dahinter war so von hier bis da, ungefähr. Auf dieser Seite waren zwei oder drei Duschen. Hier war eine Toilette und da hinten standen Betten. Da haben Jahre später Udo Hopp und Horst Wöhri gewohnt. Aber als in den Achtzigerjahren die Hausdurchsuchungen anfingen, da ist das alles verschwunden. Damals kam von oben eine Wasserleitung runter, hier rein. Die Abwässer gingen da irgendwo raus. Weil irgendwo hier ist die Klärgrube."
„Das ist der Bienenschuppen. In diesem Bienenschuppen hat Hartmut Hopp seine Kaninchenzucht gehabt. Hier war das, in dem Bienenschuppen hier. Das war auch so eine mystische Ecke, wo keiner hindurfte."
„Da oben drin im Krankenhaus wohnen jetzt die alten Leute, alle, die gepflegt werden müssen, wohnen da drin. Auch meine Mutter wohnt da."

„Jetzt kommen wir gleich zum Neukra. Hier diesen Weg wurden wir abends immer wie eine Schafherde entlanggetrieben. Jeden Abend diesen Weg entlang, bis zu dem Haus da hinten, die erste Tür. An der Tür wurden wir immer abgeliefert. Diesen Weg hier entlang. Wir waren alle so ne kleine Dötze zwischen acht und zwölf Jahre alt. Siehst du da die erste Tür? Da wurden wir abgegeben. Und da wurden die Betten mit spanischen Wänden getrennt, da lagen die Kinder alle nackt."
„Hier fuhr Schäfer mit seinem Mercedes Pkw immer vor und hat sich nachts wieder eines von den Kindern rausgeholt, und zu sich in seine Wohnung genommen."
„Zum Teil wurden auch die Kinder aufs Fahrrad gesetzt und zu ihm in die Wohnung gebracht, nachts."

Du auch?

„Ja, mit dem Mercedes. Der fuhr hier so vor und hat auf der anderen Seite geparkt. Ich lag da zwischen den beiden Fenstern, so ungefähr. Dann kam so ein Typ. Anziehen, hat der gesagt. Dann hat man sich angezogen und sie haben einem ein Handtuch um die Augen gebunden. Man wurde in den Flur geführt, dann hinten raus und in seinen Pkw rein. Mit in sein Zimmer, in seine Wohnung. Wo du dann dachtest, endlich mal eine Nacht ohne Strom, ohne Qual. Das geringere Übel, aber halt die anderen Sachen dann."

„Das ist der Fasanenstall, wo die Touristen Fotos machen. Den mussten wir als Kinder ringsherum in der glühenden Hitze mit Spaten umgraben und alles schön machen. Da standen die Aufpasser mit der Weideroute hinter einem. Wenn einer ausruhen wollte, wurde ihm der Rücken ausgepeitscht. Hier, da wo jetzt die Touristen stehen, ist das. Kein Mensch weiß, wo das passiert ist. Das wissen nur wir."

„Viele Zeugen berichten ja, dass sie, als sie im Keller gefangen waren, immer die Flugzeuge starten und landen gehört haben. In diesem Haus, das hier heißt das „Pedro-Haus", wohnt Patricio. Darunter ist ein Keller, in dem Gefangene gehalten wurden."

Und da lebt Patricio?

„Da wohnt Patricio, ja. Das wusste ich nie, dass hier ein Keller drunter ist. Der wurde nachträglich gebaut. Und da vorne ist die Landebahn. Da waren die Autos von den Verschwundenen. Da, wo dieser Schuppen ist, darunter ist der Keller. In dem Keller waren die Autos versteckt."

„Das ist die neue Flugzeughalle, wo die Flugzeuge aufbewahrt wurden von früher. Das ist die Tankstelle. Und hier drin standen früher die Flugzeuge der Colonie, zwei Cessna. In dieser Halle. Und hier geht es auf die Landebahn. Das ist jetzt die Landebahn. Fast zwei Kilometer."

„Diese Scheune hat einen Keller. Da wurden früher die Autos der Verschwundenen versteckt. Stroh drauf. Fertig. Da standen massenweise Autos, Chevrolets, Ford, Citroën, Renaults. Eine ganze Menge Autos."

„Wir sind jetzt im Kartoffelkeller, in dem gefoltert wurde. Kupferkabel. Das sind die Striemen hier. Hier, da sieht man es ganz deutlich. Das sind die Striemen hier, guck mal, hier war eine Wand drin. Aus demselben Material wie das Neukra gebaut ist. Und hier war eine Tür. Hier stand dieser Sanitärstuhl. Die Steckdose haben sie schon abgerissen. Hier war noch eine Steckdose dran. Der Raum hier war ganz dick zugepackt. Ich habe ja direkt darüber geschlafen. Hier war ich. Und hier, diese Luke, hier wurden früher Kartoffeln reingekippt."

„Diese Schächte wurden, bevor das hier losging, zugemauert. Das habe ich selber mitgekriegt. Heinrich Nolde und Albert Tymm haben die zubetoniert. Durch diese Schächte sind die Kartoffeln immer von oben reingekippt worden und runtergerutscht, bevor das hier zur Folterkammer umgebaut wurde. Da waren hier Kartoffeln und ich bin selber von oben runtergerutscht. Das Essen kam durch die Holztür hier, da waren so kleine Spalten, wo Luft reinkam. Und hier war eine Luke, die man von außen so aufklappen konnte. Bei der anderen Tür genau das Gleiche. Dahinten waren Duschen."

Das heißt, Aki, die einen haben die Folter überlebt, und die anderen eben nicht?

„Ja. Ganz genau. Einige haben das nicht überlebt. Man sagt ja, Adriana Borquez kam am Anfang noch frei. Aber danach hat Schäfer, so sagt man, Anordnung gegeben, wer hier reinkommt, kommt nicht mehr raus. Sie wurden dann nur noch gefoltert und zack, weg damit."

Und dann auch ins Massengrab?

„Ins Massengrab. Ich habe gehört, aus ganz vertraulicher Quelle, dass hier jede Nacht am Galpon, am Weingarten da irgendwo, Leichen verbrannt wurden. Später wurden die Gefangenen hochgefahren zum Schenk. Da hat Erwin Fege das Loch gebaggert. Dann hieß es: Mach mal ein Loch für zwei Stück, mach mal ein Loch für drei Stück, und so ging das immer. Mach mal was für vier, mach mal was für fünf. So ging das. Mauck hat die da hochgefahren, und dann wurden sie von irgendwelchen Offizieren da ins Loch reingerotzt."

Und die Leichen verbrannt, das hat dann Rudi Cöllen gemacht?

„Ja, Rudi Cöllen soll die Leichen verbrannt haben. Als sie ausgebaggert wurden, laut Aussagen von einem, der dabei war, waren Johann Spatz, Karl van den Berg, Rudolph Cöllen, Mauck und ein Chilene dabei. Aber vorher wurden sie am Galpon schon immer verbrannt, immer, immer verbrannt. Guck mal, wie viele Jahre ich das in mir behalten habe, nie darüber gesprochen. Daran erinnere ich mich noch ganz genau. 2005 war es das erste Mal, dass ich dem „Wolle" das gesagt habe. Weißt du, was der „Wolle" dann zu mir gesagt hat? Ich sage dir nur eins: Halt bloß die

Schnauze und rede nie darüber. 2008 war das erste Mal, dass ich es gewagt habe, doch darüber zu reden. Da habe ich mich heimlich mit Minister Zepeda in Santiago getroffen, im Keller unten, noch nicht mal im Gericht, und habe ausgesagt, was ich hier gesehen habe. Was ich hier mitgekriegt habe. Bis 2008, so lange habe ich das geheimgehalten.
Man muss sich mal vorstellen, zur gleichen Zeit, in der hier gefoltert wurde, war die ganze Gemeinde im Freihaussaal zum Beten. Damit das keiner mitbekommt. Aber am Tage immer durfte nie gesprochen werden. Alle wussten, was hier passiert. Da war Onkel Fritz, Inge Pölchen und wer weiß, wer noch von den Schranzen hier. Es durfte nicht gesprochen werden. Da war Hans Rieske, der wusste das auch. Alle wussten, was hier unten passiert. Guck mal, das sind Erwachsene, ich bin nur ein Kind gewesen. Wie weiß ich, dass hier unten gefoltert und getötet wurde? Am Tage wurde auch gefoltert. Das musste ganz still passieren. Hans Rieske hat einmal zu Schäfer gesagt, kann man das nicht dämmen? Hans Rieske war nur am Tage hier. Der war nicht nachts hier. Das ist das Zeichen, da oben hat er immer gearbeitet.

Das erste Mal, dass wir darüber gesprochen haben, war nach dem Akt in Berlin von Steinmeier – nach 2016. Da hatten wir noch Bedenken, na, wenn wir das jetzt so öffentlich ansprechen … Aber da hat dann offiziell keiner was dagegen gehabt.“

Wie weit ist es denn jetzt mit den Ausgrabungen?

„Ich glaube, das ist ein finanzielles Problem, soweit ich das von Winfried Hempel verstehe. Der Staat muss wieder Geld geben, es fehlen noch die Geräte. Da müsste der deutsche Staat mehr unterstützen, um Spezialgeräte einzusetzen, um das, was noch fehlt, zu finden. Denn laut Aussagen von einem, der dabei war, der mit vergraben hat, fehlen da Leichen. Die haben nicht alles gefunden. Dabei sind sie ganz dicht dran gewesen.“

Interview I Willi Malessa

Interviewführung: Anette Ende
Ort: Los Angeles, Chile
Datum: 17.7.2019

Die erste Frage lautet: Wie sind Sie überhaupt nach Chile gekommen? Warum Chile?

„Eine gute Frage. Ich war damals zwölf Jahre alt und ja schon zwei Jahre in Heide. Ich habe nur mitgekriegt, dass Schäfer … "

Entschuldigung. Müssen wir noch mal anfangen?

„Was?"

Da ist einer reingekommen gerade.

„Wer ist das?"

Die Frau da.

„Mama, kannst du das mal sein lassen?"
„Entschuldige."
„Jetzt können wir wieder von vorne anfangen."
„Ich wusste ja nicht, dass ihr schon so schnell dabei seid."
„Ja."
„Ja, macht doch nichts."
„Aber du solltest nach draußen gehen. Hast du nicht verstanden, oder?"
„Ich wollte doch wenigstens zuhören."
„Ja, von mir aus. Ich hab …"

Also ich will jetzt hier niemanden wegschicken. Ich weiß, dass die Leute, wenn hier jemand im Raum ist, abgelenkt sind. Das war der Grund, warum ich etwas gesagt habe.

„Du darfst nicht dazwischen sprechen, oder irgendwas ergänzen wollen."

„Ne, ich bleib hier sitzen."

Gut. Wenn Sie sagen, Sie sind mit zehn Jahren nach Heide gekommen, wie kamen Sie überhaupt nach Heide. Wie passierte das Ganze?

„Ich bin mit zehn Jahren nach Heide gekommen. Meine Mutter war gläubig und hat sowohl in Gronau als auch in Rheine an christlichen Zusammenkünften teilgenommen. Wir waren acht Kinder, das war nicht einfach. Erst ist mein Bruder nach Heide gekommen, und ein Jahr später hat sie mich auch dahin gegeben. Dann bin ich ins Jugendheim nach Heide gekommen, in die fünfte Klasse, Siegburg, Humperning-Schule. Nach einem Jahr bin ich aufs Gymnasium in Siegburg gekommen für ein halbes Jahr.
Zwischendurch hatte ich mitgekriegt, dass Schäfer plötzlich nicht mehr da war. Ich wusste nicht, warum. Irgendwann wurden wir mit verschiedenen Jungs in einem Bulli auf eine Fahrt nach Belgien mitgenommen. Dort sind wir mit Schäfer zusammengekommen. Er war aus dem Ausland gekommen, braun gebrannt, und hat dann mit jedem Einzelnen aus der Gruppe der „Jungs" gesprochen, auch mit mir. Er hat geäußert, dass da Leute kommen und fragen könnten. Die würden dann schmutzige Fragen stellen, von wegen, ob wir angefasst wurden und so, und das sollten wir verneinen. Und und und. Ich wusste damals nicht, dass da was im Gange war gegen ihn. Das war wohl die Reise mit dem Hauptziel, eventuellen Zeugen noch mal einzuimpfen, wie sie reagieren sollen. Das habe ich damals nicht verstanden, aber heute weiß ich, dass es so war. Dann hat es nicht lange gedauert, und Leute wurden per Flugzeug nach Chile geschickt. Ich war einer von den ersten sechs, die dann in einem Flug von Aerolineas Argentinas nach Santiago de Chile geflogen wurden. Das waren Dr. Gerd Seewald, Erwin Bohnau, mein älterer Bruder Dieter, dann Wolfgang Müller Arends, Wolfgang Müller, der sogenannte Kneese, und ich. Sechs Personen zusammen. Ja."

Wie war das so für Sie. Waren Sie stolz, nach Chile zu fliegen, haben Sie gewusst, dass Sie ein Leben lang hierbleiben sollen?

„Nein, wir wussten gar nichts. Wir haben nur eine Reise gemacht. Für uns war es ein unglaublicher Kulturschock."

Aber was sagte Ihnen denn Schäfer, warum Sie die Reise machen?

„Er war gar nicht da. Er ist sofort wieder zurück. Er hat nur die Instruktionsreise gemacht und war dann wieder weg. Er ist nicht wieder in Siegburg erschienen. Ich weiß auch nicht mehr im Einzelnen, wie das war. Aber wir waren ja Kinder und konnten nicht viel dafür oder dagegen sagen. Wir wurden einfach geschickt."

Konnten Sie sich von Ihrer Mutter noch verabschieden?

„Nein. Die habe ich nicht mehr gesehen."

Ja, und dann kamen Sie hier an, und wie ging es dann weiter?

„Wir waren einige Tage in Santiago, in einem Haus. Das gehörte einem Rudi Cohn, erinnere ich mich noch. Der hat das Haus wohl gemietet. Danach sind wir mit einem Mercedes 190 D in den Süden gefahren, bis nach Parral, und dann zur Cordillera. Wir hatten nichts, wo wir bleiben konnten. Aber wir hatten Zelte. Für mich war das alles eine Überforderung. Die Umstellung, und was wir unterwegs auf der Fahrt nach Parral gesehen hatten an Häusern und Hütten. Das haben wir von Deutschland nicht gekannt. Das war eine Armut, die da auf uns einwirkte, die war für uns Kinder kolossal deprimierend."

So, und dann kamen Sie in der Colonie an, und was passierte dann? Ging es direkt los mit Strafen, mit Versklavung?

„Ja, als Erstes ging es ja darum, dass wir irgendwo wohnen mussten. Also haben wir angefangen, im Wald Bäume zu fällen, dünne Bäume. Die haben wir dann zum heutigen Eingang getragen, sofern es möglich war. Zum Teil wurden sie auch mit dem Mercedes Pkw geschleppt auf den Wegen, die da zur Verfügung standen. So haben wir schon als Kinder angefangen, die ersten Schuppen zu bauen. Beziehungsweise nannte sich das Galpones, Galpon. Einer war der Wirtschaftsgalpon, da war auch eine Bäckerei. Aus Lehm wurde ein Backofen gebaut. Der andere Galpon war Schlafraum und Küche. Ein Trakt an einer Seite war die Schreinerei mit einer Kreissäge und einer Hobelmaschine, wo dann praktisch die nötigsten Möbel gebaut wurden."

Haben Sie Ihre Mutter nie vermisst in dem Alter?

„Doch, ich habe sie vermisst. Ich habe sie auch schon in Heide vermisst, aber ich hatte ja keinen Einfluss. Das wurde uns praktisch so übergestülpt. Das musste man akzeptieren.“

Und ging es auch direkt los mit Feldarbeit und Schläge und dem sexuellen Missbrauch von Schäfer?

„Ja, den gab es schon in Heide. Deswegen wurde ich ja auch mit dem Bulli zu dem Treffen gebracht, um die entsprechende Instruktion zu empfangen. Vom zehnten Lebensjahr an bis zum vierzehnten Lebensjahr musste ich praktisch immer zur Verfügung stehen, um das so zu sagen. Als ich vierzehn war, habe ich mich dann gewehrt und wurde bei nächster Gelegenheit von drei Älteren, den sogenannten „Cumalos“, zusammengeschlagen. Um mich gefügig zu machen, oder meinen Willen zu brechen, was auch immer. Das ist ihnen aber nicht gelungen. Bis heute nicht.“

Und dann ab vierzehn Jahren durften Sie freier leben in der Colonie, oder?

„Freier? Alles war so eingerichtet, dass jeder einsah, es muss was getan werden. Die Leute kamen ja auch mit Schiffen – eine Menge Familien. Die mussten irgendwo unterkommen. Das war mehr oder weniger eine notwendige Aktion, die wir praktisch durchstehen mussten. In den ersten Jahren war das noch nicht so schlimm. Zumindest habe ich das nicht so schlimm empfunden. Es war mehr so technische und harte Arbeit ja, weil es eben notwendig war.“

Sie haben ja auch Fluchtversuche unternommen?

„Ja, das war aber ziemlich spät.1996/97 muss das gewesen sein. Ich erinnere mich nicht mehr gut an exakte Daten, ein Datum hat in meinem Leben nie eine Rolle gespielt. Man hat den Tag gearbeitet und ich war über Jahre meistens draußen alleine an der Maschine, Wegebau und so weiter, Maschinenarbeit. Da haben mich Daten nicht interessiert.“

Aber Sie sind ja dann trotzdem 1998 raus, wenn ich Sie richtig verstanden habe?

„Ja."

Da ist ja kaum jemand rausgegangen in dieser Zeit. Wie haben Sie das geschafft?

„Es war ein Prozess im Gange, nach dem alle Minderjährigen in ein Heim der sogenannten „Sename" in Talca kommen sollten. Wegen des Missbrauchs. Der Staat wollte alle Minderjährigen in ein Heim stecken. Da ergab sich die Notwendigkeit unterzutauchen, um nicht unsere zwei Kinder zu verlieren. Obwohl der Prozess noch nicht gewonnen und dagegen appelliert worden war. Dem Prozess der „Sename" ist dann auch nicht stattgegeben worden. Den haben sie verloren. Nachdem wir 1998 raus und praktisch ein Jahr lang untergetaucht waren mit den Kindern, wurde der Prozess dann vonseiten der Colonie gewonnen. Damit ergab sich die Frage: Wollt ihr zurückkommen? Wollt ihr nach Bulnes oder wollt ihr zum Fundo? Was wollt ihr? Ihr könnt auch da bleiben in Los Angeles. Da haben wir entschieden, wir gehen nicht wieder zurück. Wir bleiben in Los Angeles und unsere Kinder gehen in Los Angeles in die Schule."

Hat man Sie dann auch in Ruhe gelassen oder gab es dann noch ein Nachspiel?

„Das wurde nicht so ohne Weiteres kommentarlos hingenommen. Als Erstes waren wir sowieso die Verräter, weil wir draußen waren, und draußen bleiben wollten. Das ist immer so gewesen – die ganzen Jahre. Wenn irgendjemand weggelaufen war, wie zum Beispiel Georg Packmor mit seiner Frau und Hugo Baar, waren das die großen Verräter. Und weil wir jetzt eben draußen sein wollten, waren wir das auch. Obwohl wir gar nichts verraten haben und auch nichts verraten wollten, damals nicht. Obschon die ganze Lebensweise im Fundo mit Stress verbunden war, immer schwere Arbeit, immer Überstunden mit den Maschinen, wir haben so oft zwölf Stunden am Tag gearbeitet auf der Maschine. Auch wenn es in Schichtarbeit war, wurde immer in Achtstundenschicht mit zwei Mann gewechselt. Also im Schnitt sind es dann zwölf Stunden effektiv auf der Maschine."

Aber es ist ja auch so gewesen, dass Sie Geld bekommen haben, als Sie rausgegangen sind, um jetzt hier so ein Haus zu bauen. War das Colonie-Geld von Schäfer, oder eine Auszahlung, oder eine Entschädigung oder Schweigegeld, was war denn das?

„Das ist der große Spruch vom Schweigegeld. Den hab ich nie so formuliert. Den hat man im Fundo formuliert. Wir wollten einfach nur ausgezahlt werden. Wir wollten überleben, denn ohne ein Mittel aus einer Gesellschaft auszutreten und nur auf sich selbst gestellt zu sein, mit zwei Kindern, das ist ein Ding der Unmöglichkeit. Zumal, ein Faktor die Sprache ist. Dann ist der Umgang draußen total anders. Man braucht sich um nichts zu kümmern im Fundo. Man geht morgens zur Arbeit, geht nachts ins Bett, steht morgens wieder auf und es ist alles geregelt. Aber wenn man sich um alles selber kümmern muss, und dann noch Geld verdienen, und dann noch die Kinder durchziehen mit der Schule und allen Einkäufen. Das ist ein Ding, das ist nicht einfach durchzustehen. Deswegen haben wir gesagt, wir haben sechsunddreißig Jahre gearbeitet und ein Recht auf eine Auszahlung. Das war der Tenor, und nicht Schweigegeld.
Schweigegeld haben die daraus gemacht. Die haben erwartet, dass ich im Gegenzug zur Zahlung schweige. Am Ende war es aber gar keine Zahlung, sondern eine Leihung. Denn das Geld, das sie uns gegeben haben, war nur geliehen. Das haben wir schriftlich. Und zwar sollte nach zwei Jahren angefangen werden zurückzuzahlen, mit sechs Prozent Zinsen monatlich. Damit haben sie sich erhofft, dass ich den Mund halte, und nichts über die Vergangenheit aussage. Von daher, aus ihrer Sicht, wäre es wohl Schweigegeld gewesen. Aber ich habe nie gesagt, dass ich schweigen werde. Das haben sie sich zusammengebaut und haben das der Gemeinde im Fundo auch weismachen wollen. Jedenfalls haben sie uns immer als die Schlechten hingestellt, die Geld verlangt haben für Schweigen. Und das stimmt nicht. Das hat nie stattgefunden."

Andere, die rausgegangen sind, haben aber diese Geldleihung nicht erhalten?

„Das liegt wahrscheinlich daran, dass sie nicht die Information hatten, die ich hatte. Ich war gefährlich für die. So sehe ich das. Ich kann nur meine Gedanken dazu äußern. Wir haben ja das Thema nie besprochen."

Worüber hatten Sie denn Informationen, die denen hätten gefährlich werden können?

„Praktisch über alles. Über Waffen, über Kindesmissbrauch, über Sachen von den Menschenrechtlern, dass da Leute verschwunden sind, und so weiter. Da wollten sie sich absichern mit einem Trick. In einem öffentlichen Schreiben haben sie uns das Geld praktisch geliehen, um es dann im entscheidenden Moment wieder zurückzufordern. Hypothetisch wäre das der Moment gewesen, in dem ich anfing auszusagen. Heute weiß ich, dass sie das Original des Dokuments gesucht haben. Aber sie haben das nie wieder gefunden.
Es wurden ja auch kubikmeterweise Bananenkartons mit Unterlagen verbrannt in einem großen Ofen. Wir hoffen, dass es da mit untergegangen ist. Ohne das Original können sie das nicht wieder zurückfordern. Wenn sie es eines Tages wiederfinden, können wir sicher sein, dass sie es zurückfordern werden. Und dann werden wir hier das Haus nicht mehr haben."

1998 als Sie rausgingen aus der Colonie, über welche Waffentypen waren Sie denn informiert, die es da gibt?

„Zuerst gab es Pistolen. Handfeuerwaffen. Danach gab es Maschinenpistolen, 9 mm. Und dann gab es diese Karabiner aus dem Zweiten Weltkrieg. Mauser Jahrgang ´98. Es gab auch Maschinengewehre. Es gab Rheinmetall und es gab auch tschechische. Dann gab es Handgranaten und Gewehrgranaten, die man auf den Lauf aufsetzt. Dann gab es Panzerabwehr, amerikanische Rockets. Und es gab Granatwerfer, ja, und einige AK-47."

Es wurden ja auch Waffen gebaut, in der Colonie hergestellt. Waren Sie auch beteiligt an der Herstellung?

„Ich habe in der Zeit in der Dreherei gearbeitet. Auf Anleitung von Karl van den Berg habe ich Teile gebaut, Einzelteile, also in Serie, sagen wir mal so. Rundmaterial gebohrt, gedreht und auch gefräst. Das waren so die Arbeitsgänge, bei denen man soundso viel Stück gemacht hat."

Sie haben ja letztendlich die Waffen gefunden, war das ein Zufall oder wurde Ihnen gesagt, da sind Waffen, graben Sie die mal aus. Wie ist das denn gelaufen?

„Ja, das wurde mir gesagt. Minister Zepeda hat mich als Baggerfahrer angestellt, um da zu graben, wo mir gezeigt wurde. Und ich habe die Sachen dann rausgeholt."

Und haben Sie die Waffen dann mitgenommen? Also rausgenommen aus der Colonia Dignidad, privat?

„Nein. Das war unmöglich. Das wurde alles kontrolliert. Das ging gar nicht. Das, was ich heutzutage habe, ist alles eingetragen und legal gekauft."

Also sind Ihre Waffen keine Waffen aus der Colonie?

„Nach dem Waffengesetz war das gar nicht möglich. Das heißt, die kleine Pistole, die ich immer hatte die ganzen Jahre, die war von der Colonie, aber auf meinem Namen eingetragen."

Ihnen wurde also gesagt, da sind die Waffen, grab mal aus. Lief das genau so ab, da sind Leichen, grab mal aus, oder wie war das?

„Das Thema nicht."

Was ich bis jetzt nicht verstehe, ist, eigentlich durfte doch nicht geheiratet werden so um 1995. Wie kam es denn dazu, dass Sie schon geheiratet und auch Kinder in der Colonie hatten, das war doch gar nicht üblich, oder?

„Wie gesagt, das hängt mit meinem Charakter zusammen. Ich habe mich einfach durchgesetzt. Ich habe mir nichts zuschulden kommen lassen, habe auch kein Verhältnis angefangen, ohne das vorher anzumelden. Das war die Norm, wie ich im Laufe der Jahre verstanden habe, dass man nicht anfängt, gewisse Personen anzusprechen, die man gerne als Partner haben möchte, ohne dass Schäfer was davon weiß. Für mich stand fest: Ich muss das vorher anmelden, dass ich das und das haben möchte. Und dann abwarten, dass ich die entsprechende Antwort kriege. Denn er musste erst

nachfragen bei der Person, bei meiner Frau in diesem Fall, die ich heiraten wollte, was sie darüber überhaupt denkt. Um die Person keiner Stresssituation auszusetzen, wollte er das dann machen. Darauf habe ich dann auch gewartet.
Als ich nach vier Wochen noch immer keine Antwort von ihm hatte, habe ich nachgefragt, und dann hat er zu mir gesagt, nein, da ist nichts, diesbezüglich. Da kann er jetzt auch nichts machen. Aber ich war überzeugt, dass da doch was war zwischen uns, wenn auch nur mit Blicken, ohne ein Wort zu reden. Deswegen habe ich das nicht geglaubt. Hab dann eine Zeit vergehen lassen, und bin wieder hin, habe noch mal nachgefragt. Daraufhin hat er gesagt: Ich habe dir doch gesagt, da ist nichts. Dann musst du dir was anderes suchen, kam da zur Antwort. Darauf habe ich gesagt, das glaube ich nicht. Ich möchte sie selber fragen. Ja, okay, mach das.
Damit hatte ich jetzt die Genehmigung, sie selber anzusprechen. Das war wahrscheinlich das, was viele nicht gemacht haben: Diesen Prozess befolgt. Er hat ja auch oft in Versammlungen, wo die „Herren" zusammen waren, öffentlich verlangt, dass die Person, die ihr Leben verändern wollte – so hat er das genannt – sich wenigstens präsentieren und sagen muss, das und das will ich. Sich als Mann dieser Sache stellen und nicht irgendwie da reinschlingern. Das waren seine Worte.
Ich war in dem Alter auch gläubig, habe auf Gott vertraut und mich dementsprechend durchgesetzt. Obwohl ich auch nicht zu stürmisch dabei vorging, sondern immer Zeit vergehen ließ. Und, und, und. Bis es mir dann doch zu lange dauerte. Nachdem ich sie angesprochen hatte und wir verlobt waren, sind noch drei Jahre vergangen.
In den drei Jahren wurde sie praktisch aus dem Fundo rausgenommen und auf Posten in Santiago, oder Bulnes gebracht, sodass wir uns nie sehen konnten. Als dann drei Jahre ungefähr vorbei waren, habe ich mich wieder präsentiert und gesagt: So, ich möchte jetzt heiraten. Wenn ich das hier nicht kann, dann gehe ich dahin, wo ich das kann. Es war, als hätte Schäfer nur drauf gewartet, und sagte dann, so im Scherz: Komm mal her, hau den mal, der spinnt hier um. Ist doch gar kein Problem, sagte er zu mir dann. Geh doch mal hin zum Albert. Das war Albert Schreiber. Der hat immer in Santiago gearbeitet und kam nur zum Wochenende. Der soll das regeln. Das war praktisch alles. Da habe ich Albert Schreiber angerufen und ihm das so gesagt. Er hat dann den Termin festgemacht und dann ging es auch ziemlich schnell. Innerhalb einer Woche.

Zum Beispiel habe ich mich mit mehreren Ex-Colonos darüber unterhalten, ob sie nicht wussten, was da mit den Kindern passiert war, ob sie nicht wussten, was Schäfer mit den Kindern gemacht hat, was den sexuellen Missbrauch angeht. Ich habe immer wieder gehört, man hätte das nicht gewusst, erst als es öffentlich wurde, hätten die einzelnen Ex-Colonos davon erfahren."

Sie sagten vorhin, Sie wussten es relativ früh, als Sie noch in der Colonie waren. Habe ich Sie da richtig verstanden?

„Ja, ich war ja selber Opfer. Vier Jahre hindurch."

Dr. Hopp zum Beispiel sagt, er habe davon ein Leben lang nichts gewusst. Und ganz spät erst erfahren, dass Schäfer sexuellen Missbrauch begangen hat?

„Glaube ich nicht. Aber das ist meine Überzeugung. Dazu kann ich nichts sagen. Aber er negiert ja sowieso alles."

Haben Sie Kontakt zu ihm?

„Nein. Will ich auch gar nicht haben."

Ihnen sagt doch bestimmt der Name Juan Maino was?

„Ja, den hört man überall."

Der ist in den 70-er Jahren verschwunden und das Auto wurde in der Colonia gefunden. Wissen Sie Näheres über diese Geschichte?

„Über den Namen und über die Person weiß ich gar nichts. Dass da Autos auseinandergebaut und zum Schluss vergraben wurden, das habe ich wohl mitgekriegt. Aber das wusste ja damals auch keiner, was das für Autos sind, was für Pkws, die da plötzlich über der Nacht in der Autohalle erschienen. Zum Teil mit Planen abgedeckt. Das war alles in der Zeit nach 1973, in der ja auch immer wieder Militärfahrzeuge im Fundo rumfuhren. Man durfte nichts fragen. Wer gefragt hat, und neugierig war, hat gleich eine aufs Maul gekriegt, wenn nicht täglich, und wurde in der Versammlung öffentlich ausgeschimpft. Vor versammelter Mannschaft. Praktisch bloßgestellt als Quatschmaul. Deswegen konnte man überhaupt keine Fragen stellen, keine Namen wissen, gar nichts. Ich wurde schon so oft gefragt nach dem Namen. Das existiert einfach nicht. Namen existieren einfach nicht.“

Was ist mit Ihnen passiert, nachdem Sie zweimal versucht hatten, zu fliehen, was nicht geklappt hat. Was ist anschließend mit Ihnen gemacht worden, in der Colonie?

„Das hat schon geklappt, ich bin nur wieder zurückgekommen. Ich hatte ja Familie. Die hat mich zurückgebracht beim zweiten Mal. Beim ersten Mal bin ich so gekommen, weil man versprochen hatte, es würde sich jetzt was ändern. Das war eine demonstrative Handlung meinerseits.
Das war, als ich sieben Seiten an Schäfer geschrieben hatte, sieben Seiten mit lauter Einzelfällen, bei denen ich überzeugt davon war, dass sie weder menschlich noch laut Bibel haltbar waren. Diese Punkte habe ich alle aufgeschrieben auf sieben Seiten. Und da wollte ich, dass das verändert wird. Denn einfach aus dem Fundo laufen, aufs Geratewohl, ohne zu wissen, wie endet das – das war ein Risiko, eine Unbekannte, die konnte ich nicht übergehen. Deswegen ist es ganz schwierig, da rauszugehen, ohne Geld, ohne Freunde, ohne irgendeine Verbindung. Man hat ja auch mit den normalen Mitgliedern eine Beziehung aufgebaut. Daher es ist ein Problem für jeden, zu sagen, so, ich haue jetzt hier ab. Da muss schon so was Einschneidendes passieren, dass es keine Rolle mehr spielt, wie es weitergeht.“

Das heißt, 1995 hatten Sie den ersten Fluchtversuch unternommen?

„Ja.“

Sind wieder zurückgekehrt?

„Ich bin wieder zurückgegangen.“

Der zweite Fluchtversuch war wann?

„Ich glaube, der war ein Jahr später. Weil man mich unter Druck gesetzt hat. Man hat auf mich aufgepasst. Schäfer fuhr die Taktik, mich mürbe zu machen. Einmal hat er mir den Auftrag übertragen, irgendeinen Schwertransport zu machen. Im nächsten Moment hat er ihn wieder zurückgenommen. Und so weiter. Dann hat er auf mich aufgepasst und Meldung machen lassen. Ich war wie in einem Polizeistaat, und da habe ich dann gesagt, so, jetzt haue ich hier ab. Entweder ändert sich hier was, oder es gibt was, das so einschneidend ist, auch für die Colonie. Mir war klar, dass das nicht so ohne Weiteres geht. Da hat er meine Familie hinterhergeschickt nach Santiago, mit den Kindern und Hartmut Hopp als Fahrer. Der sollte mich dann so beeinflussen, dass ich wieder zurückkomme. In einem Gespräch mit ihm, das ein Schlüsselgespräch war, sagte er zu mir: Ach Willi, komm doch wieder. Das geht doch sowieso nicht mehr lange gut."

Was meinte er damit?

„Er meinte damit, dass das mit Schäfer nicht mehr lange gut geht. Denn die ganze Presse war ja schon im Gange. Dann kamen nachher die Untersuchungen. Ach, ich kann das alles chronologisch nicht mehr klarkriegen. Ist ja auch viel Zeit vergangen und weil ich mich damals nie um Datum gekümmert habe, ist das ein bisschen schwierig für mich."

Das heißt, Sie waren verheiratet, hatten zwei Kinder und haben trotzdem die Flucht angetreten?

„Ja. Und zwar eines Sonntags nachts, nachdem wir vom Kellnerdienst im Casino Familiar in Bulnes aus mit dem Bus nach Hause gefahren sind. Nachdem ich zu Hause angekommen bin, habe ich den Fluchtversuch unternommen, den ich schon Tage vorher vorbereitet hatte. Und zwar bin ich mit einem Traktorreifen den Fluss runter geschwommen. Also den Schlauch aufgepumpt oben drauf, da, wo die Turbine ist, da ist ein Auslaufkanal, der in den Fluss mündet, über diesen Fluss einen Kilometer runter. Der ist ja groß, der Schlauch, da ist genügend Platz.
Ich bin dann einen Kilometer weiter unterhalb auf der anderen Flussseite abgestiegen, weil da ein Weg war, der auf der anderen Flussseite hochging. Weil ich klitschnass war, weil der Fluss ja Stromschnellen hatte, und das spritzt gegen das Gummi. Ich war praktisch durchnässt. Dann bin ich zu einem Freund, einem Chilenen, das war der Vorarbeiter der chilenischen Arbeiter. Nachts um drei Uhr ungefähr bin ich bei Mondschein los und morgens um fünf Uhr kam ich da im Dunkeln an. Der chilenische Vorarbeiter hatte ein Motorrad als Dienstfahrzeug, von der Colonie, mit

dem er immer von der anderen Flussseite rüberkam und das Equipment beaufsichtigte. Den habe ich in der Nacht geweckt und gebeten, mich zur Panamericana zu fahren, wo ich mir eine andere Mitfahrmöglichkeit nehmen wollte. Und so ist das auch abgelaufen. Dann war ich am nächsten Tag mittags in Santiago."

Aber das ist ja auch merkwürdig, denn ihr großer Traum war ja erfüllt, Sie durften heiraten, die Frau, die Sie wollten, dann hatten Sie zwei kleine Kinder. Eigentlich war ja dieser Traum erfüllt, und trotzdem haben Sie sich dann noch mal alleine aufgemacht, und sind geflohen?

„Das war ja nicht der Traum. Ich hatte geglaubt, dass, wenn ich verheiratet bin, es ein normales Familienleben gibt. Man sieht sich, hat einen Platz, wo man sich treffen kann, und so weiter. Aber die Kinder wussten nicht einmal, dass wir die Eltern sind. Wir waren Onkel und Tante für die. Sie waren meistens woanders. Außerdem hatten wir zu Anfang kein Zimmer, wo wir bleiben konnten. Wir mussten, wenn wir uns treffen wollten, irgendwo ins Gelände gehen, nachts im Dunkeln, wo dann plötzlich die Sicherheit aufkreuzte mit Hund und Nachtsichtgerät. Das war ja kein Familienleben, das war ja nicht der Traum. Das war die Realität, wie Schäfer sie wollte."

So, und dann waren Sie in Santiago und dann kam Hopp mit Ihrer Familie angefahren?

„Ja. Das hat der extra gemacht, mit den Kinder, um ein Problem zu präsentieren. Was mache ich jetzt mit den Kindern? Das war ein typischer Schachzug."

Und wie lief das ab? Woher wusste er eigentlich, wo Sie waren in Santiago?

„Ich war bei einem Freund, der war damals auch ein Freund der Colonie. Ein Journalist mit einem Büro in dem großen Gebäude von Endesa."

Wie hieß der?

„Esteba Montero. Der ist inzwischen tot. Ich weiß nicht, wann er gestorben ist, aber er soll nicht mehr leben. Der hat mich eine Woche lang in

sein Haus aufgenommen und mich dann überwiesen an jemanden, der Unterkünfte hatte. Und als dann – na ja, die ganze Sache ist erst dann spannend, wenn man alles weiß. Also noch mal zurück:
Die Frau des Vorarbeiters, der mich weggefahren hat, ist während unserer Fahrt zur Panamericana zu Fuß zum Fundo gelaufen und hat an der Pforte Bescheid gesagt, dass ich weg bin. An der Pforte saß meine Schwester. Sie musste natürlich die Sicherheit benachrichtigen. Weil ich das Funkgerät mit hatte, das ich zu meinem persönlichen Schutz draußen im Gelände hatte, wo ich alleine gearbeitet hatte – also, um Verbindung zu haben, wenn irgendwas passiert – konnte ich hören, wie die Sicherheit im Jeep per Funk am Eingang abgemeldet wurde. Und so wusste ich, jetzt sind sie unterwegs und suchen mich."

So, und dann hat Hopp Ihnen gut zugeredet, in Santiago, und dann sind Sie wieder mit zurück?

„Ja. Meine Frau hat auch bis um vier Uhr nachts auf mich eingewirkt. Sie wollte, dass ich zurückkomme. Aber ich war fest entschlossen, ich wollte nicht zurück. Ich war sogar so weit, dass ich das Zimmer verlassen wollte, um vier Uhr morgens. So lange haben wir uns da, ich will nicht sagen, gestritten, aber sie war damit nicht einverstanden. Sie konnte das nicht. Sie hat das als Problem gesehen, und deswegen habe ich mich nachher überreden lassen."

Und was hat Hopp so alles versucht und gesagt? Hat er auch stundenlang auf Sie eingeredet?

„Ja, klar. Er hatte ja den Auftrag von Schäfer, mich zurückzubringen. Egal wie. Aber an irgendwelche Besonderheiten, wie das Gespräch verlief, kann ich mich jetzt nicht mehr erinnern, das ist ja bald dreißig Jahre her. Das eine habe ich aber nicht vergessen: Als er sagte, das geht ja sowieso nicht mehr lange gut. Also war ihm schon klar, dass das da immer mehr aus dem Ruder lief im Fundo. Auch mit den fremden chilenischen Kindern, die jedes Wochenende geholt und weggebracht wurden. Es gab ein Internat, wo die dann auch übernachtet haben, in Häusern, wo man jetzt heutzutage weiß, wozu das alles war. Doch nur für Schäfer."

Das heißt, Hartmut Hopp hat von den sexuellen Missbräuchen gewusst?

„Das kann ich nicht sagen. Da müsste ich eine Sache behaupten, die ich nicht belegen kann. Aber warum er mir sagt, das geht sowieso nicht mehr lange gut, das lässt tief blicken."

Ich meine, wurden Sie auch gefoltert nach Ihren Fluchtversuchen?

„Nein. Das nicht."

Also davon sind Sie verschont geblieben?

„Ich wurde persönlich unter Druck gesetzt. Man hat auf mich aufgepasst, man hat praktisch versucht, mich … na, man muss das anders sagen: Ich wurde wieder nach Hause gefahren. Aber im Fundo wusste keiner was, außer den nächsten Familienmitgliedern. Die hat Schäfer zusammengerufen. Denen soll er, als er erzählte, dass ich weggelaufen bin, gesagt haben: Jetzt geht das Boot unter! Den Spruch soll er geprägt haben in der Versammlung. Weil er wohl wusste, dass ich genügend Gründe hätte, das Boot sinken zu lassen. Aber das war nicht in meinem Sinne. Ich bin ja schließlich da groß geworden. Auch wenn es kein einfaches Leben war zu Anfang."

Haben Sie im Nachhinein bereut, dass Sie dann nach Ihren Fluchtversuchen wieder in die Colonie gegangen sind?

„Nein. Habe ich nicht bereut. Das hat dazu gedient, dass meine Frau auch gereift ist, würde ich mal sagen. Weil sie ja auch mitgekriegt und erlebt hat, wie Schäfer alles manipuliert. Sie sollte mich zurückbringen. Wir sind aber in zwei verschiedenen Fahrzeugen nach Hause gekommen. Das war alles gemacht, denn er wollte vorher mit ihr sprechen, mit einer gewissen Gruppe Leute, die er dazugerufen hat. Geschwister der Familie. Er wollte sie dafür hochheben und loben, weil sie das gemacht hat. Aber ich war noch nicht da. Als der Bruder mit der Nachricht kam, sie wollten sich jetzt im Freihaus versammeln, sagte sie: Der Willi ist noch nicht da. Und solange er nicht da ist, komme ich auch nicht. Wenn der Willi kommt, dann komme ich auch. Und da hat sie gewusst: Das Ganze war nur ein Theaterspiel. Die wollten sie jetzt praktisch einkassieren, hintenherum.

Ich war der Schlimme, und sie war die Gute. Aber das ging sozusagen in die Hosen. Die Versammlung hat nicht stattgefunden, weil sie nicht erscheinen wollte. Weil sie durchschaut hat, was los ist."

Sie sind ja nun wirklich über Jahrzehnte versklavt worden im Namen Gottes, dann rausgegangen. Viele andere Ex-Colonos haben sich wieder – zumindest in Deutschland - neuen Glaubensgemeinschaften angeschlossen. Wie ist das denn bei Ihnen? Sind Sie auch wieder glaubensmäßig irgendwo organisiert? Oder sind Sie durch mit dem Glauben an Gott?

„Ich brauche keine Kirche. Was ich brauche, ist direkter Kontakt. Solange ich den habe, gehe ich in keine Organisation, die am Ende doch nur eine finanzielle Geschichte ist. Nach dem Leben da drin, das am Ende in einer großen Enttäuschung für uns geendet hat ... Wir waren mit der Frage belastet, wie ist das möglich, dass jemand, der jahrelang das Wort Gottes predigt, und dem Einzelnen nahebringt, er möge danach leben und tun, dass das so ein krimineller Versager gewesen ist am Ende. Das war nicht einfach. Und deswegen habe ich eine Abneigung gegen dieses Kirchentheater. Ich ziehe es vor, alleine mit Gott zu reden, um das so zu sagen."

Wer sind für Sie die Haupttäter gewesen in der Geschichte? Wen können Sie da benennen?

„Praktisch alle, die sogenannten „Cumalos", die als Erstes mit Schäfer zusammen waren. Die als Erstes mit Schäfer das Jugendheim gemacht haben. Die von dort aus schon die Verantwortlichen waren. Das waren erwachsene Leute, die haben all das mit sich machen lassen, haben gemacht, was er angeordnet hat. Und wenn es die brutalsten Schlägereien waren. Ich kann mich nicht erinnern, dass Schäfer selber einmal jemanden geschlagen hat. Aber er ist hintenrum hingegangen und hat gesagt, haut dem mal den Arsch voll. Und zwar anständig. Das habe ich gehört. Öfter. Er hat überhaupt, so wie ich das heute sehe, nie Verantwortung übernommen. Alle anderen haben nur das gemacht, was er angeordnet hat. Also, tätlich geworden sind praktisch die, die auf der einen Seite zum Teil selber Opfer waren, und die, die er so zurechtgeknetet hat, dass sie ihm total hörig waren und das gemacht haben, was er verlangt hat. Ich meine, wenn einer in einem gewissen Alter ist, dann müsste er entscheiden können zwischen Gut und Böse."

Ist für Sie persönlich Hopp, Dr. Hopp, ein Täter gewesen?

„Kann ich nicht beweisen. Aber er war immer einer, der auf seinen Vorteil aus war und immer in der oberen Schicht mitgeschwommen ist. Der immer begünstigt war. Zum Beispiel war er der Einzige, der ein persönliches Konto hatte, mit Scheckbuch. Ich war Zeuge, wie er in Santiago einen Einkauf getätigt hat, über zweihundertachtzigtausend Pesos bei dieser Gelegenheit. Da hat er ein Scheckbuch rausgezogen, einen Scheck geschrieben, und fertig. Also für mich war das ein Schock. Denn das habe ich noch nie gesehen, dass auch nur eine Person ein persönliches Konto hatte."

Was meinen Sie, warum er diesen persönlichen Vorteil hatte?

„Er hatte den Vorteil durch sein Arztstudium. Schäfer brauchte einen, der für außen zuständig war, was Kontakte betrifft. Er war ja auch immer da, wenn zum Beispiel Manuel Contreras, der DINA Chef da war. Und wenn der da war, dann hat er auch mit ihm zu tun gehabt. Damals wusste ich nicht, wer Manuel Contreras war. Das war ja nur der „Mamo". Und was wussten wir von „Mamo"? Ich war Jagdfahrer des Wagens, auf dem die Jagdleute alle drauf waren.
Ich bin gefahren, Schäfer und Mamo auf der Jagd nachts, und hinten die Läufer und Leuchter und alles. Aber was wusste ich denn, wer das ist? Das weiß ich heute, nachdem die Presse und alles voll war. Aber eben, man weiß keine Namen, und man darf auch nicht fragen."

Wie würden Sie denn Ihr Leben heute beschreiben. Ist es ein vertanes Leben gewesen durch die Colonie?

„Das ist kein vertanes Leben. Ich sehe das alles anders. Ich sehe das so, dass es nicht einfach war. Es war hart und unvorstellbar auch, aber ich möchte den Spruch zitieren: Was mich nicht umbringt, macht mich stärker. Und das glaube ich, habe ich die ganzen Jahre hindurch gelebt und erlebt. Ich habe den Weg gefunden, den einzigen Weg, indem man über das alles normal hinwegsehen kann am Ende. Das ist auch die einzige Lösung, um ein vernünftiges Leben weiterzuführen. Dass man das alles durchgemacht hat, ist natürlich eine andere Sache. Aber man ist praktisch durchs Feuer gegangen, die ganzen Jahre, und ist zu dem geworden, was man ist, in meinem Fall. Ich habe auf dem Weg Gott gefunden und ihn bis heute auch nicht verloren. Ich lebe auch heute noch von ihm, mit ihm. Und jeden Tag verlasse ich mich drauf, und es kommt mir schon so vor, wie das Volk Israel in der Wüste. Dass ich täglich das habe, was ich brauche. Es reicht nicht, um was zusammenzuraffen für morgen oder für den Notfall. Jeden Tag das Vertrauen haben, dass man weiter leben kann."

Klappt aber nur, wenn man in der Spur bleibt, oder?

„Genau. Ja. Die wollten damals auch in der Wüste, dass man da zusammenrafft, weil sie zweifelten, ob morgen auch wieder genug da ist. Das lerne ich jeden Tag, dass ich das habe, was ich brauche, um durch den Monat zu kommen. Aber ich kann mich nicht reich machen damit. Jedes Mal neu hoffen und erwarten und bitten, dass Gott das gibt, was man braucht zum Leben. Und damit ist es auch genug."

Haben Sie denn Heimweh nach Deutschland?

„Nein, habe ich nicht. Klar wäre es mal schön, mal eine Reise zu machen, wie andere das tun. Aber das ist uns noch nicht vergönnt gewesen bis jetzt. Weil das wäre ja schon wieder ein Luxus."

Interview I Heinrich Wagner

Interviewführung: Anette Ende
Ort: Krefeld, Deutschland
Datum: 14.09.2019
Anmerkung: Maccina – Nähstube

Wie kamen Sie überhaupt in Kontakt mit der Sekte Colonia Dignidad?

„1956 kam ein ganz neuer Prediger, Hugo Baar, zur Baptistengemeinde. Wir haben uns kennengelernt und ich fand ihn gut. Meine Tante Margret Schiwon hat sich bekehren und taufen lassen von ihm. Wir konnten auch wirklich offen über alles mit ihm reden.
Meine Tante hat dann bei den einzelnen Familien, wie Gerhard Schmidtke und Lydia Schmidtke im Haushalt gearbeitet. Ich war einmal bei ihr gewesen, dadurch kannte ich als Kind mit neun Jahren die Familien. Ich habe mich dort auch ein bisschen erkundigt, gespielt und Freizeit gehabt sozusagen.
Ostern 1956 war ich zu einer Freizeit von vierzehn Tagen dort. Osterfreizeit nannte sich das, Jugendheim Heide, das war noch die Baracke, „Missionshaus Heide“. Wir hatten dort Bibelstunde und da war so ein kleiner Raum. Paul Schäfer hat in einem kleinen Zimmer geschlafen, mit einem Faltbett, das man wie ein Sideboard hochklappen konnte. In dem waren wir vier Jungens. Hartmut Hopp, Helmut Seelbach, Reinhard Mysliwietz und ich. Da merkte ich, dass er immer wieder einen Jungen ins Bett holte. Ich wusste ja nicht, was war, ich war noch ein unbescholtenes Kind und wusste nicht, was da passiert. Schäfer wollte mich dann auch mal ins Bett holen. Ich sollte mal reinkommen, aber ich fand das komisch und wollte nicht, habe mich ein bisschen gewehrt. Er wollte da was anfassen, aber es ist ihm nicht gelungen, weil ich ein Kind war, und anfing zu weinen.
Danach haben wir gebetet. Mit den Jungs im Zimmer, bevor die Bibelstunde kam. Da wurde gesagt, wenn man gebetet hat, wird über das, was man getan hat, nicht mehr gesprochen. Das ist dann vergeben, und man darf nicht mehr darüber reden. Als Kind hatte ich das ernstgenommen und war somit auch fertig.
Dann hat Paul Schäfer meine Mutter angesprochen, ob das gehen würde, dass ich mitkomme nach Heide. Meine Mutter war ja nicht gläubig.

Meine Oma sagte, das wollen wir mal ausprobieren, also sollte ich erst mal für ein paar Wochen nach Heide.
In den Sommerferien 1956 kam Paul Schäfer mit seiner Gruppe nach Gronau und hatte dort eine Evangelisation von vierzehn Tagen. Dort durfte ich dann als Sprinter immer das Mikrofon halten, wenn der Chor gesungen und geblasen hat. Meine Oma hat mich dafür auch gut angezogen. Somit war ich sein Sprinter oder sein Adju, wie er das nannte, sein Liebling. Ich durfte in seinem Mercedes mitfahren. Im Nachhinein, als ich ein bisschen älter war, habe ich mir dann auch Gedanken gemacht. Das waren Anzeichen, dass er mich gewinnen wollte für seinen sexuellen Missbrauch, und was er da alles vorhatte.
1957 kam Schäfer einen Tag oder so für eine Evangelisation nach Gronau. Als ich zum ersten Mal zur Stunde in die Baptisten-Kapelle ging, sah ich kurz nach der Eichenallee in eine Gasse. Da ist ein Mädchen von ungefähr zwanzig Jahren schreiend in ein Haus reingelaufen – sie wollte wohl abhauen. Aus einem Bulli sind dann drei Männer herausgesprungen, Gerhard Mücke, Heinz Kuhn und Rainer Hess und ihr mit Knüppel hinterhergelaufen. Sie haben sie zusammengeschlagen und mit Gewalt in den Bulli reingetragen. Ich dachte mir, was sind das für Manieren? Oder was ist das für eine Gemeinde oder so. Das war ein Mädchen aus Österreich. Aber das hab ich erst nachher erfahren. Nachher habe ich sie in der Gemeinde gesehen, und den Bulli und Paul Schäfer.
Nach der Evangelisation in Gronau 1957, Ende Juli, hat er mich dann also mitgenommen in seinem Mercedes PKW 190. Mit Gepäck im Kofferraum musste ich dann drei Stunden lang bis Siegburg Heide verweilen, ohne einmal anzuhalten. In Heide wurde ich hinten rausgelassen und sollte mit auf sein Zimmer kommen. Da sah ich die Bibel, mein Kampf, und eine Pistole auf seinem Bett liegen. Das hat mich ein bisschen erschrocken oder befremdet.
Er wollte mich mit ins Bett nehmen, und da sollte ich seinen Penis, wie ich jetzt so weiß, in den Mund nehmen. Wie man das nannte, wusste ich ja alles nicht. Ich war ja ganz unbescholten. Von Zuhause kannte ich solche Sachen gar nicht und ich war erzogen worden vom Opa und von Oma, wie man zu leben hat. Ich habe mich geweigert und wollte raus. Die Tür war verschlossen und ich konnte nicht. Daraufhin wollte er mich zwingen, aber ich habe geschrien und mich gewehrt. Er konnte also nicht weitermachen. Er ließ mich dann ins Nebenbett steigen. Da waren schon zwei drin und da habe ich dann geschlafen.
Dann ging ich in Heide zur Schule. Bei den ersten Gottesdiensten dort

merkte ich, dass er die Texte der Glaubenslieder verändert hatte. Wie zum Beispiel bei einem Lied – jetzt fällt mir der Text nicht mehr ein. Moment mal …, nein, ich komme im Moment nicht darauf. Jedenfalls hieß es, du sollst nicht glauben, oder der Heiland vergibt dir deine Sünden nicht. Er hat den Text jedenfalls verändert von den Liedern, die mich als Kind angesprochen haben, die ich mit Oma und Opa gesungen habe, bei denen die Tränen kamen und Opa und die Oma mich aufgeklärt haben. Bei einem Lied hieß es eigentlich, ich ließ in mein Herz den Herrn Jesus ein und er schrieb dann, oder hat es umgedichtet in, ich ließ den Heiland nicht in mein Herz hinein. Meine Oma, mein Opa und ich waren in einer kleinen Pfingstgemeinde in Gelsenkirchen. Daher kannte ich die Lieder. Das passte mir nicht, dass er nach seinem Schema die Lieder verändert hat, denn ich wusste, wenn man zu Gott betet, dass er auch erhört und dass er einen anrührt. Daraufhin war ich schon gegen sein System.
So verlief es dann eine Zeit. Dann, in der Schule, da fing es dann an. Die Lehrerin wollte mit uns eine Klassenfahrt, zum Flughafen machen, dann einmal ins Sauerland, Siegen und einmal nach Stromberg.
Da kostete die Fahrt für uns drei – Manfred Schmidtke, Reinhard Döring, die waren inzwischen auch mit ins Heim gekommen und in meiner Klasse – und mich dreißig Mark. Schäfer hat daraufhin einen Brief geschrieben, dass wir die Fahrt nicht mitmachen könnten. Er würde mit uns selber die Ausflüge und Spazierfahrten machen, denn er ist Erzieher und er kennt sich besser aus. Unsere Lehrerin hat wahrscheinlich Lunte gerochen und die Klasse gebeten, das Geld zusammenzulegen. Wir konnten die Fahrten also alle mitmachen. Er hat sich gewundert, aber er konnte nichts dagegen ausrichten, da die Kinder das gezahlt hatten. Dazu kommt, dass ich nie Taschengeld haben durfte.
Meine Oma hat mir dann, als sie das erfahren hatte, heimlich etwas zugesteckt. Sie sagte: Wenn du mit dem Fahrrad zur Schule fährst, kann immer was passieren, damit du etwas bei dir hast, damit du dich melden kannst oder sonst was. Da hatte ich immer Geld. Die anderen hatten nichts. Das war ich aber von Zuhause schon gewöhnt, dass die anderen nichts hatten und ich schon. Ich hatte eine Uhr von Mutti bekommen, damit ich wusste, wie spät es war. Die anderen hatten nichts, daher habe ich sie gefragt, ob sie eine Uhr haben wollten. Da habe ich Rainer und Manfred Schmidtke je eine Uhr gekauft, und Reinhard Döring ein Taschenmesser. Das war 1959 ungefähr, kann ich mich erinnern. Die anderen sollten genauso versorgt werden wie ich auch.
Meine Mutter kam öfter mal nach Heide und hat mir ein Fahrrad und auch

Kleidung gekauft. Heide wurde gerade gebaut und war dann fast fertig. Wir mussten Tag und Nacht dort arbeiten. Die Schularbeiten durfte ich nur nachts machen, weil ich tagsüber gearbeitet habe. Fünf Meter tiefe Gräben musste ich ausheben, und wenn es nicht klappte, gab es natürlich Hiebe. Nachts sollten wir dann wieder zu ihm ins Bett. Aber das konnte er mit mir nicht machen.

Dann fuhren wir die erste Fahrt – das war, glaube ich, nach Gerstetten. Wir mussten unbedingt nach Brüssel, er wollte uns unbedingt den „Manneken Pis" zeigen. Danach fuhren wir nach Gerstetten. Er ist dann mit Hartmut Hopp und noch einem zurückgefahren. Wir anderen durften noch eine Woche in Gerstetten bleiben. Da durften wir bei Tante Frieda und Oma Gerstetten, die die Obersten der Krankenschwestern waren, und der Tochter in Gerstetten, im Geschäft mithelfen, kassieren und so weiter, was ich natürlich gerne gemacht habe als Kind vom Land. Eugen Böckler, das war ein ganz Lieber, hat uns nachher abgeholt und wieder nach Heide gebracht. Dort sind wir zu seinen Eltern gefahren. Weil die Tür vom Bulli kaputt war, bin ich beim Aussteigen in eine Seitenschräge gefallen mit dem Knie. Habe hier noch die Wunde. Ich habe so einen fünf Zentimeter langen Riss gehabt. Eugen Böcklers Eltern haben mich gleich verbunden. Das zweite Mal sind wir nach Brilon gefahren. Das war auch so um 1959/1960. Mit Mädchen und Jungens. In Brilon wurden die Mädchen viel geschlagen. Ich sollte sie schlagen, aber ich habe mich gewehrt. Die Schläge habe dann natürlich ich ausbaden müssen. Anschließend wurde ich behandelt. Der kleine Achim Möller, das war von Herbert Möller der jüngste Sohn, kam zu mir, als ich unbeobachtet war – ich wurde auch dort schon beobachtet – und sagte: Du, der Schäfer macht mit mir das und das. Der fasst mich da unten an. Daraufhin sagte ich zu ihm: Melde das sofort deinem Vater. Da ging die polizeiliche Suche nach Schäfer los, von Gronau aus. Hugo Baar und seine anderen Komplizen, Gerhard Mücke und Hermann Schmidt haben versucht, das in die Länge zu schieben, damit er ausreisen und flüchten konnte, und nicht gefasst wurde. Vorher noch wollte Schäfer meinen Namen auf seinen wechseln, ohne mein Einverständnis, und ohne das von meiner Mutter in Siegburg. Das ist ihm nicht gelungen, weil das Amt ihm sagte – wie er mir berichtete – er sei nicht verheiratet, also könne er das nicht machen. Er sagte auch, er wolle mich beschneiden und das und das. Ich wusste nicht, was er damit vorhatte.
Meine Tante Elfriede ist mehrere Male zu Besuch gekommen und hat ihm

ein paarmal auf die Finger geklopft, als er sie da anfassen wollte und die Haare durcheinander hatte. Sie ließ sich das nicht gefallen. Sie hat mir auch manchmal heimlich etwas durch den Zaun zugesteckt, aber da musste sie sehr vorsichtig sein.
Und dann war eine Freizeit in der Grodbacher Schweiz. Da waren meine Oma, meine beiden Tanten, Tante Margret, Tante Elfriede, Auguste Schiwon und ich mit. Wir hatten ein Zelt. Ich hatte es mit ihnen schön aufgebaut. Sie wollten auch, dass ich mit ihnen zusammen im Zelt schlief. Daraufhin kam Schäfer und sagte, das komme nicht infrage. Ich müsste zu ihm ins Zelt. Ich wollte das nicht und wurde deshalb verprügelt. Ich musste dahin, im Beisein meiner Eltern, Tanten und Omas. Da war nichts zu machen. Wir mussten das so machen.
Dazu sei gesagt, meine Oma war sozusagen meine Mutter. Sie hat mich sehr geliebt und für mich gesorgt. Opa natürlich auch. Wenn ich mit der Schule fertig war, sollte ich entweder Zahnarzt oder Optiker werden. Oder zur Handelsschule gehen. Nun hatte ich aber, weil ich mir nichts ausdenken konnte, auf einen Aufsatz eine vier gehabt, und dadurch die Handelsschul-Prüfung nicht bestanden. Nur Reinhard Döring und Manfred Schmidtke haben bestanden. Also sollten wir dann, weil wir zu dritt waren, und Schäfer vorhatte, nach Chile zu reisen, auf die Berlitz nach Bonn fahren und Englisch lernen. Im Englischen kam ich sehr gut zurecht mit den Lehrern. Ich konnte mich perfekt verständigen und habe auch so gelernt, dass ich mit denen wie auf Deutsch sprechen konnte.
Als es dann so weit war, dass Schäfer in Chile Land kaufen wollte, um dorthin auszuwandern, hat er gesagt, wir sollen auch noch Spanisch lernen auf der Berlitz School. In Spanisch kam ich dann nicht zurecht, weil dort verlangt wurde, die Tätigkeitswörter, wie Vergangenheit, und Eigenschaftswörter in Latein zu wissen und zu lernen. Ich war der Schlechteste. In Spanisch waren Hans-Jürgen Blanck, Günter Reiss und Hussain mit dabei. Wir haben nicht ganz ein halbes Jahr gelernt. Zu Hause wurde ich immer verprügelt, habe Ohrfeigen gekriegt, weil ich nicht mitkam in Spanisch. Weil ich das nicht konnte. Da habe ich dann eine Nacht drüber nachgedacht, wie ich am besten aus dem Heim abhauen könnte, mit dem Fahrrad.
Ich wusste, wo meine Mutter wohnte. In Lüdenscheid war sie in einem Gasthaus als Wirtin eingestellt. Da habe ich mir das gut überlegt, wie und wann ich fahre, und bin dann morgens um fünf Uhr hinten durch das Grundstück raus, durch den Lüdenscheid-Wald über Lohmar nach Lüdenscheid gefahren. Dort hatten sie meine Mutter bereits angerufen, ob ich

da wäre, ich würde gesucht. Als ich dann endlich da war, konnte ich mit meiner Mutter nicht viel reden, sie hatte nur ein kleines Zimmer dort. Der Wirt sagte, sie solle mich wieder zurückschicken, ich könne da nicht bleiben. Ich konnte auch nicht viel äußern. Kurt Schnellenkamp und meine Adoptivmutter haben mich von dort dann abgeholt.
Ich durfte ja nicht viel sagen, sollte lieber wieder mit. In der Zeit, die ich dort in Heide war, gab es eine Jutta Brennecke, die die Sachen immer einteilte, die wir anziehen sollten. Meine Mutter hatte mir viele neue Sachen gekauft, weil ich immer rumlief wie ein zerlumpter Junge. Auch das Fahrrad hat sie mir gekauft, von dem Schäfer später behauptete, er hätte das gekauft. Die Sachen, die meine Mutter gekauft hatte, habe ich bis auf ein Stück nie gesehen. Die lagen gut verborgen in der Kammer. Auch hat man mich beim Essen überall versorgt. Und dann sollte ich plötzlich Tabletten nehmen, weil ich nicht im System mitmachte. Einen Arzt habe ich dafür keinen gesehen.
Herr Jobst hat wohl auch gemerkt, dass da was nicht stimmte. In Religion, zum Beispiel, hat die Lehrerin in der Schule immer zu mir gesagt, ich sollte das und das lernen. Wir nahmen die Bibel durch und da konnte ich die so erklären, wie ich es auch wusste. Weil ich eben da eine Begabung hatte. Aber ich war gegen das Regime, auch, weil mein Name ohne die Erlaubnis meiner Mutter geändert worden war. Sie wollte die Adoption nicht unterschreiben, also wurde sie mit hochprozentigem Alkohol abgefüllt. Dann wurde ihr gesagt, Heinz fährt in vier Wochen in Urlaub zum Singen nach Chile, das hat sie unterschrieben. Das waren aber nicht die Unterlagen für den Urlaub, sondern die Namensänderung auf Schmidt. Und das auch nur, weil ich nicht Schäfer heißen durfte. Die Familie Schmidt wurden meine Adoptiveltern, damit Schäfer über mich bestimmen konnte. Die Änderung ist bis heute nicht geändert, alles läuft auf Schmidt. Laut Erkundigung von Verwandten in Gronau würde die Änderung bis zu sechstausend Euro kosten. Ich habe ja dann den Namen von meiner Frau in Chile angenommen, was die deutsche Botschaft aber nicht wusste, und mir Schwierigkeiten machte. Als wir sagten, das geht auf Wagner, weil meine Mutter das gerne so haben wollte, haben wir das auf Wagner geändert. Das war 2003.

Bis ich nach Chile fuhr – Schäfer war bereits über Nacht nach Chile abgehauen, weil er ja gesucht wurde – wurde ich in Heide mit Medikamenten behandelt. Später erst habe ich rausgekriegt, was das für Medikamente waren. Das waren Schizophrenie-Medikamente, er hat mich wie einen schizophrenen Menschen behandelt. Dabei war ich ein gesunder Mensch. Wie ich herausgefunden habe, und auch damals in Chile Dr. Biedermann bestätigt hat, führen die Medikamente zu einem tödlichen Ende.

Willi Georg, das muss ich sagen, war wie ein Vater, der hat Schäfer durchschaut. Seine Frau und Kinder hatten Kinderlähmung, das tat mir in der Seele weh. Ich durfte sie nicht besuchen und auch keinen Kontakt haben. Noch nicht. Da war einmal Schäfers Geburtstag und ich kriegte das Geschenk nicht so hin, wie ich es gern gebastelt hätte, da hat mir Willi Georg wie ein Vater geholfen. Er ist ja jetzt in Australien. Daraufhin habe ich mich während des Gottesdienstes mit der Schulklasse in Siegburg am Mühlgraben statt in die Kirche zur Familie von Willi Georg geschlichen, die dort in der Nähe gewohnt hat. Um mit denen zu reden, um denen eine Freude zu machen, als Kind schon. Das war mir eben so gegeben, den anderen zu helfen. Und das wollten sie nicht. Ich wollte ja auch Evangelist werden. Ich wollte ein Instrument blasen. All die Sachen wurden mir nicht vergönnt. Zum Beispiel hat Schäfer damals seine alte Ziehharmonika gehabt. Die konnte ich fast besser spielen als er. Er hatte dann eine neue, mit der durfte ich plötzlich nicht mehr spielen.

Dann die Nachhilfeunterrichtsstunden in Heide. Johannes Bechtloff und Tante Ursel Schmidt, meine Adoptivmutter, waren wie Vater und Mutter. Die haben mir wirklich geholfen. Sonst musste ich meine Schulaufgaben doppelt machen, weil ich das nicht konnte. Warum? Es wurde nichts erklärt und tagsüber musste ich arbeiten. Ich war der Tiefste im Dreck. Als das Heim ganz fertig war, gab es dort einen Schulraum. Da bin ich neben Roswitha Laube gesessen. Ingrid Roquita war Aufseherin. Sie hat immer beobachtet, was wir machen, wie wir die Schularbeiten machen. Wenn was nicht klappte, kriegte man eine hinter die Ohren. Die war ziemlich feist. Die hat die Schulaufgaben nachgesehen, besonders in Englisch, und dann gab's Ohrfeigen, ohne zu erklären, wie es richtig gehört oder wie das nach dem Buch geht. Da habe ich viele Ohrfeigen für nichts gekriegt. Immer geschlagen werden, und dann die Medikamente, und ausgefragt werden: Warum bist du krank? Hast du gesündigt? Besprich deine Sünden mal lieber, und so weiter. Ich sagte: Das kann ich nicht. Was habe ich denn gemacht? Ich habe gar nichts gemacht. Ich wurde so verurteilt. Es hieß, ich wäre so dünn, ich müsse deshalb die Tabletten nehmen. Aber das waren eben diese tödlichen Tabletten. Weil sie Angst hatten, ich könnte was verraten in der Schule, ich könnte was sagen.

2011 hatten wir das erste Mal Klassentreffen. Meine Klassenlehrerin, die tatsächlich dabei war, hat sich sehr gewundert und gleich gesagt: Heinz, dass du noch lebst, daran habe ich schon nicht mehr geglaubt. Die hat sich wirklich sehr gefreut, mich zu sehen. Für ihre Liebe und Dankbarkeit habe ich ihr eine Urkunde mit Bildern überreicht. Wir hatten auch noch ein zweites Klassentreffen. Der Klassenfreund Eduard Hess, ein ganz Lieber, hat mir bisher immer noch geholfen, bei vielen Schwierigkeiten. Wenn was ist, soll ich ihn anrufen. Wir sind so lieb miteinander. Der nächste war Rainer Jung. Der ist jetzt mit der Journalistin, die den ersten Film gemacht hat, Frau Bremer, verheiratet in Düsseldorf. Die freuen sich, dass wir so dicht aneinander wohnen jetzt, und dass wir jetzt so offen reden können.

Als Schäfer 1961 nach Chile abgehauen ist, hatten wir ein Grundstück hinten an der Sandgrube. Da musste ich unter Aufsicht von Walter Laube umgraben, als vierzehn-fünfzehn-jähriger Junge. Kein einziges Mal Pause. Weil ich angeblich seine Tochter gestreichelt hätte. Weil ich so mal über den Kopf gefahren hatte, wurde ich strafversetzt, den ganzen Tag da rumzugraben ohne Trinken und ohne alles. Das war ziemlich hart für mich.

Als ich eines Tages mal wieder nach Hause kam ins Heim – das war fast ein Kilometer zu laufen – hörte ich, wie Kurt Schnellenkamp am Telefon mit Paul Schäfer in Chile sprach, dass ich als Erster nach Chile müsse, weil ich sonst was herumerzählen könnte oder so. Daraufhin hat man mir alles schöngeredet, von wegen, es sei so schön, der Erste dort zu sein. Dann kam der Tag, an dem ich fliegen sollte. Das war ja schon klar, die Adoption und dass ich nach Chile sollte, war ja alles bereits unterzeichnet. Meine Oma ist mit zum Flughafen gefahren, und meine Mutter sagte, ich werde dich versorgen. Ich schick dir jeden Monat was. Das erste Mal waren es dreihundert Mark für meine Lebensversicherung. Den Dankesbrief von mir aus Chile hat sie nie gekriegt. Ich habe ihre Briefe auch nie empfangen. Meine Oma hat mir für den Flug nach Chile vierhundert Mark mitgegeben, falls was ist. Falls ich krank werde oder sonst was passiert. Damit ich etwas in der Tasche habe, mich etwas bewegen kann. Ich bin da mit Maria Strebe und Rudi Cöllen gefahren, mit Aerolineas Argentinas. Meine Oma sagte: Ich werde nachkommen. Sie hat mich sehr geliebt und wollte da sterben, wo ich auch bin.

Vorher muss ich noch erwähnen: Schwester Maria war Schäfers Adjutantin, die die Jungs in Heide für Schäfer vorbereitet hat. Ich musste in seinem Zimmer seine Sachen herrichten, den Anzug für den Sonntagsgottesdienst. Sie hat die Öle und die Salben schön hergerichtet, damit das besser flutschte …
Aber bei mir hat sie schlechte Karten gehabt. Das merkten die, dass ich gegen das alles was hatte. Deswegen wurde ich ja auch mit den ganzen Tabletten behandelt, damit ich bloß nichts äußern konnte, und stand immer unter Beobachtung. Als das Heide-Fest war, sollte die Post im Walde geblasen werden. Gerhard Machacek, der auch Trompete blies, hat immer Kahlschlag geblasen. Aber ich habe so geblasen, wie es sein sollte. Ich durfte jedoch nicht vorblasen. Ich durfte ja nicht was können oder was darstellen. Dann war es eben der Kahlschlag.

Wir sollen dann alle ein Instrument lernen. Ich wollte das Waldhorn blasen, aber das durfte ich nicht, weil ich angeblich nicht den richtigen Ansatz dafür hatte. Dann sollte ich die T...blasen, und das ging auch eine Zeit lang gut, dann sollte ich auf Posaune wechseln. Aber als zweites Instrument sollte ich Schlagzeug lernen. Kleine Trommel, große Trommel, Becken, Triangel, die Pauke kam dann auch noch dazu. Da habe ich auch Karl Stricker kennengelernt, noch in Heide. Er hat mir auch viel beigebracht, weil er ein gutes Gehör hatte. Er hat mir beigebracht, wie man ein Instrument blasen sollte. Schäfer wollte aber nicht, dass ich was lerne, dass ich was konnte, dass ich es zu etwas bringe. Ich sollte immer tief unten bleiben.

Genauso war von der Schulzeit an mein Verlangen, Leprakranken zu helfen, nachdem die Lehrerinnen uns erzählt hatten, was in China und Afrika so los war. Ich sagte Schäfer das. Ich möchte dort helfen und lernen. Aber ich durfte nicht, weil ich nachts meine Schulaufgaben machen und tagsüber schwer arbeiten musste. Somit konnte ich das, was ich gerne wollte, um Kranken und Armen zu helfen, nicht erreichen. Aber die Ärzte sehen heute, was ich bin und kann. Ich bin als Mediziner bei den Ärzten angesehen. Ich darf im OP mitarbeiten, habe sogar meine Mutter mitoperiert. Mir wurde sogar die Vorsorge-Vollmacht überreicht, damit ich überall dabei sein kann. Die wollen mich sogar noch mit dreiundsiebzig Jahren einstellen. Ich sagte aber, ich muss meine Frau pflegen. Die hat es nötig. Aber Schäfer hat mir meinen innigsten Wunsch von Anfang an verweigert. Ich musste arbeiten, arbeiten, arbeiten. Er wollte mich nur noch für

seine Zwecke haben, ausprobieren, beschneiden und was nicht noch alles. Und dann ging es los. Am 16. Juli 1961 bin ich vom Flughafen abgeflogen nach Buenos Aires. Dort haben wir die nächste Maschine verpasst, und mussten einen Tag warten. Am nächsten Tag um Mitternacht sind wir in Santiago angekommen. Heinz Kuhn hat uns dort vom Flughafen mit einem Wagen abgeholt, der fast auseinanderfiel. Das war so ein alter Ford, ein kleiner, amerikanischer Lieferwagen. Da saßen wir drin und da hat er uns ein bisschen erzählt: Ihr könnt mal ein Kaninchen fangen.
Mir kam das alles so unheimlich vor. Ich dachte, die haben einen Mercedes. Die sind doch so reich. Warum fährt man uns mit so einem klapprigen Wagen? Wir sind stundenlang über ungewohnt holprige Wege gefahren, und kamen in einer Kaschubenbude an. Ich nenne es Kaschubenbude – ein Haus mit einer Küche und einem Schlafzimmer, und vielleicht einem Abstellraum. Da sollten wir jetzt mit den ganzen Leuten hausen.
Dort hat uns Schäfer empfangen. Gleich am Abend hat er uns das so schmackhaft gemacht. Ach, hier in Santiago kann man Kaninchen schießen, wollen wir nicht noch jagen fahren? Aber nach zwanzig Stunden Flugreise, und einen Tag Aufenthalt in Buenos Aires, dann mitternachts in Santiago ankommen Kaninchen jagen fahren? Die wollten das gerne. Ich war ja noch jugendlich, mit fünfzehn Jahren mitten im Wachstum. Ich war ziemlich fertig, musste aber mitfahren. Dann wurde geschossen und man musste die Beute über den Zaun holen. Man kriegte einen Schlag ins Genick, wenn man da nicht gleich sprang. Ich kannte mich gar nicht aus mit sowas. Ich hatte so was noch nie gemacht. Nachdem ich so zwanzig Stück geschossen hatte, fuhren wir nach Hause. Da war es schon drei Uhr morgens. Dann ging's ans Abziehen. Ich hatte sowas auch noch nie gemacht. Sofort kam Heinz Kuhn und zack, gabs wieder eins hinter die Ohren. Hier, so wird das gemacht, und dann so. Ich sagte, ich habe so was doch noch nie gemacht. Als das dann fertig war, sagte ich: Wo bin ich hier bloß hingeraten? Ich bin das nicht gewöhnt.
Dann sollte ich zu Schäfer ins Schlafzimmer. Er war schon drin. Das war ein Zimmer von fünfzig mal drei Meter. Da sollte ich mich mit ihm auf den Boden legen, und er wollte mich missbrauchen. Er wollte da anfangen mit mir. Da habe ich ihm gleich gesagt: Hör mal, davon habe ich nichts in der Bibel gelesen, was du da mit mir treiben willst. Ich sollte da was anfassen. In den Mund wollte er mir sein Ding wieder stecken. Ich sage: Davon steht nichts in der Bibel. Dann musste ich raus, kriegte Tabletten und bekam von Maria Strebe eine Spritze. Das war ja seine Adjutantin, die kannte sich aus. Damit hat er mich wahrscheinlich gefügig gemacht

Drei Tage, kann ich mich erinnern, waren wir in Santiago.
Dann fuhren wir zum Fundo. Inzwischen kamen noch Manfred Skrabs, Udo Hopp und Willi Malessa hinzu, und Dieter Malessa. Wir sieben fuhren dann los – ein paar mit dem Bus, die anderen mit dem Pkw zum Fundo nach Parral runter. Von Parral aus mussten wir laufen, vierzig Kilometer zu Fuß. Der Schäfer war ja mit dem Pkw schon da. Wir haben dann ein Zelt aufgestellt und sollten gleich wieder bei ihm schlafen. Aber ich habe mich geweigert. Wolfgang Kneese war auch schon da. Wir hatten uns darauf geeinigt, wir wollen abhauen. Die vierhundert Euro, die ich von meiner Oma mitbekommen hatte, hatte mir Schäfer ohne zu fragen gleich in Santiago abgenommen und in seiner Bibel versteckt.
So zwei, drei Tage nach unserer Ankunft haben wir ein Haus – das hieß weißes Haus – von einem anderen Fundo-Besitzer geliehen bekommen. Da konnten wir erst mal provisorisch wohnen. Da haben wir dann – ohne Fenster, nur Durchzug – auf Stroh geschlafen. Auch Paul Schäfer. Er hatte seine Bibel, wo das Geld drin war, unter seinem Kopfkissen. Ich dachte bei mir, das wirst du ihm entnehmen. Und tatsächlich, als er weg war, bin ich hin, nahm das Geld und steckte es ein. Ich war schon unter Beobachtung. Weil ich ja schon gegen all den Kram war, der in Santiago passierte, aber es war keiner da. Und dann: Wer hat das Geld? Ich habe nichts gesagt, aber es kam irgendwie zum Vorschein. Sie haben es bei mir gefunden und dann wurde ich nachts von Heinz Kuhn, Udo Hopp, Manfred Skrabs und Günter Reiss zusammengeschlagen. Blutig geschlagen in einer Strohscheune, die ungefähr fünfzig Meter entfernt vom weißen Haus war. Ich musste mir dann in der Pfütze das Blut abwaschen, damit die anderen es nicht sehen. Von Heinz Kuhn kriegte ich schwarze Sachen zum Anziehen. Damit man mich, falls ich abhaue, gleich erkennen konnte. Wolfgang Kneese ebenfalls, denn wir hatten uns ja abgesprochen. Auch Wolfgang Müller, der Mann von Gudrun Müller. Wir hatten uns schon geeinigt, zusammen abzuhauen.

Dann hatten wir erst mal Zeit, um Luft zu holen, weil es nicht so ging, wie wir das gern wollten, weil immer alle unter Kontrolle waren. Wir mussten unsere Arbeitsjacken ausziehen und damit Schotter für den Weg tragen, damit man fahren konnte. Also erst mal die Wege machen. Schubkarren hatten wir ja nicht. Dann wurde da der Galpon gebaut. Weil ich schon ein bisschen was als Landwirt gelernt hatte, wusste ich mit Pferden umzugehen. Schäfer hat ein Pferd gehabt, Elli, und das sollte ich zur Weide bringen, wieder holen und satteln.

Schäfer sagte, wenn im Wald in der Maccina Holz gefällt wird, sollen wir ihm das sagen, weil das verboten ist. Das ist jetzt unser Grundstück. Als ich dann das Pferd holte und welche sah, die Holz fällten, ging ich näher und kriegte Ohrfeigen. Was hast du da zu suchen? Was geht dich das an? Ich habe dich doch gar nicht beauftragt. Dabei hatte er doch gesagt …
Wir sind Angeln gegangen, haben Essen gekriegt, ohne Fett, ohne alles. Eine Suppe. Das Trinken war Wasser und Wein gemischt. Das war günstig. Das konnten wir vertragen. Alfred Matthusen hat mir das Rettungsschwimmen beigebracht. Als ich mit ihm Angeln ging, ist mir einmal ein Unglück passiert und die Angelschnur reingefallen. Das war ein Drama, ich durfte nicht mehr angeln gehen. Ich wurde strafversetzt.

Ich konnte nichts mehr, ich war unten durch. Ich durfte nichts mehr. Ein paar Tage musste ich erst mal als Stubenarrest im Galpon (Schuppen) hocken. Wir haben fast fünfzehn Teller Suppe am Tag gegessen, weil eben gar kein Fett und nichts drin war. Wir haben schwer gearbeitet, Kinder von fünfzehn Jahren. Arbeiter, die im KZ Schwerstarbeit geleistet haben. Das ging ein paar Jahre so, bis einiges aufgebaut war.
Aber wir haben immer geplant abzuhauen. Darüber haben wir immer getuschelt. Und dann kamen die Kisten, und da war mein Fahrrad dabei, das mir meine Mutter gekauft hatte. Ich musste die Wege immer mit den anderen, die nachkamen, zu Fuß gehen. Wie mit Onkel Fritz Pölchen, den Meister von meiner Frau, den Schneidermeister, der bei mir mit den Pferden gearbeitet hat. Als das Fahrrad kam, wollte ich es zusammenbauen. Da sagte Schäfer, kommt gar nicht infrage, das Fahrrad habe ich gekauft, das gehört mir. Da sagte ich: Das ist mein Eigentum, das habe ich auseinandergebaut, um es mit nach Chile zu schicken. Das hat meine Mutter mir gekauft. Ich blieb darauf bestehen, wurde laut und habe ihn fast angeschrien: Es ist mein Eigentum, mein Fahrrad, es gehört mir. Daraufhin konnte er wahrscheinlich nichts weiter, als das zu genehmigen, damit ich ins Tal fahren konnte. Das waren ja zig Kilometer. Jeden Tag hin und zurück, mit Pferden arbeiten und bewässern. Das war der Anfang. Als sie merkten, wir haben uns zusammengetan, Wolfgang Kneese, Wolfgang Müller und ich, wir wollen abhauen, wurden wir strafversetzt und mussten unter Kontrolle Schwerstarbeit verrichten, mit anderen Klamotten.

Dann kam das erste Schiff. Da war Helmut Schaffrik dabei. Den kannte ich aus Deutschland, ein ganz lieber Mann. Ich hatte ein offenes Herz für ihn, wollte ihm helfen, wo es ging, weil ich merkte, wo was fehlte, wem

was fehlte und da gleich Hand anlegen. Aber mir wurde verboten, ihm zu helfen, diesem Menschen, der im Rollstuhl saß und gelähmt war. Mir ist das Herz zerbrochen, aber ich habe mit Schlägen büßen müssen. Später, als ich gemerkt habe, wie er geschlagen und geohrfeigt wurde, für gar nichts, war ich so fertig. Ich wollte ihm helfen, dem Onkel Helmut, als er dann in der Schusterei war. Ich sagte, komm, ich helf dir zur Toilette, ich helfe dir dahin, dass du besser zurechtkommst. Wie mühsam war das, in so einem viereckigen Holzkasten, der provisorischen Toilette, mit dem Rollstuhl zurechtkommen? Er hat dann immer gesagt: Nein, wenn sie dich sehen, kriegst du Schläge und ich auch. Du kannst mir nicht helfen, das wollen sie nicht. Ich muss sehen, wie ich alleine fertig werde. Ich habe ihn getröstet, habe ihm einige Male geholfen und die Schläge nachher eingebüßt. Ich wurde eingesperrt. Da war so ein kleiner steinerner Berg, den nannte man im Fundo Armeeberg, den durfte ich ihn noch nicht mal mit hochschieben, er musste sich alleine hochquälen. Erbarmen mit einem älteren und behinderten Menschen, mit einem Behinderten, gab es gar nicht. Alle waren sie gleichgestellt. Dort lief es auch wie in Heide: Frauen extra, Mädchen extra, Jungs extra. Keiner durfte sich regen, alle wurden sie immer geschlagen und mussten Schwerstarbeit verrichten.
Ich kannte mich beim Hacken aus, wie man die Hacke anfasst, dass die Hände sauber bleiben. Ja, wie faul bist du denn? Du arbeitest ja gar nicht. Ich sagte: Das muss man gelernt haben. Man hackt ja nicht nur so, dass man immer die Hände dreckig hat. Oh, dann hieß es gleich, du bist der Faulste, du bist der Faulste. Dann wurde ich da hingesteckt, dann da. Ich habe. Zimmermann, Schreiner und Maurer gelernt, ich war ja überall. Und dann habe ich ein bisschen zu viel gekriegt. Als die ganzen, wie soll man sagen, Terroranschläge, die ganzen Schlägereien für nichts waren. Dann war ich Heu holen, ich wusste wie man Heu stapelt, lose und fest.

Und dann waren die „Haladis“, eine Gruppe Mädchen da, da habe ich so aus Spaß das Haladi Lied gesungen, weil das ihr Gruppenlied war, wollte sie damit ein bisschen hänseln. Da haben die sich über mich beschwert. Walter Laube hat mich zur Zwangsarbeit in den Kuhstall gesetzt, weil ich das Lied gesungen hatte. Da kamen die Mädchen hoch auf den Wagen und haben mich geohrfeigt und runtergeschmissen, weil ich jetzt der Mädchenhengst war.
Ab der Stunde musste ich ein Aufgabenheft führen, das abends Onkel Walter Laube unterschreiben musste. Das war ein Schläger, und wie.

Wehe, ein Wort stimmte nicht so, wie er das wollte, du hast nicht so gelogen, wie er das wollte. Du musstest schreiben, wie sie das wollten, dass du das und das gemacht hast, obwohl es nicht stimmte. Das konnte der Schäfer gut. Er sagte nämlich, wenn der Stuhl grün ist, dann ist er grün, obwohl er nicht grün ist. Und wenn man das nicht befolgte, gab es Hiebe. So musste das Aufgabenheft sein, so waren die Regeln überall. Was er sagte, das stimmte, sonst kriegte man Schläge. Daraufhin wurde ich dann in den Pferdestall verbannt, zum Pferde putzen. Ich wusste, wie man Pferde putzt, ich habe es ordentlich gemacht, wie ich es gelernt habe, beim Bauern in Deutschland. Das habe ich als Kind schon gemacht, vom Opa gelernt. War ein Fleckchen am Huf, ging die Welt unter. Dann kam Onkel Walter. Morgen hast du wieder um vier Uhr zu erscheinen. Und dann wehe, wehe. Ich habe nur Schläge gekriegt. Ich konnte nicht mehr, ich konnte einfach nicht mehr.

1965 erst kam meine Oma mit dem Schiff. Natürlich wollte ich sie begrüßen, aber das ging nicht. Ich durfte nicht Grüß Gott sagen. Da kamen alle im Saal zusammen, aber ich durfte sie nicht begrüßen. Warum, wusste ich noch nicht. Das war an einem Wochentag. Am Sonntag war ein Festtag in Centraltal, und da haben die Jungs und Mädchen gespielt. Einige kamen zusammen, die neu waren. Ich wollte meiner Oma erzählen, was hier los ist. Wir haben uns ein bisschen ausgetauscht und sie fragte: Hast du auch das Geld immer gekriegt, das die Mutti dir geschickt hat? Ich konnte nicht viel sagen. Nein, sagte ich. Schäfer kam und ich bekam Ohrfeigen, er schimpfte, was ich da zu suchen habe. Ich muss doch mit den Jungs da spielen. Ich habe hier nichts zu suchen. Ich soll mal machen, dass ich da hinkomme.
Das Familienleben, wie ich es kannte, war ganz weg. Ich habe da keine Worte. Noch nicht mal mit den eigenen Verwandten, den Eltern, die mich großgezogen hatten, durfte ich ein paar Worte reden. Es war hart. Ich weiß nur, dass meine Oma bis zum Schluss in der Küche gespült hat. Alle andern waren weg, da hat sie immer noch gearbeitet. Das Geschirr muss erst alles weg, sagte sie immer, dann erst kann ich ruhig schlafen. So bin ich auch – bis heute. Meine Arbeit muss erledigt sein, sonst kann ich nichts anderes tun oder ruhig schlafen. Das muss alles seine Ordnung haben. So wurde ich erzogen.
Sie sagten, meine Oma wäre eine Kaffeetante. Sie hat in Deutschland immer Bohnenkaffee getrunken, hat auch in Deutschland Gert Schmidtke gut bedient und immer schön Kaffee getrunken. Ich gebe dir doch meine

Rente, hat sie zu Schäfer gesagt, dafür möchte ich auch meinen Kaffee haben, wenn schon nichts anderes. Daraufhin sollte Ida Laube, das war die Frau von Walter Laube, die Chefin, Küchenvorstand, ihr was geben. Was soll ich sagen. Sie hat ein Döschen gekriegt, zweihundert Gramm. Na ja, sie hat wenigstens etwas gehabt. Damit hat sie sich zufriedengegeben.

Und dann wurde sie krank. Ich durfte ja nichts sagen. Ich habe sie im Krankenhaus einmal besucht. In Gronau schon hatte sie mir immer Wein mit Ei geschlagen und ein bisschen Kuchen zurückgelegt, weil sie es nicht schaffte, das aufzuessen. Dann habe ich sie einmal ohne Aufsicht im Krankenhaus besucht. Meine Oma sagte: Hier Heinz, iss mal auf, ich schaffe das nicht. Ich habe das gegessen und das haben sie mitgekriegt. Als ich das nächste Mal hochgehen wollte, um sie zu besuchen, hat Maria Strebe zu mir gesagt: Du darfst nicht mehr ohne Begleitung zu deiner Oma. Alleine darfst du nicht mehr das Zimmer betreten. Daraufhin war ich ziemlich enttäuscht. Was war denn passiert? Es war rausgekommen, dass mir Oma was gegeben hatte. Ich weiß nicht, ob man bei ihrem Tod nachgeholfen hat. Sie ist gestorben und ich durfte noch nicht mal hin. Aber ich wusste, sie wird im Zippelhaussaal aufgebahrt. Auch ich war dort und einen Tag früher oder später ist die Oma Schaffrik gestorben.

Vom Helmut Schaffrik die Mutter. Rudi Cöllen, den ich gut kannte und in vielen Sachen vertraute, hat immer die Särge zurechtgemacht. Ich wollte bei meiner Oma dabei sein und ging zum Zippelhaus zur Gemeinde, wo sie aufbereitet wurde, und wollte sie ein letztes Mal sehen. Schäfer hat mich natürlich erwischt und geohrfeigt, von wegen, was ich da zu suchen hätte. Ich sagte: Ich möchte meine Oma noch mal sehen. Hier hast du nichts zu suchen, mach, dass du wegkommst. Ich bin nicht weit gegangen und Rudi kam nach den Ohrfeigen zu mir und sagte: Heinz, komm. Geh da und da hin, ich hole dich, wenn die Oma fertig ist. So, dass keiner was mitkriegt. Schäfer war dann irgendwie weg und ich konnte dann doch noch meine Oma zum letzten Mal im Sarg sehen.
Die Beerdigung sollte dann mit einer Kutsche gemacht werden. Ich durfte den Weg walzen. Den habe ich mit ganzer Liebe gemacht. Ich habe den ganzen Weg auf der Walze gesungen: „Oh Welt, mit deinen Schätzen“, und noch mehr solche Lieder. Das hat geschallt bis in die „Maccina“, wo meine Frau, die ich erst 2002 geheiratet habe, immer gelauscht hat. Das hat bis in die Nähstube geschallt. Sie hat sich innerlich gefreut, dass ich

das hinkriege. Das war mein einziger Wunsch: Der Oma den Weg zu machen, damit sie ohne Schlaglöcher und ohne Stoppeln ihren letzten Weg bestreiten kann. Wenn ich sie auch schon nicht mehr besuchen durfte, aber das wollte ich ihr gönnen. Das Grab durfte ich bis 2003 nicht fertigmachen. Ich habe dann dafür gesorgt, dass ein Kreuz hinkam, ein steinernes Kreuz. Ich habe mich dafür eingesetzt, dass das geschieht. Rudi Cöllen hat mir den Schlüssel gegeben und ich habe das Grab 2004, als ich von Deutschland zurückkam, noch mal fertiggemacht. Und dass ich das dann meiner Mutter mitbringen konnte, damit sie ein Andenken hat.

Bis 1969 wurde ich ständig mit Medikamenten behandelt. Dreimal die Woche Elektroschocks. Ich hatte dann den Wunsch, ins Krankenhaus zu gehen, um Krankenpfleger zu werden. Vor allem war mein Gedanke, dann bin ich etwas von den anderen weg, kann meinen Dienst machen, denen helfen. Schäfer hat mir das tatsächlich gegönnt, und ich durfte das lernen. Ich sollte sogar den Beruf der Hebamme erlernen. Das merkte ich, als er sagte, ich solle mit Ingrid Seelbach Untersuchungen bei fremden Frauen mitmachen. Da habe ich gestutzt und zu Ingrid Seelbach gesagt: Ich mache es nicht. Wie komme ich dazu? Er will mich ins Gefängnis bringen. Wenn er mich schon mit Tabletten nicht töten kann, will er mich so ins Gefängnis bringen.

Nachdem meine Oma gestorben war, habe ich mir Gedanken gemacht, dass ich eigentlich wieder nach Deutschland wollte. Denn ich konnte es nicht ertragen dort. 1965 war sie gekommen, und 1969 ist sie gestorben. In dem Jahr bin ich zur deutschen Botschaft geflohen. Vierhundert Kilometer zu Fuß. Ich habe mir das gut überlegt und es gut durchdacht. Meine ganzen Sachen und Dokumente, die ich so ungefähr brauchen könnte, besonders meine kleine Bibel, die mir Oma mitgegeben hat, waren immer in meiner Brusttasche, das war wichtig. Daraufhin habe ich mir den Weg herausgesucht, wie ich da durchkomme. Da waren ja schon überall die ganzen Überwachungskameras, Drahtzäune oder Stolperdrähte.
Und dann kam der Tag.
Es regnete und die Ballen mussten geholt werden. Ich ging auch mit und sagte aber dann: Mir ist schlecht. Ich muss ins Krankenhaus. Ich kann nicht mit. Dann habe ich meine Tasche aus dem verschlossenen Raum in der Nähstube geholt, wo ich sie vorher in einer günstigen Gelegenheit versteckt hatte. Darin waren meine Papiere, das heißt, so ein kleiner Jugendausweis von der Schule noch, damit ich zumindest etwas hatte. Aber

das nützte alles nichts. Ich bin dann raus, habe es über die Stacheldrähte am Galpon geschafft – das muss man sich mal vorstellen, über diese Drähte – bis hin zur Perquilauquén-Fähre. Dort hat mich ein Fahrer rüber gesetzt, ein Landsmann. Von da aus bin ich gelaufen.

In San Carlos habe ich einen Bus bekommen, kostenlos sogar. Da durfte ich mitfahren bis Parral. Dort dachte ich, die werden mich bestimmt schon suchen und tatsächlich, der Bus hielt eine halbe Stunde auf dem Parkplatz vor Parral, und da fuhr der Bulli vor, mit dem sie mich gesucht haben. Ich saß im Bus. Man kann sich vorstellen, was ich vor Angst geschwitzt habe. Gerhard Mücke und Siegfried Hoffmann stiegen aus und gingen von Scheibe zu Scheibe des Busses, schauten mir in die Augen. Aber sie haben mich nicht erkannt. Sie sind sogar in den Bus reingekommen und haben mich trotzdem nicht erkannt. Sie mussten ohne Erfolg wieder gehen und ich konnte bis Linares weiterfahren. Von da aus bin ich gelaufen bis Talca und habe dort die Polizei gefragt, ob sie mir einen Wagen halten können, damit ich per Anhalter nach Santiago mitfahren konnte, wie ich es gewohnt war in Deutschland. Nein, das ging überhaupt nicht. Nach Talca hielt ein PKW an, den fragte ich. Die kannten Kurt Schnellenkamp, er wäre ihr Freund, meinten sie. Die haben mich mitgenommen nach San Fernando, kurz vor Santiago. Dort haben sie mich versorgt, mir Wassermelone gegeben und noch einiges. Von San Fernando konnte ich dann bis Santiago weitergehen zur Botschaft.

Dort bin ich dann zur Polizei gegangen, weil es ja nachts um eins war. Unterwegs habe ich eine Nonne getroffen und gefragt, ob sie etwas Geld für mich hätte, denn ich hatte nichts zum Essen. Sie gab mir einen Escudo, die damalige Währung, und ich habe mir damit eine Banane gekauft. Bei der Polizei konnte ich bei Wasser und Brot übernachten – das heißt zwei bis drei Stunden auf einer Bank schlafen. Morgens bin ich raus und wusste nicht, wo die Botschaft war. Ich hatte keine Ahnung, ich kannte die Gegend ja gar nicht. Ich ging durch die Straßen und sah eine deutsche Schule. Da klopfte ich. Sie haben keinen Ausweis? Nichts? Dann wird nicht aufgemacht. Schließlich fand ich eine Landschaftsschule, der Mann dort konnte Deutsch und hat mir den Weg zur deutschen Botschaft erklärt. Die habe ich dann auch bald gefunden.

Der Pförtner, der mich reinließ, sagte: Herr Wagner, die sind auf der Suche nach Ihnen, aber kommen Sie in einen anderen Raum, wo Sie geschützt sind, damit die Sie nicht herausholen. Der stand sozusagen auf meiner Seite. Ich habe da ungefähr eine Stunde gewartet, dann wurde ich

runter in die Botschaft geholt. Die wären da. Herr Schmidt, mein Adoptivvater, Ursel Schmidt, die Adoptiv-Mutter, Alfred Matthusen und Gerhard Mücke. Weiters ein Mann, den ich nicht kannte, und eine Dame. Wer von denen der Botschafter war, weiß ich nicht. Aber bevor ich da viel reden konnte, gab mir Alfred Matthusen eine Spritze, sodass ich mich gar nicht äußern und sagen konnte, dass ich sofort nach Deutschland will. Das haben die Botschafter, sie und er, mit angesehen, wie er mir die Spritze gegeben hat, obwohl er kein Krankenpfleger war. Die Botschaft und Schäfer haben ja zusammengearbeitet, und die Botschaft wurde von der Colonie verpflegt. Die haben ein Techtelmechtel gehabt, hielten zusammen wie enge Freunde, die Regierungen.
Ich sollte dann mitgehen und im Wagen mit zur Wohnung fahren. Dort wollten sie mich verhören. Hans-Jürgen Riesland und Gerhard Mücke waren dann da. Ich sollte beten. Sie wollten unbedingt rauskriegen, warum und weshalb. Aber ich habe mich nicht viel äußern können, wurde dann geschnappt, bekam eine Decke übern Kopf und wurde barfuß in den Krankenwagen gestopft. Hinten auf eine Trage, eine Decke drüber und so tun, als wäre nichts geschehen. Meine Adoptivmutter sollte neben mir sitzen. Alfred Matthusen hat den Krankenwagen bis Parral durchgefahren, nicht angehalten oder geguckt, gleich durch. Im Fundo angekommen, kam ich ins Freihaus und wurde erst mal mit Prügeln von zehn Zentimetern Dicke geschlagen. Was heißt geschlagen, verprügelt, in die Geschlechtsgegend und überallhin. Dann kam Schäfer zur Tür herein und meinte, was ist hier denn für ein Krach? Er wusste ja, was geschieht. Er hatte es selbst veranlasst. Ich wurde blutüberströmt ins Krankenhaus eingeliefert, und dort mit Elektroschocks behandelt. Kurt Schnellenkamp ließ Fliegengitter vors Fenster machen, damit ich keine Möglichkeit mehr hatte, einen Brief rauszuschummeln, oder sonst irgendetwas rauszubringen. Das Zimmer war im Krankenhaus, einen Meter fünfzig mal drei Meter, in dem ich dann von 1969 bis 2002 eingesperrt war. Dort wurde ich nur bedient, ich durfte mir kein Essen selber nehmen. Tante Gertrud Laube, die feststellte, dass man mir Gift und Tabletten gab, die mich in den Abgrund führten, kam und hat mich dann als Pflegeperson angenommen. Sie hat gesagt: Ich werde Heinz pflegen. Wir hatten ein sehr gutes Verhältnis. Sie hat mich öfters gewarnt, bloß den Mund zu halten, vieles nicht zu sagen, denn die lauschen.
Dass sie lauschen, habe ich später gemerkt. In der Nachttischlampe, die an der Wand hing, war ein Mikrofon eingebaut. Mich haben viele auch angeblich gute Freunde besucht. Auch Reinhard Döring, der jetzt in

Gronau wohnt und ziemlich viel hinter sich hat, und auch vieles weiß. Aber er will sich nicht äußern, wo die Gräber sind, und was er gemacht hat. Er war der beste Freund und die Gespräche wurden immer abgehört. Schäfer hat so alles mitgekriegt. Jedes Gespräch. Einmal habe ich einen Brief über die Tante oder Schwester von Schäfers Mutter, die Schmitzi, rausgeschmuggelt. Tante Käthe damals. Sie war krank und ist rübergekommen. Mit der habe ich geredet, und durch einen Kontakt kamen von außen welche, um einen Brief zur Botschaft zu schummeln. Daraufhin kam ein Brief, an mich adressiert. Aber ich habe ihn persönlich nicht gekriegt. Kurt Schnellenkamp hat den Brief für mich geöffnet und gesagt: Hier die Botschaft verlangt, dass du hinkommen sollst, und, und, und. Sie wollen mit dir reden. Was ist los? Ich werde den für dich beantworten. So kam kein Gespräch zustande, weil er ja was geschrieben hatte, aber was und wie, wusste ich nicht. Die haben mir das nicht gezeigt. Tja, so blieb das, dass ich in dem Zimmer lebte.

Immer, wenn ich mir selber was nehmen wollte, gab es Schläge und Anschnauzer, es war mir nicht erlaubt. Renate Malessa, Edith Malessa und Hannelore Bentsch haben im Krankenhaus gearbeitet. Die wussten ungefähr, wer ich bin und was ich tue. Die sagten mir – weil ich heimlich an den Kühlschrank ging – mach das nicht, sonst kriegst du noch mehr Schläge. Besonders Renate sagte, mach das nicht, ich lege dir da und da was hin. Da holst du dir was, dann kannst du gut essen. Die wusste, was los war. Das habe ich dann auch so gemacht, aber die Zeit war schrecklich.

Ich war Pfleger. Ich habe Walter Laube gepflegt. Als er im Sterben lag, habe ich ihn noch einmal auf seine Taten hingewiesen, was er mir für Gräueltaten angetan hat. Er hat sich entschuldigt. Auch seine Frau hörte mit, als ich ihn konfrontierte. Genauso wie Rene Nikolai und Ruth Röhl. Die waren später miteinander verheiratet. Ich hatte ihn als Pflegepatient, als er noch alleine war, jeden Handgriff gemacht, weil er Hämorrhoiden hatte, gelähmt war, und vieles mehr. Ich musste alles sehr vorsichtig machen. Ich habe ihm CDs überspielt, und Kassetten, habe ihm einen CD-Player besorgt, alles auf meine Kosten. Von den paar …, die ich mal kriegte. Da gab es noch nicht mal Lohn. Dann hat er gesagt, oh, das sind Liebesgeschichten, so was hör ich nicht so gerne, und hat alles wieder gelöscht, was ich mir so teuer erkauft und bearbeitet hatte. Er war sehr undankbar. Als er dann geheiratet hat, hatte ich gehofft, dass er mich auch einlädt, aber das Gegenteil war der Fall. Ich habe für ihn den Rollstuhl besorgt und die ganze Hochzeit vorbereitet. Ihn dafür angezogen und alles besorgt. Das Dankeschön war ein Rausschmiss von seiner Ehefrau Ruth Röhl. Ich würde ihn nicht steril behandeln, weil einmal nachts um drei Uhr, als sie mich gerufen haben, ein Fleckchen im Laken war. Ich habe das sauber gemacht, war ja nichts dabei, habe das Laken extra gewechselt und wurde dann so behandelt. Das war das Dankeschön für die Arbeit, die ich gemacht habe. Da waren wir, meine Frau Irmgard und ich, schon verlobt. Sie sagte, du machst da nichts mehr. Gar nichts mehr. Das habe ich auch so gehalten. Ich habe keinen Handgriff mehr gemacht. Ich sagte, dann mach du alles selber. Ich rühre hier nichts mehr an.

Karl Stricker wurde von Heinrich Hempel geohrfeigt, getreten und geschlagen. Er wurde mit Elektroschocks behandelt. Jeder weiß, dass man nach Elektroschocks ausschlafen muss, soundso viele Stunden, bis man fähig ist, zu arbeiten. Aber nein. Er kriegte das alles, zusammen mit hohen Medikamentendosen von vielen Ärzten. Jetzt erinnere ich mich an den Namen des Arztes – Dr. Dörr.
Jetzt weiß ich wieder, was das für Ärzte waren, die mit Schäfer zusammengearbeitet haben, die die Menschen kaputt gemacht haben. Karl Stricker war ein lieber, ein sehr guter Mann, hat mir viel geholfen. Er war ein schlauer Mann und ich bin viel für ihn eingetreten. Aber ich musste vorsichtig damit sein, denn ich wurde selbst behandelt und beobachtet, und wehe ich habe etwas gemacht, für ihn gesprochen, dann habe ich selber mehr drauf gekriegt.

Es ging fast bis zum Tod, was die mit mir machen wollten. Jeden Tag haben sie mir die Marmelade mit Gift beschmiert, was mir Tante Gertrud, die mich nachher hochgepäppelt hat, offen gesagt hat. Als sie die die ersten Male runtergenommen hat und mir Wurst und dies und das zum langsamen Hochpäppeln gegeben hat, wurden die, die mir Gutes getan haben, geschlagen und rausgeschmissen aus der Küche. Sie hat mich bis zu ihrem Tod gepflegt. Maria Strebe sagte zu mir, als ich so bitterlich weinte, weil ich nicht mitgehen durfte zur Beerdigung: Wir sind doch genauso lieb wie sie. Sagte ich: Nein, das habe ich noch nicht erlebt. Das habe ich ihr so ins Gesicht gesagt. Ich sagte: Ihr habt mich höchstens umbringen wollen. Aber sie hat mich … Sie hat gesagt, worauf du Appetit hast, das kriegst du. Und das ist mir auch gut bekommen. Ich bin gut damit gefahren. Denn der Körper hat einen inneren Arzt und der sagt, was er braucht. Da saß auch jeder Handgriff. Da habe ich sehr viel gelernt.

Ich durfte theoretisch nicht lernen. Schäfer hat mir wohl erlaubt, im OP mitzuhelfen. Ich habe im OP sogar bei fremden Ärzten manchmal die Wunden selber mit Wasserstoff und vieles versorgt. Weil das ja alles nicht so steril war, dort in Chile, das war ja alles provisorisch. Da ist manchmal eine Fliege reingefallen in die Wunde. Beim Blinddarm zum Beispiel. Das habe ich ganz sorgfältig sauber und steril gemacht. Die Ärzte wollten mich weiter ausbilden, wie sie mir nachher sagten, aber Schäfer hat das zu Ohren gekriegt. Ich wurde ins Büro versetzt, als Buchhalter, und musste Buchführung lernen. Ich durfte nur noch privat unsere Deutschen pflegen. Darunter waren: Fritz Pölchen, Arthur Gerlach, Helmut Wellnitz und Gerhard Schmidtke. All diese älteren Leute, die mich und ich sie gut verstanden haben, waren dankbar und haben auch … klar, wenn sie krank sind, haben sie manches gesagt, aber es waren Leute, die einen verstehen.

Genauso wie in der Zeit, als man mich behandelt hat im Krankenhaus in dem Zimmer. Tante Lehne Bohnau hat mir das Stricken beigebracht. Ich wusste nicht, warum sie da war. Sie wurde behandelt. Ich habe gehört, dass sie zu der Zeit einen Brief rausgeschmuggelt hat. Nachträglich habe ich durch Filme gesehen, dass die deutsche Botschaft nichts unternommen hat, und der Sohn vor Seelenleid darüber gestorben ist. Alles bildlich nachweisbar. Onkel Nathan, ihr Ehemann, hat sich auch eingesetzt. Ihm wurde versprochen – weil er sein ganzes Hab und Gut in Deutschland verkauft hat – eine Wohnung in Chile zu kriegen. Die hat er nie bekommen. Weil er darauf insistiert hat, wo bleibt die Wohnung, die mir versprochen wurde, wurde er ins Krankenhaus geschickt und behandelt. Auch Tante Lehne.
Genauso Hildegard Zeitner. Die wurde geschlagen und hat Elektroschocks gekriegt. Ich habe es im Krankenhaus miterlebt. Ich wollte sie in Schutz nehmen. Ingrid Klunk wollte mir Ohrfeigen geben, weil ich sie darauf ansprach, wie man einen Menschen nur so schlagen kann. Wie kommst du dazu? Eva Wieske wurde behandelt. Hans Wieske wurde von Ingrid Klunk geohrfeigt, weil er nach der Behandlung mit Elektroschocks nicht tat, was er tun sollte. Er war durcheinander, wollte zur Toilette und kriegte Ohrfeigen für nichts. Aber ich durfte nicht viel äußern, kriegte sie selber. Ich könnte noch mehr aufzählen. Doris Gert ist oft zur mir und ich zu ihr gekommen, und habe sie getröstet im Krankenhaus, ohne dass einer das mitkriegen sollte. Sie hat ihr Leid geklagt, was sie alles erlebt hat. Klaus Schnellenkamp, wie viel haben die mir erzählt und wie viel habe ich denen geholfen? Wie zu handeln, was zu machen ist. Efrain Vedder

durfte ich blasen und trommeln beibringen, und vieles mehr. Ich habe mein Leben für andere gegeben, und nicht für mich.
Ich habe, als ich im Krankenhaus gearbeitet habe, gesehen, wie die Patienten im Regen standen, kein Dach über dem Kopf, und auf Behandlung gewartet haben. Beim Essen regnete es, kein Dach überm Kopf. Nichts. Da habe ich erst mal eine Wartehalle gebaut. Vorher habe ich gesehen, wie die Mädchen in einer Pissecke, wenn ich das so sagen darf, einem dreieckigen Verschlag, Windeln gewaschen haben, im Regen. Ich habe ihnen einen Schuppen gebaut, Ingrid Seelbach hat gesehen, wie ich mit Ingelino-Latschen barfuß im Beton rumwatschelte und sagte, hast du keine Stiefel? Welche Nummer hast du? Welche Größe? Sie hat mir ihre gegeben. Weil Schäfer es nicht für notwendig hielt, dass ich gekleidet werde, wie es richtig ist. Dann habe ich erst mal den einen Schuppen gebaut, dann eine Leichenhalle für die Leichen. Ich war dann mit Rudi Cöllen zusammen, der die Leichen fertig machte für den Sarg. Und dann hatten wir eine Dame, Frieda Bosch hieß sie. Eine ganz liebe, die haben wir so geehrt, wie man die letzte Ehre gibt, beim Grab. Wir haben sie schön angezogen, wie es sein muss. Da kam Maria Strebe, zog ihr alles aus und dreckige Lumpen an. Ich habe sofort den Raum verlassen und gesagt, macht eure Sache alleine. Ich konnte das nicht mehr mitansehen. Ja, das sind Sachen, die kann man nicht mehr vergessen. Grausam. Dann, wie viele wurden behandelt im Neukra?
Die werden dich zoppen, und du kommst nicht durch. Aber ich habe es versucht und ich habe manches gesehen, wie auch Gerd Laube. Ich sollte nicht mit zu ihm hin, als er die Verbrennung hatte. Im anderen Raum wurde Rainer Schmidtke mit Elektroschocks behandelt, und Viehtreiber, wie schon bekannt ist. Es war traurig.
Ja, dann habe ich die Wartehalle gebaut, ganz alleine. Von Grund auf. Wie ein Architekt habe ich Zeichnungen gemacht, Eisen berechnet, Holz berechnet, alles selbst gemauert und gesteint. Die Binder selber zugeschnitten im Einzelnen. Beim Aufstellen hat der Bagger mir geholfen. Die Türen und Fenster, alles habe ich selber gemacht. Das steht heute noch. Das ist in den Siebzigerjahren gebaut worden. Ich habe es auf dem Bild. Genauso habe ich für den Zimmermann-Meister eine Wendeltreppe, die heute in Bulnes steht, selbst hergestellt. Ich habe Erwin Bohnau, meinem Meister, der wusste, was ich kann und wie ich arbeite, gesagt: Ich baue die jetzt selber und du schaust zu, und wenn ich was verkehrt mache, sagst du es mir. So weißt du, was ich kann. Nun habe ich etwas, womit ich mich ausweisen kann. Und vieles mehr. Aber ich durfte mich nicht weiterhin

ausbilden, gar nicht. Nachher kam das Gericht und Schäfer wurde gesucht. Ich wusste ja nicht so viel, aber ich habe ihm ein paarmal gesagt, als ich bemerkt hatte, was er mit den Kindern in der Küche trieb, du wirst noch ins Gefängnis kommen.

Zwischendurch haben wir auch Riesenfeste gehabt. Mich hat meistens ein Psychiater von außerhalb behandelt, Doktor Wharas. Da gab es ein Fest, da kamen die Bayern, Herr Vogelsgesang, Herr Bossle, und viele andere mehr zu dem Fest auf dem obersten Berg hinterm Centraltal. Dort haben wir sogar noch eine Eiche für Herrn Vogelsgesang, dem Münchner CSU-Stadtrat, gepflanzt, als Andenken. Zu dieser Zeit ist auch das Unglück von Schäfer mit dem Fremden gewesen. Gerhard Schmidtke und was da alles war. Doktor Wharas hat mich ausfragen wollen bis ins Intimste. Er wollte vieles aus mir herausholen, aber ich habe gar nichts geantwortet, denn ohne einen Zeugen werde ich nichts sagen, und ohne meine Mutter auch nicht. Das war damals Tante Ursel Schmidt, die Adoptivmutter. Im Behandlungszimmer war dann die Doktora Seewald, Ursel Schmidt und er, und dann ging es drum, was man alles bei mir gemacht hätte, und wo und wie ich beschnitten wurde, und was alles. Ich habe fast nichts geantwortet drauf. Ich sagte: Ich kann nichts, ich weiß nichts. Ich möchte auch nichts darüber erzählen. Aber er war derjenige, der mich dauernd behandelt hat, und er wurde immer um Rat und Tat gefragt. Er hat mit mir an dem Tag Holz zusammengesammelt, im Wald alleine, und wollte mich da irgendwie auf seine Seite kriegen und etwas herausfinden. Um ein Feuer zu machen, haben wir das Holz zusammengetragen. Aber Doktor Biedermann hat nachher festgestellt – da war der Schäfer schon gefangen – was ich an Medikamenten bekommen und an Spritzen gekriegt habe, war das gleiche wie in Deutschland auch.

Ich sagte Schäfer ein paarmal, als ich ihn in der Küche entdeckt und gesehen habe, wie er da mit den Jungs umging und wie er da bei ihnen unten rumgefummelt hat, du wirst bald im Gefängnis sein. Die werden dich bald erwischen, du wirst nicht mehr lange sicher sein. Da hat er mich nur dreckig ausgelacht. Zumal ich mehrere Male gesehen habe, wie er die Hand seiner angeblichen Tochter Rebecca nahm und bei sich in die Hosentasche steckte. Darauf habe ich ihn auch angesprochen und gesagt, das wirst du noch teuer bezahlen. Aber er lachte mich aus und ich kriegte meine Schläge dafür. Es gab so manche Sachen, auf die ich ihn mehrmals angesprochen habe, aber ich wurde von vielem ferngehalten, weil ich eben Krankenpfleger war. Er nahm das auch zur Ausrede. Ich habe mir gewünscht, dass ich nicht all den Dreck und das mitmachen muss. Denn die

Schwerstarbeit, die andere zu dritt, zu viert machten, sollte ich alleine machen. Dann kam er und gab mir Fußtritte. Da sagte ich: Dann mach mal selber den Stein da hoch. Ich sagte: Zeig mir mal, wie du das machst. Ich habe ihm manchmal wirklich Kontra gegeben. Auch mit der Bibel, damit er wusste, mit wem er es zu tun hatte.
Dann haben Franz Wöhri und ich gesehen, wie Helmut Schaffrik aus der Schreinerei und Karl van den Berg Johann Spatz zum Kuhstall begleitet und ihn geschlagen haben. Wir konnten es nicht mitansehen, wir haben weggeschaut. Wir konnten nichts machen. Franz Wöhri ist dann nach Deutschland gefahren, unter der Bedingung, dass sie in Deutschland nichts von den Gräueltaten erzählen. Das hat die ganze Familie Wöhri bis heute eingehalten. Und jetzt verbieten sie uns, etwas darüber zu äußern. Weil ich es nicht mehr verheimlichen kann, habe ich an die beiden, die österreichische und deutsche Botschaft und an ihre Töchter einen Brief geschrieben, dass sie Schuld am Leid von dreihundertfünfundsechzig Personen sind, weil sie 1967 das Fundo unter der Bedingung verlassen haben, in Deutschland nicht zu erzählen, was hier geschieht. Vielleicht wäre das Lager schon eher aufgeflogen, wenn sie etwas gesagt hätten. Aber das ist ihre Sache. Ich habe es allen geschrieben. Nur einer hat geantwortet, er würde das nicht aufschlagen, er will mit Dignidad nichts zu tun haben. Und zwar Erhard Lackner, der Mann von Inge Lackner, der uns manches versprochen aber nie gehalten hat.
Dann kamen die Richter, um zu untersuchen, was alles geschehen ist im Fundo. Einige wurden dann ins Gefängnis gebracht, wie Gerhard Mücke, Karl van den Berg, Gerd Seewald. Wir fuhren zweimal die Woche ins Gefängnis – daran kann ich mich erinnern –, um sie zu besuchen. Daraufhin habe ich mir, weil ich ja im Krankenhaus gearbeitet habe, nachts die Zeit genommen und gesagt, ich muss noch das und das bearbeiten, vorher kann ich nicht ins Bett gehen. Obwohl sie mir im Rücken standen und immer geschimpft hatten, ich muss ins Bett, ich muss ins Bett. Ich sagte: Nein, erst wird das klargemacht. Da habe ich mir aufgeschrieben, was ich dem Ministro de Visita (Untersuchungsrichter) im Gefängnis zu übermitteln habe über Schäfer. Das habe ich gut bedacht und gut gehandelt. Als wir dann zu Besuch ins Gefängnis fuhren – mit zwei Bussen fuhren immer hin –, bin ich als Letzter reingegangen und habe bei der Untersuchung, bevor wir zu den Gefangenen kamen, dem untersuchenden Polizisten gesagt, ich hätte einen Brief für den Ministro (Richter). Ich möchte ihm mal sagen, wer Schäfer und so weiter ist. Plötzlich konnte ich etwas Spanisch. Und ja, haben sie akzeptiert.

Als ich das Gefängnis wieder verlassen wollte, kamen die Polizisten, haben mich noch mal zur Seite geholt und gesagt, morgen um elf Uhr soll ich dort erscheinen, bei dem Ministro (Richter), und alles sagen. Jetzt war ich aber der Letzte, und der Bus hat gewartet. Au weh, wie sollte ich mich da rausreden? Alle fragten, kommst du? Was machst du? Ich sagte, ich musste mal wohin. Meine Frau erzählt mir das heute noch. Sie war in dem ersten Bus, der schon weg war, und ich war in dem letzten. Da ging plötzlich die Lautsprecheranlage: Wo ist Heinz Schmidt? Ist er hier im Bus? Wo ist er?
Von der Polizei haben die mich schon gesucht. Weil sie wussten, dass ich, wenn ich zum Fundo gefahren wäre, nicht mehr rausgekommen wäre. Daraufhin hat der letzte Bus, in dem ich saß, in San Carlos Halt gemacht und mich dort bei einer Familie abgesetzt, damit ich nicht ins Fundo musste, und man mich erreichen oder die Polizei mich zwischendurch abfangen konnte. Da habe ich mit drei Menschen gewartet. Peter Rahl, und noch zwei andere. Nach einer halben Stunde kamen Kurt Schnellenkamp, Hans-Jürgen Riesland, und so ungefähr zehn Leute. Und Dennys Alvear. Die haben mich dann hintenrum nach Bulnes reingefahren. Von hinten rum ans Schwimmbecken vom Olli-Haus. Wir fuhren Umwege, Schleichwege, und zwischendurch wurde ich immer gefragt: Was ist denn los? Was ist denn? Kurt Schnellenkamp wollte unbedingt rauskriegen, was da jetzt gewesen war, im Gefängnis. Ich sagte nicht viel, meinte nur, ich hätte da was zu regeln gehabt. Schnellenkamp kriegte laufend Durchfall und wir mussten überall anhalten. Er musste zur Toilette. Dann kamen wir im Olli-Haus an und ich wurde empfangen. Hans-Jürgen Riesland wusste nichts Besseres, als mir zu sagen, ich dürfte mir das beste Essen wünschen. Er würde mir den besten Wein geben. Ich sagte, ich brauche keinen besten Wein, ich brauche kein bestes Essen. Ich bin zufrieden, wenn ich ein kleines Stückchen Hähnchen kriege. Da brachten sie mir ein ganz trockenes Hähnchen. Daran habe ich nur mal genippt und es dann zurückgegeben. Ich wollte was trinken. Er wollte mir den besten Wein geben, aber ich sagte nein. Denn ich hatte die Befürchtung, da ist was drin, das mich tötet. Daher habe ich nur ein bisschen Wasser getrunken. Und dann ging's: Wollen wir beten? Und warum und weshalb. Und dass das morgen alles hinhaut beim Minister. Und das und das. Und dann sollte ich bei Reinhard Döring, der hatte da ein Haus am Steinbrecher, die Nacht verbringen. Er sollte mit mir zum Minister fahren. Er wäre ja mein bester Freund und ich solle sagen, ich könne kein Spanisch, er würde für mich

übersetzen. Ich war nicht so ganz einverstanden, aber ich sage, immerhin … Kurt Schnellenkamp war in einem Zimmer, und das war so ein Haus am Sumpfgelände, wo viele Mücken waren. Er konnte die ganze Nacht nicht schlafen, und ich auch nicht.

Ich bin dann aufgestanden morgens und Reinhard Döring hat mich von Concepcion nach Parral gefahren. Als wir zum Minister hineinkamen, sagte Döring gleich auf Spanisch zum Minister, er würde dann übersetzten, was ich sage. Der Minister schickte ihn raus. Er wollte mit mir selber reden. Und ich konnte dann Spanisch, ohne dass ich viel gelernt hatte. Ich konnte sagen, was notwendig war, und dann war die Sache für mich erledigt. Dann sind wir nach Hause gefahren. Die Nackenschläge kamen regelmäßig. Ich war immer unter Kontrolle, ohne Aufsicht konnte ich gar nichts tun. Als Schäfer gefangengenommen wurde und die Polizisten kamen, wurde gesagt, wir müssen beten und, und, und. Das kann ich nicht, sagte ich. Nicht so einen Quatsch. Da war ich nur einmal da, mit in so einer Gruppe. Danach habe ich so was nicht mehr mitgemacht. Ich sagte: Was ich bete, werde ich verantworten. Nicht ihr, da braucht ihr mich nicht zu kritisieren, denn ich spreche mit meinem Herrgott selber.

Weil die Frauen nicht ohne Männer beten sollten, haben sie mich mit hinzugenommen. Die haben ihre Leier rasch runtergebetet und wollten eigentlich nur rauskriegen, was ich Neues bete. Was ich Neues zu sagen hatte. Ich sagte, was ihr betet, ist erst mal Quatsch. Ihr müsst erst mal Reue und Buße tun für das, was ihr getan habt. Dann könnt ihr erst mal zusammen kommen. Denn ich kann nicht beten, wenn der eine mich belügt, und der andere nichts darüber sagt. So geht das nicht, das können wir ruhig auflösen und bin gegangen. Da wussten sie über mich Bescheid. Es hat nicht lange gedauert, da kam dann die Nachricht, Schäfer sei geflüchtet. Da war erst Ingrid Seelbach, glaube ich, mit ihm mit, und dann ist Maria Strebe hingefahren. Die haben getauscht, aber bevor Maria Strebe wegfuhr, kam ich mit ihr in Zwietracht. Ich wollte mir etwas zu Trinken aus dem Krankenhaus nehmen, da fuhr sie mich an: Du wirst dir hier nicht selber zu Trinken nehmen, das hast du dir von Ulrike, die zehn Jahre jünger war, geben zu lassen. Du hast hier nichts selber zu nehmen. Da sagte ich: Wo sind wir denn hier? Sind wir beim Hitler oder wo? Ich bin neunundfünfzig Jahre alt, da darf ich mir doch selber zu Trinken nehmen, ich bin ja kein kleines Kind. Ich bin hier nicht im KZ. Ein paar Stunden später ist sie nach Argentinien geflohen. Da ist sie auch gestorben. Sie war ja Schäfers Adjutantin, machte ihm immer alles schön. Die Vorbereitung und wie es so weiterging. Aber da ließ ich mir nichts gefallen, und dann wurde es ein bisschen leichter. Als es so allmählich losging, wurden die Grundstücke aufgeteilt. Jeder bekam ein Grundstück und dann kam die Miete, und das und das zu zahlen.

Ich sollte auch noch Tankwart lernen, und da merkten sie, dass ich sehr genau war. Das haben sie mir zugute gerechnet. Aber ich hab das leider kaputt gemacht, denn ich hatte ihnen vorgeworfen, dass man abends weiß, wenn man morgens fährt, und daher abends noch tanken muss. Die haben mich nachts um drei Uhr aus dem Bett geschmissen, ich solle ihnen Tank geben, weil ich den Schlüssel hatte und dafür verantwortlich war. Ich sagte, wenn man Fahrer ist, weiß man doch Bescheid, wann man fährt, weil ich das auch kenne, und getankt habe, wenn es richtig war. Da hat meine Frau Irmgard Wagner gesagt: Gib den Schlüssel ab, sonst liegst du morgen im Grab. Die machen dich ganz kaputt. Das habe ich dann auch gemacht. Ich habe mich davon befreit, weil ich angeschnauzt wurde vom Chef, der mich angeblich als Tankwart eingestellt hatte. Nichts, sagte ich, gar nichts mache ich mehr.

Als Irmgard und ich zusammenkamen, hatte ich noch die Wohnung im Krankenhaus, das heißt, das Zimmer. Da haben wir uns öfters getroffen, weil wir ja jetzt auch verlobt waren. Wir haben uns irgendwie austauschen können. Weil sie mal gefragt hat: Was macht der Heinz im Krankenhaus? Da war ich neunundfünfzig, glaube ich. Da sagte Hannelore Bensch, als wir uns gut verstanden haben: Der geht im Flur auf und ab und weint, weil er keine Frau hat und allen hilft. Keiner kümmert sich, er ist so alleine und singt immer. Da hat meine Frau Irmgard gesagt: Wenn er mich fragt, ich würde, glaube ich, nicht nein sagen.
Das kam mir zu Ohren und ich habe es versucht, und tatsächlich, es kam zu einem Gespräch, und wir wollten uns treffen. Das muss ich noch vorher sagen: Ich hatte ein Telefon, weil der Schäfer immer Predigten gemacht hat hinterm Vorhang. Da haben alle mitgehört. Jeder hat ein Hörgerät gehabt, ein Telefon, und konnte dann die Predigt vom Zippelhaus hören, die er den Kindern gehalten hat, die da gesungen haben. Da wollte ich auch gern mal mithören, weil er ja nur Quatsch geredet, und den Kindern dummes Zeug erzählt hat. Da hat mir Helmut Gerlach, der war auch so ein bisschen gegen das System, das installiert. Somit konnte ich mithören und habe das mehrere Male auch getan. Es war eine Sprechmuschel und Hörmuschel, und dann habe ich, als er den Kindern irgendwas er-

zählte, was nicht der Wahrheit entsprach, gesagt, du Arschloch, was erzählst du eigentlich den Kindern da? Dann kam Onkel Helmut Gerlach und sagte: Heinz, sei vorsichtig, ich muss dir die Sprechmuschel rausnehmen. Denn alle, die mithören, hören dein Schimpfen darüber, was er an Unrecht redet.
Er hat mich dadurch gerettet, sonst hätte ich vielleicht noch mehr draufgekriegt. Er hat die Sprechmuschel rausgenommen und dadurch war ich ein bisschen erlöst. Da konnte kein anderer mehr mithören, wenn ich ihn runtergeputzt habe.
Ich wollte mal mein Zimmer renovieren und nahm die Nachttischlampe ab. Da habe ich dann festgestellt, da war das Mikrofon eingebaut, über das Schäfer meine ganzen Gespräche, die ich im Vertrauen geführt hatte, mitgehört hat. Das verlangte ich sofort auszubauen. Eugen Böckler, mein Freund, der mich verstanden hat, hat es sofort ausgebaut. Dann sollte ein anderer das Zimmer renovieren. Ich kam in ein anderes Zimmer und sollte einen Elektroschock und eine Spritze kriegen, das habe ich aber verweigert. Dorchen Witthahn Hopp, die Ehefrau von Sektenarzt Dr. Hopp, wollte mir die Spritze geben, weil ich einen Tag vorher Gips schlucken musste. Das sollte durch die Spritze rausgehen. Aber die Geschichte kann man ein anderes Mal erzählen. Weil ich die Spritze verweigert habe, wurde ich nachts barfuß, mit kaum was an, nur einer Decke drüber, ins Freihaus transportiert, und wer weiß wie geschlagen. Dann wurde ich noch schlimmer behandelt.

Aber kommen wir dahin zurück, wie ich mit Irmgard zusammengekommen bin.
Wir wollten uns also treffen. Dann ging das Telefon. Sie rief mich an, weil ich ja das Telefon hatte, aber dank ausgebauter Sprachmuschel nicht reden konnte. Wir wollten uns treffen irgendwie, am Teich. Sie musste das Gespräch abbrechen. Ich wusste nicht, warum, und zog mich zum Schlafen aus. Hans Jürgen Blanck war in die Nähstube zu meiner Frau gekommen und hatte ihr das Telefonat untersagt. Eine halbe Stunde später klingelte das Telefon erneut. Irmgard war dran und sagte: Komm, die Luft ist rein. Ich sollte zu ihr in die Nähstube kommen. Da bin ich gerannt, weil ich wusste, ich bin unter Aufsicht, und dann hat noch der Hund gebellt. Der sollte später noch meine Frau beißen.
Da haben wir uns tatsächlich am Teich treffen können, der da beim Zippelhaus ist, und sind gegangen. Es sollte uns keiner sehen. Wir konnten reden. Wir haben uns versteckt. Dann haben wir uns abends getroffen. Sie

kam zu mir, weil ich ja unter Aufsicht war. Sie kam mit dem Fahrrad zu mir ins Krankenhaus. Mauck saß schon unten im Flur und hat uns beobachtet, was wir machen. Ob wir uns einen Kuss oder sonst was geben beim Abschied, und, und, und. Aber daran haben wir uns nicht gestört. Wir wussten, wir werden beobachtet.
Dann kam die Heirat. Verwandte, die nicht verheiratet waren, dürfen nicht dabei sein, hieß es. Das war für uns nicht akzeptabel. Wir haben durchgesetzt, dass jeder einladen darf, wen er will. Alle dürfen dabei sein. Keine Ausnahmen. Das wurde nach langen Kämpfen schließlich von Kurt Schnellenkamp genehmigt. Vor der Hochzeit wurden wir erst mal zu den „Herren" zitiert. Erst ich. Mit da waren: Hans-Jürgen Blanck, Gerd Mücke, Karl van den Berg, Rudolf Cöllen und viele mehr. Ich kann sie nicht alle aufzählen. Bis zu zehn waren in einem Stübchen und haben uns bis ins Intimste ausgefragt. Dann haben sie uns eine Woche vor der Heirat den Kontakt verboten, kein Küssen, nichts, gar nichts, auseinander. Nichts darf gemacht werden, nicht treffen, nichts mehr. Dann haben sie gefragt: Wo ist die Irmgard? Wo ist deine zukünftige Frau? Da sage ich: Die wartet im Kinderhaus. Dann habe ich sie geholt.
Bei ihr war es das Gleiche. Erst wurde ihr gepredigt, dann wurde sie ausgefragt, und schließlich auch alles verboten, was mit uns zu tun hatte. Wir wussten voneinander nichts und hielten das so ein bisschen ein, aber nicht ganz. Dann kam schon die Hochzeit, weil Tante Ursel, meine Adoptivmutter, auch ein bisschen drauf gedrängt hat. Sie wollte gerne noch miterleben, dass wir heiraten. Sie freute sich darauf. Dazu muss ich sagen: Ich habe die Opas im Neukra alle gepflegt und die Omas alle gepflegt. Die Bilder kann ich vorzeigen. Edith Gerlach hat mich ziemlich ausgehorcht und hintergangen. Für alles, was nicht in ihren Kram passte, wurde ich zurechtgewiesen. Sei es, wenn ich sagte, die Mädchen können sich nicht so hinsetzen, dass man da unten alles sieht, dass man den Kindern sagt, wie man sich zu bücken hat, und so weiter, die haben doch gar keine Ahnung. Das war eine Verräterin, eine Lauscherin, die andere bei Schäfer immer gut und schlecht machte. Aber ich habe darüber hinweggeschaut.

Tante Gunda Bensch war eine sehr strenge und Schäfer-hörige ältere Dame. Die hat mich auch traktiert. Als neunundfünfzigjähriger Junge musste ich fragen, ob ich eine schmutzige Unterhose wechseln durfte. Ob ich dies oder das haben durfte. Irgendwann wurde diese Tante so krank, und ich hatte den Auftrag, sie zu pflegen und im Rollstuhl zu fahren. Tante Gunda Bensch hatte Gicht, Rheuma und alles. Als sie merkte, wie ich sie

liebevoll im Rollstuhl fuhr und allen Schlaglöchern ausgewichen bin, damit sie keine Schmerzen hat, habe ich sie von einer anderen Seite kennengelernt. Denn da hätte mal einer ein schlechtes Wort über mich sagen sollen, sie hat losgedonnert und mich verteidigt. Das hätte ich nicht erwartet. Es gibt auch solche Menschen.
Tante Hildegard Möhring hatte die Sachen über sie rauszugeben. Als Schäfer weg war, und ich verheiratet, und meine Frau die Nähstube hatte, habe ich ihr einen Riesenschrank für die ganzen Kosmetiksachen gebaut. Den Schlüssel hatten sie und meine Frau. Ich sollte die Spraydosen für die Haare und so weiter nicht ausgeben, das wollte sie selber machen. Sie sagte: Ich habe dir doch Sachen für die Arbeit gegeben. Aber das waren sehr gute Sachen, die ich nicht zur Arbeit genommen habe, sondern als Sonntagszeug getragen habe. Sie hat sich so gewundert, wie ich das gehandhabt habe. Als es dann etwas gelöster wurde, und wir ein bisschen Geld kriegten, um mal einzukaufen, sagte sie zu mir: Heinz, hier hast du meinen Schlüssel. Geh in mein Zimmer. Da und da ist das Portemonnaie. Hol dir das Geld raus, das du brauchst, und kauf mir das und das und das. Das habe ich noch von keinem erlebt oder erwarten können, aber sie hatte so ein Vertrauen zu mir. Sie war, wie sie selber sagte, vollgestopft vom Schäfer, von wegen, ich wäre geisteskrank und man müsste mich so behandeln. Ich wüsste gar nichts. Einmal, als ich auf eine Sache hinwies, hat sie sich so bitterlich entschuldigt, dass ich bis heute noch guten Kontakt habe.

Nach dem Hochzeitsfest sollte meine Frau zu mir in das kleine Zimmer ziehen – als Familienzimmer im Krankenhaus. Da haben wir gesagt: Nie und nimmer. Aber das haben die verlangt. Daraufhin haben wir uns im Kartoffelschuppen eine Wohnung gebaut. Ein Zimmer, das wir selber zurechtgezimmert haben. Das ist alles bildlich nachzuweisen. Alles von dem Bisschen, was wir gekriegt haben. Umgerechnet waren das fünf Euro im Monat. Davon haben wir alles besorgt. Meine Frau hat dann auch noch im Casino gearbeitet. Ich dann auch. Die anderen kriegten einen Lohn, und was sie mehr gearbeitet hatten, kriegten sie extra bezahlt. Aber ich ging immer leer aus, obwohl ich das meiste gemacht hatte. Aber es ist eben so. Da hat meine Frau Kissen gehäkelt und mit den Kissen haben wir uns vieles selber besorgt und uns die Wohnung eingerichtet. Wir hatten alles selber gemacht.
Dann musste sie zur Operation, dann kam das und das.

Durch meine Tante kriegte ich endlich Kontakt zu meiner Mutter. Sie sagte: Heinz, wenn was ist, melde dich in der Eichenallee 25, wo du geboren wurdest. Da bin ich immer und bleibe für immer. Und so war es auch. Ich habe ihr geschrieben, weil ich von meiner Mutter ja nichts wusste. Sie hat immer gesagt, sie habe keinen Sohn mehr, weil sie auf ihre Briefe keine Antwort kriegte – ich auf meine ja auch nicht. Sie hat mir jahrelang Geld geschickt, immer dreihundert Mark. Aber ich kriegte nie was davon. Vieles andere ging auch verloren. Leider leider. Und nun kam der Kontakt. Sie hat uns Flugtickets geschickt. Jetzt konnten wir zu Besuch nach Deutschland fliegen. Das war 2003/2004. Wir mussten uns aber abmelden und fragen, ob wir das dürfen. Da kamen ein Gremium von zwanzig Leuten im Freihaus zusammen. Die wollten uns streitig machen, dass wir jetzt nach Deutschland fahren zu Besuch. Obwohl wir die Tickets schon in der Hand hatten. Schließlich haute meine Frau auf den Tisch, weil ich durch die Medikamente und Spritzen manchmal nicht alles durchschauen konnte, und sagte: So, jetzt habe ich was zu sagen. Wir haben die Tickets und wir fliegen, nur damit ihr es wisst. Sie als Frau vor so viel Männern. Da sagte dann ein – wie heißt er noch mal – Gerd Mücke: Ja, das könnt ihr ja auch. Und daraufhin sind wir geflogen.

Dann haben wir in Deutschland vier Wochen lang meine Mutter besucht. Und wir haben uns mit der Volksmission Krefeld ausgetauscht. Gut, wir sind einmal hin, dann mehrmals. Da haben wir Ewald Frank, den Missionar, nach Chile eingeladen. Heutzutage kann ich Ewald Frank nicht mehr Missionar nennen, er ist ein Menschenmörder, das sage ich ganz offen. Als wir Hilfe brauchten, als meine Frau im Sterben lag, sagten er und Manfred Skrabs, wie könnte ich die Ärzte bestimmen? Und ließ mich kalt stehen. Sie haben uns sogar rausgeschmissen, weil Manfred Skrabs gesagt hat, was Zeitung und Fernsehen senden, sei alles gelogen. Wir hätten etwas dazugedichtet, was gar nicht stimmte. Aber das Rausschmeißen habe ich wegen meiner Frau geduldet, weil sie Frieden haben wollte mit ihren Verwandten, die aber das gleiche System sind. Nichts zu äußern über Chile, alles zu verschweigen und Gott hat alles vergeben. Das können wir nicht akzeptieren, das hat sie jetzt verstanden. Wir haben uns ganz gelöst, weil sie uns rausgeekelt haben.

Nach dem Urlaub in Deutschland sind wir wieder zurück nach Chile, weil wir ja noch einiges erledigen mussten. Meine Frau ist ja auch frisch operiert gewesen und vieles mehr. Daraufhin haben wir mit der deutschen

Botschaft gesprochen. Und dann kam Martin Schäfer.

Die deutsche Botschaft kam ins Fundo und wollte uns helfen. Sie hat so Sprechstunden abgehalten. Daraufhin haben wir uns auch gemeldet, und sind zu einem Martin Schäfer. Wir haben ihm erst mal unser Anliegen genannt, unseren Namen zu wechseln. Da sagte er gleich, nein, so was gibt es gar nicht. Wir haben ihn darauf hingewiesen, dass der Mann den Namen der Frau annehmen kann und vieles mehr. Da müsse er sich erst erkundigen. Aber es war schon so, gesetzlich konnte man es. Dann wollte er verhindern, dass wir nach Deutschland fahren, wir würden dort nicht zurechtkommen. Außerdem hätten sie uns die Ausreise nach Deutschland zahlen müssen, denn sie haben sich ja über all die Jahre strafbar gemacht von 1961 bis 2005. Weil sie nichts unternommen hatten. Auch diesmal nicht. Meine Mutter hat gezahlt, damit wir frei werden von diesem grausamen Lager.

Dann die ganzen Unterlagen besorgen, alles mussten wir selber machen, meine Frau war frisch am Rücken operiert, wodurch sie fast im Rollstuhl gelandet ist. Dazu kann ich nur sagen: Wir haben uns durchgesetzt. Wir haben zum Beispiel dazu beigetragen, dass die Eheringe offen getragen werden dürfen. Die haben uns erst dumm angeguckt und ausgeschimpft, warum wir die Eheringe tragen. Es trägt doch keiner einen Ehering. Wir haben ihnen gesagt, wir sind verheiratet, und da hat jeder seinen Ring zu tragen. Das haben dann alle nachgemacht.

Als Nächstes gingen wir Arm in Arm, wie es sich gehört, weil meine Frau auch darauf angewiesen war, nach der OP, weil sie nicht alleine gehen konnte und hinfallen hätte können. Die Bankgeschäfte, alles mussten wir selber erledigen. Wir holten einen Schein von der Polizei in Chile, dass wir uns nichts haben zuschulden kommen lassen. Dadurch konnten wir für vierzehn Tage oder vier Wochen in den Urlaub fahren. Manfred Skrabs hat am Flughafen gesagt, jetzt müsst ihr sehen, wie ihr alleine zurechtkommt. Mit dem Hintergedanken, wir werden zurückkommen. Der dachte, die lassen uns nicht durch, weil mein Schein nicht da ist. Aber für die letzte Ausreise für immer haben wir uns beide extra einen Schein von der Staatspolizei in Parral geholt. Meine Frau war frisch operiert und durfte gar nicht so weit gehen. Das waren drei Kilometer. Gitta Kram und alle, die im Bus waren, waren dagegen, dass wir uns den Schein bei der Polizei holen, um frei rauszugehen. Das wollten sie nicht. Das wollten sie verhindern. Aber wir haben gesagt, wir gehen hin. Und wir sind auch hingegangen. Wir haben beide den Originalschein, wir haben uns nichts zuschulden kommen lassen, und konnten somit auswandern. Sonst wären wir wohl noch dort.

In Deutschland angekommen, habe ich versucht, weil wir ja nichts in der Hand hatten, kein Geld, kein Haus, keine Wohnung, nichts – mit dem Auswärtigen Amt in Kontakt zu kommen. Die Briefe habe ich alle. Keine Unterstützung, keine Hilfe.

Zu Hartmut Hopp, der ja der Sektenarzt in Chile war, hatte ich auch Kontakt aufgenommen, weil es meiner Frau so schlecht ging und ich unter Geldmangel litt. Im März 2019 hat er eine Spende zusammengelegt aus der Volksmission – vierhundert Euro. Weil ich die Operation von meiner Frau in Chile selbst zahlen musste. Den anderen wurden die Operationen gezahlt, aber meine Frau wurde damals noch rausgeschmissen aus dem Arbeitsvertrag. Die Operation mussten wir daher selber zahlen. Die habe ich zum Teil von meiner Mutter und vielen anderen bezahlt bekommen. Und alles wieder abgezahlt. Die schriftlichen Beweise habe ich Hartmut Hopp überreicht und gesagt, ich bitte noch mal um das Geld. Das waren dreitausend Euro."

Interview II Willi Malessa & Ehefrau Edeltraud Bohnau Malessa

Interviewführung: Anette Ende
Ort: Los Angeles, Chile
Datum: 27.07.2019

INTERVIEW WILLI MALESSA

„Ich möchte noch etwas zu dem politisch ausgeklügelten Ausdruck „weggeschaut“ sagen. Der deutsche Staat hätte weggeschaut. Ich glaube, der deutsche Staat hat viel mehr getan, als einfach nur weggeschaut. Denn wenn Leute mit seelischen Konflikten zur deutschen Botschaft kommen und um Hilfe bitten für ihre Familie, für die Frau, das Kind, weil die Frau schon eineinhalb Jahre oder ein Jahr und zehn Monate im Krankenhaus festgehalten wird tagtäglich vollgepumpt mit Medikamenten, die sie ruhigstellen sollen – in dieser Situation zur deutschen Botschaft kommen und um Hilfe zu bitten, und dann wieder zurückgeschickt zu werden, das glaube ich, hat viel mehr zu sagen, als nur weggeschaut zu haben.
Meines Erachtens hat sich der deutsche Staat oder haben sich die Vertreter des Staates, zu Komplizen gemacht. Klar, es war angenehmer und besser, Fresspakte, wie Schäfer sie nannte, in Empfang zu nehmen, bestehend aus Wurst, Käse, Schinken und Kuchen aller Art – alles nach deutschem Rezept. War doch wesentlich angenehmer, als gefolterten, gemarterten Seelen zu helfen. Das war ja nicht nur in der deutschen Botschaft so, das kam danach ja ganz klar zur Sprache im Deutschen Bundestag durch Lotti Packmor, Hugo Baar und andere. Die haben ganz klar ausgesagt, unter welchen Bedingungen die Colonie ihre Kinder misshandelte, missbrauchte und halb tot schlug. Heute davon zu sprechen, man habe weggeschaut, das finde ich, ist ein Skandal!

Und noch ein größerer Skandal ist, dass man jetzt noch fünf Jahre warten will, bis 2024, um eine Geste zu setzen, nicht mal eine gerechte. Statt den Leuten eine Rente für den Rest des Lebens zu gewähren, gibt es nur eine einmalige Zahlung. Ich finde kein anderes Wort – das ist ein Skandal!“

Kennen Sie Namen von ehemaligen Colonos, die in die Botschaft gegangen sind und dann wieder zurückgeschickt wurden?

„Ja, Nathanael Bohnau, der Vater meiner Frau, der übrigens drei Hilferufe in Form von Briefen nach Deutschland geschickt hat, unter großen Schwierigkeiten rausgeschmuggelt. Er ist nachts über vierhundert Kilometer nach Santiago zur Botschaft gekommen. Wenn einer eine solche Fahrt unternimmt, einen solchen Weg zurücklegt, nur um dort herauszukommen, und dann wird er zurückgewiesen und vor den Augen der Botschaft wieder zurückgeholt, dann kann man wohl nicht mehr von 'wegschauen' reden."

In welchem Jahr war das, als er die Botschaft aufgesucht hat?

„Das muss vor dem Jahr 1968 gewesen sein. Da war seine Frau – die Mutter meiner Frau – schon ein Jahr und zehn Monate im Hospital interniert. Niemand durfte sie besuchen. Daher hat sich Nathanael Bohnau auf den Weg zur deutschen Botschaft gemacht, vierhundert Kilometer, um das anzuzeigen. Vor allem auch den Missbrauch und die brutale Behandlung von Kindern."

Und hat man ihn dann betäubt und wieder die Führungsriege angerufen? Oder wie ist das passiert, dass er wieder in die Colonia zurück ist?

„Das sind Details, die kenne ich nicht so genau. Ich weiß nur, dass er bedroht wurde, dass, wenn er zurück nach Deutschland geht, man seine Frau und seine Tochter dabehält. Und unter diesem Druck hat er dann einwilligen müssen, und ist wieder zurück."

Als er ankam in der Botschaft, wissen Sie, ob es da schon Führungsmitglieder gab, die auf ihn gewartet hatten?

„Dazu kann ich mich nur vom Hörensagen äußern. Man hat auf ihn gewartet und da in Empfang genommen. Vor der Botschaft, vor dem Botschafter, der damals zuständig war, wurde dann eine Übereinkunft getroffen, mit den genannten Druckmitteln, sodass sich Nathanael gezwungen sah, wieder zurückzugehen. Er konnte seine Frau und seine Tochter, sein Kind, nicht alleine an diesem entsetzlichen Ort zurücklassen.
Ich finde, dass die deutsche Politik heute mehr als nur weggeschaut hat,

und weiterhin wegschauen will. Eine Geste ist zu wenig. Was die Leute hier brauchen, die schon pensioniert sind, und die außerhalb leben oder auch noch in der Colonie drin, ist meines Erachtens eine menschenwürdige Rente. Eine menschenwürdige Rente, statt eine Zahl zu nennen, die an sich schon unwürdig ist, und mit einem Zahlungsziel von fünf Jahren noch unwürdiger ist. Offensichtlich wartet man darauf, dass in der Zeit noch ein paar unter die Erde kommen, um sich ein paar Euro einzusparen. Sonst kann ich keine Begründung dafür finden, wieso hier nicht in Kürze gehandelt wird."

Wer sollte Ihrer Meinung nach alles eine Entschädigung bekommen?

„Ich finde alle, die als Kinder, als Minderjährige, entführt wurden. Die aus Deutschland gebracht wurden und auch die, die in der Colonie geboren wurden, die gepeinigt wurden – über Jahre hinweg. Die müssen eine Entschädigung bekommen. Man weiß ja heute, was den Einzelnen dort alles passiert ist. Da kann man denen nicht die kalte Schulter zeigen als deutscher Rechtsstaat, finde ich."

Wie ist das heute bei Ihnen persönlich? Bereuen Sie heute irgendwelche Dinge, die in der Colonia Dignidad passiert sind, wo Sie denken, Sie hätten das Ruder noch rumreißen können oder Leute davon abhalten können, und haben es nicht getan? Oder haben Sie Ihren Frieden mit der Geschichte gefunden?

„Ich habe meinen Frieden gefunden. Ich weiß, dass ich das, was ich tun musste, nicht von mir aus getan habe. Ich hatte auch keine Möglichkeit, wie alle, die als Minderjährig kamen und dort groß geworden sind. Wir waren alle in der Situation, ums Überleben kämpfen zu müssen. Da findet man Möglichkeiten, um zu überleben. So zu agieren, dass es irgendwie möglich ist, zu überleben. Seine eigene Lebensform zu finden. Auf der einen Seite muss man mitmachen, auf der anderen Seite muss man aber auch nicht alles mitmachen.
Was ich mir jedes Mal zur Verteidigung gesucht habe, war das, was die Bibel sagt, was geschrieben steht. Das hat mir sehr geholfen und das musste Schäfer auch akzeptieren. Denn er kann nicht auf der einen Seite die Bibel predigen und auf der anderen Seite dagegen handeln. Deswegen habe ich mir diese Möglichkeit gesucht, ihm entsprechend zu kontern oder nicht mitzumachen. Oder ihn darauf anzusprechen, dass dies oder

jenes nicht richtig ist. Bis dahin, dass ich ihm sieben Seiten geschrieben habe. Lauter Punkte, von denen ich fand, dass sie in der Colonie nicht nach der Bibel geschahen. Die vor allem gegen die Menschenrechte gingen. Die Punkte habe ich ihm alle gesagt. Leider musste ich erst dazu heranreifen und reif genug sein, um das tun zu können. Das war etwa im Jahre 1996, zwei Jahre, bevor ich dann die Colonie verlassen habe."

Sie waren ja auch dazu gezwungen worden, Waffen zu vergraben als Baggerfahrer, oder?

„Ja."

Und später diese Funde auch wieder auszugraben, oder?

„Ja, das habe ich tun müssen. Ich musste das machen, um meine Ruhe zu haben. Wenn ich mich verweigert hätte, hätte es jemand anderes gemacht. Es hätte mich sehr viel gekostet, denn man hätte mich entsprechend behandelt, als Verräter oder Schlimmeres."

Wissen Sie denn, ob es heute dort noch Waffen gibt, die nicht ausgegraben wurden?

„Nein, es ist alles ausgegraben worden, von dem ich wusste. Das ist auch alles übergeben worden. Das Einzige, was ich nicht gefunden habe, oder was nicht mehr da war, sind fünfzig Karabiner. Die sind irgendwo verschwunden, kein Mensch weiß wo. Man vermutet, dass irgendjemand ein Geschäft damit gemacht hat."

Wurden denn auch chemische Waffen vergraben und wieder ausgebuddelt?

„Chemische Waffen habe ich nie gesehen. Sie beziehen sich wohl auf Senfgas oder Sonstiges, schwere Giftgase – davon weiß ich nichts. Das Einzige, was ich gesehen habe, war CS-Gas, was dann in den Pepperfogs verdampft wurde. Das kannte ich. Von etwas anderem habe ich keine Kenntnis."

Wie sieht es aus mit der Produktion von dem Nervengift Sarin? Ist das ein Gerücht oder ist das wirklich hergestellt worden in der Colonia?

„Ich habe nie davon Kenntnis gehabt. Erst viel später, als ich draußen war, habe ich gehört, dass es angewendet wurde. Aber ich kann mich dazu nicht äußern, weil ich nichts Konkretes darüber weiß.“

Angewendet in der Colonie oder außerhalb?

„Es gab da eine fragwürdige Angelegenheit um den Tod von Alfred Schaak. Man hat mir erzählt, dass Schäfer ihn, als er nach Chile zu Besuch kam, dazu gedrängt hat, sein Testament zu machen. Das hat mir eines seiner Kinder erzählt. Das war dabei. Nachdem einige Zeit vergangen war, vierzehn Tage oder so – er war ja nur für eine gewisse Zeit zu Besuch – hat das Kind mitgekriegt, wie Schäfer Alfred wieder fragte: Hast du jetzt dein Testament gemacht oder nicht? Das lässt sehr darauf schließen, dass man ihn aus dem Wege haben wollte. Als er dann zurück war in Deutschland, ist er auf unerklärliche Weise plötzlich ins Krankenhaus eingeliefert worden und da nicht mehr rausgekommen. Diese beiden Tatsachen hängen meines Erachtens zusammen. Das Verlangen nach dem Testament und sein Tod. Sein baldiger Tod.“

Gibt es noch etwas aus Ihrer Vergangenheit in der Colonia Dignidad, was Sie bedrückt?

„Ja, was mich bedrückt, ist, dass die Leute, die jetzt da das Sagen haben, sich praktisch all dessen bemächtigt haben, was von Anfang an allen gehörte. Laut Schäfer wäre das unsere Rente gewesen. Jetzt sind da die neuen Vertreter und haben alles so eingefädelt, dass keinem etwas gehört, wie vorher. Die verwalten und zahlen sich gute Löhne, sehr gute Löhne in Millionenhöhe. Alle anderen müssen sehen, wie sie durchs Leben kommen. Das meine ich, ist total ungerecht. Das sollte meines Erachtens aufgelöst und gerecht verteilt werden, wenn man überhaupt noch von Gerechtigkeit reden kann. Denn es ist alles so verschuldet durch jene, die jetzt zwanzig Jahre da gewirtschaftet haben. Sie haben Milliardenschulden gemacht. Das meine ich, ist das Unglaublichste. Dass sich eine Handvoll Leute alles aufteilt, solange noch was da ist, und der Rest weiß am Ende nicht mehr, wie er weiterleben soll. Ohne Rente, ohne Einkommen. Da muss man sich die Namen ansehen, wer diejenigen sind.“

Wer ist das?

„Hans Schreiber, Thomas Schnellenkamp, Markus Blanck. Wie weit Martin Matthusen da noch drin steckt, weiß ich nicht. Dann ist da noch Friedhelm Zeitner. Wer sonst noch da mit drin ist, weiß ich nicht. Aber das sind diejenigen, die hauptsächlich das Kommando haben und bestimmen, wo es langgeht."

Und genau die Personen bezeichnen Sie ja als Verräter, wenn ich das richtig verstanden habe? Warum?

„Genau. Weil jeder, der gegangen ist, ein Verräter genannt worden ist. Über Jahrzehnte hinweg. Alle, die gegangen sind, galten als Verräter. Obwohl wir nie Verräter waren. Wenn man da rausgegangen ist, dauerte es Jahre, bis man überhaupt in der Lage war, etwas zu sagen. Sich zu den ganzen Geschehnissen zu äußern. Man muss das erst mal verarbeitet haben. Man muss erst mal frei werden, um zu reden. Das kostet jedem, der da rausgeht. Das merkt man auch heute noch bei den Jüngeren, die außerhalb leben. Oder die nach Deutschland gegangen sind. Die sind immer noch gefangen und können nicht die Wahrheit offenlegen. Noch weniger über die, die da weitermachen. Weil sie sich verpflichtet fühlen. Aber die Wahrheit ist die Wahrheit."

Eigentlich hätten Sie ja auch noch Anspruch auf Parzelle achtzehn gehabt, oder? Wie ist denn die Geschichte verlaufen?

„Als Edeltraud Bohnau und ich geheiratet haben, stand die Parzelle achtzehn zum Verkauf. Nathanael Bohnau hatte kurz vorher eine größere Summe Rentennachzahlung aus Deutschland bekommen. Um das Geld anzulegen – das kann ich nur ahnen – wurden wir oder ich genannt. Nathanael Bohnau wollte mit seinem Geld seiner Tochter etwas hinterlassen, also hat er das Geld dafür gegeben, dass wir diese Parzelle bekommen, um im späteren Leben irgendetwas Eigenes zu haben. Wir wurden auch gerufen und man hat uns oder mir Parzelle achtzehn übertragen, mit dem Geld von Nathanael Bohnau. Aber weil ich ja kein Landwirt war, hat man bald darauf mit mir einen Vertrag gemacht, dass die Colonia Dignidad über dreißig Jahre Nießbrauch über das Land hat. Den Vertrag habe ich unterschrieben.
Jetzt, vor zwei Jahren, ist dieser Nießbrauch abgelaufen, auf den wir treu

und brav gewartet hatten. Aber als wir auf das Amt gingen, wo die Grundstücke eingetragen werden, um wieder Besitz davon zu nehmen, haben wir festgestellt, das ist gar nicht mehr unser Besitz. Man hat es einfach an jemand anders überschrieben, ohne dass ich jemals dafür eine Unterschrift gegeben habe. Als ich dann auf dem Amt, wo die Grundstücke dokumentiert lagen, reklamierte und sagte: Wie ist das möglich, dass hier was weggeben wird, ohne dass ich meine Unterschrift gegeben habe? Da wurde mir von der Frau geantwortet: Tja, da kann ich Ihnen auch nicht helfen. Da müssen Sie sich einen Rechtsanwalt nehmen. Also hat man uns ohne Weiteres enteignet. Über siebenundsiebzig Hektar waren plötzlich nicht mehr in unserem Besitz. Angeblich mit meiner Unterschrift. Aber ich habe diese Unterschrift nie geleistet. Warum sollte ich dreißig Jahre treu und brav warten, bis der Nießbrauch abläuft, wenn ich da irgendeine Unterschrift gegeben habe?"

Wie heißen denn die Namen der Mädchen, die in der Gruppe waren, und unter Anleitung von Dr. Hopp die Unterschriften fälschen mussten?

„Ich habe nicht die Erlaubnis, die Namen zu nennen. Das sind körperlich und seelisch geschädigte Leute, die hier mehrere Monate verbracht und uns das erzählt haben. Die wollen nichts anderes, als in Ruhe ihren Lebensabend verbringen."

Wie ist das mit Abratec gelaufen, was Sie eben erwähnt haben?

„Ja, Abratec."

Sie waren der Gründer?

„Ich war einer der vier Gründer. Eines Tages hatte ich Kontakt mit einem Spezialisten für Schweißmaterial. Der kam als Repräsentant einer Firma von Deutschland hierher nach Chile. Er hat die Colonie kennengelernt und war natürlich fasziniert von der Ordnung und der ganzen Begegnung und hat den Vorschlag gemacht, dass wir uns doch als Repräsentanten dieser Firma hier in Chile bewerben könnten. Oder dass wir die Vertretung übernehmen könnten. Das wurde auch von Schäfer für gut befunden. Ich war einer derer, die sich darum kümmern sollten. Wir waren vier Personen. Ich bin dann auch ein paar Monate lang damit beauftragt worden, mit dem deutschen Spezialisten, Firmen in Santiago und in ganz Chile zu besuchen und die Elektroden, die Muster anzubieten, um ins Geschäft zu kommen. Das ging aber auch nur ein paar Monate gut mit mir, weil ich ja auch woanders gebraucht wurde. Ich war Maschinenfahrer. Danach hat Kurt Schnellenkamp meinen Posten übernommen und in dem Gebiet weitergemacht. Wie ich nachher rausbekam, ist das Geschäft nicht gelaufen, weil er auch kein großes Interesse daran hatte."

Wer waren denn die anderen drei Gründer von Abratec?

„Die anderen drei waren: Karl van den Berg, Sigfried Hoffmann und Helmut Seelbach. Das Kapital wurde auf zehn Millionen angesetzt, um die Firma zu gründen, von denen ich drei Millionen hatte, Siegfried Hoffmann auch drei Millionen, und die anderen je zwei Millionen. Als dann die Regierung wechselte, war Abratec die Firma, die die Sociedad Benefactora y Educacional Digndiad aufkaufen konnte. Die Güter und alles, was da war, wurde nach und nach überschrieben an Abratec. Man musste nicht erst eine Firma gründen und infolgedessen war Abratec plötzlich der Besitzer von allem. Alles, was in Bulnes war, die Steinbrecheranlage, alles, was auf dem Fundo war. Also ich denke, dass mit dieser Überschreibung und meinem Anfangskapital für mich persönlich Unsummen hätten rauskommen können. Ich hatte ja auch weit über –tausend – tausendachthundert Aktien, die praktisch nur auf dem Papier einen Wert hatten. Persönlich hatte ich überhaupt keinen Vorteil dabei.
Als ich dann raus bin, aus der Colonie, hat man uns kurzerhand enteignet. Wir haben dann eine Kopie von einer Transaktion bekommen, einer Aktienübertragung, die in Santiago gemacht wurde, zu einem Datum, als ich mit meiner Familie hoch oben in den Bergen von Los Angeles war, in Altobiobio. Wir waren gar nicht anwesend bei dieser Aktienübertragung. Da war dennoch meine Unterschrift drauf und die meiner Frau, wir haben diese Aktienübertragung aber nie unterschrieben. Trotzdem waren es unsere Unterschriften auf der Übertragung. Da wurden dann Kurt Schnellenkamp, Gitta Kram und Dr. Seewald als Zeugen genannt, als Mitunterschreibende. Wir waren praktisch total enteignet, ohne dass wir überhaupt anwesend waren. Oder dafür eine Unterschrift geleistet haben. Alles perfekt."

Und Sie sprachen vorhin von dem Geldkoffer St. Kitts, oder habe ich das falsch verstanden?

Ja, das war aber kein Geldkoffer, sondern eine Tasche, eine Tragetasche aus Stoff. Die Person, die erzählt hat, dass sie die Unterschriften von gewissen Personen üben musste, die nicht mehr erwünscht oder nicht mehr vertrauenswürdig waren, hat erzählt, dass im Büro von Hartmut Hopp im Krankenhaus zu einer gewissen Zeit verschiedene Souvenirs, wie bunte Papageien und anderes Zeug, unter anderem auch eine Tragetasche war, die plötzlich verschwinden musste – aus imaginären Gründen. Die Tragetasche hatte einen Aufdruck der Insel St. Kitts. Die musste verschwinden. Aber diese Person hat sie als Tragetasche benutzt und dann insistiert, was für eine schöne Tasche das sei, die überstreiche sie. Warum soll sie die eliminieren? Sie hat sie dann auch überstrichen von außen. Und die hatte sie auch hier. Sie ging sie dann holen, damit wir sie auch sehen. Wir haben festgestellt, dass da auf der Innenseite immer noch dieselbe Insel drauf war. Jetzt kann man sich denken, warum musste das verschwinden?“

Das war der Name St. Kitts?

„St. Kitts, genau.“

Was ist denn Ihre Vermutung, warum der Name verschwinden musste?

„Meine Vermutung wird auch bekräftigt durch ein Dokument, das im Freihaussaal einmal hinter dem Klavier gefunden wurde. Ein mehrseitiges gedrucktes Dokument mit Abbildungen von dieser Insel, woraus hervorging, dass Personen, die auf irgendeiner Bank dort zweihundertfünfzigtausend Dollar einzahlen, ein Recht auf eine neue Identität hätten. Auf einen neuen Pass.“

Wie hießen denn die Personen?

„Es war wie ein Prospekt. Es lag im Freihaus hinterm Klavier. Also muss es in einem Zusammenhang stehen, das Papier mit der Tragetasche, die Souvenirs und so weiter. Die Vermutung existiert, dass da Gelder eingelagert wurden, die verschwinden mussten, oder für spätere Zeiten bereitliegen sollten.“

Wissen Sie noch, wie die Bank heißt?

„Nein. Wir hatten das Schriftstück mal hier, müssten wir suchen. Vielleicht können wir das noch finden."

Wie ist denn Ihre Vermutung, wo sich das ganze Colonia Dignidad Vermögen heute befindet?

„Meine Vermutung ist, dass sie vielleicht einen Teil nach Argentinien, wo Schäfer gefasst wurde, gebracht haben. Das musste ja erreichbar sein für ihn. Der Einzige, der Zugang hatte zum Geld, ist Peter Schmidt. Der einzige Vertrauensmann da. Meine Vermutung ist, dass er weiß, wo das Geld ist, das dort monatlich abgeliefert und auch vorher schon verschickt wurde."

Dann hätte er ja noch Zugang zu dem ganzen Geld?

„Genau. Denn Schäfer konnte ja nicht auf die Bank gehen und irgendwo Geld abheben, solange er gesucht wurde."

Dann müsste dieses Konto in Argentinien auch unter dem Namen Peter Schmidt geführt werden?

„Zumindest müsste er eine Vollmacht darüber haben. Oder Rebecca Schäfer, die beiden Möglichkeiten sehe ich."

Und wie sieht es aus mit Asien, dass das Geld eventuell in Asien oder in der Schweiz auf der Bank liegt?

„Da habe ich keine Idee dazu."

An wen sind die Waffen verkauft worden, die in der Colonia Dignidad hergestellt, durchgeschleust und gelagert wurden?

„Moment. Hier besteht ein großer Irrtum. Es wurden ja nicht Unmengen Waffen gebaut, die irgendwo kommerziell verarbeitet wurden. Meines Wissens nach, wurden vielleicht zwei Sendungen Maschinenpistolen gebaut, vielleicht zweimal zehn Einheiten, die dann an die DINA weitergegeben wurden. Da wurden Holzkoffer gebaut, wo die so in Reihe nebeneinander … das habe ich gesehen. Aber dass da Massenanfertigung war, das stimmt nicht. Ob da irgendwie andere Waffen importiert, exportiert oder manipuliert wurden, darüber habe ich keine Information. Ich kann nur von dem sprechen, was ich gesehen habe."

Wissen Sie, ob der Waffenhändler Gerhard Mertins in der Colonia Dignidad ein- und ausgegangen ist?

„Ein- und aus, ja, einmal habe ich ihn gesehen. Und zwar, als wir im Gold gearbeitet haben, kam er einmal für einen Tag. Dann war er wieder weg. Aber nur als Schäfers Besuch, der war ja da mit. Den nannte man – der „ME"."

Gingen auch Waffenlieferungen von der Colonia Dignidad aus in den Irak? Wissen Sie was darüber?

„Weiß ich nicht. Es handelt sich zumindest nicht um die, die da als Standardmenge vorhanden waren, die ich nachher ja auch aus der Erde gebracht habe, irgendwo, wo man mir angewiesen hat. Denn nachdem ich rausging, wurde alles verändert. Es war nichts mehr da, wo es früher mal war. Ich war der öffentliche Feind Nummer Eins. Durch das pure Rausgehen."

Es soll ein Feld geben, in der Nähe vom Fundo, außerhalb, wo man meint, heute seien noch Bomben vergraben. Kann das sein?

„Kann ich mir nicht vorstellen. Aber es ist alles möglich. Nach meinem Weggang kann da viel passiert sein. Aber darüber kann ich mich nicht äußern, weil ich das nicht weiß."

Wer hatte Ihnen denn im Fundo den Auftrag gegeben, die Waffen unter die Erde zu bringen?

„Es gibt nur einen Auftraggeber für alles. Es gab nichts, was an ihm vorbeiging. Alles, jedes Detail, musste er wissen und genehmigen. Man konnte überhaupt nichts auf eigene Faust machen. Das gab es nicht. Und wenn es das gab, dann war das ein Grund, die Herrenversammlung zusammenzuholen. Und dann konnte man da strammstehen, auch wenn es die größte Lappalie war. Es ging nichts ohne sein Wissen oder sein Befürworten, ohne seine Anordnung. Er hat ja alles angeordnet. Wenn du was machen wolltest, dann musstest du hingehen und fragen, können wir das und das machen?"

Warum wurden Ihnen die Aktien nicht ausgezahlt?

„Wir sollten ja gar nichts kriegen, nichts. Deswegen haben wir auch nichts ausgezahlt bekommen. Es wäre ja auch ziemlich teuer geworden. Deswegen haben sie es auf diese Art und Weise gemacht. Aktienübertagung mit Unterschrift, Willi Malessa, Edeltraud Bohnau. Das war das Billigste, was zur Hand war. Die einzigen Aktien, die wir heute haben, hat uns die Person hinterlassen, die wir hier schwerkrank über Monate hinweg aufgepäppelt haben, auf unsere Kosten. Zum Dank dafür hat sie dann ihre Aktien auf uns übertragen. Das sind auch nur dreihundertsechzig, nicht zu vergleichen mit dem, was ich vorher hatte, als Gründer von Abratec."

Sie haben ja mal gesagt, Sie haben das Haus extra so groß gebaut, um Leute, die aus der Colonie geflüchtet sind, hier zu beherbergen. Wer war denn das? Also wem haben Sie hier sozusagen Unterschlupf gegeben über längere Zeit?

„Da war eine Familie mit drei Kindern. Miguel Becerra mit Frau und drei Kindern. Die waren hier, weiß ich, sieben Monate oder länger. Gudrun Wagner und Wolfgang Müller. Die waren auch viele Monate hier. Dann war Werner Schmidtke hier, immer wieder zwischendurch. Er ist immer wieder zum Übernachten hierhergekommen. Das war seine Zuflucht, wenn er hier in Chile herumgesucht hat, wo er bleiben kann. Er wusste, er kann hier immer wieder ein Bett finden, oder eine Mahlzeit, oder was gerade notwendig war. Wer war noch? Im Großen und Ganzen waren sie das. Es waren viele hier, aber nur als kurzen Zwischenaufenthalt. Meistens die, die nach Deutschland gegangen sind."

Warum war Ihnen das so wichtig, das zu tun?

„Obwohl das Leben in der Colonie, wie beschrieben, für viele eine Qual war, Zeitweise für mich auch, hat man doch eine gewisse Zuneigung gewonnen zu den Leuten. Ältere, jüngere, etc. Für mich sollte das hier ein Zufluchtsort für die sein, die es einmal nötig haben, und nicht wissen, wo sie bleiben sollen, wenn sie nicht mehr weiterkommen und sich nicht mehr zurechtfinden. Also auf der einen Seite waren wir die großen Verräter, auf der anderen Seite haben wir nichts anderes gedacht, auch bei diesem Haus, als den Leuten drin zu helfen, wenn sie nicht mehr wissen, wohin. Das haben wir durchgeführt. Deswegen ist das Haus so groß. Wir brauchen das große Haus nicht. Aber wir haben eben das, was wir bekommen haben, oder das, was man uns geliehen hat, und das ist echt so, dazu benutzt, immer noch für die da drin mitzusorgen, wenn sie es einmal notwendig haben, da rauszugehen und irgendwo unterkommen müssen."

Ist die Rechnung aufgegangen, also hat der Plan geklappt?

„Ja, wir sind zufrieden damit. Wir sind sehr zufrieden damit, weil wir konnten nicht nur für uns selber denken, wie es ja heute auf der Welt normal ist. Keiner guckt sich nach dem anderen um. Diese Haltung haben wir nie eingenommen. Wir wollten immer helfen, obwohl wir die Schlechten waren. Die Verräter. Besser gesagt, Judas."

Rundgang durchs Malessa-Haus

(Edeltraud Malessa): „Aber?"
(Interviewerin): „He?"
(Edeltraud Malessa): „So willst du das machen?
(Interviewerin): „Ja, komm."
(Edeltraud Malessa): „Links. Links."
(Interviewerin): „Geht ihr vor."
(Edeltraud): „Wir wollten doch zum Pool?"
(Willi) „Ja."
(Edeltraud): „Ja, dann musst du da gehen."
(Interviewerin): „Das ist sozusagen der Wintergarten?"
(Edeltraud): „Und Sommergarten."
(Interviewerin): „Schön."
(Willi): „Das ist das wärmste Zimmer im Winter."
(Interviewerin): „Echt?"
(Willi): „Wenn man hier sitzt und die Sonne geht da so tief lang, dann ist es hier schön warm. Ursprünglich war der Wintergarten nicht mit auf dem Plan. Das habe ich dann dem Architekten gesagt, dass ich den noch dran haben möchte."
(Edeltraud): „Dass wir die dazu haben möchten, hier die Terrasse."

(Interviewerin): „Das ist ja eigentlich alles ein Traum, ne?"
(Willi): „Hmm."
(Edeltraud): „Hier diese Bäume habe ich gleich gepflanzt, wegen der Hitze. Damit wir hier Schatten haben. Und die anderen weiter weg, damit wir auch ein bisschen Fläche haben. Damit man gucken kann. Alles ringsum gepflanzt. Und das Becken. Das geht immer so bis Ende März."

Willi am Pool stehend.

Wenn ihr das mal nicht mehr haben solltet, wird es euch fehlen?

(Willi): „Ja, auf jeden Fall."
(Edeltraud): „In Los Angeles gibt es jetzt eine Riesenschwimmbadehalle. Mit allem Komfort. Mit großen Räumen für Gymnastik und diesen ganzen Maschinen. Ein Riesengebäude, wo man alles hat, sogar einen Pool, wo sogar die Waldschwimmer schwimmen können. Mit warmem Wasser und mit bisschen weniger warmem Wasser. Und eine Sauna. Das ist gar nicht so teuer."

Ist das auch beheizt?

(Edeltraud): „Das ist alleine warm. Das wird von alleine warm." (Pause) „Hier war nichts, hier war nur Gestrüpp. Und jetzt ist noch Winter."

Wann haben Sie denn das Grundstück erworben?

Willi: „2001/2002."
Edeltraud: „2001 haben wir das noch günstig bekommen. Dann haben wir angefangen zu roden und sauberzumachen, hier überall. Nachher haben wir auch gleich die Bäume angefangen zu pflanzen, die hier stehen, die großen. Die sind alle ungefähr siebzehn Jahre alt, fast achtzehn die ersten. Die großen Pinos da hinten sind wohl achtzehn Jahre alt. Die habe ich gleich da eingepflanzt. Die Nussbäume, die großen."

Das ist ja ein wahnsinnig großes Anwesen?

„Ein halber Hektar."

Halber Hektar?

„Man muss einen halben Hektar an Land kaufen. Das ist das Minimum."

Echt?

„In der Stadt kannst du ein kleineres Grundstück kaufen, aber sonst, wenn du da mal verkaufen möchtest, kriegst du es nur verkauft, wenn du einen halben Hektar …"

INTERVIEW EDELTRAUD BOHNAU MALESSA

Und fühlen Sie sich hier wohl?

„Ja, auf jeden Fall. Nur, jetzt ist mir das zu groß, wir sind ja nur noch alleine. Wir möchten gerne verkaufen, weil wir auch die Rente nicht haben und fürs Haus auch zahlen. Eigentlich ist das gar nicht mehr drin für uns, wir können das gar nicht mehr. Ich sehe zu, dass ich Stückchen für Stückchen jede Woche immer noch durch komme mit dem Haus saubermachen, aber normalerweise schaffe ich das nicht mehr. Ich bin jetzt achtundsechzig und habe Probleme. Arthrose. Ich versuche es noch, so gut es geht, zu erhalten, dass alle Zimmer immer noch reihum geputzt sind, und die Bäder. Aber ich kann das, glaube ich, nicht mehr lange machen. Das ist zu schwer."

INTERVIEW WILLI MALESSA

Wie ist das eigentlich, wird Ihnen das geneidet, dieses Grundstück?

„Auf jeden Fall. Das wird uns ja auch vorgehalten. Ihr habt Geld gekriegt, und uns haben sie nichts gegeben. Aber wir haben es verlangt, für die sechsunddreißig Jahre Zwangsarbeit und den Missbrauch, aber das haben sie uns nie bezahlt, sie haben uns das nur geliehen. Das war der große Betrug, denn sie wollten ganz besonders mich ruhigstellen, damit ich nicht rede. Deswegen haben sie so einen Vertrag gemacht mit uns, mit sechs Prozent Rückzahlung. Wenn ich rede, wollten sie das kassieren. Die wussten ganz genau, dass wir das nicht können. Die wollten uns damit dann ruhigstellen."

INTERVIEW EDELTRAUD BOHNAU MALESSA

„Aber ich wollte, dass die uns das Geld für die Aktien zahlen, und dass, wenn sie uns das Geld geben, das eine ehrliche Sache sein sollte. Nicht so, wie sie das gemacht haben. Sie könnten unsere Aktien, die sie uns sowieso schon weggenommen haben, der Person geben, die uns das Geld geliehen hat. Das war Fredi Gerlach. Später haben wir festgestellt, dass Fredi Gerlach uns gar nicht zahlt, sondern dass die Colonie uns zahlt. Dass sie das Geld von Fredi Gerlach behalten haben. Das waren fast hundert Millionen, die sie behalten haben, und Fredi haben sie im Glauben

gelassen, dass wir sein Geld bekommen hätten. Jahrelang hat er das noch geglaubt. Aber wir haben das bald gemerkt, denn die haben zwei Verträge gemacht. Einen mit Fredi, und eine Woche später noch mal einen ohne Fredi. Da haben wir schon gemerkt, irgendwas stimmt nicht. Die haben die Nachzahlung, die Fredi Gerlach von seinem Vater hatte, selber behalten, und die Nachzahlung von meiner Mutter, die fünfzig Millionen, haben sie auch selber behalten. Wir haben praktisch gar nichts bekommen. Das, was wir bekommen haben, ist geliehen.
Die Sache, dass wir für uns Geld verlangt haben, ist auch anders. Wir haben für alle Geld verlangt. Ich habe Hans-Jürgen Blanck gesagt, jeden, der weggeht, müssen sie mit dem auszahlen, was er verdient hat, dem Alter entsprechend. Wenn ein Junge weggeht, der hat nicht so viel zu bekommen wie ein Älterer, der weggeht. Das war die Logik darin. Von dieser Logik haben wir immer wieder gesprochen. Zum Beispiel, als Efrain Vedder wegging aus dem Fundo, da kam Hans-Jürgen Blanck und meinte, der hat gesagt, ich werde mich auch mit Plastik zudecken, wenn ich gehe. Aber ich will nicht als Verräter beschimpft werden. So ungefähr. Da habe ich gesagt: Hans-Jürgen, was dem Efrain Vedder zusteht, müsst ihr ihm auch geben, sonst seid ihr Betrüger. Ihr behaltet, was euch nicht gehört.
Wir haben in einem Brief auch geschrieben, dass sie alles aufteilen müssen, damit jeder wieder seine Rechte zurückbekommt. Denn man hat ja kein einziges Recht, wenn man nichts besitzt. Sie konnten mit den Kindern machen, was sie wollten. Wenn du nichts besitzt, und in meinem Fall noch, die Sprache nicht verstehst, und nicht sprechen durftest, nicht lernen durftest, kannst du gar nichts machen gegen diese Bande da oben. Das hat uns damals schon geärgert, dass sie uns enteignet haben. Vollkommen enteignet, und dann die Tür zugemacht. Wir durften nicht ins Fundo. Viele Leute, jüngere und auch ältere, die uns nicht so gut kannten, haben denen geglaubt, nicht uns."

(Willi Malessa):
„Hier ist das Besuchszimmer. Ist alles leer. Denn hier hat mein Sohn mit seiner Familie gewohnt, mit seiner Frau, Bano (Bad). Jedes Zimmer hier hat ein Bad. Der hat natürlich alle seine Sachen rausgeräumt. Vorher war das alles mit Betten und Möbel für eventuelle Notfälle."

(Edeltraud Malessa):
„Das Zimmer von der Schwiegermutter ist hier."

(Willi Malessa):
„Das ist hier so ein kleiner Raum. Wo man sich aufhalten kann."

(Edeltraud Malessa):
„Das Zimmer von der Schwiegermutter ist jetzt auch leer. Die ist ja mit ihnen mitgezogen. Guck mal, hier hinten ist das Bad. Das ist auch ein schönes, großes Bad.
Hier ist das Zimmer von meinem Sohn früher, oder von meiner Tochter. Die haben nacheinander … Da habe ich jetzt ein Besucherbett drin. Ist auch mit Bad."

(Edeltraud Malessa):
„Besucher kommen ja öfter, vor allem Willis Bruder mit Frau. Und Anita kommt auch oft. Aber die Möbel sind fast ausgeräumt im Moment."

(Willi Malessa im Badezimmer):
„Wir haben beide Probleme mit dem Rücken. Das hilft uns natürlich sehr, wenn wir einmal in der Woche Fußmassage, Rückenmassage und so weiter machen können. Ich bin ja auch an der Wirbelsäule operiert, schon 1993. Das hält mich noch einigermaßen gut auf den Beinen."

(Edeltraud Malessa im Schlafzimmer):
„Ich kann jetzt gar nicht großartig Betten machen. Aber hier ist der Hund."

Eigentlich ganz schön hier, ne?

(Willi Malessa)
„Ja, ist überhaupt sehr angenehm, im Haus hier zu wohnen."
„Die Temperatur im Sommer ist sehr angenehm, wenn es draußen heiß ist. Wegen der dicken Wände haben wir hier eine angenehme niedrige Temperatur. Dann kommt man rein, und es ist ganz frisch."

Sind das schlimme Erinnerungen für Sie, als die Leute hier ankamen, zum Beispiel jetzt Gudrun Müller mit ihrem Ehemann.

(Willi Malessa)
„Bueno (nun gut), nicht schlimmer als alles, was wir durchgemacht haben. Natürlich war das wieder ein Schock, die Leute zu sehen, wie sie von

dort rauskommen, geschädigt, und praktisch auf äußere Hilfe angewiesen. Die wussten ja auch nicht, wie sie sich draußen benehmen sollten, in der Stadt zum Beispiel. Deswegen haben wir auch diese Zwischenetappe geschaffen für solche Leute, die nicht wissen, wie sie sich draußen bewegen können."

Dann gibt es noch mehr?

„Hier ist ein Apartment, das wir auch zwischendurch mal vermietet hatten. Mit Bad und unabhängiger Küche. Da war Miguel Becerra mit seiner Familie – hier oben."
Natürlich ist jetzt alles ausgestorben, alles verlassen. Wir zwei sind hier nur noch alleine."

Macht Sie das manchmal auch betrübt?

„Ja. Es wäre natürlich schön, wenn mehrere Leute hier wären. Die dann eventuell auch mal aushelfen könnten, insbesondere der Edeltraud. Mit ihrer Arthrose in der Wirbelsäule hat sie ja viele Probleme. Solange mein Sohn hier war, mit seiner Frau und der Schwägerin, haben die das Putzen übernommen, so Arbeiten, die meine Frau nicht mehr machen kann. Jetzt sind die natürlich weg, haben ihr eigenes Haus bezogen. Jetzt muss man sehen, wie es weiter geht. Wir hatten das Haus zum Verkauf angeboten, aber es fehlt eben noch der entsprechende Käufer dafür"

Und nach Deutschland zurück?

„Nach Deutschland zurück ist auch nicht so einfach für uns. Weil wir das nicht mehr gewohnt sind. Das wird auch eine große Umstellung sein für uns."

Würden Sie denn gerne nach Deutschland ziehen?

„Mal eine Reise machen und zu Besuch mal wieder an die Orte kommen, wo wir aufgewachsen sind, in meinem Fall Rheine, Rheine in Westfalen. Edeltraud ist aus Gronau. Sie möchte auch mal gerne sehen, wo sie geboren wurde und aufgewachsen ist. Aber für immer da bleiben, das ist wieder was Neues. Wenn das nicht anders geht, würden wir das natürlich machen."

(Willi Malessa):
„Das hier ist die Rumpelkammer, da stand die Pingpong-Platte, um zu spielen. Aber es ist voll mit Sachen von meinem Sohn, die er noch nicht abgeholt hat, weil er sich erst mal einrichten muss, in seinem neuen Haus.“

INTERVIEW WILLI MALESSA

Und das war Ihr Traum, dass Sie sozusagen die Colonos, wenn sie rauskommen und alles auffliegt, hier beherbergen?

„Der Verräter wollte den Leuten da drin was Gutes tun. Bis zum Schluss.“

Fühlen Sie sich auch als Verräter?

„Nein. Auf keinen Fall.“

Aber Sie haben Probleme damit, dass Sie von den anderen so gesehen werden?

„No, keine Probleme. Ich nehme das so hin. Aber alle wissen, dass es nicht stimmt. Wenn ich die Tatsachen benenne, die da geschehen sind, ist das kein Verrat.“

Was ist eigentlich für Sie die schlimmste Tatsache, die da passiert ist?

„Die schlimmste Tatsache von allen ist die, dass dort nicht einmal vor Mord und Hinrichtung zurückgeschreckt wurde. Und dass unser Fundo, unsere Erde, die uns praktisch heilig war, auf diese Art und Weise verunreinigt wurde. Dass dort Menschen hingerichtet wurden, und eingescharrt in Massengräber. Und dass ausgerechnet ich danach hingehen musste, nach Jahren, und das alles ausgraben, und verschwinden lassen musste. Das ist das Schlimmste, was dort passiert ist. Und das alles hinter dem Rücken der ganzen Bewohner.“

Werden Sie damit jemals fertig, das getan zu haben?

„Ja, ich bin damit schon fertig. Das habe ich mir nicht ausgesucht und das war auch der kritischste Moment in meinem Leben, als ich gesehen habe, was ich dort im Kübel habe. Das hat mir Schäfer vorher nicht gesagt, was das ist, was ich tun soll. Dass ich da innerhalb von Sekunden oder Minuten entscheiden musste: Renne ich hier jetzt weg oder mache ich weiter? Aber es gab nur eine Option: Denn ich wusste nicht, wie das dann mit mir zu Ende geht, wenn ich mich da jetzt verweigere, nachdem ich gesehen habe, worum es geht."

Das heißt, Sie haben die Leichen auch erkannt?

„Nein, keine. Die waren unkenntlich. Es war alles eine unkenntliche Masse."

Die dann verbrannt wurde?

„Ja, die dann in die andere Sektion ging zur Verbrennung. Damit hatte ich dann nichts mehr zu tun."

Das heißt, erst mal die Leichen verbaggern, in die Erde bringen und dann wieder rausgeholt?

„Nein. Damit habe ich nichts zu tun. Ich habe sie nur rausgeholt. Mit dem Reinbringen hatte ich nichts zu tun. Dann hätte ich ja gewusst, worum es geht."

Glauben Sie daran, dass es heute noch auf irgendeine Art und Weise möglich ist, die Leichen zu identifizieren?

„Dazu müsste man Reste finden, die man bis jetzt nicht gefunden hat. Darum geht es die ganzen Jahre. Da arbeiten auch noch Spezialisten dran, Reste zu finden. Und das ist das Problem. Die haben bis jetzt keine Reste gefunden. Ich habe in allen Instanzen mitgeholfen. Ausgesagt und gezeigt, wo was war, um all denen zu helfen, die ihre Familienangehörigen dort verloren haben. Das habe ich als meine Pflicht angesehen, auch wenn mich einige weiterhin als Verräter schelten."

Was ist denn Ihr größtes Anliegen im Thema Colonia Dignidad, nachdem was Sie alles erlebt haben?

„Mein größtes Anliegen ist, dass der deutsche Staat sich der Überlebenden annimmt und nicht nur eine Geste auf fünf Jahre präsentiert, sondern sich wirklich mit den Opfern identisch macht. Oder ihnen eine Unterstützung – eine wirkliche Unterstützung – in Form von Rente zukommen lässt, die menschenwürdig ist. Denn vierzig, fünfzig Jahre arbeiten, ohne Rente einzuzahlen, ohne Geld zu haben, ohne Ersparnisse zu haben, und am Ende auch nichts zu haben – das ist ein Unding, das kann man nicht so ohne Weiteres ignorieren. Das hätte ich auch vom deutschen Staat nicht erwartet, der alles gewusst und nie was unternommen hat. Jetzt, nachdem er alles weiß und alles erzählt wird, scheint mir, es wird behandelt wie ein Krimi, den man liest und dann wieder wegstellt, als wär nichts geschehen."

Könnten Sie sich vorstellen, dass so etwas noch mal passiert wie Colonia Dignidad?

„Auf der Welt heute ist alles möglich. Bei der politischen Einstellung verschiedener Regierungen ist alles möglich. Wenn die Regierungen nicht menschenwürdig reagieren, dann ist alles möglich."

Ist es Ihnen denn wichtig, dass eine komplette Aufklärung im Thema Colonia Dignidad stattfindet?

„Auf jeden Fall."

Und auch, dass bestimmte Menschen noch ins Gefängnis gehen?

„Ja. Jeder ist für das verantwortlich, was er gemacht hat. Ich wüsste nicht, mit welcher Begründung hier Sachen verheimlicht werden."

Wer müsste denn Ihrer Meinung nach noch bestraft werden?

„Darüber möchte ich nicht befinden. Darüber müssten die Gerichte entscheiden."

Hat Dr. Hopp von den Folterungen gewusst?

„Das kann ich nicht bezeugen. Aber dass er nichts gewusst haben soll, obwohl er mit einem Repräsentanten für Besuche von Manuel Contreras dabei war und ihn kannte, als der, der er war, fällt es mir schwer, daran zu zweifeln. Für uns war Manuel Contreras irgendein Besuch. Aber wer er wirklich war, das haben wir erst Jahre später erfahren, über die Nachrichten. Denn er war bei uns nur der „Mamo“.“

Interview I Irmgard Wagner

Interviewführung: Anette Ende
Ort: Krefeld, Deutschland
Datum: 9.3.2019

Frau Wagner, könnten Sie mal erzählen, was im Kartoffelkeller Anfang der Siebzigerjahre passiert ist?

„Ja, wir waren als Frauen eingezogen, das heißt, wir waren ja noch Mädchen. Eine ganze Gruppe von mutigen und starken Mädchen. Wir mussten alles ausprobieren. Ich meine, ich habe auch Schießerfahrung, habe mit der MP geschossen. Ich war Schütze A. Das bedeutet was, wer Ahnung hat. Wir haben auch so eine Pepperfog gehabt. Die ist so ungefähr sechzig Zentimeter lang gewesen und hat einen wahnsinnigen Krach gemacht. Da kam Reizgas raus. Na ja, wie soll ich sagen? Das hat entsetzlich gestunken. Es wurden mehrere Gase probiert.
Wir Mädchen mussten, während diese Pepperfog lief und das Reizgas ausströmte, auf Turnmatten sportliche Übungen machen. Das ging so weit, bis einige Mädchen da irgendwo lagen und wir gar nicht mehr gehen konnten. Wir sind nur noch so gewankt und haben erbrochen. Ich war halb weg, ich konnte fast nichts mehr. Es war so schlimm, ich weiß nicht, wozu die das gemacht haben. Aber wir waren so erzogen – alles willig und bereit – für alles. Ich hatte natürlich gehofft, dass es nie so weit kommt. Ich hatte auch ein sehr persönliches Verhältnis mit meinem Gott, an den ich sehr glaube.“

Wer ging denn mit dieser Pepperfog da durch? Und durch welchen Raum?

„Das war im Kartoffelkeller. Da ist ja ein langer Bereich, der war so abgeteilt. Die Räume waren so extra, dass man nicht überall hingucken konnte. Aber der Raum, in dem wir drin waren, war ziemlich groß. Da waren auch Kartoffeln und alles mögliche Gerümpel, sodass man nicht viel draus schließen konnte. Karl van den Berg hat uns Anweisungen gegeben, was wir zu tun hatten. Es war schon heftig, sehr, sehr heftig.“

Wie ist das Ganze abgelaufen?

„Es war immer mal der Raum und mal der Raum. Nicht nur im Kartoffelkeller, auch bei uns auf der Bühne. Da gab es einen Bereich, zu dem keiner hindurfte, nur wir, wir waren die Auserwählten sozusagen. Na ja, ein bisschen stolz waren wir auch in diesen Jahren, weil wir sonst als Mädchen nichts gegolten haben. Jetzt waren wir was. Da haben wir auch Aluminium-Stücke mit der Schleifhexe gemahlen. Also eine gefährliche Sache. Das Aluminium haben wir dann in Behälter aufgefangen und in Handgranaten reingestopft. Unter Druck kam dann ein Verschluss drauf, also er wurde mit so einer Feder reingeschraubt. Ich wusste, wie die funktionieren. Also wenn man die geworfen und losgelassen hätte, diese Feder, dann wäre es um denjenigen geschehen gewesen, der die da abgekriegt hätte.
Aber, wie gesagt, das waren alles Übungen.
Wir sind auch auf den sogenannten Eisenplatz gegangen, der war tief in den Bergen drin. Zu Fuß alles, weil man mit dem Fahrzeug gar nicht hinkam. Da haben wir dann mit Maschinenpistolen geschossen. Ich habe eine Maschinenpistole bedient, die eigentlich ein Mann bedient, eine MP Nummer 32, aber er war so oft weg. Der war zu der Zeit im Steinbrecher beschäftigt. Daher hatte ich die ganzen Jahre diese Maschinenpistole. Wir hatten so Räume, in denen das alles verwahrt wurde. Auch die Männer-Uniform-Trachten mit Koppelschloss. Ja, stolz war man auch. Das muss ich ehrlich sagen. Aber wir mussten das machen.
Mindestens zwanzig Jahre lang waren wir immer in Bereitschaft. Wenn die Sprechanlage ging und wir hörten „Zum Essen kommen“ – das war der Stichwortsatz – wussten wir, was wir zu tun hatten. Unser Alarmbeutel, unsere Sachen zum Umziehen, waren immer griffbereit. Diese direkten Sachen, die MP und die anderen Sachen, waren eingeschlossen. Wir wussten aber alle Bescheid. Es war auch eine Gruppe dabei, die hat Rote Kreuz Sachen gehabt. Ich selber auch – Rote Kreuz Taschen für Erste Hilfe. Und so waren wir auch eingeteilt. Wir haben ständig Dienst gemacht.“

Haben Sie auch auf jemanden mal geschossen mit der MP?

„Nein. Ich habe immer nur auf Wände und so … wir hatten dafür so Wände.“

Also das heißt, Karl van den Berg ging mit einer Pepperfog durch den Raum?

„Er ging mit der Pepperfog in den Kartoffelkeller und hat sie angemacht. Die geht ungefähr wie so eine Motorsäge an, macht einen wahnsinnigen Krach, und es kommt vorne aus so einem Rohr Reizgas raus. Karl van den Berg hat uns das Gerät vorgeführt. Dann wurden Helga Mysliwietz und Hannelore Riesland eingeteilt, die Pepperfog zu bedienen und er hat uns angeleitet. Wahrscheinlich wollten sie sehen, wie lange man das aushält. Das haben wir nicht lange ausgehalten, dieses Reizgas. Wir lagen da irgendwo und haben uns nur noch erbrochen. Karl van den Berg hat die Pepperfog dann irgendwann auch abgestellt. Die lief ja ununterbrochen – das Gas kam fortwährend heraus. Wir mussten uns einige Minuten da aufhalten, was eigentlich unmöglich war. Das geschah insgesamt ein oder zweimal, aber das hat so gereicht, ich wollte so etwas auch nicht noch einmal erleben.
Wir waren etwa fünfundzwanzig Jahre alt. Ich war wohl eine von den Jüngsten und wir wurden eingezogen, sozusagen als Männerersatz, weil sie nicht genug Männer hatten. Es ging um unsere Verteidigung. Man hat uns erzählt, wir müssen uns verteidigen, wir werden sonst erschossen. Man tut uns Böses. Er wollte das nicht.
Wir waren damals die Gruppe „Dornbusch“, „Kampfgruppe Dornbusch“. Wir waren so ungefähr zwanzig/dreißig Leute. Aber auch nicht nur junge, auch wesentlich ältere als ich. Die wurden alle eingezogen und mussten an die Kampfgeräte, also an Pepperfog und MPs dienen. Ich war an der MP32. Ich war sehr flink, habe das gut begriffen und das alles schnell machen können, was da zu tun war. Schießübungen zum Beispiel. Das war in verschiedenen Räumen und auch an verschiedenen Orten.
Im Kartoffelkeller haben wir sportliche Übungen gemacht, sodass wir uns im Gelände gut bewegen konnten. Und wir mussten immer springen, wenn gewisse Stichworte durch den Lautsprecher kamen. Da wurde gesagt „Zum Essen kommen“ oder „Angriff, die Dornen sind gefragt“. Die Stichworte sagten, wer da jetzt kommen musste. Ich war bei der heftigsten Gruppe, weil ich sehr mutig war.“

Über dem Kartoffelkeller gab es doch ein Fotolabor?

„Ja. Da gab es verschiedene Räume. Da gab es einen großen Bereich für die Schneiderei. Da habe ich auch gearbeitet. Ich bin ja Schneiderin. Und dann gab es auch ein Fotoatelier mit drei Räumen. In dem einen Raum hat es immer fürchterlich gestunken. Soweit ich nachher herausbekommen habe, weil sich meine Schwester dort ein Zimmer einrichten sollte mit ihrem Mann, waren das alles Gaskanister. Große Kanister, ungefähr fünfundzwanzig bis dreißig Liter Kanister. Die waren alle beschriftet, aber ich habe mich nie darum gekümmert. Wir waren so eingestellt, es wird schon nichts Böses gemacht. Wir waren ja ein frommer Verein."

Waren das Menschenversuche, die man da mit Ihnen gemacht hat?

„Natürlich. Ich habe im Nachhinein erfahren, dass dort in dem gleichen Keller Menschen tyrannisiert und gequält wurden. Ich habe es zum Teil im Fernsehen gesehen. Da konnte man nicht erkennen, wo man war. Wir wurden sehr gequält, aber das wurde nie gezeigt. Ich bin auch sehr gequält worden, mit Elektroschocks, auf dem Bett angebunden, und so weiter."

Haben Sie noch andere Erlebnisse gehabt mit Reizgas in der Colonie?

„Nein. Nur dass ich das im Nachhinein erst erfahren habe, was sie damit überhaupt wollten."

Was wollten die denn?

„Die Kampfunfähig machen, damit wir nicht zu schießen brauchen. Beziehungsweise ich glaube schon, dass das zum Tod geführt hätte."

Wissen Sie, ob das Nervengift Sarin auch in der Colonie produziert wurde?

„Davon habe ich gehört. Das haben sie immer gesagt. Ich bin da nicht mehr hingekommen. Aber von Sarin wurde gesprochen. Wahnsinniges Gift."

Wer hat wann davon gesprochen, dass es produziert wurde?

„Es wurde Hartmut Hopp vorgehalten. Der hat ja auch da mitgewirkt. Da ging Fredi Gerlach, aber ich glaube, der hatte damit nichts zu tun. Es waren nicht viele eingeweiht. Es war nur immer so ein Teil von Menschen, der in irgendwas eingeweiht war, und das auch nicht bis zum Ende. Man wusste immer nur Stücke davon, sodass keiner richtig sagen konnte, so und so lief das eins nach dem anderen ab.“

Hat denn Karl van den Berg Ihnen gesagt, dass da Reizgas versprüht wird?

„Nein. Das war die Pepperfog und damit fertig. Der hat uns nicht aufgeklärt, dass das schädlich ist. Wir wussten auch nicht, dass das Aluminium, das wir oben geschabt oder mit den Geräten abgehobelt haben, so giftig ist, und dass uns das schädigen wird. Ich habe da gearbeitet. Da wurde das mit Maschinen abgerieben, für die Handgranaten. Das waren so grüne Granaten, in die das nachher reingestopft wurde. Fest musste man das reinstopfen. Ich habe das vormittags gemacht mit jemandem. Aber wer das war, das weiß ich jetzt nicht mehr.“

Welche Folgen haben Sie davon getragen durch diesen Reizgaseinsatz?

„Ich wurde so kurzatmig. Meine Schwester Emmi, die keine Ahnung hatte, was mit uns passierte, hat mich manchmal angesprochen und gesagt: Irmi wieso bist du so zappelig? Ich konnte meine Hände nicht mehr stillhalten. Ich war nur noch ein Nervenbündel. Selber merkte man das nicht so. Aber meine Schwester Emmi hat bei uns zu Hause auch ziemlich oft die Mutterrolle übernehmen müssen.“

Haben Sie heute auch noch Spätfolgen?

„Ja, ich kriege keine Luft und habe zweimal eine Lungenembolie gehabt. Die zweite war so schlimm. Wenn einer die Lunge sieht, wie zerfetzt die war, der sagt, die Frau ist gestorben. Das hat der Arzt auch gesagt. Der Arzt, der mich untersucht hat, hat gesagt: Frau Wagner, Sie können von Glück reden, dass Ihr lieber Herrgott Zeit für Sie hatte. Und das sage ich auch, das war auch so. Ich schäme mich nicht, dass ich nur durch Gottes Hilfe noch hier sitze. Und nicht nur einmal.“

Was halten Sie denn von dem Verhalten von Karl van den Berg, da mit Reizgas durchzulaufen? Wie sehen Sie das heute?

„Er wusste das alles ganz genau. Er war ja eingeweiht, die wussten alles. Wir waren sozusagen noch Kinder.“

Karl van den Berg ist aber auch Prediger, oder?

„Er stand oft vorne mit der Bibel und hat uns was gesagt."

Frau Wagner, Sie meinten, Sie seien einmal bedroht worden von einem Mitglied der Freien Volksmission. Können Sie diese Geschichte noch einmal detailliert erzählen?

„Mir ist vielfach gedroht worden von Mitgliedern der Sekte hier, der Freien Volksmission, weil ich offen darüber geredet habe, was mir in Chile und auch in Deutschland schon widerfahren ist. Mir ist angedroht worden in Krefeld, wenn ich den Mund nicht halte, wird man mich in die geschlossene Psychiatrie bringen, und dann bin ich für immer weg. Das hat so einen wahnsinnigen Eindruck auf mich gemacht, ich war panisch. Ich habe mich nachher, als wir ausstiegen aus dem Auto – das Auto gehörte Paul Schmidt, der mir gedroht hatte –, an Heinz geklammert und gesagt: Heinz, du wirst mich doch nicht verlassen und das machen, was er gerade gesagt hat? Heinz hat mir zugesichert: Nie werde ich das tun. Dann war ich beruhigt. Aber immer wieder haben die Leute mich bedroht, dass ich den Mund halten soll."

Wer genau hat Sie bedroht in dem Auto?

„Paul Schmidt."

Und wann war das?

„Das muss schon 2009/2010/2011 – in den Jahren muss das gewesen sein, als ich in der Wohnung Mariengraben gewohnt habe. Wir wohnten sehr weit weg von der Gemeinschaft und wurden manchmal mitgenommen. Das war am Abend, da hat er uns an der Bushaltestelle aufgegabelt. Von der Bushaltestelle haben wir auch ein Bild gemacht. Da hat er uns aufgegabelt und uns mitgenommen. Das war gut für uns, aber das, was er gesagt hat, das hat mich vollkommen erschüttert."

Wo hatten Sie denn über die Colonia Dignidad geredet und zu wem? Wie kam er überhaupt darauf?

„Aus mir ist das immer wieder herausgesprungen, wollen wir mal sagen.

Weil wir ja in Chile nie reden durften. Und jetzt wurde es uns auch gewissermaßen untersagt. Da habe ich zu Herrn Ewald Frank, dem Prediger der Freien Volksmission, der auch will, dass wir schweigen, gesagt: Mein Herr hat mich erhalten, als ich die schlimme Lungenembolie hatte, als mir niemand geholfen hat, außer meinem Herrgott, dem ich vertraue. So lange mein Odem noch Luft hat, so lange ich noch meinen Atem habe und noch reden kann, werde ich mir meinen Mund gewiss nicht verbieten lassen von irgendjemandem, auch nicht von dir. Habe ich ihm gesagt. Mehrere Male habe ich ihm das gesagt: Ich lasse mir nicht den Mund verbieten. Wir mussten fünfzig, sechzig Jahre schweigen. Das werde ich jetzt nicht mehr tun. Ich sage die Wahrheit, auf Gedeih und Verderb. Deshalb werden wir angefochten."

Und das hat er Ihnen gesagt, wenn Sie weiter über die Colonia Dignidad reden, wird Sie die Volksmission in die Psychiatrie bringen?

„Ja. Ich werde dann in die geschlossene Psychiatrie überliefert werden. Den Wortlaut ganz genau kann ich jetzt nicht mehr sagen. Aber er hat es mir mehrmals angedroht. Wie gesagt, ich war so verschüchtert und verängstigt. Aber er war es nicht alleine. Auch manche Frauen, die wussten, was ich rede."

Sind Sie auch von Frauen der Volksmission bedroht worden?

„Ja, gewissermaßen. Die haben sich mit Heinz besprochen und ich durfte das nicht hören. Da habe ich hinterher schon sehr gezweifelt. Ich habe meinen Mann gefragt: Ist da irgendwas in deiner Absicht? Da sagte er: Nein Irmgard, nie werde ich dich verlassen. Ich habe dich nicht für einen Tag und gute Zeiten geheiratet, sondern auch für schlechte Zeiten. Wir bleiben zusammen."

Welche Frauen waren das und was haben die gesagt?

„Denen wurde das zu viel, was ich alles ausgepackt habe. Die eine, das kann ich mich erinnern, hieß Ursula …, ach jetzt habe ich den Nachnamen vergessen. Jedenfalls bin ich immer wieder belagert worden mit solchen Aussagen, dass ich den Mund halten soll. Inge Lackner, meine Cousine, hat ja so viel auf mich eingeredet, von wegen, dass ich ja aufhören soll mit reden. Sie hätten ja auch nie geredet. Dadurch ginge es ihnen so gut. Aber das kann ich nicht erkennen, dass es ihnen gut geht. Denn nur, wer sich freireden kann, dem kann es noch besser gehen. Ich kann so nicht leben. Und wir beide wissen, Heinz und ich, wir werden so lange reden, wie wir Luft haben."

Wissen Sie denn, ob Giftgas in der Colonie hergestellt wurde, oder hat man das eingeführt?

„Nein. Aber ich weiß, dass dort mit Sarin gehandelt wurde, und verschiedenes anderes. Dr. Hopp hat in der Nähe vom Krankenhaus mit Kaninchen hantiert. Also Versuchskaninchen. Er wurde auch angesprochen darauf, von denen, die das mitbekommen haben. Die das gesehen haben, was er mit denen macht. Also Versuchskaninchen im wahrsten Sinne des Wortes. Da wurden Sachen gemacht, die es nie hätte geben dürfen. Wir wussten das nicht. Wir sind immer nur ein Stück weit eingeweiht worden. Das war ihre Taktik. Dass man ein Stück erfahren hat, aber nicht richtig was anfangen konnte damit. Das erinnere ich jetzt."

Interview II Irmgard Wagner

Interviewführung: Anette Ende
Ort: Krefeld
Datum: September 2019

„Alle, die er sich ausgesucht hat, der Herr Schäfer, die praktisch noch an der Waffe dienen sollten beziehungsweise im Kampffeld als Assistenten, als Krankenassistenten, auch an der Waffe, weil es zu wenig waren. So wurde ich auch eingezogen. Und habe einige Jahre an der Waffe Dienst gemacht. Aber es ist zum Glück nur zu Übungen gekommen. Wir haben auch Sportlichkeitsübungen gemacht. Da sind wir an verschiedenen Orten gewesen. Auch im Kartoffelkeller. Da waren so große Räume abgeteilt. Wir hatten uns Ledermatten hingelegt, auf denen man turnen konnte, damit wir ein bisschen beweglicher wurden, weil wir ja nur gearbeitet haben. Wir hatten ja nie Sport gehabt und sollten uns nun im Gelände frei bewegen können. Unter anderem waren es die Rolle rückwärts und vorwärts und Bockspringen und was nicht noch alles. Eines Tages brachte Karl van den Berg – er war übrigens unser Vermittler, der uns da an den Waffen angelernt hat und uns vorgemacht hat wie alles funktioniert – zwei so große Pepperfogs mit rein. Das sind so große Apparate, die machen sehr großen Krach, man versteht kaum noch was, wenn die läuft. Wir wurden praktisch in die Verzweiflung getrieben. Nachher standen ich und einige Mädchen in meinem Alter draußen und haben uns erbrochen. Ich habe sogar im Strauch gelegen, wir waren ja damals noch jung. Da waren wir noch flink und konnten auch wieder aufstehen. Aber es war furchtbar, was er da gemacht hat. Er hat das Ding angemacht, und es uns vorgeführt, währenddessen lief das Reizgas immer unter uns.
Ein paarmal musste ich da durchlaufen. Man hat fast den Verstand verloren während dieser Übungen. Man war seiner selbst fast nicht mehr mächtig, wusste gar nicht richtig, was tut man da eigentlich? Ich weiß nicht, ob er das nicht wusste oder ob er uns vernichten wollte. Jetzt nach so vielen Jahren, traue ich ihm auch zu, dass er gar nichts dagegen gehabt hätte, wenn eine tot umgefallen wäre. Dann wäre es halt so gewesen.
Der hat sehr, sehr schlechte Sachen gemacht. Ich habe sehr, sehr schlechte Erinnerungen an ihn. Er hatte nach Paul Schäfer die Oberhand. Ich habe gesagt, wenn der noch mal am Steuer sitzt und wir nach Litral fahren,

nach Bulnes, steige ich aus und bleib zu Hause. Ich fahre nicht mehr mit dem. Der hat uns fast totgefahren. Unmöglich. So was lässt man auf Menschen zu. Der ist so um die Ecken gefahren und diese wackeligen Brücken, die es da gibt, in Chile. Es kann sich keiner vorstellen, was ich für Angst ausgestanden habe. Unmöglich.
Wir haben ja mit ihm immer mit Gift gearbeitet. Das war alles Gift. Jetzt im Nachhinein weiß ich auch, dieses Aluminium, das wir gerieben haben, damit ist fast einer zu Tode gekommen. Da waren lauter so Schleifmaschinen, an denen man große Zelte fertigen konnte. Wir haben Mittag gemacht und als ich zurückkam – ich weiß nicht, ob ich alleine war – da war die abgebrannt. Da war inzwischen durch dieses Abreiben von Aluminium ein Brand entstanden, in dem unser guter Freund – mein Mann kennt ihn sehr gut, ich möchte jetzt den Namen nicht nennen – fast zu Tode verbrannt wäre. Die haben Monate, Jahre um diesen Mann gerungen, dass er das Leben behält. Das kann sich keiner vorstellen, was der für Brandwunden hatte. Da mussten Hautverpflanzungen gemacht werden. Uns wurde nie gesagt, pass auf, oder irgendwas, das könnte schädlich sein. Oder dass wir einen Mundschutz bekommen hätten. Nie.
An der Waffe habe ich viel gestanden. Wir haben ja unsere Übungen gemacht. Wie gesagt, es war nicht immer im gleichen Raum.
Wir haben auch zwischendurch in den Bergen, in einer Schlucht unsere Schießübungen gemacht. Das hat ja dann ganz laut widergehallt. Ich bin nur froh, dass es nie zum Einsatz kam, aber wir haben, möchte ich sagen, dreißig Jahre gedient. Ich war praktisch der Wachhund in unserer Mädchengruppe, weil ich alles gehört habe, und sofort immer da war. Wenn die Sprechanlage über meinem Bett anging, stand ich schon vorm Bett. So gedrillt sind wir worden. In ein paar Minuten mussten wir zum Einsatzort kommen. Ich habe mich so gedrillt, ich habe gedacht, ihr könnt mal sehen, was Mädchen wirklich sind. Wir Mädchen, die wir dort gewohnt haben, im sogenannten Pedrohaus, waren immer die Ersten am Einsatzort. Das haben noch nicht mal die geschafft, die dort direkt gewohnt haben. Die kamen verschlafen daher, wenn wir schon zehn Minuten Fahrradweg hinter uns hatten.

Ich habe mich nie geschont. Ich habe alles gegeben für diese Sekte. Ich habe nicht gewusst, in was für einer schrecklichen Sekte ich lebe. Aber eins weiß ich, wenn ich meinen Herrgott nicht gehabt hätte, und dem bis zum heutigen Tag nicht so vertraut hätte, würde ich nicht mehr leben. Das ist sicher.

Als meine Zwillingsschwester und ich in die Sekte gegangen sind, dachten wir, wir tun was Gutes. Wir wollten unser Leben Gott widmen. Und dann wurden wir so bitter enttäuscht. Ich kann nur warnen: Jeder, der das Wort Sekte hört, oder komische Sachen wahrnimmt, soll seine Beine in die Hand nehmen und laufen, soweit er nur kann. Denn da klebt man an wie an Pech. Das lässt einen nicht mehr los, da braucht man höhere Gewalt. Das kann nur Gott machen, dass man sich davon wieder lösen kann. Gott sei Dank bin ich los. Aber die Nachwirkungen, die vielen Jahre, das kann sich keiner vorstellen, was ich durchgemacht habe. Das kann man auch nicht so schnell erzählen.

Ich bin so oft mit Elektroschocks behandelt worden. Jedes Mal, wenn irgendwas war, obwohl ich nicht schuld war. Ich wurde unschuldig angeklagt, so unschuldig.
Dann haben sie mich vorgeladen im Krankenhaus. Sie haben gesagt, wir müssen mal wieder Blut von dir haben, leg dich mal hin. Dir wird ja immer gleich schlecht. Ich habe immer vertraut. Ich habe bis zu einem gewissen Grad, bis ich es dann nicht mehr aushalten konnte, habe ich immer vertraut, alles gemacht. Wenn ich dann wach wurde, war ich irgendwo, wo ich nicht hingegangen bin. Dann waren da in dem Zimmer rechts und links so Bilder mit Schmetterlingen. Wenn ich dann wieder zu mir kam, flogen diese Schmetterlinge so heftig um mich herum, das kann sich keiner vorstellen.
Wenn ich dann wieder zurückgekommen bin, kriegte ich Bücher. Dann wurde vorgelesen. Das letzte Mal, als sie mich so fertig gemacht haben, war ich so weit, dass ich die Uhr nicht mehr lesen konnte. Ich wusste gar nichts mehr. Ich musste wie ein Baby neu anfangen, mich waschen lernen, zur Toilette gehen, und alles andere. Die wollten mir meinen Verstand rauben. Ich, die ich so einen festen Glauben habe, habe dann, wenn die Spritzen hier reinliefen, so viel war meistens drin, das habe ich gesehen, zu Gott gerufen, und gesagt: Herrgott, erhalte mir meinen Verstand und mein ewiges Leben. Und das hat der Herr bis heute gehört.

Es lohnt sich, gläubig zu sein, dem Herrn zu folgen. Es lohnt sich, sonst würde ich nicht mehr so klar reden können. Es kann sich keiner vorstellen, was ich durchgemacht habe. Einmal haben sie mich mit Tabletten so aufgeputscht, dass ich mir immer vorkam wie auf einem Tablett. Aber ich wurde auch immer beobachtet. Es war nie genug. Genug war nie genug. So viele Jahre unter Beobachtung. Und dafür kriegt man nichts. Es wird an einem gezweifelt.

Ich musste in meiner Lehrzeit immer nach Stade fahren mit dem Bus. Ich kriegte nie zu trinken mit. Wenn meine Freunde abends gesagt haben, ach, lass uns noch was trinken gehen, habe ich gesagt, ach, ich habe gar keinen Durst. In Wirklichkeit bin ich fast gestorben vor Durst. Aber ich hatte Angst, zu sagen, ich habe kein Geld. Ich kriegte nie mehr mit, als für die Fahrt notwendig war. Mein Brot, ja, das hatte ich. Im zweiten Lehrjahr bin ich dann nachmittags noch in die Kochschule gegangen. Da bin ich manchmal auf die Straße gegangen und per Anhalter nach Hause gefahren, weil ich dann nicht so lange auf den Bus zu warten brauchte und auch nicht so lange im Dunkeln durchs Dorf gehen musste. Ich hatte Angst im Dunkeln. Da war kein Licht, die ganze Straße, die ich nach Hause gehen musste, mehr als einen Kilometer bis zum Dorf, und dann durchs Dorf durch. Es war so sparsam mit den Lichtern, und ich musste alleine gehen, mit vierzehn Jahren.
Na ja, es hat sich keiner darum gekümmert, wie ich nach Hause komme oder was mit mir ist. Ich hatte eine kleine Dachkammer, in der ich schlafen musste. Dann habe ich, wie so oft, mein Kissen nassgeweint und bin eingeschlafen. Ich bin mondsüchtig geworden durch diesen ganzen Wahnsinn, den ich da erleben musste. Für jede Kleinigkeit gab es Prügel. Mit dem Stock. Aufgeweckt wurde ich auch mit dem Stock. Fünf Minuten vor sieben wurde ich geweckt, um sieben musste ich in der Werkstatt sitzen. So wurden wir gedrillt, schon als Kinder. Ich wurde so gedrillt, ich konnte nie mit jemandem über etwas sprechen. Wir wurden so viel in Arbeit eingebunden, dass gar keine Zeit war. Und wenn man ins Bett ging, hatte man das zweite Bein noch nicht mal im Bett, hat man schon geschlafen."

Haben Sie denn da nicht bei Ihren Eltern gelebt?

„Nein. Mein Vater war für ein Jahr in Siegburg, weil Schäfer weg war für eine ganze Zeit. Der hat irgendeine Reise gemacht, darüber wissen andere mehr. Ich war ja nicht da. Dann waren wir auch dort, meine Schwester und ich. Aber bald war sie weg und ich kam nach Balje. Als wir dahin fuhren, alte Straßen, noch mit Kopfsteinpflaster, das hat so geschüttelt, und keine Laternen, auch keine Ampeln und nichts. Es waren nur so Landstraßen. Da habe ich gedacht, bald kommt der Bretterzaun, wo praktisch die Welt zu Ende ist. Und dann, wie bei Columbus, kamen wir am Ende der Welt an, an einen Bretterzaun. Ich komme aus Graz, einer schönen, großen Stadt. Der zweitgrößten in Österreich. Wenn ich das alles geahnt hätte, hätte ich so eine Dummheit nicht gemacht. Aber das Geld, das ich übrig hatte von der Fahrt, habe ich abgegeben. Stell dir vor, so naiv war ich."

Sie waren im Heim in Siegburg?

„Ja, da wurde ich so geschlagen. Für nichts, für gar nichts. Ich habe wohl nicht das richtige Gesicht gemacht, weil mir das alles furchtbar vorkam."

Konnten Sie denn nicht zu Ihrer Mutter zurück?

„Nein. Ich hatte gar nichts. Ich hatte meine Sachen nicht, keinen Ausweis, kein Geld. Mein Vater war irgendwo, mit dem konnte ich nicht sprechen. Vielleicht, wenn ich noch mutiger gewesen wäre, wäre ich nach Hause getrampt. Aber das waren tausend, fast zweitausend Kilometer bis nach Graz. Darauf bin ich nicht gekommen."

Und wie kamen Sie nach Chile?

„Eines Tages kam meine Freundin, das heißt, die Tochter der Lehrfamilie, und sagte: In deiner Haut möchte ich stecken, du fährst nach Chile. Es war Weihnachten 1961, da sollte ich schon mit Helmut Schaffrik nach Siegburg fahren. Die Schaffriks waren so viel Kinder, eine ganze große Familie. Wenn ich bei denen sein konnte, war ich glücklich. Emmi Schaffrik war eine ganz Liebe, und Helmut Schaffrik. So eine nette Familie mit ihren Kindern. Es war alles wunderbar, aber wie gesagt, das war immer nur für paar Stunden. Die meiste Zeit war ich dann da in der Werkstatt. Klar habe ich dann viel gelernt. Ich arbeite jetzt als Schneiderin. Obwohl ich nur gut eineinhalb Jahre gelernt habe, arbeite ich das, was ein Meister macht. Ich entwerfe Schnitte, ich schaue mir die Leute an, mache einen Schnitt, weiß, was gut für sie ist. Ich habe genäht, genäht, genäht. So lang ich konnte. Jetzt bin ich halb blind, jetzt kann ich nicht mehr. Aber solange ich konnte, habe ich immer geschafft, mit meinen Händen. Immer Liebe gegeben, immer Liebe gegeben. Immer Liebe gegeben."

Dann kamen Sie in die Colonia Dignidad. Wie alt waren Sie da?

„Vierundvierzig Jahre waren meine Schwester und ich dort. Aber sie kam noch ein bisschen später raus, denn die Mutti von Heinz ist immer hingefallen."

Wie kamen Sie denn dahin?

„Mit dem Schiff."

Und wie alt waren Sie da?

„Sechzehn war ich. Wir durften ja gar nicht viel sagen und reden. Also das war so begrenzt, was man sich austauschen konnte. Fast nichts. Und wehe, man hat was Falsches gesagt. Dann kam man schon ins Kreuzverhör, das kann sich keiner vorstellen. Mit dem Schiff sind wir am 11. Januar in Genua abgefahren. Ab da wurde der Terror noch schlimmer als in Balje. Die hatten mich nur immer verspottet. Irgendwas fanden sie immer an mir. Von meiner Zwillingsschwester habe ich da nicht mehr viel gemerkt. Die hatte ja Angst, mich zu verteidigen, weil sie dann vielleicht selber drankommt. Ich hatte die Jahre, die ich da war, in Chile, nicht viel von meinen Geschwistern. Auch mein Bruder war froh, wenn er seine Ruhe hatte. Mich mal aus dem Krankenhaus herausholen, wenn ich wieder mal behandelt wurde. Das wussten die sehr wohl. Meine Zwillingsschwester hat manches mitgekriegt, aber traute sich nichts zu sagen. Ich weiß nicht, ob ich so dumm gewesen wäre, nichts zu sagen. Wenn ich mitkriege, meine Schwester wird gequält, dann renne ich durch Mauern. Ich jedenfalls. Aber das macht eben nicht jeder. Jetzt bin ich alleine hier in Deutschland, keiner aus meiner Familie ist hier. Ich muss jetzt mein Leben hier verbringen, obwohl Deutschland so ein rotes Tuch für mich war."

Wo haben Sie denn gearbeitet in der Colonia Dignidad, in welchen Bereichen?

„Ach, überall. Gleich am Anfang haben sie mich in den Wald geschickt, mit den Männern musste ich auf den Langholzanhänger. Fünfzehn Kilometer über Stock und Stein, und dann Bäume aufladen. Bäume fällen. Irgendwas war wieder nicht richtig. Wahrscheinlich haben mich manche Jungs gemocht, dafür musste ich so leiden. Aber nicht nur ich. In meiner Gruppe waren noch mehrere Mädchen, die mit schwarzen Kleidern gehen mussten. Viele Jahre, viele Jahre, das kann man nicht so schnell erzählen.

Es ist Wahnsinn. Selbst hier in Deutschland werde ich so misshandelt, wenn mein Mann nicht dabei ist. Ich bestehe jetzt darauf, dass mein Mann dabei ist."

Und in welchen Bereichen haben Sie noch gearbeitet?

„Ich habe viele Jahre in der Mühle gearbeitet. Als Müllerin, ich hatte dann auch lange Zeit das Geschäft, weil ich sehr vertrauensvoll mit dem Geld umgegangen bin. Ich habe mir nie einen Pfennig eingesteckt. Wenn ich gemerkt habe, es fehlt was, habe ich so lange gerechnet, bis ich wusste, was los war. Ich habe vieles verändert. Die wussten, wenn ich was mache, das sitzt. Aber trotzdem wurde ich immer verfolgt, und immer wurde daran gezweifelt, dass ich genug tue. Zum Schluss habe ich in der Nähstube gearbeitet. Da war ich lange, weil ich nicht mehr so schwer arbeiten durfte. Da habe ich darüber Buch geführt, was ich gearbeitet habe und was andere. Das habe ich selber hingelegt. Damit haben sie die ganze Woche ausgefüllt. Ich habe außerdem selbst Maß genommen, weil ich wusste, ich bin flink. Habe noch zugeschnitten selber, habe genäht, genäht, genäht. Wenn wir Bettwäsche genäht haben, haben die anderen schon angefangen zu nähen, während ich noch zugeschnitten habe. Und wenn es dann zum Zählen kam, habe ich noch mehr genäht.

Wir hatten ja sehr viel zu nähen für diese Kindergruppen, wo er dann auch die Jungs benutzt hat. Tag und Nacht. Wir hatten so einen Vorhang, hinter dem wir uns hinlegen konnten, haben andere auch gemacht. Da wollte ich mich eines Abends ausruhen. Ich habe gesagt, ich möchte mich ein paar Minuten hinlegen, und habe mir ein Stuhlkissen unter den Kopf gelegt. Auf einmal kam er rein und fuhr mich an. Ich sagte, ich habe mich hingelegt. Ich konnte nicht mehr. Wenn du nicht gleich aufstehst, schütte ich dir einen Eimer Wasser über den Kopf."

Wer hat das gesagt?

„Schäfer. Ich wurde verkloppt. Einer von den guten Freunden, mit denen ich genäht habe, mit denen ich die Nähmaschinen repariert habe, hat mich verraten. Jeden Dreck habe ich weggemacht, immer das Petroleum besorgt, damit sie es warm hatten. Die meiste Arbeit oben, die vielen Räume, auf dem Boden gestaubsaugt, keiner hat das gemacht, außer mir. Aber als ich es dann nicht mehr durfte, war Holland in Not. Wer sollte das denn machen? Sollte ich sagen, ich mache es? Ne, ich hatte Verbot. Und zwar von der beherzten Krankenschwester Ingrid Seelbach, sie war meine Freundin. Wenn ich sagte, ich liege auf der Kiste, weil ich mich gar nicht mehr bewegen kann, weil ich die Räume gesaugt habe, sagte sie: Du hörst sofort auf.

Ich wurde eines Abends gerufen, als ich schon mit Heinz zusammen war. Ich hatte ein bisschen Wind gemacht, weil die Adoptivmutter von Heinz, Tante Ursel, die war eine sehr liebe Person, mit der ich mich sehr gut verstand. Sie hat immer wieder gesagt, Irmgard, wann heiratet ihr endlich? Ich möchte das noch gerne erleben – sie war sehr betagt. Da bin ich hingegangen und habe ein bisschen Druck gemacht. Anscheinend sollte es bald so weit sein, wir wussten es nicht. Aber eines Abends wurde ich gerufen. Ich war dort, wo wir schliefen, bei den netten Leuten, die da waren. Da habe ich mich sehr wohlgefühlt, in dem alten Kinderhaus.
Da wurde ich gerufen und Herr Mücke und eine ganze Menge Leute, ich meine, es waren mindestens zehn, zwölf, haben mich ausgefragt, wie ich gelebt hätte, ob ich schon Geschlechtsverkehr hätte. Ich wusste gar nicht, was das ist. Wir sind ja dumm aufgewachsen. Wir wussten gar nichts. Ich sagte, wir haben nie was gemacht, was nicht sittlich ist. Ich war ein bisschen bestürzt. Ich war ja schon fast siebenundfünfzig, fast sechzig. Auf jeden Fall habe ich wohl genug Antworten gegeben. Dann dauerte es ein paar Tage, und dann kam die Hochzeit.
Aber es sollte so sein, dass man nicht miteinander gehen durfte. Auch die Ringe durfte man nicht tragen, keiner darf es merken. Aber zu der Zeit war ich so schlecht dran, dass die Ärzte gesagt haben, wenn ich spazieren gehe, muss immer jemand mitkommen und sich einhaken. Ich war sehr schlecht mit dem Rücken, sodass ich da ja schon die schwere Arbeit nicht mehr tun durfte. Da habe ich gesagt, wenn ich jemand haben muss, werde ich ja nicht so dumm sein und jemand anderes holen als meinen Liebsten. Da habe ich gesagt: Heinz, wir gehen spazieren. Es hat keiner was gesagt. Nachdem wir die Trauung vollzogen hatten, haben wir die Ringe auch nicht mehr abgenommen.
Und siehe da – nie hat einer einen Ring getragen, aber weil wir jetzt die Ringe trugen, kam einer nach dem anderen mit seinem Ring hervor. Ist das nicht eigenartig? Mein Mann wurde immer als psychisch krank und was nicht noch alles eingestuft, aber der hat mehr Grips als die alle zusammen. Er hat alleine ein Haus gebaut, ohne irgendeine Hilfe. Kein einziger macht ihm das nach. Aber gucken, und, ah, das ist ja der, der immer verrückt war, das kann man schnell, zu einem stehen aber, wenn das nicht

wahr ist …
Ich habe in meinem ganzen Leben nicht darauf gehorcht, was geredet wurde. Ich habe mir immer selbst ein Urteil gemacht. Und danach habe ich gehandelt. Nie so, wie es gemacht wurde, sondern von meinem Herzen aus. Darüber bin ich sehr froh. Als ich nach vierundvierzig Jahren das Fundo verlassen habe, brauchte ich mich bei niemandem zu entschuldigen. Bei mir hätte es manch einer nötig gehabt."

Wer denn?

„Ach, fast jeder. Fast jeder hat sich an mir vergriffen, mit Worten und in Taten. Zum Teil habe ich mich ausgeredet. Aber viele denken bis heute nicht dran, was sie mir angetan haben.

Als Dorothea Witthahn und Hartmut Hopp nach Deutschland kamen, waren wir, mein Mann und ich, diejenigen, die sie aufgefangen haben. Mein Mann ist hingefahren und wollte ihn besuchen, da hat er festgestellt, dass sie nichts zu essen im Hause hatten. Da kam er heim und hat es mir erzählt. Da habe ich gesagt: Heinz, das können wir so nicht stehen lassen. Wir haben alles, was wir entbehren konnten, zusammengepackt. Das Fahrrad war so überladen, dass er kaum fahren konnte. Er hat es hingebracht, weil wir nicht zugucken konnten, dass sie nichts zu essen hatten. Jeder, der aus Chile kam, hat von mir was bekommen, wenn er es wollte. Ich habe viele Sachen durch Muttis Auflösung und ich kann schenken, und ich möchte gerne, wenn einer bedürftig ist, schenken. Manche haben es gerne angenommen, manche haben es abgewiesen. Aber mein Herz war immer für jeden offen. Für jeden. Auch heute noch. Ich bin genau wie meine Mutter, die hat niemanden vom Hof gehen lassen, solange der nicht gegessen, getrunken und auch sein Nötiges dazu bekommen hat, obwohl wir nicht reich waren."

Welche Erfahrung haben Sie mit Hartmut Hopp und seiner Frau Dorothea in der Sekte gemacht?

„Das war zum Schluss nicht sehr schön. Aber ich muss gleich dazusagen, dass er sich mit Tränen entschuldigt hat, dass er mir nicht geholfen hat, als es mit Heinz so schlecht ging. Heinz ist unter den Spritzen, die er immer kriegte, fast zusammengebrochen. Da habe ich mir mal Hilfe holen wollen von Hartmut. Aber wir haben uns ausgeredet. Deshalb rede ich

darüber nicht mehr gerne. Er hat mich damals ziemlich dumm stehenlassen. Er war aufgehetzt wahrscheinlich. Wenn jeder für sich ist, sehen die Leute ganz anders aus. Ich war immer die Gleiche. Das haben mir viele bestätigt. Du bist immer gleich. Du kannst dich nicht verstellen und deshalb lieben wir dich so. Du bist immer aufrichtig. Ich gehe lieber aufrichtig durch die Welt und arm. Als ob, wer weiß was, das möchte ich nicht verantworten.
Mit Dorothea Witthahn Hopp habe ich hier einige Male gesprochen. Sie hat mich öfter gefragt, wie es mir geht, und da habe ich ihr manches erzählt, was mir drüben passiert ist. Dass mir von einem Orthopäden im Fundo auf dem Tisch im Krankenhaus die Füße gebrochen wurden. Die waren durch eine Operation am Hallux valgus, die in Santiago gemacht wurde, so steif. Die standen so nach oben. Wahrscheinlich kam er auf mich zu, hat die Füße so nach unten gebrochen und es hat geknackt. Ich habe Tränen überströmt dagesessen. Eine halbe Stunde mindestens hat sich keiner um mich gekümmert. Das war wahrscheinlich so verabredet, dass der mir mal heimleuchten sollte. Der Orthopäde heißt …, jetzt ist es mir entfallen, aber Heinrich weiß das, der kam immer zu Herrn Heinrich Hempel, der hat ihm viel geholfen.
Auf jeden Fall hatte ich ab da gebrochene Füße. Meine Familie hat mir nachher erzählt, als wir schon hier in Europa waren, fragten sie sich: Warum sieht die Irmi so komisch aus? Warum geht die so komisch? Da habe ich mir mal ein Herz gefasst. Weil ich Angst hatte vor Ärzten bin ich zu der Fußpflegerin meiner Schwiegermutter gegangen, und habe gesagt: Gucken Sie doch mal, ob mit meinen Füßen alles in Ordnung ist. Da sagte diese zu mir: Das sieht aus, als ob beide Füße gebrochen wären. Dann habe ich mir wieder ein Herz gefasst und bin zu einem Orthopäden. Natürlich nur mit Heinz. Nur mit Heinz. Ohne gehe ich nirgends hin.
Wir wissen, ich habe Heinz aus der Hölle geholt, das nehme ich nicht zurück. Das ist eine Hölle gewesen. Und er gibt mir jetzt seine ganze Liebe. Wir stehen zueinander vor Gott, bis zum letzten Atemzug.
Da hat Dorothea Witthahn gesagt, das kann gar nicht sein. Ich sagte: Dorchen, das ist aber bewiesen, durch Röntgenaufnahmen. Aber sie hat mich dann stehen lassen und ist gegangen. Darüber haben wir nicht mehr gesprochen. Ich dachte, es hat keinen Sinn. Das kann gar keiner verstehen.

Meine Schmerzen, die ich aushalten musste, weil ich auch nicht immer gleich zu den Ärzten wollte. Die Ärztin Gisela Seewald war ein bisschen

gefühlvoller. Die hat manchmal die Hände über den Kopf zusammengeschlagen und gesagt: Mädchen, wie konntest du so herumlaufen, mit einer Gehirnerschütterung, dass fast kein Blutdruck mehr da war. Aber ich habe mir Hilfe holen wollen bei jemandem, die ich jetzt nicht nennen will. Die hat mir gesagt, du kannst nicht hierbleiben. Was wird aus dir?
Ich bin auf den Wagen aufgestiegen zum Heu holen und da hat mich eine Krankenschwester angesprochen, Ursula Klemkow, eine ganz liebe. Sie fragte: Was ist mit dir? Da habe ich ihr mein Schicksal gesagt, dass ich gestürzt bin, mit dem Kopf aufgeschlagen an der Tür. Mit dem Hinterkopf auf den harten Beton. Dass ich Sterne gesehen habe. Da sagte sie: Gar nichts machst du. Du bleibst da still stehen, und wenn es gar nicht mehr geht, fährst du nach Hause. Dann habe ich wochenlang gelegen. Aber die Person, der ich mich anvertrauen wollte, die hatte keine Kraft, mich zu verteidigen. Die hat nicht gesagt, ich mach das für dich. Es gab einige, Renate Malessa, die ist mit einem durch dick und dünn gegangen. Das kann ich sagen. Brigitte Malessa, Edith Malessa. Überhaupt die Malessas. Alles, was sie gemacht hatten, hatte Hand und Fuß. Ich hatte sonst niemanden. Ich konnte mich nicht auf meine Geschwister verlassen. Die hatten alle nur Angst, dass sie es so kriegen wie ich. Aber ich habe es aushalten müssen. Unzählige Elektroschocks. Unzählige. Angebunden, einen Keil im Mund, dass man nicht schreien kann."

Interview II Heinrich Wagner

Interviewführung: Anette Ende
Ort: Hessen, Deutschland
Datum: 23.09.2020

Wie lief denn die Beerdigungsfeier von Ihrer Frau Irmgard dann überhaupt ab? Sind Leute gekommen?

„Ich sollte getestet werden, ob ich Corona positiv oder negativ bin. Ich sagte, was ist da zu testen, ich bin doch kerngesund. Aber sie haben angeblich positiv getestet, und ich müsste zwei/drei Wochen im Haus bleiben. Dann hat man den Freund, der mich versorgt hat, durch viele Anrufe gewarnt, er dürfte mich nicht versorgen, besonders der Sektenarzt Dr. Hartmut Hopp. Aber er ist trotzdem gekommen, weil er ein Gewissen hatte. Es hat nicht mal eine Woche gedauert, da kriegte ich den Anruf vom Gesundheitsamt, ich habe nichts. Die Beerdigung war dann am 17.4.2020. Da waren mein Freund und ich und ein Prediger von der norwegischen Gemeinde, zu der Mama und Papa gehörten."

Wer hat denn herzliches Beileid gewünscht?

„Das waren einmal aus Chile Astrid Tymm und Harald Lindemann. Dann Hernan, Dennys, und Eva, einige von unseren Freunden – Doris und so weiter. Aber von Deutschland habe ich kaum eine Nachricht oder Beileid gewünscht gekriegt, noch nicht einmal vom Sektenarzt Dr. Hopp. Von Esther Laube habe ich eine gute Nachricht gekriegt. Die war auch sehr lieb und hat mich in manchem unterstützt, sogar noch geholfen, was ich zu tun und zu machen habe. Aber grundsätzlich hat kaum einer was geschrieben. Ich weiß, wir wurden gehasst, weil wir die Wahrheit geredet haben, weil wir Dignidad aufgedeckt haben. Das konnten die Gerichte und das Auswärtige Amt nicht wissen, bis wir die Dokumente brachten und die Originale auch fast alle aus dem Archiv geholt haben. Das ist denen ein Dorn im Auge.
Er hat auch nur das gesagt, was wir wissen konnten, der Sektenarzt Dr.

Hopp. Auch, dass sie mir damals in der Colonia Gips zum Essen verabreicht hatten, da wollte er sich herausreden und sagte, das waren Medikamente. Aber ich sage, ich bin Opfer, ich habe das geschluckt. Das war wie Sand, kein feiner, sondern wie Sandkörner."

Als der Sektenarzt Hartmut Hopp 2011 nach Deutschland geflüchtet war, da haben Sie doch geholfen?

„Ja. Erst mal hatte ich gehört, wo er wohnte. Da lag ich im Krankenhaus und hörte, er sucht eine Wohnung, er ist da rausgeschmissen worden. Die Patienten erzählten was von einer Sekte. Als ich hörte, er wohnte da in einer Wohnung, habe ich mich erkundigt und bin dann hin, nur um mal zu gucken. Da sah ich, wie erbärmlich er gewohnt hat. Ja, erbärmlich. Er hatte kaum etwas zu essen. Nichts hat er gehabt. Wir haben ihm eine Tischnähmaschine geschenkt, Marke Singer. Dann haben wir ihm Essen, Geschirr und alte Sachen, ja, was man zum Essenmachen alles braucht, geschenkt. Irmgard sagte immer, dass du noch geradeaus fahren konntest mit dem Fahrrad. Das Rad war vollgepackt mit Sachen – ich hatte ja kein Auto –, die ich ihm geschenkt habe. Die Nähmaschine habe ich mit Freunden hingebracht."

Was war das denn für eine OP?

„Das war die letzte Operation, die Rücken-OP. Wir mussten die Operation selber bezahlen. Da haben alle gespendet, sonst wäre Irmgard im Rollstuhl gelandet."

Wann war das?

„Das war 2004 in Concepcion in Chile. Der Arzt wollte uns erst noch in Deutschland besuchen. Der wollte nicht, dass wir nach Deutschland fliegen. Aber die Mutti hat uns das Ticket geschickt und wir sind dann im goldenen Oktober in Deutschland angekommen. Es gab viele Probleme. Selbst das Auswärtige Amt, Herr Martin Schäfer, hat uns noch ziemlich viele Schwierigkeiten gemacht. Wir sollten doch in Chile bleiben, wir kämen nicht zurecht in Deutschland, und vieles mehr. Der hatte nur versucht, uns davon abzuhalten, dass wir nach Deutschland fliegen. Gezahlt haben sie ja sowieso nichts."

Wer hat denn das Geld bezahlt für die Operation, 2004?

„Das waren Spenden. Ewald Frank hat dreitausend Euro gespendet, die Verwandten haben gespendet, Eva Schaak hat zwanzig Euro gespendet. Helmut Gerlach hat vierhundert Euro gespendet. Meine Mutter hat achthundert Euro gespendet. Ewald Frank habe ich nachträglich alles Geld zurückgezahlt, weil ich merkte, ich wollte nicht mehr als Mitglied weiterhin in der Sekte gefangen sein. Als ich eine Nachzahlung bekam, habe ich ihm sofort das ganze Geld zurückgezahlt mit Spenden, die nachweislich auf dem Konto sind. Jeden Monat erst hundert Euro, dann als ich das ganze Geld hatte, habe ich alles überwiesen, damit man mir nichts nachsagen kann."

Warum hatte Hartmut Hopp 2019 dreitausend Euro an Sie bezahlt?

„Weil das mein Geld war. Das habe ich von den Spenden bezahlt, sonst wäre die Operation gar nicht möglich gewesen. Die Spende war von unseren Verwandten. Den anderen Colonia-Dignidad-Mitgliedern wurden ja die Operationen in Chile bezahlt. Uns nicht, weil wir ein Jahr zuvor, 2003, in Deutschland waren. Deswegen haben sie auch meine Frau aus dem Arbeitsvertrag geschmissen, ohne was zu sagen. Dennys Alvear hat sie dann für zwei Stunden eingestellt, damit wir eine Versicherung kriegten, und sie operiert werden konnte. Er hatte das Vertrauen, Irmgard arbeitet die zwei Stunden, daher hatte er sich eingesetzt für sie. Daher konnte sie überhaupt die Operation machen lassen. Der Arzt hat uns danach auch gesagt, er wollte uns nicht reisen lassen, aber weil sie in guten Händen war bei mir, konnten wir reisen. Er wollte uns sogar noch in Deutschland besuchen, hat uns anfangs noch nach Deutschland geschrieben, wie es uns geht."

Sie waren aber doch am Anfang sehr begeistert von der Freien Volksmission in Krefeld und dem Prediger Ewald Frank und haben ihn nach Ihrem ersten Besuch in Deutschland 2002/2003 nach Chile in die Colonie Dignidad geholt oder wie war das?

„Ja, das war so: Gerda Keck – die Tochter von Tante Resi Wöhri und Franz Wöhri waren ja schon früh wieder nach Deutschland gekommen, unter der Bedingung, dass sie kein Wort über Paul Schäfers Missbräuche sagen. Und das haben sie auch unterschrieben. Sie schweigen wohlweislich bis heute und werden es auch weiterhin alles tun, damit nichts darüber geredet wird. Obwohl ich ihn angeschrieben habe. Aber das hat dann Inge Lackner zu hören gekriegt, dass wir und Gerda nach Deutschland kommen. Daraufhin hat sie uns eingeladen in die Freie Volksmission nach Krefeld und, und, und. Wir sind einmal sonntags dahin. Meine Mutter war strikt dagegen, aber Irmgard hat so lange gedrängelt, bis meine Mutter sagte, och, dann fahrt mal. Aber ganz dafür war meine Mutter trotzdem nicht. Sie sagte: Wieder in eine Sekte? Wir wussten ja nicht, was das für eine war, und was da geschieht. Dann standen die Herrschaften vor der Tür, um uns zu holen, und meine Mutter hat natürlich erst mal Zunder gegeben.

Wir sind einmal da bei der Predigt gewesen und da wurde Irmgard gefragt: Wer braucht Heilung? Weil sie ja über dreißig Jahre lang Migräne hatte, und fast gar nicht mehr arbeiten konnte. Die meinten wohl, dass das Gebet geholfen hätte, dass sie wieder gesund oder geheilt wäre. Das konnte meine Irmgard nicht glauben, und ich auch nicht. Denn wir hatten selber einen Glauben zu Gott, und der hat uns geholfen, oder wollen wir mal sagen, sie geheilt. Er stand ihr bei. Denn ein Mensch kann keinen Menschen heilen.

Dann waren wir noch mal eingeladen und es kam zum Gespräch. Wir hatten noch nicht durchschaut, was da getrieben wurde, denn wir waren noch voll mit Tabletten. Die hatten wir sogar noch bei unserem ersten Besuch 2002/2003 in Deutschland nehmen müssen, weil wir ja danach wieder zurückfuhren. Deswegen konnten wir nicht so schalten. Meine Irmgard war immer für Frieden, ich hingegen war ein bisschen dagegen, weil ich auch von Verwandten aus Gronau gehört hatte, da sei was faul in der Volksmission. Ich habe nicht so ganz mitgemacht, sondern wollte mit Irmgard erst mal Frieden haben und es versuchen. Wir haben den Krefelder Prediger Ewald Frank eingeladen in die Colonia Dignidad – 2004 kam er dann mit dem Flugzeug. Irmgard und ich wollten ihn vom Flugzeug abholen, aber dann hat Gerhard Mücke gesagt, nein, er muss mit und Irmgard muss da bleiben. Die ganze Gemeinde war dagegen. Die sagte dann nachher: Warum ist Irmgard nicht mitgefahren, Bruder Frank vom Flughafen abzuholen? Ich bin da mit. Manfred Skrabs flog das Flugzeug, und Gerhard Mauck war Copilot.

Beim zweiten Mal, als Prediger Ewald Frank nach Chile kam, wurde es etwas heikel. Weil die chilenische Regierung merkte, da stimmt was nicht. Das ist so ein zweiter Paul Schäfer. Wir haben Ewald Frank gesagt, er soll kundtun, dass wir nach Deutschland auswandern. Damit wir rauskommen, weil man uns in der Colonie viele Schwierigkeiten machte.“

Waren Sie denn nicht auch angetan von Ewald Frank?

„Ja, angetan schon. Weil wir dachten, es sei der Richtige. Aber wir waren ja mit Tabletten vollgepumpt, deswegen konnten wir das nicht so richtig durchdenken. Aber allmählich kam das wieder, weil wir die Tabletten abgesetzt haben, und da konnte ich die Sache ein bisschen durchdenken. Ich machte auch manchmal Irmgard darauf aufmerksam. Aber ich habe immer wieder gesagt: Ich habe für gute und schlechte Zeiten geheiratet. Daher habe ich gewartet, bis der Zeitpunkt kam, an dem Irmgard verstanden hatte, dass es eine Sekte ist. Denn sie hat ab und zu gemerkt, wenn wir nicht zur Sekte kamen, sozusagen zu Ewald Frank, dann wurde nach der Stunde, angerufen – über Manfred Skrabs, dem Täter, warum wir nicht da waren, obwohl Ewald Frank uns gesagt hatte, wenn wir nicht hinkommen können, würden sie uns holen. Die Busse fuhren ja nicht so, wie sie wollten. Dann riefen wir an, weil wir nicht kommen könnten, und dann haben sie plötzlich keine Zeit, uns zu holen. Daher konnten wir manchmal nicht zur Gemeinde, und dann kam der Anruf nicht von ihm, sondern von Manfred Skrabs, was denn los sei, warum wir nicht zur Stunde waren.
Genauso wie bei Schäfer – aushören, wo wir sind. Ich sagte das Irmgard. Wir fanden das auch ein bisschen komisch, aber wir wollten ja auch immer versuchen, Frieden zu schaffen. In der Hinsicht ließ er sich nichts sagen. Aber was interessant war, er hat uns einmal persönlich in sein Zimmer geholt. In das Clubzimmer, oder wie man das nennt. Da hat er mal rausgelassen, dass er mit Schäfer zusammen war, und dass er ihn kennt. Dass er ihn in Karlsruhe und überall kennengelernt hat.“

Ewald Frank?

„Ewald Frank. Daher dachte ich: Was ist da los? Warum und weshalb? Dann muss er ja wissen, was da getrieben wurde, es nicht nur gehört haben. Selbst Alfred Bork, der hat eine Frau geheiratet, die in Heide vor Paul Schäfer abgehauen ist. Aber sie wollen alle nichts gewusst haben von Schäfer? Warum eigentlich nicht? Aber wir sprechen, sagen sie immer, die Wahrheit. Und wenn wir sie kundtun, dann ist eine Grenze da. Ich habe ihm auch Bücher gezeigt von Willi Georg, wie das aufgebaut worden ist in Heide. All das müssen sie ja wissen. Sie waren ja eher da als ich in

Heide. Sie waren ja da von Anfang an, etwa Anita Lück, oder wie sie vorher hieß. Die kannten das ja wirklich. Es sind ja viele abgehauen. Aber es ist halt so – die wollen nichts davon wissen. Alles wird zugedeckt und fertig, alles vergeben.
Ich bin ja deswegen auch noch mal nach Gronau gefahren und habe das Interview an der Kapelle gegeben, wo Paul Schäfer mich eingeladen hat in einen Wagen. Da war noch die Treppe da und alles, wo er mich eingeladen und dann mitgeschleppt hat. "

Aber wie war das denn? Ihre Mutter hatte doch einen Adoptionsantrag unterschrieben, oder etwa nicht?

„Ja. Schäfer hat mir das irgendwie schmackhaft gemacht, ob ich nicht Schäfer heißen wollte. Oder Schmidt oder Baar. Das waren drei Namen. Oder ne, Bechtloff, Schmidt oder Baar? Er wollte aber, dass ich Schäfer heiße. Das Jugendamt hat das nicht akzeptiert, das hat er mir gesagt, weil er nicht verheiratet war. Also sollte ich Bechtloff, Schmidt oder Baar heißen. Ich habe mir keinen ausgesucht. Der wurde durch ihn bestimmt – Schmidt. Als es so weit zum Unterschreiben war, wurde meine Mutter dazu geholt. Sie wurde mit hochprozentigem Alkohol besoffen gemacht, und dann sollte sie unterschreiben, dass ich für vierzehn Tage nach Chile in den Urlaub fahre. Das war aber die Adoption."

Das war dann sozusagen der Adoptionsantrag, der unterschrieben wurde und nicht die Erlaubnis für vierzehn Tage nach Chile zu reisen?

„Das war alles mit dabei. Aber es war alles in einem und so raffiniert angestellt, weil meine Mutter schon ab und zu mal kam, und mit mir einkaufen ging. Sie hat mir ein Fahrrad gekauft, Sachen, weil sie sah, dass ich so lumpig aussah. Das mochte sie nicht. Bei ihr war ich immer gut angezogen. Von den Sachen, die meine Mutter mir gekauft hat, habe ich nie etwas gesehen. Jutta Brennecke hat sich die Sachen alle untern Nagel gerissen, aber ich habe nie was davon bekommen. Das Fahrrad ja, mit dem durfte ich nach Siegburg zur Schule fahren.
Als ich nach Chile kam und dort fast vierzig Kilometer zu Fuß laufen, und die Landwirtschaft im Centraltal mit Pferden betreiben musste, wollte ich mir mein Fahrrad zusammenbauen. Was hat der Schäfer mich geschlagen, das sei nicht mein Fahrrad, das habe er gekauft, bis ich ihm das mehrere

Male unter die Nase rieb, dass meine Mutter mit mir zusammen das Fahrrad in Siegburg gekauft hat. Das ist mein Eigentum. Das habe ich auseinandergebaut, damit es hier rüberkommt. Dann durfte ich das endlich nach langem Hin und Her haben. Sonst wurde ja alles weggenommen. Die Uhren und so weiter, alles wurde weggenommen. Aber darauf habe ich bestanden, weil ich die ganzen Wege sonst immer zu Fuß gehen musste, ins Tal runter arbeiten.
Meine Oma hat mich bis zum Flughafen gebracht. Am 16. Juli 1961 bin ich nach Chile geflogen. Sie hatte mich zum Flughafen gebracht und meine Tante hat gesagt: Heinz, wenn was ist, ich bleibe in der Wohnung, in der du geboren worden bist. Wenn irgendwas ist, kannst du dich an mich wenden, mir schreiben. Ich werde bis zu meinem Lebensende dortbleiben. Und das hat sich auch bestätigt. Als es nachher lockerer wurde und ich einen Brief rausschummelte, weil ich ja von meiner Mutter keine Adresse und nichts wusste, habe ich dahin geschrieben. So entstand die Verbindung und ich konnte das erste Mal wieder nach Deutschland, als der Schäfer gefangen war. Das war Dezember/Januar 2002/2003."

Wie haben sich denn Irmgard und Sie kennengelernt?

„In Heide haben wir uns bereits gesehen. Sie wusste schon damals, dass sie mich mal ..., sie hat mich lieb gewonnen, sozusagen. Aber sie durfte nicht reden, sie durfte gar nichts. Sie wurde ferngehalten. Es wurde immer gepetzt, wenn einer mit jemandem zusammen war. Wir konnten erst im April 2002 in Chile heiraten, als Schäfer in Argentinien gefangen war. Heirat, na ja, wie soll man sagen? Wir haben keinen Aufstand gemacht. Eine Woche vor der Heirat am Standesamt haben uns so zehn von den Ältesten der Vorgesetzten dort, Gerhard Mücke, Hans-Jürgen Blanck, Kurt Schnellenkamp und weitere bis ins Intimste ausgefragt. Und wofür? Weiß ich nicht. Zuerst mich, dann Irmgard. Dann haben sie uns verboten, uns in der Woche vor der Heirat zu treffen, uns zu küssen. Kurt Schnellenkamp sagte: Die Hochzeit wird nur unter Verheirateten stattfinden. Da waren wir dagegen. Da haben wir gesagt, es sollen alle dabei sein – die Unverheirateten und die Verheirateten. Wenn das nicht möglich ist, kommt die Heirat nicht zustande. Wir haben uns durchgesetzt, wir merkten, wir sind stark, wir beide zusammen. Wir konnten uns durchsetzen."

In welchem Jahr sind Sie und Irmgard zusammengekommen?

„2002 haben wir geheiratet, und im November 2001 sind wir zusammengekommen. Da haben wir uns das erste Mal getroffen. Das war am 11.11.2001. Am 11.11. um 11.11 Uhr haben wir uns getroffen.“

Wie kam das Treffen zustande?

„Hannelore Bensch und Irmgard haben mal im Krankenhaus zusammen gearbeitet. Da fragte Irmgard mal: Was macht denn der Heinz so? Da sagte Hannelore: Er weint. Er weint, weil er keine Frau hat, er läuft im Krankenhaus weinend im Flur herum. Das hat mir Hannelore erzählt. Ich versuchte, Irmgard zu sprechen. Ich stand ja unter Beobachtung, durfte nirgendwohin. Die Doktora hat zum Beispiel allen Schwestern verboten, mich zu heiraten. Das habe ich nebenbei mal so mitgekriegt. Es war schrecklich, ich war nur unter Aufsicht. Deswegen musste ich sehen, wie ich zur Nähstube kam.
An einem Abend, als es schon so ein bisschen dunkel war, habe ich da angeklopft. Und da kam sie an die Tür. Sonst kamen ja immer andere, aber diesmal kam sie. Sie erzählte, Lilli Schreiber wollte erst mal hin, aber Irmgard sagte, ne, lass mich mal hin. Sie wusste nämlich, dass ich komme. Ich weiß aber nicht, woher. Dann haben wir irgendwie ein bisschen getuschelt. Wir wollten uns irgendwo treffen, Der Schäfer war ja weg. Sie sagte, wir können hier nicht reden, ich rufe dich mal an, wenn es passt.
Dann hat sie mich einmal angerufen, Da kam Hans-Jürgen Blanck rein und sagte, sie muss auflegen. Da dachte ich, es ist jetzt Ende. Da kann man nichts machen. Weil sie hatte Hans-Jürgen Blanck einmal erzählt, was sie empfand. Da hat er zu ihr gesagt, wegen der Liebe heiratet man keinen Menschen. Er wollte sie davon abbringen. Aber sie hatte das von Gott und fertig. Sie blieb hart darin und hat das durchgestanden. Als er draußen war aus der Nähstube, rief sie mich noch mal an. Ich hatte mich schon zum Schlafen ausgezogen. Als sie anrief, habe ich mir nur ein Höschen drübergezogen und bin gerannt, gerannt. Ich war wohl unter Kontrolle, aber ich habe mich rausgeschmuggelt und bin zum Kartoffeldamm gerannt. Da haben wir uns getroffen, aber dann kam ein Hund, der bellte und wollte Irmgard beißen.

Wir haben achtzehn Jahre miteinander verbracht. Wir haben uns so geliebt. Ich glaube, das sagen viele. Wie gut wir zusammengearbeitet haben. Wir haben alles zusammen gemacht. Wir sind zusammen aufgestanden, haben zusammen gegessen. Wenn es nachts war, haben wir sogar zusammen gebacken. Nachts sind wir aufgestanden, um für andere zu backen, ihnen eine Freude zu machen. Weil wir in der Colonie nie was backen durften. Wir haben das zum Teil gelernt und auch die Bücher haben wir uns zusammen besorgt. Wir waren Feinschmecker, meine Irmi und ich. Zwei Tage vor ihrem Tod haben wir noch Blumen gekauft. Die sind jetzt so schön, wie der Papa sie haben wollte, und wie sie es gerne wollte."

Was war denn die schönste Zeit, die Sie mit ihr erlebt haben?

„Wenn wir in den Wald gingen. Das war das erste Mal in Bad Fredeburg. Das war sehr schön, weil sie uns dort das erste Mal wie Menschen behandelt haben. Da haben sie gesagt, wenn noch so viele wie wir da wären, dann hätten sie keine Arbeit mehr, weil wir alles sauber und ordentlich hielten und wussten, wie man sich benimmt. Während die anderen Benimmstunden hatten, konnten wir im Wald Spazierengehen. Och, das war eine schöne Zeit. Wir sind viel zusammen spazieren gegangen. Wir haben viel gemacht, was sie wollte, sind zu den Blumen gegangen, nach Essen in die Gruga. Ich habe mir das nicht nehmen lassen, ich habe alles geschleppt, weil wir eben kein Geld hatten. Ich hab das Essen und alles geschleppt. Die anderen konnten fahren, die hatten das Geld. Wir mussten jeden Pfennig umdrehen, das ging nicht so einfach, aber ich habe auf jeden Fall versucht, ihr das so zu machen, wie sie es möchte.
Als ich dann den Wagen hatte und sie sagte, och, ich möchte heute mal zur Blumenwiese, dann blieb alles liegen und stehen. Dann sagte ich: Einsteigen, und wir fuhren. Da sagte ich nicht, ich muss noch das machen oder das machen. Nein, wir fuhren. Oder sie möchte zum Rhein oder dahin. Ja, dann ging es dahin. Denn ich konnte so nachfühlen, wie ihr zumute war. Weil wir beide fast das Gleiche durchgemacht haben. Das gleiche Leid hatten. Das war eben nicht einfach alles. Deswegen fehlt sie mir auch.
Wenn man mich das und das fragte, dann sagte ich, sie weiß es. Sie wusste, wer da mit wem verheiratet ist, oder wie die Familie zusammengehört. Da bin ich eine Niete. Oder wenn ich was wissen wollte, in der Bibel, sie wusste die Stelle. Ich weiß, wo es drinsteht, aber ich muss es jetzt noch suchen, weil man mir vieles genommen hat. So haben wir uns

immer zusammen ausgetauscht.
Auch das muss man sagen: Bevor sie starb, zwei Stunden vorher, hatte ich solche Krampfwehen, ich konnte die Beine nicht mehr bewegen. Ich hatte solche Schmerzen. Sie merkte, dass ich nichts konnte. Sie lag neben mir und sagte, was ist? Ich sagte, ich werde mir gleich die Tabletten holen. Aber sie ist gegangen und hat mir die Tabletten geholt und etwas zu trinken gebracht. Ich sagte, bleib liegen – ich mache das. Ne, sagte sie, ich weiß, wie das ist. Du hast die gleichen Schmerzen wie ich. Wir sind füreinander da. Wer macht denn so was? Sie hat es gemacht. Später durfte ich sagen, wir treffen uns einmal oben wieder. Das war hart. Aber ich sage auch ganz offen, wir haben gelebt. Mama sagte, es gibt immer auch mal Reibereien, wenn man spät heiratet. Aber wir sind nie ungeklärt ins Bett gegangen. Wir haben immer alles geregelt, wie es sein muss. Uns vertragen, uns einen Kuss gegeben, und dann konnten wir auch schlafen. Was sie am meisten geärgert hat, später, nicht geärgert, aber gestört, ist, dass ihre Zwillingsschwester sagte, sie müsste heimlich das Geld vor mir verstecken. Das konnte sie nicht stehen lassen und sagte, wie kann man nur so reden. Wir haben uns wirklich alles offen gesagt.“

Was war die schönste Erinnerung?

„Das schönste war, als wir auf den Hülser Berg gingen. Sie hat ja immer Schmerzen gehabt, aber im Wald, da war sie wieder fit. Da ist sie einen steilen Berg hochgegangen und da hat sie so von oben runtergeguckt und gesagt: Du kommst ja gar nicht nach. Da habe ich aber gelacht. Mit unausstehlichen Schmerzen sind wir losgefahren – da zum Hülser Berg in den Wald. Und sie ist hoch durchs Laub, was sie gerne mochte, und was sie auch von früher kannte. Auch in der Gruba, wir haben zusammen in der Bahn gesessen. All das, was sie gerne mochte. Das waren die schönsten Stunden – im Wald mit ihr. Da haben wir uns hingesetzt und die Vögel gehört. Jetzt will die Wissenschaft uns belehren, das ist gut für den Bluthochdruck und was nicht noch alles. Das Beste war – wir waren stark, beide geworden. Uns konnte keiner mehr was sagen. Auch, wenn sie uns verboten haben, die Ringe zu tragen, um uns Schwierigkeiten zu machen – in Chile noch. Ne, wir haben sie getragen und da konnte uns keiner widersprechen. Genauso auch, dass wir Arm in Arm gingen, weil sie eben nicht alleine gehen konnte nach der Operation und so weiter. Wir haben uns gar nicht mehr daran gestört, was uns andere gesagt haben. Wir haben das durchgesetzt, was richtig ist.

Der Arzt in Chile, der Irmgard am Rücken operiert hat, wollte uns 2003 gar nicht nach Deutschland fliegen lassen, weil noch Untersuchungen und Kontrollen anstanden. Aber wie sie da auf dem Zwischenstopp am Flughafen in Buenos Aires auf der Bank lag und ich mich erkundigt hatte, und dann eine Stelle gefunden hatte – die haben uns eingeladen, Champagner getrunken, was wir nie getrunken haben. Eine Torte, wir schafften das gar nicht."

Was hattet ihr denn in Buenos Aires gemacht?

„Wir mussten auf unseren Anschlussflug warten, sechs Stunden lang, bis die nächste Maschine uns nach Deutschland brachte. Irmgard lag da so schön auf der Wartebank und ich bin mich erkundigen gegangen, was und wo und wo man am besten etwas essen konnte. Und dann hat uns einer eingeladen. Ohne was zahlen zu müssen hat jeder von uns einige Gläser Champagner gekriegt. Und ein schönes Stück Torte. Danach hat uns einer dahin gebracht, wo wir ins andere Flugzeug nach Deutschland einstiegen, ohne was zu zahlen. Von sich aus. Da haben wir uns so gefreut. Es gibt auch noch Menschen, die sehen so etwas. Weil wir nie etwas gesagt haben."

Wie meistern Sie denn jetzt die Zeit als Witwer?

„Ja, ich muss halt. Ich lasse mir jetzt erst mal Ruhe. Nicht mehr so ein Gehetze. Ich habe mir jetzt auch eine Putzfrau besorgt, damit wenigstens ein bisschen geputzt wird. Waschen, Essen kochen, ein bisschen arbeiten in meiner Werkstatt, rausfahren, das machen und dies machen. Dann fahre ich mal sonntags an den Rhein, gucke da mal, oder werde dort eingeladen. Ich lasse mir jetzt Zeit. Wie lange ich noch lebe, weiß ich nicht. Viele sagen, die soll ich mir auch gut gönnen. Ich habe genug geschuftet, und vierundsiebzig Jahre nur für andere gesorgt. Ich soll auch mal an mich denken. Deshalb habe ich auch die Reha jetzt gekriegt."

Sie hatten ja schon wieder eine neue Partnerin seit Irmgards Tod, oder?

„Na, das lohnt sich gar nicht, darüber zu reden. So was kann man nicht als Frau bezeichnen, wo man auf dem Kronleuchter tanzen muss, damit man den Teppich nicht schmutzig macht. Oder den Kochtopf nicht sauber macht, weil er zweihundert Euro kostet. Solche Menschen brauche ich nicht, die nur nach Geld schreien und ohne mein Wissen da einfach eine

Pflegestufe einrichten. Das geht gar nicht. Und dann bekommt die Morphium und fährt Auto – in der Dreißigerzone fährt sie sechzig, siebzig Stundenkilometer. Da sage ich, wo sind wir denn heute? So was kann ich nicht gebrauchen. Ne, das hat der Apotheker, der uns vermittelt hat, auch gesagt. Sie wollte einfach über mich bestimmen. Das geht ja nun gar nicht. Ich bin ja immerhin noch das Oberhaupt, als Mann in der Familie. Das schönste war, sie hatte mich schon als Pfleger bei ihrer Krankenkasse eingereicht, ohne mich zu fragen. Somit hat sie die Rechnung ohne den Wirt gemacht. Ich wollte helfen, weil sie ja sagte, du kannst mich pflegen, und wollte Geschirr abwaschen, aber nein, ich durfte nichts anfassen. Sie wollte alles selber machen. Aber weil sie Morphium kriegte, hat sie nur geschlafen. Ich durfte trotzdem nichts machen. Ich sage, wo sind wir denn? Das Schlimmste war, als sie plötzlich damit anfing, zu sagen, Gott gibt es nicht, Gott existiert nicht. Da habe ich ihr aber anständig den Marsch geblasen. Dann war Ende. Dann habe ich das Haus verlassen. Ich dachte, wenn es so ist, muss ich mir den Staub von den Füßen schütteln und das Haus nicht mehr betreten. So kann ich nicht leben.
Dr. Hopp hat in der Colonie Rezepte verschrieben, damit die Leute still bleiben und nichts sagen. Das wusste ich wohl. Das ist ja auch bei dem Gespräch, als ich ihn eingeladen habe, rausgekommen. Dass Paul Schäfer mich schon in Heide als schizophrenen Menschen mit Tabletten behandelt hat. Er hat mir sogar die Tabletten genannt. Die habe ich nachgeschlagen, die führen sogar zum Tod. Wenn Hopp das schon weiß, dann muss er ja schon mehr wissen."

Aber er behauptet ja, nichts von Schäfers Schandtaten mit den Kindern gewusst zu haben?

„Das nehme ich ihm nicht ab. Denn er war oft dabei, soviel ich gesehen habe im Krankenhaus. Das kann er mir nicht erzählen, denn er war ziemlich oft dabei, auch, wenn die Kinder Elektroschocks gekriegt haben."

Da war Hartmut Hopp dabei?

„Er hat sie vorbereitet, das weiß ich wohl. Mit der Dorchen, seiner Ehefrau, zum Beispiel. Die hatte das ja schon in Deutschland gelernt. Sie sagte, sie wollte OP-Schwester werden und hat das mit den Elektroschocks gelernt. Da packe ich mich an den Kopf und frage mich, wofür eigentlich? Ne, ne, sie will ja auch heute vieles nicht mehr davon gewusst haben. Das glaube ich ihr nicht. Das habe ich ihr auch nicht abgenommen. Dann sagte ich, geh mal auf die Knie, dann wirst du es schon wissen. Aber mit Weinen und Tränen in den Augen kann man keinen überzeugen. Das sage ich immer wieder. Das geht nicht."

Wie hat denn Hartmut Hopp auf Irmgards Tod reagiert?

„Gar nicht. Ich habe das so hingenommen. Er hat ja unterstützt, dass keiner zu mir kommen sollte, mir Essen bringen, weil ich angeblich Corona hatte. Aber davon habe ich keine Notiz genommen. Ich sage, einmal kommt die Strafe. Ich habe ihn jetzt öfters gesehen. Aber es reicht mir, wie er aussieht – verkommen, hätte ich bald gesagt. In der Stadt bin ich ihm zweimal begegnet. Einmal bin ich ihm sogar ein Stück hinterhergefahren, um genau zu wissen, ob er es ist oder nicht. Da kam er gerade von Paul Schmidt runter. Er fuhr die Straße bis zu seinem Haus. Ich bin dann nicht bis zu seinem Haus, sondern weitergefahren. Ich hatte einen anderen Wagen, daher konnte er mich nicht erkennen, weil er den Wagen nicht kannte. Der hat sich einiges geleistet. Geholfen hat er nicht. Er wollte uns nur immer zu Prediger Ewald Frank hintreiben. Ne, sagte ich, er muss erst mal – nicht Hopp, sondern Frank – das tun, was die Bibel sagt. Und was anderes lehren, als den Leuten zu drohen, wer nicht zu seiner Gemeinde kommt, der sei verloren. Andere, die selber in die USA gefahren sind – aus Russland einige – die sich erkundigt haben, ob wahr ist, was Frank erzählt, hatten uns schon gewarnt. Das hatte ich mir schon gedacht, aber da hatte ich dann die Bestätigung. Der Prediger Branham in den USA wusste, woher die Dame kommt, aus welchem Ort, was die für Krankheiten hatte. Das wurde ihm alles hier per Funk gesagt. Und da sagen die, das ist von Gott gesegnet und so weiter. Eingegeben. Ach, all der Zirkus lohnt sich nicht. Und was am schlimmsten ist: Wenn man seinen Predigten zuhört und dazu vergleicht, wie sein Leben ist – Ehebruch und was er da alles getrieben hat, Auseinandersetzung mit den einzelnen Leuten. Die einen so, die anderen so. Er will sich ja reinwaschen, aber was da geschrieben steht, das weiß ich ganz genau. Selbst enge Verwandte haben uns erzählt, was er getrieben hat. Ich sage immer, der zweite Schäfer und nichts anderes."

Vor fünf Monaten ist Ihre Ehefrau Irmgard gestorben, wie haben Sie die vergangenen Monate als Witwer verbracht?

„Es war sehr hart, denn überall, wo ich hinfuhr, die Wälder, die kleinen Landstraßen, hätte ich Irmgard gerne dabei gehabt. Sie wollte auch nur die kleinen Landstraßen, die Wälder, die Tiere, was man zwischendurch sieht, sehen. Es waren wirklich schöne Tage und da habe ich immer auch gedacht, ach, Irmi, komm, du müsstest dabei sein. Da hätte ich sie am liebsten gedrückt und gesagt, du müsstest hier sein und das noch erleben, was alles war. Aber ich sagte dann immer, um mich zu trösten, du hast es jetzt gut, denn du bist bei Papa und Mama, was du dir immer gewünscht hast. Denn du hast dich nicht verabschieden können. Wie Papa aussah, das kannst du jetzt sehen. Das war mein Trost, denn es sind wirklich schwere Zeiten gewesen. Auch mit dem Gericht, aber immerhin habe ich jetzt auch einen guten Anwalt.

Wir haben immer gesagt: Geh nie aus deinem Hause fort, ohne Gebet und Gottes Wort. Und das haben wir immer ernst genommen und auch getan. Daher konnte ich alles sagen, was notwendig war, was die Justiz beim Thema Colonia Dignidad versäumt hat. Wo sie sich schuldig gemacht hat – seit 1946. Dass sie Schäfer in Bielefeld nicht gefasst haben, dann in Gatow, in Heidenheim, in Siegburg. In Brilon habe ich ihn dann angezeigt, und jetzt bin ich sogar in Brilon gewesen, in der Jugendherberge, wo das stattgefunden hat. Klar, die Leute sind nicht mehr da, aber die Zimmer und die Jugendherberge waren noch da. Ich konnte ein kleines Interview geben, dass ich ihn da erwischt und dem kleinen Achim Müller gesagt habe, er soll das sofort seinen Eltern sagen. Das hat die Justiz auch wieder versäumt. Zwei Tage haben sie es aufgeschoben und in den zwei Tagen – so habe ich es auch dem Gericht gesagt – konnte Paul Schäfer dreihundertfünfundsechzig Leute wegen der Nazi-Büros in Siegburg mit nach Chile reißen und vergewaltigen. Ich konnte denen so die Wahrheit ins Gesicht sagen.“

Interview III Heinrich Wagner

Interviewführung: Anette Ende
Ort: Krefeld, Deutschland
Datum: 9.3.2019

Herr Wagner, wie ist Ihnen die Flucht aus der Colonia Dignidad gelungen, und was ist Ihnen danach in der Deutschen Botschaft passiert?

„Ich bin die vierhundert Kilometer zu Fuß gegangen. Das heißt, über Stacheldraht und unter Elektrokameras und so weiter. In Parral hielt der Bus, mit dem ich von Sant Carlos nach Santiago fahren wollte. Auf dem Parkplatz, wo der Bus hielt, haben mich die Schergen, das heißt Mauck, Gerhard Mücke und Siegfried Hoffmann schon gesucht. Sie haben dort schon auf mich gewartet. Sie haben mir in die Augen geschaut, mich aber nicht erkannt und sind zurückgegangen. Ich bin mit dem Bus weiter nach Linares und von Linares zu Fuß bis Talca. Von Talca hat mich ein Laster mitgenommen bis Cauquenes. Von Cauquenes ein Pkw bis Santiago-Vorstadt. Die kannten Kurt Schnellenkamp, deswegen haben sie mich mitgenommen. In der Nacht habe ich bei der Polizei in Santiago geschlafen. Eine Nonne gab mir noch Geld, damit ich mir etwas zu essen kaufen konnte. Ich hatte sie danach gefragt, weil ich nichts hatte und mich nicht auskannte in Santiago. Am Morgen suchte ich die Botschaft in Santiago. Ich fand sie nicht und fragte bei einem deutschen Landschaftsverband nach, der da zufällig war.
Ich habe angeklopft und dort sagte man mir, ich müsste da lang und da langgehen, und dann komme ich hin. So kam ich zu der Botschaft und der Pförtner sagte gleich: Herr Wagner, kommen Sie hier beiseite, die sind schon unterwegs, um Sie zu suchen, die holen Sie, Sie müssen sichergestellt werden. Somit hat er mich nicht nach vorne gelassen, sondern gleich in einen Raum gebracht, wo ich extra sicher war. Den Namen dieses Pförtners weiß ich nicht. Nach ein, zwei Stunden sprach die Botschaft mit Hermann Schmidt und Tante Ursel Schmidt. Das waren meine Adoptiveltern. Sie wurden gefragt, was los ist, und ich sollte antworten. Doch man gab mir vorher eine Spritze, sodass ich nicht mehr selbst entscheiden konnte, sozusagen sprachlos war und kein Wort rauskriegte. Ich wurde dann mitgenommen.

Es war eine Betäubungsspritze. Der Botschafter hat mich ausgeliefert an den Sektenschergen Alfred Matthusen. Der hat mich bis Santiago zur Wohnung gefahren. Dort sollte ich sagen, warum, weshalb – Kurt Schnellenkamp hat mich ausgefragt, und immer wieder – warum, warum? Ich sage, ich möchte hier weg. Daraufhin haben sie mir eine Decke über den Kopf gezogen, mich in einen Krankenwagen gesteckt, und hinten auf eine Trage gelegt. Tante Ursel Schmidt, meine Adoptivmutter, saß neben mir hinten drin. Ohne anzuhalten, fuhren wir bis Parral ins Freihaus, wo Schäfer sein Wohnzimmer hatte. Da wurde ich angeschrien und mit Stöcken zusammengeschlagen.
Schäfer kam zufällig herein und fragte, was das hier für ein Krach sei? Obwohl er genau wusste und bestimmt hat, was die Menschen machen sollten. Ich wurde in ein Zimmer im Krankenhaus gesteckt und mit Elektroschocks und Spritzen und Medikamenten behandelt. Das Zimmer war einen Meter fünfzig mal zwei oder drei Meter fünfzig klein. Es wurde sofort Fliegendraht vor die Fenster getan, sodass ich keinen Brief oder irgendetwas rausschmuggeln konnte. Nach drei Jahren, als ich das Zimmer selber renovieren wollte, habe ich gemerkt, dass in meiner Nachttischlampe ein Mikrofon war, womit meine ganzen Gespräche mit meinen sogenannten engen Freunden aufgenommen und mitgeschnitten worden waren. Das hat der Schäfer alles mitbekommen in seiner Beobachtungskammer im Zippelhaus. Er wusste genau, was ich denke, tue und geredet habe. Nachdem ich dann die Elektroschocks gekriegt habe, sollte ich morgens auf den Bau gehen."

Dann hatte die Botschaft mit der Führungsriege der Colonia-Dignida kooperiert?

„Ja. Genau. Denn der, der mich beiseitegeschoben hat, wusste genau, was er tat, weil vor mir schon einige geflüchtet waren, die sie wieder von der Botschaft zurückgeführt haben. Der Pförtner hat mich gewarnt und sichergestellt, dass sie mich nicht gleich aus dem Zimmer reißen konnten, sondern noch ein Gespräch zustande kommt. Aber sie hatten mir gleich eine Spritze gegeben, sodass ich nicht mehr Herr meiner Gedanken war und folgen musste."

Wer hat Ihnen die Spritze verpasst?

„Alfred Matthusen."

Und wer von der Botschaft hat das mit angesehen?

„Eine Frau und ein Herr, mit denen ich zuerst zwei, drei Sätze gesprochen habe. Da waren auch Herr Hermann und Ursel Schmidt – das waren meine Adoptiveltern – dabei. Sie waren von Alfred Matthusen und Kurt Schnellenkamp gebracht worden. Dann kam Alfred Matthusen und gab mir die Spritze und das wars. Das war im November 1969."

Das heißt, der Botschafter war persönlich anwesend und hat das mitbekommen?

„Ja, er war anwesend, wie mir Matthusen die Spritze hinten reingab. Dabei waren aus der Colonia Dignidad außerdem: Alfred Matthusen, Ursel und Hermann Schmidt, Kurt Schnellenkamp. Und eben eine Frau und ein Mann von der Botschaft, deren Namen ich nicht weiß. Ich konnte als Geschädigter, der ja immer als Verrückter angesehen wurde, nichts machen und wurde entsprechend behandelt. Das alles ging von Paul Schäfer aus, denn ich war ja schon in Heide gegen sein System gewesen. Die deutsche Botschaft in Chile und die Colonia Dignidad haben zusammengearbeitet. Als ich mit dreiundzwanzig den Pass erneuern musste, hat den Kurt Schnellenkamp bezahlt, weil ich kein Geld haben durfte oder nicht zurechnungsfähig war. Sie hatten mich ja für verrückt erklärt. Daher hat meine Mutter auch nie Post gekriegt."

Wie war die Geschichte genau mit Ihrem neuen Pass und der deutschen Botschaft?

„Alle vier bis fünf Jahre musste man den Reisepass erneuern. Dann fuhren einige im Bus zur Botschaft, und da war ich auch einmal dabei. Ich durfte aber nicht zu den Pförtnern und dort unterschreiben, sondern sollte nur meinen Pass dahin legen und die Formalitäten und die Unterschrift haben Kurt Schnellenkamp oder manchmal auch Gitta Kram geleistet, oder wer gerade mit war von den Büroleuten, die für uns zuständig waren. Wir hatten so etwas ja nie in der Hand gehabt. Das heißt, wir konnten das wohl, aber uns wurde es nicht gestattet."

Also Kurt Schnellenkamp hatte mit Ihrem Namen unterschrieben?

„Ja, ich konnte ja nichts machen, ich war überall als geisteskrank und

durchgedreht bekannt, bei allen Leuten, bei den Regierungen. So hat Schäfer mich dargestellt. Meine Mutter hat selber gesagt, ich sei tot. Sie habe keinen Sohn mehr, weil sie nie Antwort kriegte. Als ich 2004 für immer nach Deutschland kam, hat meine Mutter mir immer wieder gesagt, sie hat keine Post bekommen und musste sagen, sie hätte keinen Sohn mehr. Sie meinte: Ich habe einen gesunden Sohn geboren, und ein Kranker kommt zurück. Den haben sie mir kaputt gemacht. Das Geld, das meine Mutter für mich gespendet hat, wurde alles von der Colonia Dignidad eingesteckt. Das waren sechs Jahre lang jeden Monat dreihundert Mark, damit ich eine gute Versicherung im Ausland habe. Ihre Mutter, also meine Oma, hat das nachträglich bestätigt.
Es sind mehrere geflüchtet. Hugo Baar. Alfred Schaak, soweit ich mich erinnern kann, war er auch mal herüben. Aber sie durften nicht mit mir in Kontakt treten."

Woher wussten die, dass Sie in der Botschaft waren?

„Die Colonia Dignidad und die Botschaft haben sich ja ausgetauscht. Der Pförtner hat mich gewarnt. Er meinte, die sind auf der Suche und ich muss mit ihm mitkommen, sonst packen die mich einfach da und schleppen mich weg, ohne dass ich mit der Botschaft reden kann. Das wusste er wohl. Deswegen hat er mich sichergestellt, bis die Botschaft mich runter in so einen kleinen Raum holte.
Ich habe zu Kurt Schnellenkamp gesagt: Ich will von hier aus – von Santiago aus – sofort nach Deutschland fliehen. Ja, dafür sorge ich, sagte er. Dann kriegte ich die Spritze und war weg. Ich war gehemmt, etwas zu sagen. Die Gedanken waren irgendwie weg. Ich wusste nur, sie standen hinter mir.
Die Botschaft fragte meine Adoptiveltern, wie kann das sein, dass er aus der Colonia Dignidad geflüchtet ist? Die Schmidts antworteten: Der ist krank. Kurt Schnellenkamp und Alfred Matthusen sagten: Der kennt sich nicht aus, der ist durcheinander. Ich konnte mich nicht wehren. Ich habe nur gesagt, ich möchte von hier nach Deutschland, nicht mehr zum Fundo. Das haben sie mir verwehrt. Ich bekam die Spritze, dann ab in den Krankenwagen und dann zum Fundo.
Ich habe mal nach der Flucht einen Brief vom Fundo an den Botschafter rausgeschmuggelt. Den hatte ich im Krankenbett geschrieben. Daraufhin kam ein Brief von der Botschaft, in dem stand, dass sie mich sprechen

wollten. Ich sollte da noch mal in der Botschaft vorsprechen. Kurt Schnellenkamp, der angeblich mein bester Freund war, hat den Brief für mich beantwortet. Er sagte zu mir: Ich werde das regeln. Nachträglich habe ich gehört, wurde es so geschrieben, dass über die Wagners nichts gesagt wurde. Sie könnten sich nicht äußern, und ich könnte mich dazu nicht äußern. Er schrieb, ich wäre krank. Er hat das so formuliert, dass ich nicht mehr zur Botschaft hin brauchte.
Der Brief war tatsächlich von der Botschaft abgestempelt. Ich sollte zur Botschaft kommen. Darüber haben sich die Schergen gewundert, wie mein Brief überhaupt rauskam. Das habe ich aber nicht verraten."

Gab es ähnliche Fluchten in die Botschaften?

„Gudrun Müller hatte es versucht, Lotti Packmoor hat auch versucht zu fliehen. Kneese (Wolfgang Müller) ist ja geflohen. Ich weiß nicht genau, ob es Karl Stricker auch versucht hat. Den haben sie in der Colonia schrecklich behandelt. Er wollte wohl fliehen, das weiß ich. Er wollte heiraten und das haben sie ihm alles verwehrt. Sie haben ihn niedergespritzt, weil er so gut war im Kopf und auch ein guter Musiker war. Ich weiß nur, dass Stricker schrecklich behandelt wurde.

Ich wollte Pfleger werden, um zu erfahren, welche Medikamente ich kriege. Ich habe mir sogar mal heimlich die Schlüssel besorgt, um nachzusehen. Ab der Stunde, in der ich wusste, was ich für Medikamente kriegte, habe ich sie verweigert.
Ich hatte Schäfer darum gebeten, Krankenpfleger zu werden. Das war meine größte Sehnsucht, Menschen zu helfen. Aber im Hinterkopf hatte ich, dass ich wegwollte, und herausfinden, was er treibt. Ich konnte ein bisschen mehr reingucken, in den OP. Die Ärzte wollten mich als Assistenzarzt im OP ausbilden, weil ich das alles sehr gut gemacht hatte. Das hat Schäfer gemerkt. Er hat mich dann ins Büro geschickt und ich durfte nur noch unsere deutschen Patienten pflegen und versorgen. Nach der Flucht in die Botschaft durfte ich mir nichts mehr selbst nehmen. Wenn ich mir was nehmen wollte, wurde ich bestraft. Ich wohnte in einem kleinen Zimmer, wo mir das Essen hingebracht wurde. Maria Strebe sagte: Wie kommst du dazu, dir selber was aus der Truhe zu nehmen? Ich wollte was zu trinken und sagte zu ihr: Sind wir hier im KZ oder bei den Nazis? Ich habe doch das Recht, mir etwas zu trinken zu nehmen, wenn ich das möchte. Ich wurde angeschrien. Wo sind wir denn hier?! Ich bestimme

hier! Zwei Tagen später ist sie mit Schäfer nach Argentinien geflüchtet. Mir wurde alles zugeteilt, ich durfte mir kein Stück nehmen. Ich war immer unter Begleitung, sobald ich einen Schritt aus dem Haus gemacht hatte."

Wie lief Ihre Flucht aus dem Fundo nach Santiago in die deutsche Botschaft ab?

„Das war so: Da ich ja im Büro war, konnte ich mir leisten, in der Nacht Überstunden zu machen. Da haben wir Milch ausgegeben für die Jugend und da stimmte auf einmal etwas nicht. Dr. Seewald hat die Abrechnung gemacht. Weil er mich besonders auf dem Kieker hatte, und mich immer als verrückt erklärt hat, bin ich immer bis in die Nacht geblieben und habe nachgerechnet, wo der Fehler liegt. Das wollte ich rauskriegen, da bin ich genau drin, in der Buchführung. Da habe ich festgestellt, dass er Milch an Kinder für einen Monat und an Kinder mit fünf Jahren vertauscht hat. Da war der Fehler sichergestellt. Da hat mir noch Lotti Packmor geholfen in der Nacht. Die kam immer und sagte: Geh ins Bett, du musst morgen da sein. Ich sagte: Der Fehler muss erst gefunden werden, dann erst kann ich schlafen, nicht eher. Und so habe ich auch die Flucht vorbereitet. Ich habe immer gerechnet bis in die Nacht, und dann habe ich mir Zeit genommen, um zu planen.
Dann hieß es nachts einmal: Alle Mann Heu holen. Dann sagte ich, ich sei krank, mir sei schlecht. Ich hatte vorher heimlich meine Aktentasche mit meinem Jugendausweis und die Brieftasche aus der Nähstube rausgeholt. Da war keiner da. Ich habe die Tasche also genommen und bin an dem Abend noch geflohen, während sie alle auf dem Feld waren. Ich habe es über die Zäune geschafft, die mit den Drähten und alles bewacht wurden. Über den Fluss Perquilauquén, das war noch sehr heiß, bin ich mit der Fähre rübergekommen. Und dann zu Fuß bis San Carlos. Ich habe zwischendurch nachgefragt, aber keiner hatte ein Auto dort, erst in San Carlos waren welche, die haben mich im Auto ein Stück mitgenommen und in einen Bus gesetzt, der nach Parral fuhr. Dort haben die Schergen der Colonia auf dem Parkplatz bereits auf mich gewartet.
Ich sah sie, wie sie auf mich zukamen, im Bus, habe geschwitzt, gedacht, jetzt haben sie dich, aber die guckten mich nur Auge in Auge an und sind weggegangen. Sie haben mich nicht erkannt. Der Bus ist nach einer Viertelstunde weitergefahren bis Linares, von da aus bin ich wieder gelaufen bis Talca.

In Talca habe ich die Polizei gefragt, die wollte nichts damit zu tun haben. Dann bin ich per Anhalter weitergefahren bis Santiago. Dort musste ich erst mal sehen, ob ich was zu essen kriege. Ich habe eine Nonne gefragt, ob sie einen Peso hat, ein Escudo war das damals noch. Sie hat mir einen Escudo gegeben und ich konnte mir eine Banane kaufen. Dann habe ich bei der Polizei auf einer Bank geschlafen, die ganze Nacht. Morgens bin ich in eine Landwirtschaftsschule, die konnten Deutsch dort. Die haben mir erklärt, wo die deutsche Botschaft ist. Dann habe ich sie gefunden. Der Pförtner hat mich dann gleich zur Seite genommen, damit ich nicht zu sehen war. Er sagte: Die sind schon auf der Suche, haben angerufen."

Das heißt, der Pförtner wollte Sie schützen?

„Der wollte mich schützen. Der Botschafter nicht. Der Pförtner hat mich in einen Raum gebracht, damit ich nicht gesehen werde, wenn die kommen, und mich nicht gleich rauszerren können, wie es laut ihm vorher schon passiert ist. Er wollte sicherstellen, dass die Botschaft mit mir reden kann. Dann hat er zu mir noch gesagt: Sei sehr vorsichtig, die Botschaft spielt mit denen zusammen. Ich wusste ja nicht viel. Ich war zudem noch mit Tabletten vollgestopft. Dann wurde ich runtergerufen in den Raum."

Interview Efrain Vedder

Interviewführung: Anette Ende
Ort: Santiago de Chile, Chile
Datum: 03.08.2019

„Ich bin in der Nähe von Parral geboren, einem Dorf, das Catillo heißt. In dem Dorf haben mein Vater und meine Mutter gewohnt. Mit zwei Monaten habe ich ein Problem mit der Atmung gehabt, und ein Problem mit dem Laufen. Mir war gemahlene Kohle gegeben worden und ich hatte mich verschluckt. Der Atem ist daraufhin nie wieder normal geworden. Ich wurde blau. Meine Schwester Alicia hat zu mir gesagt: Efrain, ich habe ganz genau gesehen, du hast Probleme mit der Atmung gehabt. Du wurdest nicht mehr normal.
Das Krankenhaus war eine Benefciencia (Wohltätigkeit) für die Außenstehenden, und viele, die da gewohnt haben, haben dort umsonst gegessen. Das Krankenhaus hatte Kontakt bis ins Dorf von Catillo, der Polizei und der Dame vom Registro Civil (Standesamt), Tatti Sanmatin, hieß die, glaube ich. Die hat dann den Kontakt mit der Colonie hergestellt. Ich wurde mit der Ambulanz abgeholt, da war ich zwei Monate alt. In der Colonie wurde ich wieder hochgepäppelt. Dann kamen sie wieder und wollten auch meine Schwester abholen. Meine Schwester hat sich unterm Bett versteckt, meine Mutter hat gesagt, kommt überhaupt nicht infrage. Kann ja sein, dass da es viele Familienprobleme gab, aber das ist kein Grund, auf so eine Art die Kinder da wegzuholen, Familien zu zerstückeln und Leid für den Rest des Lebens zu bringen.
Auf jeden Fall habe ich dann in der Colonie gelebt, erst mal im Krankenhaus. Ich weiß nicht, wie lange. Ich weiß noch ganz genau, als Baby, stell dir mal vor, dass ich auf die Waage gelegt wurde. Das weiß ich noch. Und wie dann auch mal gemessen wurde, wie groß ich bin.

Ich weiß noch, wie ich das erste Mal ein schlechtes Gewissen hatte. Das war im Krankenhaus, das werde ich nie vergessen. Ich war noch sehr klein und habe gesehen, dass da irgendwo raufgetreten wurde, und dann ging das auf. Ich habe nicht genau hingeguckt. Ich bin dann mit dem Fuß und mit der Hand dran und dann ist es abgefallen. Da habe ich so ein schlechtes Gewissen gehabt, über Monate hinweg, bis ich wieder einmal hingerufen wurde zum Krankenhaus. Dann habe ich geguckt, was war das? Das war eine Gummikappe. Die ist abgegangen. Das werde ich nie vergessen. Nach der langen Zeit im Krankenhaus, ging es hoch zum Galpon (Schuppen). Dahinter haben wir dann gewohnt. Das war in der Nähe, wo der Weihnachtsmann ersoffen wurde. Das ist noch mal eine extra Geschichte. Auf jeden Fall hab ich da mit anderen Kindern gewohnt, die da auf die Welt gekommen sind, in der Colonie. Das waren Martin, Thomas, Martin, weiß nicht mehr, sogar fünf Mädchen. Wir waren dann da oben. Ich habe immer geguckt, wenn die mit den Pferdekarren reinkamen, mit Säcken drauf, und hin und hergefahren sind. Die saßen auf den Säcken drauf und ich habe da geguckt, ob sie mich rufen.

Ich habe mich gewundert, wo bin ich hier? Die anderen waren alle blond. Die Leute haben sich ganz anders verhalten, ihnen gegenüber und mir gegenüber. Auf jeden Fall habe ich mich nicht gefühlt, als wäre das mein Destino (Bestimmungsort). Ich habe gefühlt, dass da irgendwas nicht stimmt, schon als Kleiner.

Nachher ging es dann runter in die Nähe des Kinderhauses. Da war der Altbau, da war der Kindergarten und da haben wir gespielt. Der hatte noch nicht mal einen Zaun oder eine Hecke. Da konnten wir einfach auf den Acker gucken. Da waren die Kühe und zwischendurch wurde bewässert. Ich habe versucht, mit den anderen Kindern zu leben, obwohl ich ganz genau gemerkt habe, ich gehöre nicht hier dazu. Dann kam Erich Fege, der hat mit dem Fuchsbagger einen Graben ausgebaggert, und plötzlich kamen da Kaninchen rausgelaufen. Bam bam bam hat er mit der Schrotflinte auf die Kaninchen geschossen. Vor uns kleinen Kindern. Die Schrotflinte hat er hinter seinem Sitz gehabt. Das waren so Sachen, die wir erlebt haben.

Es gab immer so eine Hupe im Fundo, die hat laut gehupt und dann sind sie plötzlich auf Fahrrädern und mit Autos in einer Staubwolke bis zum Galpon (Schuppen) hochgefahren. Manchmal habe ich sogar gesehen, dass sie Waffen geladen haben. Sie sind obendrauf gestanden und haben Waffen geladen, aber man hat nie was verstanden. Nachher, wenn Flugzeuge rüberkamen, mussten wir alle ins Haus. Man kann sagen, wir wurden schon als Kleine in einer unnormalen Welt groß. Vor allem, weil die uns immer kritisiert haben. Heute sagen andere, auch Martin: Efrain, wie hast du alles mitgekriegt? Sage ich: Mensch, für euch war das ganz normal. Ihr seid da geboren. Aber ich hatte schon eine andere Geschichte, wo ich zur Welt kam. Die Energie hat mir gefehlt. Die positive Energie, die

ich hatte, hatte ich nicht hier in der Colonie. Ab sechs Jahren, kann ich sagen, habe ich angefangen zu suchen. Was ist hier los?
Ich habe mich gewundert, wenn Leute reinkamen von unserer Beneficiencia (Wohltätigkeit), die wir machen. Die Beneficiencia sollte den Leuten, die die Colonie kennenlernen wollten, alles zeigen. Da wurden wir alle in ein Schwimmbecken gesetzt, Mädchen und Jungs, und haben dann da rumgeplanscht. Rebecca und Kathi wollten an mich ran, auf Lieb machen. Das wurde für die Besucher inszeniert, als würden wir jeden Tag so leben. Aber das war nicht so. Ich habe immer geguckt, immer, wenn das gemacht wurde, war eine bestimmte Frau dabei. Wer war sie? Konnte das meine Mutter sein? Ich habe immer geguckt, und am Ende war sie wieder weg. Ich war so klein, sechs Jahre oder jünger, und hatte keine Möglichkeit, zu ihr hinzugehen und sie zu fragen. Aber mein Instinkt war da schon ganz wach. Wer ist das? Können die Kontakte da Leute von mir sein? Nachher habe ich rausgekriegt: Tatti Sanmatin war immer dabei, die immer die Adoptionen gefälscht hat.
Die Adoption war gefälscht mit der Unterschrift von meinem Papa. Aber mein Papa war schon tot. Kathi hat sich nachher bei mir entschuldigt. Ich war mit einer Gruppe vom Canal TVN da, und da hat sie sich bei mir entschuldigt, für das Vergehen, das sie begangen hat. Das ist gut.
Ich habe gesagt: Gut, gegen dich habe ich nichts. Du bist leider in das System reingenommen worden, weil du nie was Negatives erlebt hast. Daher hast du es weitergemacht. Aber heute sagt sie: Efrain, wenn ich dir helfen kann, tue ich das in jedem Fall. Ich werde dir auch zeigen, wo dein Papa und deine Mutter sind. Gut, auf dem Friedhof. Aber das ist wieder eine andere Geschichte.
Leute, die Verantwortung tragen, haben sich entschuldigt. Auch Hernan Larraín, der heute Justizminister ist. Der war im Senat und hat die Colonie unterstützt. Der war bereit, sich mit mir zu treffen und zu sagen: Efrain, das habe ich nie gewusst. Sozusagen, das habe ich nie gewusst, ich habe die Colonie nie so richtig kennengelernt. Entschuldigung für meine Verantwortungslosigkeit. Gut, das muss man akzeptieren. Er sagt: Du kannst mit meiner Hilfe rechnen.

Man müsste jetzt eigentlich Projekte machen in der Colonie, wo die Leute ihre Wohnungen haben. Leider kam Präsident Michelle Bachelet an die Macht und die eine Gruppe rebelliert gegen die andere. Hundertzweiundachtzig Hektar sind unter Denkmalschutz. Da können wir heute nicht unseren halben Hektar oder einen Hektar haben, und unser Haus bauen.

Geht nicht. Es gibt keinen legalen Weg. Und die, die da auf dem ganzen Kapital heute leben, die nutzen das nur für sich aus. Da gibt es so eine lange Geschichte. Die Kinder der Jerarcas, sei es Familie Schnellenkamp, sei es Familie Schreiber, und, und, und, zeigen keinen Respekt. Eine gute Erziehung wäre, wenn sie sagen, ja, Mensch, wir haben gelitten, wie können wir das wiedergutmachen? Mein Papa hat uns alle nicht gut behandelt. Aber was machen die heute? Denken nur an sich. Leben auf dem Kapital. Die, die weggehen wollen, lassen sie weggehen. Aber sie leisten keine Unterstützung. Normalerweise müsste von dem ganzen Kapital immer ein Prozentsatz in eine Kasse für die Opfer fließen. Aber leider, die Arroganz, die schlechte Erziehung, die sie widerspiegeln … Mir wurde sogar gesagt: Efrain, heute gehen wir auch auf die Knie. Ja, aber was ist das Ergebnis? Ihr geht auf die Knie, und weiter? Gut, ihr kniet in einer anderen Gesinnung. Aber was ist die Frucht? Ihr glaubt, wenn ihr unter euch zufrieden seid, dann ist alles gut. Nein, hier wird mehr Verantwortung verlangt. Ihr lebt auf einem Kapital, das allen gehört. Da müsste euch das Gewissen quälen. Da müsstet ihr sagen, was kann ich da machen, dass alle gleichberechtigt behandelt werden? Denn das ist nicht der Fall.
Viele sagen, alle, die gegen die Diktatur und Pinochet angegangen sind, waren Terroristen. Dann wäre ich auch Terrorist. Ich habe in einer Diktatur gelebt. Ich wollte mich dagegen wehren. Bis heute haben sie im Gericht den Ernst unserer Geschichte nicht erkannt. Deshalb läuft das alles so, wie es läuft. Dass Ricardo Lagos, als er Präsident war, dahin kam und das regeln sollte wurde auch wieder schlecht gemacht. Weil da wurden die, die in der Colonie leben, wieder auf legale Weise bevorzugt. Was ist mit all denen, die draußen leben? Die das gleiche Recht haben? Leider gerät das nach und nach auf Abwegen. Die Colonie wird kleiner, ihr Wert wird kleiner, sie verschulden sich, aber kaufen weiter. Heute ist Jorge Palma der Buchhalter. Ein guter Buchhalter müsste eigentlich Respekt vor den Opfern haben. Aber nein. Der Buchhalter sorgt dafür, dass sie sich weiter verschulden, veranlasst weitere Käufe. Abgesehen davon ist der Buchhalter kein Opfer. Der kennt unsere Geschichte auch nicht, der hat nie dort gelebt. Also da sind noch so viele Differenzen in der Colonie, die heute gar nicht mehr existieren dürften, unter den Opfern.
Stell dir mal vor: Ich zahle die Stromrechnung im Haus von Jörg Schnellenkamp. Da habe ich zweiundachtzigtausend Pesos vorausbezahlt. Normalerweise zahle ich vierzigtausend oder fünfzigtausend im Jahr. Am Ende kommen die an – eine von denen, die auf Knien geht, die gepredigt hat und da drin lebt, Dorothee Münch – und sagt: Efrain, ich kann die

Rechnung nicht abschließen, da fehlen noch dreißig Pesos. Efrain, ich kann die Rechnung nicht abschließen, da fehlen noch siebentausend Peso. Ich sagte: Mensch, ich habe vorbezahlt. Guck doch mal nach.
Nur Geld, Geld, Geld und keine Verantwortung. Da habe ich gesagt: Wenn das hier so weitergeht, dass ihr immer nur verlangt, verlangt, verlangt; wenn ihr euch nicht verantwortlich zeigt für das, was hier passiert ist, gibt es einen Prozess. So geht das nicht weiter. Ihr seid nicht mehr wie damals in der Diktatur, wo ihr machen könnt, was ihr wollt. Heute gibt es einen Buchhalter, heute gibt es Verantwortliche. Gut, Efrain, ist gut. Nun ist ein Monat vergangen, und die haben noch immer nicht Klartext gesprochen. Ich habe alle Belege von jeder Zahlung. Leider ist das heute noch so in der Colonie – da kommt keine Stromrechnung wie hier ins Haus. Da wird nur per Mail zugeschickt, soundso viel hast du verbraucht. Da kommt auch keine Stromzettelnummer an. Ich sage: Schickt bitte ein Foto des Stromzettels über WhatsApp."

Wie war denn die Zeit als Kind in der Colonia Dignidad?

„Gut und schlecht. Bis ich acht Jahre alt war, war alles Okay. Gut, wer streitet sich nicht? Ich habe mich mit Martin Matthusen in der Wolle gehabt, er hat mir ein Büschel Haare rausgezogen, ich habe ihn geschlagen – das war unter Kindern. Aber ab dann, kann man sagen, fing die Hölle an – mit Höhen und Tiefen. Ab zehn Jahren gab es Medikamente. Die wurden ins Brot gemischt, in die Leberwurst. Auf dem Löffel verrieben auf die Leberwurst. Oder in den Käse rein, und dann einfach nur: Hier, musst du nehmen.
Georg Schmidtke, Günter Schaffrik, Michel Hühne, Wolfgang Zeitner und auch andere haben aufgepasst, dass ich die Tabletten nehme. Das waren ja immer verschiedene, die auf mich aufgepasst haben. Die haben sogar mit der Pistole unterm Kopfkissen in meinem Zimmer geschlafen, mit einem Gummi drumherum, auf dem der Schlüssel war. Wenn ich zur Toilette wollte, musste ich sie aufwecken. Ab zehn Jahren kriegtest du außerdem Ohrfeigen und sahst, wie andere Opfer welche kriegten, bei denen sie fast tot umfielen. Die wurden wirklich bewusstlos. Ich auch. Plötzlich lag ich im Krankenhaus. Wenn dir einer eine Ohrfeige gegeben hat, bist du fast aus den Latschen gekippt.
Da gibt es so viele Geschichten, auch aus dem Krankenhaus. Beim neuen Bau war schon klar, wer die Colonia ist. Da wurde ein neuer Trakt hochgebaut, und darin habe ich auch gelitten. Für Drogen und Elektroschocks

ging es hoch in den zweiten Stock. Und nachher ging es runter aufs Bett. Ich hatte noch keine Kraft, mich selbst zu bewegen, hatte noch nicht die Kraft, stabil auf den Füßen zu stehen. Ich bin dann runtergekracht und wieder neu hoch bis zur Toilette. Ich stand auf der Toilette, und schlug mir den Kopf auf. Dann lag ich unterm Handwaschbecken. Das werde ich nie vergessen. Ich bin fast ausgeblutet. Eine Riesenlache Blut. Der Kopf war aufgeplatzt. Nachher bin ich wieder ein bisschen zu mir gekommen. Dann hoch, wieder hoch aufs Bett und immer wieder die Klingel gedrückt. Auf einmal kamen die rein und fragten, was ist denn los? Du sollst doch nur einmal klingeln, wenn du was willst. Mensch, wie oft habe ich geklingelt, sagte ich, ihr kommt ja nicht, guckt mal hier, mein Kopf ist aufgeplatzt. Dann wurde mir der Kopf genäht.
Wer ist verantwortlich für die ganze Scheiße, die mir da passierte? Das sind die Folterer, Folter unter Schock. Hopp war der Verantwortliche im Krankenhaus, Gisela Seewald, Maria Strebe, Dorothea Witthahn. Die Einzige, die sich entschuldigt hat, war Ingrid Klunck. Da kann man sagen: Mensch, Efrain, ich weiß, dass du gelitten hast und dies und das. Die hat mir viele Sachen bestätigt, etwa, dass ich gefoltert wurde. Alle anderen waren dazu nicht bereit.
Und wer war der Hauptschuldige von dem Ganzen? Wer war das? Das war Hopp.
Der wurde vom Staat bezahlt. Der ist vom Staat anerkannt worden. Sein dickes Auto, ein Dodge, hatte ein dickes Kennzeichen, das bewies, dass er vom Staat anerkannt wurde. Der wurde vom Staat finanziert. Da kamen einmal im Monat Kartonweise Medikamente an, die wurden ins Lager geschleppt.
Man kann sagen, ab dem zehnten Lebensjahr begann das Leiden. Zwischendurch war ich so am Boden, dass ich Selbstmord begehen wollte. Das ist ja auch so eine Geschichte. Ich bin schnell zur Toilette runtergelaufen, habe meine Tasche mit Steinen vollgesteckt und bin dann zum See gelaufen, zum Schwanenteich. Ich bin da rein und habe getrunken, getrunken und getrunken. Ich bin aber nicht untergegangen, ich bin geschwommen. Auf einmal höre ich: Was machst du da? Ich wurde rausgeholt und zu Paul Schäfer gebracht. Warum machst du das denn? Ich will nicht mehr leben. Ich halte das nicht mehr aus, immer unter Medikamente. Dann wurde ich besser behandelt, weil es könnte ja sein ..., da habe ich gesagt: Der muss weg. Ich habe gesagt: Paul Schäfer gehört weg, so wie viele auch gesagt haben, Pinochet gehört weg. Ich wollte ihn tatsächlich umbringen. Ich habe so einen Stein vom Sauerkrautfass aus dem Keller

geholt, in den zweiten Stock getragen und gesagt, wenn der Schäfer hier vorbeikommt, fliegt der Stein runter. Efrain, sagten sie, wenn du Schäfer umgebracht hättest, wärst du heute Terrorist. Gut, sage ich. Yo prefiero ser terorista contra una dictatura (ich bin lieber ein Terrorist gegen eine Diktatur) und nicht einer, der alles auf sich nimmt und zusieht. Es ist vielen anderen noch viel schlimmer ergangen. Ich kenne Peter Rahl. Im Krankenhaus musste ich gebückt gehen. Ich konnte nicht mehr aufrecht gehen, wir wurden richtig schwach gemacht, um uns psychologisch zu dominieren.
Peter Rahl wäre im Krankenhaus fast ums Leben gekommen. Und was macht Peter Rahl? Er ist auf beiden Seiten. Mal wieder. Aber man muss schon die Geschichte sehen, wie Hopp war. Dass Peter Rahl so gelitten hat, ist Hopps Schuld. Das ist Gisela Seewalds Schuld. Und was machen sie? Schweigen. Sie hatten kein klares Handeln. Rot könnte auch heute weiß sein.
Und deshalb kann man sagen: Der chilenische und der deutsche Staat haben keine Verantwortung übernommen. Die Einzigen, die das ganze Kapital genießen und ausnutzen, solange sie können, sind die, die da heute noch leben. Das sind zu hundert Prozent die Söhne der schlechten Beispiele. Hans Schreiber, Anna Schnellenkamp, Thomas Schnellenkamp, Markus Blanck und noch viele mehr. Wenn sie ein Beispiel sein wollen, sollen sie es besser machen als ihre Eltern. Aber was sie machen, ist nicht gut, kein Respekt. Unter Opfern kann man so nicht handeln. Stell dir mal vor, Leute, die mit dem Bus rein- und rauskommen, fahren dann mit dicken Autos rum. Aber sie jammern, wir verschulden uns, wir verschulden uns. Wir müssen aus den Schulden raus.
Da werden dann Riesen Filmteams über Tage aufgenommen und Filme gedreht. Dann wird am Ende gesagt, das Geld wird aufgeteilt. Da werden wir so und so viel Millionen bekommen, und die werden dann da investiert, weil die Opfer gesagt haben, das kann nicht so weitergehen. Am Ende ist dann das Geld da und der Buchhalter Jorge Palme sagt, wir haben so viele Schulden, warum nehmen wir nicht so und so viel davon weg? Und was übrig bleibt, werden wir in das reinstecken, was ihr verlangt habt. Die Geschäftsführer der Firmen dort machen, was sie wollen.

Es herrscht kein Respekt vor den Opfern. Das Einzige, was sie geändert haben, ist, dass man, wenn man da als Opfer reinkommt in die Colonie, nicht zahlen muss. Früher musste ich tatsächlich zahlen. Da sagte ich:

Seid ihr noch ganz gescheit? Opfer zahlen für das, was sie selber aufgebaut haben? Wofür wir ausgenutzt wurden, dürfen wir heute bezahlen? Seid ihr noch ganz gescheit? Da habe ich mich mit Hans Schreiber angelegt. Ich weiß noch ganz genau, wo das war. Am Springbrunnen in der Nähe vom Freihaus. Da sagte Hans: Efrain, das wird dir nachher, wenn du im Casino isst, abgezogen. Da muss ich erst im Casino essen, ehe ich hier wieder rausgehe?
Das ist die Moral, das sind die, die Paul Schäfer zurückgelassen hat. Die Kinder der Jerarcas handeln fast so wie die Jerarcas selbst. Eine eingesessene Feistigkeit. Kaltblütig. Die haben gar keinen Respekt. Wenn es ihnen zwischendurch an die Nieren geht, müssen wir helfen, weil sie wieder unter Druck gesetzt werden. Wenn ich nicht da bin in der Colonie, in Ruhe mein Leben weiterführe, sagen sie: Efrain, da wird das geplant, da wird das geplant! – Warum schreit ihr nicht auf? – Ja, aber ich lebe hier drin, die könnten mir dies und das. – Und warum ist das so? Weil die Gruppe noch existiert. Wenn auch kein Schäfer da ist. Die Opfer sind die Opfer der neuen Generation, der Kinder der Jerarcas. Viele, die da leben, sind weiterhin Opfer.

Stell dir mal vor, da wurde ein Prep Programm gemacht. Hast du doch gehört, das Prep Programm, wo gesagt wurde, hier, wie kann man das Ganze. … Das hat Anna Schnellenkamp gemacht, ein gutes Beispiel. Aber leider hat Anna psychologische Probleme, sie will ein Kind. Also erst mal Familie. Am Ende ist aus dem Prep Programm nichts geworden. Im Prep Programm wurde eine Umfrage gemacht unter vielen Opfern. Viele Opfer haben gesagt, ja, im Prep Programm könnten wir viele Sachen lösen. Die Umfrage wurde sogar schriftlich gemacht, und da kommt ganz genau raus: Viele wollen Geld. Viele wollen Teil der Firmen sein, des Kapitals, das da ist. Und dann wurde das nichts mit dem Prep Programm.
Woher kam das Prep Programm? Das war nicht im Sinne jener, die das Sagen haben. Es war im Sinne eines Buchhalters, der nie da gelebt hat, der nie Opfer war, im Sinne von Thomas Schnellenkamp, Hans Schreiber, Markus Blanck. Die Schnellenkamps sind heute die, die immer sagen: Efrain, du hast recht, aber ich kann nichts machen. Da kann ich sagen: Nein, ihr seid weiterhin ein schlechtes Beispiel, ihr müsstet eine hundertprozentige Drehung machen und sagen, jetzt sind die Opfer dran, hier gibt es keine Unterschiede. Aber es werden weiter Unterschiede gemacht. Auf lange Sicht kann das nicht gutgehen. Ich habe gesagt: Es ist ja jetzt keine

Diktatur mehr, aber wenn ich ein Radikaler wäre, ein Extremist, würde ich heute nach Parral fahren und mir die Einzelnen vorknöpfen. Die machen weiter, weil sie die Gewalt, die Macht haben."

Und wer hat Ihnen Schaden zugefügt als Kind in der Colonie, und was ist da passiert?

„Alle, die mir Ohrfeigen gegeben haben, dass mein Kiefer fast draußen hing, sind schuld, da könnte ich eine Riesenliste geben. Alle, die mich blutig geschlagen haben. Da könnte ich eine Riesenliste geben. Was hilft das alles? Viele haben schon um Entschuldigung gebeten, und viele sagten, ich musste das tun. Die sind heute noch nicht bereit, Entschuldigung zu sagen. Und ja, was ich gelitten habe. Sogar im Kindergarten, wenn wir uns schlecht benommen haben, gab es Stubenarrest. Als Kleinkinder. Und nichts zu essen. Oder einen Tag lang in der Ecke stehen. Ursel Seelbach war als Einzige ein Engel für mich. Die hat mich immer gut behandelt. Aber wenn man so andere sieht, da gab es viele, die haben wie Naziweiber gehandelt. Auch unter Frauen. Frauen unter Frauen, Handlungen wie Naziweiber. In der Gärtnerei, wenn man da gesehen hat, wie die Leute behandelt wurden. Da gibt es die Lindemanns und andere, die im Krankenhaus gelandet sind und nachher woanders arbeiten mussten. Nicht in der Gruppe, aber sie wurden dann woanders gehalten, hat man ganz klar gemerkt. Frauen unter Frauen können nicht solche Handlungen begehen, das sind Naziweiber.

Was uns allen passiert ist da … Stell dir mal vor, dann arbeitest du und arbeitest. Nachher ist dann Singen. Erst mal stehst du früh auf, dann setzen sich alle an einen Tisch. Und auf einmal heißt es, du gehörst nicht an den Tisch. Weil einen Tag vorher hatte ich gegen irgendetwas rebelliert. Setz dich an einen anderen Tisch. Das war die Gruppe aus der Heilsarmee, wo ich dann nach dem Kindergarten war. Ab neun, zehn Jahren fing die Scheiße an. Du sitzt also am Extratisch und alle sitzen mit dem Rücken zu dir. So fängt der Tag an, und nachher kommt das Singen. Da singst du nicht, da sitzt du da unten. Du musst erst mit den Leuten auf die Knie gehen, die die gleiche Gesinnung haben wie Paul Schäfer. Georg Schmidtke, Günter Schaffrik, Michel Hühne, Wolfgang Zeitner. Da gibt es so viele, die haben das Leid verursacht und dann gleichzeitig: Wir müssen beten, wir müssen dies, wir müssen das. Und das sind die, die noch nicht mal heute das Gewissen plagt, so wie sie weiter die Opfer behandeln.

Das Schlimmste, was ich erlebt habe, war ja, wie ich schon gesagt habe, im Krankenhaus. Ich war da am Arbeiten außerhalb in Las San Manuel und habe mich mit jemandem angelegt. Da hat Schäfer gesagt, du hast nichts im Blut. Ich muss dich ins Krankenhaus bringen, du nimmst deine Tabletten nicht. Was? Dann nahm er mich mit ins Auto mit zum Krankenhaus. Gisela Seewald kam daher und hat hier reingespritzt. Ich hatte tatsächlich die Tabletten weggeschmissen.
Dann wurde ich wieder kleingemacht, psychologisch runtergeputzt. Jetzt leg dich mal hin, atme mal durch. Dann wird dir ein Gummi draufgesetzt, und auf einmal – Bum. Im Halbschlaf da auf dem Bett. Dann wird dir hier was raufgeschmiert und dann kommt das Gummi ran. Und dann – Bum-Bäm, Stromstöße von da nach da. Das waren richtige Leiden. Wenn ich dann wieder in die Gruppe zurückkam, wussten sie ganz genau, der Efrain leidet. Die Gleichen waren dann bereit, wenn ich in den Widerstand ging, mir Ohrfeigen zu geben. Mein Kiefer ist heute runtergehauen. Wenn der deutsche Staat dann mal zahlt, will ich das nutzen für meinen Kiefer. Wenn ich was beißen muss, tut mir der Kiefer weh. Weil der Kiefer fast ausgerenkt ist.

Das letzte Mal, bevor ich aus der Colonie raus bin, habe ich mich auch mit den Leuten angelegt. Da gibt es auch wieder eine extra Geschichte. Paul Schäfer war noch in der Colonie, und ich habe unten im Kartoffelkeller gewohnt. Dann war plötzlich Alarm. Bei Alarm mussten wir alle Qualm machen. Einen Reifen in Brand stecken, damit da viel Qualm ist. Damit, wenn die PDI da reinkommt und die Polizei mit den Hunden, sie nicht merken, dass die nicht da…Alles früh raus, plötzlich, um fünf Uhr oder vier Uhr, manchmal um sieben Uhr. Das war mir irgendwann zu viel. Da habe ich gesagt, ich möchte mit Paul Schäfer sprechen. Im zweiten Stock in der Nähe, wo Seewald sein Büro hatte, hat Paul Schäfer auch ein Büro gehabt. Dann durfte ich da rein, und da habe ich mich mit Paul Schäfer angelegt. Ich habe ihm gesagt, ich halte das nicht mehr aus. Jetzt ist Tobias Müller weg, ich halte das nicht mehr aus. Wir sollen immer Qualm machen und die müssen sehen, dass sie sich verstecken. Ich möchte, dass du gehst. In aller Ruhe. Wir wollen Frieden haben, hier drin. Ich halte das nicht mehr aus.
Da fing er an zu flennen und sagte: Aber Efrain, wo soll ich denn hin? Wer soll denn das Ganze weiter erhalten? Mensch, sagte ich, du hast doch deine Gruppe, deine Vertrauensgruppe. Heute sagt man, deine Jerarcas.

Und da habe ich Paul Schäfer so hängen gehabt. Fängt der an zu flennen, fängt der an zu heulen. Du kannst ja weitermachen, du kannst doch ganz woanders sein, wir können dich sogar informieren, sagte ich. Ich halte es nicht mehr aus hier, ja, gut. Ein oder zwei Wochen vergingen und auf einmal merkte ich, Paul Schäfer war nicht mehr da. Toll, Schäfer war nicht mehr da.
Da habe ich in der Schlosserei gearbeitet, das werde ich nie vergessen. Da wurde gefilmt. Hundertprozentig was für Paul Schäfer. Da habe ich gesagt, es geht uns gut, mach dir keine Sorgen. Da wurde mir damals gesagt: Efrain, das kannst du nicht sagen. Warum denn nicht? Ich wusste ganz genau, es geht um Paul Schäfer. Nachher wurde mir auch gesagt: Efrain, Paul Schäfer will wissen, wie es dir geht. Hat Hans-Jürgen Riesland mir gesagt, und auch andere. Schreib ihm mal was. Dann habe ich geschrieben und er hat mir zurückgeschrieben.
Dann habe ich gesagt: Jetzt ist der Moment gekommen, wie können wir hier eine Karriere aufbauen? Wenn wir rauskommen hier, aus der Colonie, haben wir ja nichts, wir haben keine richtige Schulung, keine Profession (Beruf). Und dann habe ich mich mit der Jerarca (Führungsriege) angelegt. Paul Schäfer war ja nicht mehr da. Über der neuen Küche haben wir uns versammelt. Gerd Mücke, Kurt Schnellenkamp, der Molly, wie heißt er noch mal, so zehn bis zwanzig Leuten waren da. Da habe ich denen gesagt, wir haben hier keine richtige Ausbildung. Dann wurde gesagt, ja, da werden wir einen Weg suchen. Und dann haben wir ein Zertifikat gekriegt. Wir mussten dann eine Schulprüfung machen und heute habe ich meinen Schulabschluss.
Wenn man so nach und nach mit Leuten spricht, heute, heißt es, Efrain, wir danken dir. Dank dir wurde Ernst gemacht. Sonst wären wir heute nichts. Das sagen heute die Leute zu mir. Es stimmt, dass ich da Dampf gemacht habe. Ich habe auch gesagt, ich will meinen Lohn haben. Dann wurde mir von der Jerarca (Führungsriege) gesagt: Gut, du lebst hier. Wo du wohnst, müssen wir erhalten, wo du Wäsche wäschst, müssen wir erhalten, dein Essen – das sind Kosten. Dann hab ich gesagt: Gut, zieht das ab, zieht das ab, aber was mir zusteht, gebt mir. Ich will auch nicht mehr am Samstag, Sonntag oder Feierabend arbeiten, habe ich gesagt. Stell dir mal vor, als Einziger. Viele andere haben immer noch unterschrieben, sie hätten Lohn bekommen, obwohl das nicht der Fall war. Die haben immer weitergemacht, weil sie auch alles umsonst gekriegt haben. Aber ich habe schon einen ganz anderen Weg genommen. Da fing es auch an, dass ich

gesagt habe, jetzt raus. Samstag, Sonntag – einfach mal raus, nach Concepcion, nach Talca, nach Chillán oder nach Serena, irgendwohin, weg. Da habe ich dann auch Leute getroffen, die gesagt haben, was ist das denn für ein Leben da drin? Wie ist das möglich?
Um gegen das Ganze anzugehen, kannst du nicht mit einem Fuß drin und mit einem draußen sein. Du musst Schluss machen, wurde mir gesagt. Auf jeden Fall, habe ich gesagt, 2002 war das, ich gehe hier weg, ich möchte aber einen Beweis haben, dass ich gearbeitet habe, mich benommen habe, eine gute Person gewesen bin. Da wurde mir ein Zertifikat ausgestellt. Und Ende 2002 bin ich dann raus. Und dann haben sie gesagt, aber bitte, Efrain, lass uns das alles hier in Ruhe … Sagte ich: Ja, wenn ihr weiterhin Verständnis für unsere Leiden habt, gar kein Problem.
Als ich draußen war und gemerkt habe, wie es da drin weiterging, habe ich gesagt: Halt mal. Stell dir mal vor, da hat Hans-Jürgen Riesland das Sagen gehabt, nach Paul Schäfer. Auch wenn da Jerarcas waren, aber Hans-Jürgen Riesland war der, der das Sagen hatte. Der wusste, wo alle leben, musste sie ernähren. Sei es mit Geld, sei es mit Lebensmitteln. Der hatte die Kontakte. Das war wie der zweite Paul Schäfer. Von dem haben sich die Leute sogar verabschiedet, Gute Nacht, das haben wir vor Paul Schäfer gemacht. Das haben die beim Hans-Jürgen Riesland gemacht. Da hat mich auch mal jemand angerufen: Efrain, ich möchte da weg. Obwohl Paul Schäfer gar nicht mehr da war. Ich sagte: Weißt du, das Erste, was du brauchst, wenn du rausgehst, ist eine Arbeitsstelle. Sonst kannst du nichts werden. Man hat sein Telefon kontrolliert, und da stand dann am Ende drin, dass er mit mir Kontakt hatte. Stell dir mal vor, und da wurde gesagt: Du hast Kontakt mit Efrain? Deine Universität kannst du vergessen. Der hatte ein Projekt, das er in der Uni studieren wollte, genau wie alle anderen. Und am Ende wurde er weggeschoben.
Gerd Mücke ist aus der Colonie zu den Studenten gereist, und hat sie im religiösen Rausch wieder auf Kurs gebracht. Die draußen gelebt haben, haben natürlich andere Bedürfnisse gehabt, haben andere Leute und Frauen kennengelernt, weil es ja auch ein anderes Ambiente war. Und wenn die in der Colonie mitbekommen haben, man hat andere Ideen, kam Gerd Mücke und machte wieder Ordnung. Also halt mal, du bist hier, um zu studieren, und nachher das Ganze weiter zu erhalten.

Das war ein Kompromiss von vielen, die studierten. Wenn man heute sieht, gut, die haben studiert. Thomas Schnellenkamp hat studiert, und was macht er? Er hält das weiter, ohne an die Opfer zu denken. Thomas,

und, und, und setzen heute noch um, was damals verlangt wurde. Die Opfer kommen an dritter Stelle oder gar nicht. Und wenn sie viel Krach machen, dann wird ein bisschen nachgegeben. Das ist die Haltung noch bis heute.
Da gibt es ja so viele Sachen, wo ich, als ich raus bin aus der Colonie, schon gesagt habe, untersucht das, untersucht das, untersucht das. Ich sage auch, warum kommt nicht mal ein Fiscal, ein Richter, mit mir rein und sagt: Efrain, wo ist hier dies und das passiert? So ist es aber nie gekommen. Warum nicht? Weil der Staat viel Schuld daran trägt, dass es nie mal zum Knall kam, dass es nie mal untersucht wurde. Stell dir vor, wenn ich da mit einem Fiscal überall rumgefahren wäre, im Krankenhaus und überall, dann wäre Hopp hundertprozentig im Loch. Hopp war doch da. Aber leider sind viele Anwälte, Richter parteiverbunden und haben eine halbe Komplizenwirtschaft mit den Rechten. Am Ende wurde das nie was. Heute sagen wir, Hopp wäre nie davongekommen, bei der (Un-)Verantwortung, die er im Krankenhaus uns gegenüber gehabt hat.
Ich weiß nicht, ob Sie Peter Rahl mal angehört haben. Sie müssen sich mal mit ihm persönlich unterhalten. Heinrich Wagner, wie der gelebt hat, Franz Baar, wie der gelebt hat. Da gibt es noch viele mehr. Die Mutter von Linde Gert hat uns im Krankenhaus unter Elektroschock gesetzt. Die ist schon gestorben. Leider hat sie nicht die Möglichkeit gehabt, sich für all ihre Schande zu entschuldigen. Aber der Papa von Linde Gert ist ein Herz. Der spricht mit mir. Efrain, Mensch, du hast recht gehabt, Efrain, der liebt, wie ich handele.
Stell dir mal vor, Gerhard Mücke steht im Saal in der Colonie und predigt aus der Bibel, was wir tun müssten, und dies und das. Sagte ich: Was? Du redest hier, aber du tust nicht, was die Bibel sagt, du tust es nicht. Da fing er an zu zittern, mit der Bibel in der Hand. Sein Fuß fing an zu zittern. Ich sagte: Ich halte das nicht aus, ich gehe raus. Ich bin raus aus dem Saal. Da wurde gesagt, das ist ein Teufel. Ich habe Krach geschlagen, damit die Leute wach werden. Gerhard Mücke predigt Karl Stricker, einem Opfer, das unter Drogen gesetzt wurde, und ein paarmal weggelaufen ist, aus der Bibel, wie gut wir sein müssen. Ich sagte, der Mensch ist auch gut. Warum stehen die nicht genauso auf wie ich?"

Wer hat denn die Diagnosen überhaupt erstellt im Krankenhaus über psychische Erkrankungen?

„Das frag mich nicht. Das frag mich nicht. No."

War das Hartmut Hopp?

„In vielen Sachen, aber nicht nur. Hopp hat das wahrscheinlich unterschrieben, aber viele Diagnosen wurden auch von Gisela Seewald gestellt."

Und auch von fremden Psychologen?

„Kann sein, kann sein, ja. Heute weiß ich, kann sein. Als ich in der Colonie war, habe ich Paul Schäfer angehauen und gesagt, ich halte es nicht aus, wie Karl Stricker lebt. Der schläft immer, an ihm wird herumgerissen, der wird sogar geboxt und geohrfeigt. Zwischendurch hat der so ´ne Wut, da schmeißt er den Pinsel in die Ecke. Da sagt Schäfer: Da kann ich nichts machen, der ist unter Kontrolle von Doktor Otto Dörr. Ich wusste gar nicht, wer Otto Dörr ist. Da habe ich gleich gedacht, aha, hier gibt es noch einen Folterknecht, den ich nicht kenne? Wenn im Krankenhaus operiert wurde, wurden auch Leute aus der Klinik Alemana oder sonst wo hergeflogen, die die Operation in der Colonie gemacht haben, für ein bis zwei Tage, oder mehr, dann sind sie wieder weg.
Heute weiß man, es stimmt. Doktor Otto Dörr war der behandelnde Arzt von Karl Stricker. Aber warum? Weil Hartmut Hopp nicht die Hosen anhatte. Hartmut Hopp, als Direktor, hat nicht gesagt: Ich kann nicht verantworten, wie die Leute hier mit Medikamenten und … Er hat gesagt: Gut, machen wir so weiter, aber ich kann dafür nicht eintreten, soll Doktor Otto Dörr dafür aufkommen. Und Doktor Otto Dörr hat sich dafür hergegeben. Heute sagt er, ich schäme mich. Wie auch viele andere sagen, ich schäme mich, dass ich überhaupt Teil dieser Mafia sein konnte. Leider hat Doktor Otto Dörr sich da rein gegeben. Gut, dass er noch heute versucht, sein Image reinzuwaschen. Das gelingt ihm nicht, es gibt immer mehr Beweise, dass er am Ende gewusst haben muss, was da passiert ist, was die Colonie ist. Jetzt ist er wachgeworden.
Aber die Hauptschuld an dem Ganzen trägt Hopp. Aber über Hopp wacht der Staat. Hundertprozentig. Es gibt ja Anzeigen, wenn Leute abgehauen sind. Angefangen bei Heinz Kuhn. Es gibt viele Anzeigen, auch von Packmor. Ich habe einzelne Dokumente, was sie damals geredet haben. Warum hat Hopp niemals gesagt: Halt, Stopp? Irgendwie wird es mal knallen, es gibt Verantwortliche. Aber Hopp hat immer geglaubt, er hat die Hilfe vom Staat, sogar von Pinochet – er kann machen, was er will. Er braucht nicht den Kopf hinzuhalten.

Die Opfer wurden nie mal da herumgeführt, um Zeugnis abzulegen. Warum nicht? Der Staat will das nicht, weil der Staat ganz genau um die Verantwortung weiß, die er hier hat, da lässt er lieber Hopp fallen. Hundertprozentig. Der Staat wollte, dass Hopp Chile verlässt, denn es könnte ja noch mehr Skandale geben. Auch die Senatoren und wer sonst noch – die würden alle kippen. Das kann man daran sehen, dass nicht mal der Oberste vom Geheimdienst abgesetzt wurde, nicht der Innenminister, nicht der Außenminister. Keiner wurde abgesetzt. Dass so ein Krimineller wie Hopp überhaupt wegkam."

Welche Erfahrungen haben Sie denn mit Hartmut Hopp gemacht?

„Gute und schlechte. Als ich im Krankenhaus war, waren es schlechte. Alles im Krankenhaus war unter Drogen und so, das ist das Schlechte. Das ist Hopps Schuld.

Ich hatte wahnsinnige Knieprobleme, weil wir Säcke mit sechzig bis achtzig Kilo geschleppt haben. Da wurde einer einmal von der Universität in Chile, ein ganz Berühmter, ein Bärtiger, hinbestellt in die Colonie, damit er sich aller Patienten annimmt, die Knochenprobleme haben. Da kam ich auch hin. Er hat mich gefragt: Was hast du für ein Problem? Ich sagte: Ich kriege mein Knie gar nicht mehr krumm und es wird immer rot. Da hat der geguckt, und gesagt: Du brauchst eine Injektion. Da hat er einmal gespritzt und ich habe nie wieder ein Problem gehabt. Dank Hopp. Hätte er das damals nicht gemacht, wäre ich heute wie Franz und andere und hätte wahrscheinlich schon mein Bein ab.

Einmal habe ich in der Schreinerei gearbeitet, da hatte ich so einen Expander, so ein Sportgerät, an dem man zieht. Der ist aus dem Haken herausgefallen und mir aufs Auge gekloppt. Ein Schlag direkt aufs Auge. Dank Hopp habe ich mein Auge nicht verloren. Man sieht nur, dass die Pupille kleiner ist. Das sind so Sachen, da hat er mir was Gutes getan, da gibt es noch mehrere Sachen.

Einmal hat die Doktora Gisela Seewald gesagt: Ach Mensch, den Efrain, den lassen wir so, wie er ist. Dann haben wir einen Zaun gebaut, eineinhalb Meter Höhe, damit wir nicht raus können. Als der Stacheldraht gespannt wurde, ging ich zu dicht ran und habe mir das Auge aufgerissen, hier oberhalb. So richtig. Da musste ich ins Krankenhaus, das hing so runter. Gisela Seewald hat mir das zugenäht. Und was hat sie noch mal gesagt? So was Ähnliches wie: Hoffentlich bleibt da nichts zurück. Also sie war besorgt. Stell dir mal vor, sie hätte auch dafür aufkommen können.

Es ist nichts zurückgeblieben. Die Naht, die sie gemacht hat, ist so gut geworden.
Das Problem in der Colonie war ja immer, wenn es einem wieder so schlecht ging, wir so runtergebracht wurden, dann wurde gesagt: Wir müssen mal einen Ausflug machen.

Wir durften ja nie Fußball spielen, und wenn wir Fußball spielen wollten, dann wurde gesagt, barfuß. Paul Schäfer hat es nicht gefallen, wenn wir Fußball spielen. Heute sage ich, was mir fehlte war Volleyball oder Handball. Das gefällt mir. Viele Spiele, die wir so kennengelernt haben heute, wenn ich die so sehe, haben etwas Gutes.

Aber dass wir jahrelang ohne Rechte gelebt haben, dass wir bis heute nicht mal ein Erbrecht haben, dass ich mit neun Jahren adoptiert wurde … Mit zwei Monaten in die Colonie, mit neun Jahren adoptiert. Ich bin ein Entführungsopfer, ich wurde hundertprozentig entführt. Von Deutschen, unter deutscher Aufsicht. Am Ende hieß es wohl: Gut, jetzt sind die schon so lange hier, jetzt müssen wir das irgendwie legalisieren. Adoptier ihn, Johanna Vedder Veuhof. Der Staat könnte heute sagen, Efrain hat beide Staatsangehörigkeiten. Hat er aber nicht. Weil mich nur eine Frau adoptiert hat, bin ich heute kein Deutscher. Wenn mich ein deutsches Ehepaar adoptiert hätte, wäre ich heute Deutscher. Meine ersten Worte waren auf Deutsch. Dafür, dass ich gezwungenermaßen die deutsche Kultur angenommen habe, übernimmt der deutsche Staat keine Verantwortung. Ich habe auch damals gesagt, als die Abgeordneten von Deutschland kamen: Normalerweise müsste es für alle Chilenen, die Deutsch sprechen und die deutsche Kultur angenommen haben, ein Projekt geben, dass die anerkannt werden als Deutsche. Der deutsche Staat hätte viele Sachen gut machen können, auch das Erbrecht.
Stell dir mal vor, wenn heute jeder ein Stück Land hätte. Als ich mit dem Lamlé gesprochen habe, der das mit der Colonia Dignidad wieder in Ordnung bringen sollte, hat er zu mir gesagt: Efrain, was verlangst du denn? Ich verlange, dass jeder ein eigenes Land hat. Dass jeder sein Erbe bekommt, das verlange ich. Ein eigenes Stück Land, auf dem man was aufbauen kann, auf dem man Projekte machen kann, sogar mit dem deutschen und chilenischen Staat unterstützt. Da sagte er: Da sind wir jetzt dabei. Ein Projekt, wo jeder einen halben Hektar kriegt, und das soll noch mehr werden. Jeder soll mindestens einen Hektar kriegen. Heute sagen die, die da in der Colonie das Sagen haben, wie die Schnellenkamps: Du

hast doch einen halben Hektar, warum brauchst du mehr? Das geht nicht, wir sind so verschuldet."

Auch kein Jörg Schnellenkamp?

„Die Projekte, die er angefangen hat in der Colonie, waren gute Ideen. Wie die von Anna. Die haben Projekte angefangen, aber leider, wenn du dich nicht mit dem Rest synchronisierst, wird das nichts. Das war bei Jörg der Fall. Jörg wollte, aber es wurde nichts. Jörg hat auch einen Prozess gewonnen gegen die, der wusste, was er macht. Das hat er auch damals gewusst, aber wenn du in der Colonie unter dem neuen Gremium keine Rückenstärkung kriegst, was willst du denn da machen?
Ich sage immer, das Thema ist noch lange nicht zu Ende, denn es wurde vom Gericht bestätigt, dass die Colonie eine Asociacion Elicita criminal (kriminelle Vereinigung) ist oder war. Wie ist es dann möglich, dass sie weiter Nutzen aus ihren Taten zieht, ohne an die Opfer zu denken? Wenn man wirklich gegen das Ganze angehen will, könnte man dagegen angehen, aber leider fehlen die Hosen und der Professionalismus.

Dem Hopp könnte man heute noch in Deutschland einen Prozess machen, einen neuen Prozess, mit allen Opfern. Hopp würde ins Loch gehen. Aber leider, weil es in Deutschland ist, ist es verjährt. Deutschland schützt seine Täter. Gut, dann wird er eben zurückgeholt. Was er hier in Chile begangen hat, muss er hier in Chile absitzen. Aber leider fehlt die Einigkeit, leider fehlt die Professionalität. Abgesehen davon gibt es noch andere Sachen, wo man sagen kann, wenn mal alle so geredet hätten, wie Willi Malessa, wären wir heute schon viel weiter. Man kann sagen, jeder ist ein Puzzleteil aus einem Puzzle-Spiel. Jeder war ein Teil des Ganzen, bewusst oder unbewusst.

Als Kleinkind habe ich im Spiegel gesehen, wie die rein und raus sind, und plötzlich – die Jahre gehen dahin, sieht man, da kommen Autos rein. Was ist das denn? Ein Citroën, ein Renault. Nachher, als ich dann schon in der „Heilsarmee" war, ging ich zum Aufspannen der Kaninchenfelle in den zweiten Stock. Auf einmal sah ich da unten wer weiß wie viel Autos aufgestapelt. Da habe ich gesagt: Was ist das denn? Wo kommen die her? Das waren alles Autos von Vermissten.
Und du glaubst, dass Reinhard Döring nichts weiß? Dass Reinhard Döring nicht so helfen könnte wie Willi Malessa? Dass Dietmar Schmidtke

nicht so helfen könnte wie Willi Malessa? Willi Malessa hat einen guten Schritt getan, der hätte noch viel mehr tun können. Aber leider, leider, leider tut er es nicht. Wir haben uns als Kinder in die Autos gesetzt und rumgespielt, als würden wir fahren. Wir haben alle Felle aufgespannt, und dann ging's da runter. Dann vergingen die Jahre, ich arbeitete in der Schlosserei und wurde rübergeschickt, um die Chassis abzuklopfen, die Bleche, wo die Patente der Chassis drauf sind. Sogar die Nummernschilder sollten wir abnehmen, sollten sie ausstanzen. Die kann man dann benutzen, wo gefährliche Kurven sind, wenn man in die Berge fährt. Damit man da nicht so direkt ran fährt. Da kann man die ankleben oder annageln. Ich habe mich gewundert, was soll das alles? Warum machen wir das alles? Nachher dann habe ich gemerkt, irgendwas stimmt hier nicht. Aber warum haben wir nicht alle so reagiert? Heute sagen viele: Efrain, wie hast du das alles so mitgekriegt?
Man kann sagen, ab sechs Jahren wird man schon zum Rebellen. Und wer nicht zum Rebellen wird, geht treu mit. Die haben alles treu mitgemacht, haben sogar treu gelitten. Und die halten das heute weiter. Ich bin noch der Gleiche wie früher. In der letzten Versammlung habe ich auch ganz offen gesagt: Ihr kommt hierher, Oral History-Archiv Projekt, aber die heutige Villa Baviera ist nicht das Sprachrohr für alle Opfer. Die Leute, die hier leben, auf dem Kapital, und das ganze ausnutzen, haben nicht das Problem, wie die draußen, die mit Kindern aus dem Nichts anfangen. Dort müsstet ihr zuerst hingehen. Gut, ihr habt hier alle Annehmlichkeiten. Ihr könnt hier wohnen, hier gibt es gutes Essen. Aber das ist nicht das wirkliche Bild der Opfer. Nachher, als ich aus der Versammlung raus bin, kamen die Leute an, die mich früher getriezt haben mit Ohrfeigen und alles: Komm mal her, Efrain, du bist immer noch der Gleiche.
Heute gehen ihnen so nach und nach die Augen auf. Die kommen heute zu mir und sagen, du hast dich nicht geändert. Das ist auch ein positives Zeichen für mich.
Aber leider sind die so alt, die können fast nicht mehr gehen, nicht mehr sehen. Dass die in diesem Zustand sagen, Mensch, ich habe Mist gebaut. Das ist schon ein großes Plus für mich. Ja, aber die müssen auch gleich sagen: Was können wir noch für euch tun? Das bist ja nicht nur du. Alleine dazu reicht es nicht."

Was muss sonst noch untersucht werden?

„Es gibt noch Sachen zu untersuchen."

Waffen?

„Nein. Waffen kann sein, dass die verbuddelt sind, aber woanders. Das war damals schon immer mein Thema. Die Waffen wurden rausgenommen, die wurden woanders hingebracht, zu Vertrauenspersonen der Jerarca (Führungsriege). Die wurden woanders eingebuddelt. Ich weiß, dass die Waffen da nicht gefunden wurden. So viele Jahre sind dahingegangen, es gab sogar Leute, die gesagt haben, hier, da sind Waffen. Am Ende mussten sie weg, wie einer von den Tymms, dann von Schmidtkes. Lass uns mal mehr auf die Opfer konzentrieren. Wie leben die Opfer heute nach so vielen Jahren, wo alles bewiesen ist? Wer sind die Verantwortlichen, dass viele Opfer bis heute noch nicht mal ein eigenes Haus haben? Dass viele Opfer bis heute noch nicht mal vom Staat unterstützt werden? Wenigstens bei der Gesundheit? Auf viele der Opfer, wie die Werners, und so, die Kinder haben, muss man sich heute mehr fokussieren.

Warum wird nicht mal ein Thomas Schnellenkamp in den Senat gerufen, in den Deutschen Bundestag, oder ins Auswärtige Amt, und mal zur Rechenschaft gezogen. Komplizenwirtschaft, bis heute. Thomas, und die, die da leben, sogar die deutsche Botschaft hier, glauben immer, wenn sie in die Colonie reisen und gut bewirtet werden, auf Staatskosten in die Kasse der Jerarcas (Führungsriege), ist alles okay. Bis heute sind die nicht wach geworden. Nicht das Auswärtige Amt. Der Bundestag hätte lieber, besser heute als morgen, Thomas hingerufen, um Rechenschaft abzugeben. Wie leben die Opfer? Was ist mit dem Kapital geschehen? Der müsste eigentlich mal klar Tisch machen. Wie viel wurde von dem Ganzen verscherbelt? Ist nichts zu den Opfern gegangen?

Aber leider guckt der deutsche Staat weg. Du weißt ja, das Auswärtige Amt – Decke drüber. Die glauben immer, wenn sie die Colonie informieren, die Villa Baviera, dann ist alles okay. Nein, die Opfer, die es viel, viel, viel notwendiger haben, und Hilfe brauchen, sind draußen, nicht drin. Und dass das alles so weitergeht, ist viel Schuld des deutschen Staates, heute noch.

Wie ist es möglich, dass das Auswärtige Amt so viel Geld in ein Oral-History-Projekt pumpt, oder es zulässt, wo es ganz genau weiß, vielen Opfern faulen die Zähne aus dem Mund. Viele sind psychisch krank, haben aber Kinder. In was für einer Welt wachsen denn die Kinder da rein? Wo sie ganz genau merken, Vater und Mutter sind psychisch nicht gut drauf. Ist alles Stress, weil sie überleben und gleichzeitig erziehen müssen. Und dann von Sachen hören, die in der Schule passieren, die sie nicht gewohnt sind. Sie haben sich nie eingelebt und nehmen dann das Kind raus. Da müsste gesagt werden: Halt mal, tretet mal etwas kürzer mit dem Oral-History-Projekt. Klären wir erst mal, was mit den Opfern los ist. Wenn sie mal, wie du, überall rumgehen und mit jedem Einzelnen sprechen würden, würden sie ein wirkliches Bild kriegen. Aber leider glauben sie, wenn sie sich in der Villa Baviera befinden und mit der neuen Jerarcia an einen Tisch setzen, dann ist wieder alles okay. Das ist nicht so. Da ist viel mehr Verantwortung verlangt."

Ja, sollte noch das Thema mit den Verschwundenen mehr untersucht werden?

„Nein. Für mich ist das Thema gegessen. Für mich ist bewiesen, dass da gefoltert wurde. Man kann nicht weiter auf dem ganzen rumkloppen."

Aber welche Themen müssten jetzt noch behandelt werden?

„Es gibt noch Themen zu untersuchen, hundertprozentig. Aber erst mal muss etwas Positives für die Opfer, für uns, für mich, getan werden, vom Staat aus und von den Menschenrechtsgruppen. Die Menschenrechtsgruppen haben sich durch ihre Handlungen von dem Ganzen isoliert. Vom eigensinnigen Kamp haben sie sich isoliert, durch ihre Handlungen. Wie ist es möglich, dass das Grundstück, wo ich gefoltert wurde, heute ein Monument ist? Ich war einer von denen, die gesagt haben, alles in Ordnung, wenn die da was machen, weil ich geglaubt habe, dass sie das weiter bewirtschaften. Nachher wurde mir aber von La Serena aus, von Leuten, die mich gut kennen, und die eine Beratung haben, gesagt: Efrain, wenn das einmal unter Denkmalschutz steht, hast du gar keine Rente mehr. Dann brauchst du immer Genehmigung für dies und das. Was? Beim nächsten Mal habe ich ganz klar gesagt, was ich will. Also die haben ganz genau gewusst, was mein Recht ist.

Was haben sie nachher hinter meinem Rücken gemacht? Ein Monument. Mensch, das ist meine Geschichte! Aus meiner Geschichte könnt ihr was Gutes machen! Das geht heute nicht. Ich habe mein Grundstück jetzt draußen. Wenn man heute sagt, das sei für die Menschenrechte – die sollen erst mal kürzertreten und was Positives … Stell dir mal vor, wenn sich die Menschenrechtsgruppen für jedes Opfer, das außerhalb der Colonie lebt, vor dem Staat einsetzen, wäre das was ganz anderes. Da würden die

Leute sagen, Mensch, das ist positiv, ja, wo kann ich noch helfen? Aber wenn wir, oder ich, nur ums Überleben kämpfen, und sehen müssen, wie es weitergeht, mit unserer Zukunft, ohne Verständnis und Unterstützung zu haben, dann kann man sagen, ciao, vergesst es. Da sind die Menschenrechtsgruppen für mich gegessen.
Die Sache mit den Menschenrechten wurde falsch angepackt. Die hätten sagen müssen, alles, was Land ist, ist Recht der Opfer. Und alles, was Gebäude ist, ist Monument. Aber bei Land, wo jemand noch sein Haus bauen könnte, schlagen sie einen Kreis drum und fertig, das ist es. Das ist eine Arroganz, die ist bis heute noch nicht anerkannt worden. Wenn auch einige von den Menschenrechtsgruppen zu mir kommen und sagen: Efrain, du hast recht. Aber die, die das eingefädelt haben, sind feige bis heute. Deshalb: Weitersuchen, weitersuchen … warum denn? Wenn ich nicht geredet hätte, wenn Willi Malessa nicht geredet hätte, wären die längst nicht so weit. Wo ist denn der Dank?
2003 habe ich angefangen, von Menschenrechten zu reden. Und dass uns allen 2016 so ein Schlag in den Nacken gegeben wird, das ist … Da kann man sagen: Halte, Stopp! Jetzt reicht's! Zeigt erst mal Gefühl für uns, zeigt erst mal Verständnis, helft uns. Dann kann's weitergehen. Aber das wird nicht kommen. Du weißt ja. Zwischendurch ist das auch so, als müssten Menschenrechtsgruppen immer gegeneinander sein. Haben alle zu Unrecht gelitten? Warum diese Unterschiede? Die Menschenrechtsgruppe sagt, ja, sind scheißegal, die Opfer, die da gelebt haben, machen wir einfach mal Denkmalschutz.
Und jetzt machen wir Projekte von Deutschland aus. Jan Stehle und andere. Die machen heute große Studien und große Karriere mit unserer Geschichte. Die werden sogar vom deutschen und chilenischen Staat unterstützt. Wenn ich mich nicht mit Jan Stehle an den Tisch gesetzt hätte, wäre er heute nicht so weit. Jan Stehle wäre heute nicht der, der er ist, wenn ihm nicht auch viele andere ihre Geschichte erzählt hätten. Aber die Arroganz ist so groß – machen wir mal ein Projekt für die Opfer. Ein Projekt, Projekt, Projekt, und wo geht das Geld hin vom Projekt? In die Tasche derselben, die aus unserer Geschichte Geld machen. Stell dir mal vor, das Oral-History-Projekt sind drei bis fünf Jahre Arbeit, glaube ich. Wenn da was fehlt, kann man nachzahlen. Wie viele Millionen von Euro gehen da weg? Wer hat das eingefädelt? Die, die unsere Geschichte kennengelernt haben, die, die sich mit uns an einen Tisch gesetzt haben. Das ist der Wurm an der ganzen Sache.
Stell dir mal vor, Jan Stehle würde sagen: Halt mal! Machen wir was für

die Opfer. Oder die anderen, die Leiter von dem Oral-History-Projekt würden sagen: Soundsoviel haben wir, für jede Aussage, für jedes Geschichteerzählen, für jedes Dokument, das die Person gibt, gibt es soundsoviel … Gut, das wäre etwas! Aber das haben die nicht gemacht. Das wurde schon in der ersten Versammlung gesagt, das Geld reicht mal gerade für das Projekt. Da ist nichts, um irgendwo weitere Zahlungen zu machen. Die ernähren sich selbst. Der deutsche Staat zahlt. Sie ernähren sich selbst. Mit unserer Geschichte. Bevor das überhaupt unter Denkmalschutz gesetzt wurde, hat Luis Peebles 2015 zu mir gesagt: Efrain, bei dem ganzen sehe ich, da können wir ein Projekt machen, also ein Institut gründen in der Colonie, das vom Staat gezahlt wird, woran die Opfer teilnehmen können. Sagte ich: Bist du noch ganz gescheit? Bist du verrückt? Mit unserer Geschichte weiter Geschäfte machen? Was wir alles aufgebaut haben? Weil er mir gesagt hat, die Gebäude sind ja da. Das Projekt der Menschenrechtsgruppen vom Monumento Nacional war da noch gar nicht … noch nicht mal die Idee. Wenn man dann sieht, wie sich das nach und nach aufbaut. Die haben bis heute noch immer Projekte vor. Projekte in der Colonie, wo man das dann mal ausstellen könnte.
Mensch, ich habe ein Buch geschrieben, Schnellenkamp hat ein Buch geschrieben, wie viele haben ein Buch geschrieben? Die ganzen Mädchen, Frauen, die gefoltert wurden, die haben Bücher geschrieben. Da gibt es noch so viele Geschichten. Aber man fängt jetzt wieder an, neue Projekte zu machen, bei denen das Geld nur in die Tasche der Projektmacher geht – das ist für mich kein guter Anfang und kein gutes Ende.“

Was fehlt noch bearbeitet und gesagt zu werden?

„Erst mal, es fehlt nichts mehr. Das ganze Negative, was geschehen ist, muss im Sinne der Opfer behandelt werden. Solange das nicht getan wird, werden die Leute dahin siechen und aus Altersgründen sterben. Weil, guck mal, du kommst jetzt aus Deutschland, weil du Interesse hast, mit den Opfern zu reden. Viele haben gar kein Interesse an den Opfern. Die haben Interesse an der Geschichte. Die wollen mit der Geschichte Geschäfte machen. Und was ist mit den Opfern, deren Vätern und Müttern die Zähne aus dem Mund faulen? Weil sie Kinder ernähren müssen und nicht das Geld für einen Arzt haben?
Wenn man sich nur die Familien anguckt, die außerhalb der Colonie leben, wie die gerade so überleben. Wessen Schuld ist das denn? Das Geld ist da. Das Oral History Projekt – wie viele Gelder sind das? Da stimmt

der Bundestag ab, dass jeder siebentausend Euro bekommt. Da hätte viel mehr kommen müssen. Aber leider, damit das Oral History Projekt auch durchkommt, weniger da und mehr hier. Also, no. Eine Verantwortlichkeit den Opfern gegenüber gibt es nicht in Deutschland. Bis heute nicht. Warum werden die Opfer nicht informiert, wann sie bezahlt werden? Wer bezahlt wird? Es gibt keine Namen. Es gibt keine, stell dir mal vor, da steht dann so drin: Alle, die im Clan mit Paul Schäfer verwickelt waren, als Täter kriegen nichts. Matthias Gerlach, Friedhelm Zeitner – bekommt der? Matthias Gerlach, bekommt der? Peter Schmidt – bekommt der? Hans-Jürgen Riesland – bekommt der?
Hans-Jürgen Riesland hat ja nie einen Prozess gehabt. Als mir das damals gesagt wurde, wie der da handelt und wo der alles mit drin ist, jetzt, da habe ich gesagt, jetzt reicht's. Da bin ich mit dem chilenischen Geheimdienst dahin. Wir haben gerade im Restaurant gegessen und ich gucke raus. Da hat's geregnet und auf einmal sehe ich da einen Jeep, genau wie der von der Colonie. Voller Leute, Brumm, im Regen weg. Da sagte ich: Das ist doch der Jeep von der Colonie. Der Geheimdienstler meint, die Kontaktaufnahme geht gleich los. Darauf sagte ich: Nein. Da ist Hans-Jürgen Riesland mitsamt seiner Familie weg. Da ging es direkt zum Flughafen. Raus. Hans-Jürgen Riesland wusste, dass es ihm an den Hals geht. Wenn wir Hans-Jürgen Riesland festgenommen hätten, hätte es natürlich viel mehr Krach gegeben. Hans-Jürgen Riesland, Hopp, Reinhard Döring. Und viele mehr. Leider. Die konnten abhauen wie die Ratten. Helmut Seelbach hat eine Geschichte. Gut, dass er in einem Verein aufgenommen wurde, wo er unter Schutz der Kirche steht. Aber was sagt sein Gewissen? Die Verantwortung, die er hatte, als er hier in der Colonie tätig war? Weil sie keine Prozesse hatten, konnten sie nachher leider alle abhauen. Die sind jetzt da gerettet. Aber mit einem Gewissen ... Manfred Skrabs, wenn man da guckt, da gibt es noch mehr. Ich habe mich mit Reinhard Döring nicht in der Wolle, aber ich habe gesagt: Stell dir mal vor, wenn das Ganze hier zusammenbricht! Du weißt doch, du warst da und da und hast dies und das. Darauf sagte er: Was? Gar nicht. Was spinnst du denn? Woher weißt du das denn? Ich habe das gesehen, als ich bei Paul Schäfer in der Küche war, da wurden Sachen gelesen, gelacht und verbrannt."

Was müsste noch untersucht werden?

„Gar nichts mehr. Hab ich doch schon ein paarmal gesagt. Der deutsche Staat soll sich erst mal bewusst werden, was er alles an Zeit vergehen lassen hat. Vor den Augen der Opfer. Normalerweise müsste von der deutschen Botschaft oder vom Auswärtigen Amt organisiert werden, dass sich alle Opfer einmal im Monat in der Colonia Dignidad treffen. Dass jeder seinen Fortschritt, oder wollen wir mal sagen, das Negative, was er erlebt, erzählt, dass es allen bewusst wird. Aber leider, die deutsche Botschaft glaubt immer, wenn sie in die Colonie fährt, und mit denen dort spricht, sei alles geregelt. Man könnte sogar vom Bundestag aus verlangen, dass die deutsche Botschaft Minimum einmal im Monat alle Opfer zusammenholt. Die Kosten muss der deutsche Staat dafür übernehmen. Damit mal alle Opfer angehört werden, wie sie heute leben, wie sie leiden, worüber sie nicht hinwegkommen, was sie alles an Schulden haben. Du weißt schon, Gesundheit, Miete … sind alles Kosten. Dann sieht man erst mal das wirkliche Bild. Wenn die Colonia Dignidad schon für die Botschaft und die Abgeordneten so ein Zentrum für alles ist, dann treffen wir uns eben da. Dann treffen sich alle Opfer pro Monat einmal in der Colonia Dignidad. Zumindest, dass wir uns als Opfergruppe finden und weiter als Opfergruppe behandelt werden, bis wir eine endgültige Lösung gefunden haben. Aber solange das nicht der Fall ist, wird es so weitergehen, wie es jetzt geht. Gelder verschwinden vor den Augen der Opfer. Man muss sich neu organisieren. Wie damals, als die Abgeordneten hier waren – da habe ich gesagt: Warum setzen wir uns nicht alle an einen Tisch? Platz ist da. Wir können uns alle an einen Tisch setzen. Dann könnte man sagen, da habe ich meine Zweifel, da habe ich eine Lösung und da werden wir sehen. Aber wenn sich die Gruppen immer einzeln treffen, die in der Colonie, die außerhalb der Colonia Dignidad, wird es nie zu einer gründlichen Hilfe oder Organisation kommen. Das ist wahrscheinlich extra so gemacht."

Was war für Sie das schlimmste Erlebnis in der Colonia Dignidad?

„Es gibt mehrere. Das allerschlimmste Erlebnis war im Krankenhaus, als ich unterm Handwaschbecken lag und fast ausgeblutet bin. Das war das schlimmste Erlebnis. Das war noch in der Demokratie. Da kann man nicht sagen, Pinochet, Pinochet. Was heute die Menschenrechtler immer versuchen zu beschönigen: Pinochet, Pinochet. Die Diktatur. Nein, das war in der Demokratie. Willi Malessa hat mich an den Stuhl gefesselt und mir so eine Ohrfeige gegeben, dass er sich dabei den Finger gebrochen hat. So zugeschlagen haben die. Frag mal Georg Schmidtke. Wenn der zugehauen hat mit seiner Hand – guck mal die Hand von Georg Schmidtke an. Ich fühle in letzter Zeit immer so eine Genugtuung, wenn ich Georg Schmidtke sehe, wenn er wie so ein Wrack herumläuft. Da freue ich mich.

Normalerweise müsste man das eigentlich mit Winfried Hempel regeln oder, wer Opfer ist, das ist doch klar, alle, die keinen Prozess am Hals haben. Da fallen viele drunter, die Paul Schäfer bis zur letzten Minute treu waren, aber am Ende, ja … Dass nur die in der Villa Baviera informiert sind, dass sich nur die aus der Villa Baviera mit der deutschen Botschaft treffen, das darf nicht so weitergehen. Dass den Opfern wirklich geholfen wird, muss vom Deutschen Bundestag ausgehen. Dass die verpflichtet werden, auch das Auswärtige Amt. Wenn die nicht bereit sind, aus Geldgründen – das sind Kosten, die Hin- und Rückfahrt, die Verpflegung – genauso, wie es Kosten waren, als die Abgeordneten hier waren – muss der Staat eben dafür aufkommen. Das muss einmal klar werden, sonst werden die Opfer nie vernünftig, können nie Projekte aufbauen. Werden auch nie bereit sein, weiterzuhelfen.
Man kann nicht Leute leiden lassen und sagen, was kann ich noch tun? Was müsste man noch machen? Die wissen ganz genau, wie alle leiden, und sagen immer: Efrain, was gibt es noch? Wogegen müsste man noch untersuchen? Ich sage, hör doch auf. Nicht nur du, viele sagen: Es reicht langsam. Konzentriert euch mal auf die Opfer heute. Wie leben die unerzogenen Söhne der Jerarcas (Führungsmitglieder). Wie leben die? Die schlecht Erzogenen? Die sind kein gutes Beispiel. Wenn man die Leute mit den Jerarcas vergleicht, gibt das kein gutes Bild ab."

Aber letztendlich ist die Sache ja entschieden, wie viel Entschädigung die Opfer bekommen?

„Ja, das ist entschieden. Aber wann bekommen sie die? Wer sind die Ersten, wer sind die Letzten? Stell dir mal vor, die Botschaft geht da ja immer rein und raus. Von der Villa Baviera hört man immer, wann angeblich bezahlt wird. Stell dir mal vor, wann die in der Villa Baviera bezahlt werden. Die da draußen werden wieder die Letzten sein.
Die, die darin leben, auf dem ganzen Kapital, haben nur Vorteile. Die wissen ganz genau, dass es unter Denkmalschutz steht, aber sagen: Mensch, die Bürgermeisterin von Parral ist ja eine Rechte. Wir werden uns mit der organisieren und sehen, wie wir unser Land vom Staat aus finanzieren können. Also ich möchte ein Haus bauen, das unter Denkmalschutz steht. Gar kein Problem. Jetzt suchen sie, wie sie mit unserem Kapital, das allen

gehört, ihre Projekte durchbringen können. Die haben kein Verständnis für die, die draußen leben. Die von null anfangen müssen. Hat mir sogar eine gesagt, die im Büro saß, Efrain, du hast doch dein Stück draußen. Du kannst dich mit der Bürgermeisterei in Verbindung setzen, um zu erfahren, was deine Rechte sind. Wir können uns ja organisieren und dann können wir Projekte machen mit Unterstützung des chilenischen Staates. Ach ja, sage ich, solche Differenzen? Und Bumm … aufgelegt. Das ist die Arroganz, das ist die Frucht der Kinder der Jerarcas."

Was erwarten Sie denn noch zukünftig im Thema Colonia Dignidad?

„Erst mal, dass uns geholfen wird. Das ist das Erste, was ich erwarte. Dass uns geholfen wird, dass ich mein Geld bekomme, und dass ich danach mein Projekt aufbauen kann. Wenn man dann sieht, es geht positiv weiter, der Staat hat auch Interesse am Thema Gesundheit, dann kann man sagen, ja, jetzt werden wir mal weiter, weiter, weiter … Aber so lange nicht in diesem Sinne geholfen wird, sage ich, ja, für mich ist der Fall gegessen. Ich habe mein Haus, mein Land, ich muss jetzt alleine weiterwühlen. Ciao, leckt mich mal."

Gut, haben Sie noch ein Anliegen, was zu sagen?

„No, no, mein größtes Anliegen war, dass vom deutschen Staat irgendwie verlangt wird, dass wir uns treffen, als Gruppe. Wie ist es möglich, dass das Auswärtige Amt das Oral-History-Projekt – ein Projekt genehmigt, bei dem es möglich ist, dass die Opfer zusammenkommen, sonst aber nicht?. Normalerweise müsste es im Interesse vom deutschen Staat sein, dass alle Opfer da sind. Es müssen alle zu Wort kommen. Der deutsche Staat muss darüber informiert sein, wie die Leute leben. Man kann nicht sagen, wir zahlen das jetzt. No, der deutsche Staat hat bis heute eine Verantwortung. Die Opfer können sich nicht selber organisieren und für die Kosten aufkommen. Wenn die Menschenrechtsgruppen eingeladen werden von Deutschland – Chile – wer zahlt die denn hier? Die Unterkunft zahlt der chilenische Staat. Es gibt also Lösungen."

Wer sind denn alles die Opfer für Sie?

„Das ist eine große Liste. Erst mal alle, die keinen Prozess am Hals haben. Das ist mal das Erste. Alle, die bis heute keine Aktien haben. Alle, die bis heute kein eigenes Grundstück haben. Ja gut, ich habe jetzt ein eigenes erkämpft. Aber alle die, die bis heute noch keine Rechte in der Colonie haben. Normalerweise, wenn wir alle Opfer sind, müssten wir alle Aktien haben. Keiner hat Aktien. Das ist doch die gleiche Gruppe, wie damals, als Paul Schäfer die Colonie gegründet hat. Also die Aktionäre und wer da oben sitzt. Das Gestell ist noch, mich da mit rein zu nehmen, sind Kosten. Also lieber raus. Harald Lindemann ist auch fast raus. Als Opfer sind die heute nicht anerkannt, durch Rechte, die sie genießen, weil sie da gelebt haben. Wenn Manfred Spatz, ein Chilene, in die Colonie kommt, müsste er genauso aufgenommen werden wie einer der Chef-Familien Schreiber, Schnellenkamp oder Blanck. Ich sage immer, wir müssen organisiert sein. Solange wir nicht organisiert sind, als Opfer, oder nicht organisiert werden, auch juristisch, siechen wir dahin. Stell dir mal vor, einige, die auf dem Kapital leben, die ihr Auto haben, die sogar ein großes Wohnhaus haben, sagen, ach siebzigtausend Euro, damit kann ich gerade mal ein Auto mit anzahlen. Das sagen Leute, die da leben, auf dem Kapital von allen. Und Leute, die gar nichts haben, die draußen leben, die sagen, es reicht gerade für ein Haus. Und wessen Schuld ist das? Das ist Schuld des Oral History Projektes. Weil es gehen immer viele Gelder weg in die eigenen Taschen, und die Opfer können sehen, wie sie weiter kommen."